普通高等教育国家级特色专业教材·农林经济管理系列

中国畜产经济学

胡　浩　编著

科学出版社

北　京

内 容 简 介

畜产业在改善农业生产结构、提高农民收入中发挥着重要作用。本书主要从产业链的视角，系统地分析了中国畜产业与农户经济的关系、畜产业的布局与变化、生产组织与规模、产品市场与价格、消费与贸易、产业关联、发展与环境等问题。本书在编写过程中运用农业经济学及产业经济学的相关理论，既注重历史变迁的启示，又注重理论性与时代性，体系新颖，内容全面，案例切合实际。

本书适用于高年级农经专业及畜产相关专业学生，也可供相关人员参考。

图书在版编目(CIP)数据

中国畜产经济学/胡浩编著．—北京：科学出版社，2011.11
(普通高等教育国家级特色专业教材·农林经济管理系列)
ISBN 978-7-03-032812-0

Ⅰ.①中… Ⅱ.①胡… Ⅲ.①畜牧业经济-中国-高等学校-教材
Ⅳ.①F326.3

中国版本图书馆 CIP 数据核字(2011)第 235131 号

责任编辑：王伟娟 / 责任校对：陈玉凤
责任印制：张克忠 / 封面设计：迷底书装

科学出版社 出版
北京东黄城根北街 16 号
邮政编码：100717
http://www.sciencep.com

北京市安泰印刷厂印刷
科学出版社发行 各地新华书店经销
*
2012 年 1 月第 一 版 开本：720×1000 1/16
2012 年 1 月第一次印刷 印张：18
字数：350 000

定价：32.00 元
(如有印装质量问题，我社负责调换)

前言

畜产品生产与其他农产品的生产相比较，具有三个显著的特点。第一，畜产品的生产周期较长，生产者一般以当期价格决定下期的生产规模，而下期的产量决定了下期的价格。由于信息不对称、生产者规模零散等原因，生产者很难对市场做出准确判断，容易一哄而上或者一哄而下，从而形成价格的波动。近年来猪肉、鸡蛋等价格的波动就是一个例子。第二，畜产品通常可以经过不同程度的加工，并且在不同阶段都可以进入最终消费，畜产品的生产不仅事关国计民生和整个国民经济的发展，而且直接影响消费者的生命安全和健康状况。而随着居民收入水平的提高，食品消费中的畜产品消费比重不断增加，因此畜产品在生产加工产业链的各个环节中都应该注重食品安全问题。瘦肉精、三聚氰胺、苏丹红等事件的发生给我们敲响了警钟。第三，畜产品生产过程中，由于外部不经济的存在，容易产生环境污染问题。因此畜牧业生产及畜产品加工的产地建立越来越多地受到环境条件的制约，畜产业的可持续发展问题越发得到关注。

以上的三个特点由许多因素决定，比如畜产品的生产布局、组织、规模、贸易、产业关联、发展环境等。畜产品的生产布局变化受到自然条件及经济条件的影响，布局的改变意味着生产格局与市场格局的改变；生产组织不断创新，以垂直一体化为代表的组织化提高了生产者的市场交涉能力，在一定程度上保护了生产者利益，产品标准化及安全性也有了一定保证；生产规模的扩大使生产者能够获得规模经济带来的收益，能够增加进入或退出行业的成本，有利于稳定畜产品的市场供给；畜产品贸易虽然受比较优势的影响，但一些技术壁垒的作用更大；畜产品生产的产业关联度不断提高，饲料加工、兽药生产、畜产品加工、储运保藏等行业一方面制约畜牧业的发展，另一方面又延长了产业链，创造了附加价值；畜产业发展受到耕种农业的影响，农牧结合是实现畜产业可持续发展的必然选择。

有关这些因素的分析构成了畜产经济研究的基本内容。在我国，最早进行畜产经济研究的是史志诚先生，他所著的《畜产经济概论》于 1992 年由农业出版社出版，书中论述了畜产经济结构、农牧结合与草畜平衡、畜产流通与供需平衡、畜产外贸与国际市场等内容。与畜产经济相关的教材还有方天堃教授编著的《畜牧业经济管理》、乔娟教授等编写的《畜牧业经济管理学》等。本书立足于我国畜产品市场及畜产业组织的特点，结合现阶段我国畜牧业生产面对的新问题、畜产品贸易面临的新挑战，以农业经济学、产业经济学的基本原理为指导，结合我国居民对畜产品日益增长的现实需求，对畜产业（包括产前、产中及产后各产业）的相关理论和实践进行了系统的梳理和分析，论述了中国畜产业布局、畜牧业生产的组织与规模、饲料产业的发展与产业组织、畜产品的市场与消费、畜产品的国际贸易、畜产的产业关联、畜产发展与环境等。

同样作为南京农业大学农林经济管理国家级特色专业课程建设的系列出版物，作者还承担了《日本农业 150 年》的主要翻译工作。因此，在本书的写作过程中更加感到时间紧、任务重。在成书过程中，作者的几个博士生虞袆、郭利京、孙亚楠、张锋、陶群山、闵继胜在资料收集上做了一些工作。本书中还大量引用了作者在畜牧业生产布局、饲料产业组织、猪肉价格波动、禽产品国际贸易、畜产的产业关联、畜牧业环境等方面的研究成果，因此本书与畜产发展现状的结合紧密，可供畜产业相关人员及农经专业人员参考。

由于作者水平有限，在畜产经济研究领域尚有许多值得探索的内容，对于书中的错误之处，恳请各位专家及读者批评指正。

胡　浩

2011 年 8 月于钟山南麓

目录

第1章 导 论

我国的畜产经济学研究起步于20世纪90年代，研究的对象是活畜与畜产品生产、加工、流通的各业，以畜牧业生产为核心，主要包括畜牧业、饲料工业、畜产加工业和畜产流通业四大产业。虽然以这些产业为对象的研究早已有之，但随着畜牧生产朝规模化、专业化方向转变，与产前及产后相关行业的关联度不断加深，有必要打破各业分隔研究的状态，而从产业链视角来分析畜牧业相关问题。因此畜产经济学是在农业经济学及产业经济学的相关理论指导下分析畜产业发展规律及未来发展方向的应用经济学的一分支。

本章介绍了畜产经济中的重要概念，并将布局理论、供需平衡理论、产业关联理论等在畜产经济研究中的应用作了提示性的分析。同时考察了畜牧业生产对农户家庭经营的作用及畜产业在国民经济中的地位。最后介绍了畜产经济研究的主要方法。

1.1 畜产经济概述

市场经济体制改革以来，传统的畜牧生产朝规模化、专业化方向转变，畜牧生产波动明显，饲料工业发展迅速，畜产品加工、流通业日趋成熟，这些变化提示了人们应该将一体化的分析思路应用到畜产品的产、供、销各部门，打破过去部门分隔的状态。畜产业是将第一、二、三产业部门中的畜牧业、饲料工业、畜产加工业、畜产流通业等有关畜产品生产、加工、流通方面的各个产业，以系统工程的方法，按照生产发展序列以及它们在国民经济中的地位和作用，联系起来形成的一个经济行业。弄清畜产品生产各个方面的构成及其相互关系，分析其生产布局、生产组织及各业的产业关联，了解畜产品及其加工品的消费动态及其影响因素，能够为解决畜产各业面临的问题提供思路。

1.1.1 畜产经济及畜产经济学

1. 畜产经济

畜产业是国民经济的一个重要产业部门，也是一个独立的经济行业。畜产业的发展不仅取决于畜牧业、饲料工业、畜产加工业和畜产流通业四大产业的生产水平和经济结构，而且与自然生态、社会经济和科技水平等基本条件有着十分密切的关系。

在传统的畜产品生产中，由于生产规模小，很少存在除农户以外的生产组织，商品性生产较少，畜产品生产在农业中的比重也较低，因此在分析畜产经济时很少涉及畜牧业生产组织、规模、投入品市场及产品市场、产品价格波动、加工流通及产业关联等问题。但随着社会经济的发展，畜产品生产与其产前产后相关行业关联度加深，与其他产业间的感应及相互影响也在不断增加，在产业组织上表现为产业链不断延长，一体化不断深化。畜产业发展过程中的一些经济现象越来越多地受到关注，比如，畜产业发展的基本规律；在一定生产关系下畜产生产组织及其运行机制；畜产各业的协调发展与纵向联合、组织链与价值链；畜产及加工品的供需关系；农牧关系及畜产环境问题等。这些在畜产产业中的基本经济问题有其特殊性，需要进行深入的研究探讨。

因此，畜产经济体现着畜产及其加工品的生产、流通、分配、消费等诸方面的经济关系。从微观上来看，它包括畜产业各生产部门、组织、区域之间以及它们各自内部的经济关系和经济活动；从宏观上来看，它涉及畜牧业与工业、农业、服务业等国民经济部门之间的经济关系。

2. 畜产经济学

畜产经济学是研究畜产经济的科学，是以活畜与畜产品的生产、加工、流通为研究对象，研究在相同投入的条件下，协调各有关经济部门的关系，以提供更多的动物性食品和畜产品加工原料，产生更大经济效益和社会效益为研究目的的一门经济学的分支学科。

畜产经济学主要研究畜产主要产业的经济结构及其关系，研究如何分析、总结、归纳、判断和调整畜产各业的结构与关系的方法，研究如何利用畜产经济研究成果，建立政府决策部门所需要的某些发展模型，参与预测和论证，提供建议和对策。鉴于畜产经济的研究总是围绕畜牧业经济这个主体产业进行，因此，广义的畜产经济学也应当包括畜牧经济的研究内容。

3. 畜产经济学与畜牧经济学的关系

畜牧经济是农业经济结构之一，研究畜牧业部门的经济问题。其任务是：从生产关系与生产力、经济基础与上层建筑的相互关系中研究畜牧业部门生产发展的具体规律；研究畜牧业中生产力的发展运动及生产力诸要素的合理组织和开发利用的经济规律，以解决如何使畜牧业生产获得最大效益的问题。畜牧业的经营管理是从微观上研究企业（农牧场、种畜场、饲养场）和生产单位（养殖户，主要是专业户、家庭农牧场）内部的经营管理问题。

畜产业与畜牧业相比，二者的研究对象和范围有很大的不同。畜产业是围绕活畜和畜产品，研究包括畜牧业在内的有关畜产产业链的各个产业。畜牧业是围绕畜禽的生产和发展，研究畜牧业自身的经济再生产和动物再生产，研究自然因素和社会因素对畜牧业生产的影响，等等。

因此，畜牧经济是畜产经济的重要组成部分，畜产经济面临的重大问题都与畜牧业生产的发展有关。处理畜产经济问题，调整畜产经济结构，都要从保护、促进畜牧生产的观念出发，制定科学的产业政策，实行合理的投资政策，增加草业、畜牧业和饲料工业这些基础产业的投入，优化资源配置，以此来进一步提高畜产加工业的效益，繁荣畜产流通业，促进整个畜产经济持续稳定的发展。

1.1.2 经济学基本理论在畜产经济研究中的应用

由于畜产经济中涉及生产、流通、价格、贸易及环境等问题，而且畜产业与耕种农业相比有其特殊性，因此本书中分别应用了农业经济学及产业经济学的相关理论，如生产组织理论、布局理论、农产品供求理论、价格理论、农产品贸易理论、产业关联理论等。本节结合产业特点简述几种理论在畜产经济研究中的应用。

1. 畜产业的产业布局

产业布局是指人们对产业空间分布的规划，即人们计划把产业部门定位在什么地方，它是国民经济各部门发展运动规律的具体表现。最早的产业布局理论当数德国经济学家杜能在《孤立国与农业和国民经济的关系》一书中首创的农业区位理论。该理论详细分析了农业布局的区位选择问题，即在单位面积土地上获得最大利润的问题。杜能认为，利润（P）是由生产成本(E)、产品市场价格(V)和运费(T)所决定的，三者之间的关系用公式可表示为

$$P = V - (E + T)$$

应用这个公式，杜能设计出了最早的农业区位选择的理论模型，即农作圈模型（杜能圈)。他的孤立国农作圈包括六个圈层：第一圈为自由农作圈，主要生产蔬菜、牛奶等鲜活产品；第二圈为林业圈，主要生产木材，作为城市能源；第三圈是轮作农作圈，主要生产谷物；第四圈是谷草农作圈，主要生产谷物和畜产品，以谷物生产为主；第五圈是三圃式农作圈，主要生产谷物和畜产品，以畜产品为主；第六圈是畜牧圈，第六圈以外是荒野。杜能认为，运费是农业区位选择的决定性因素。

杜能的农业区位理论是建立在特定历史时期的非常严格的假定条件下的古典农业区位理论，随着社会生产力的发展和农业技术的进步，它与现实存在的农业区位的条件差距越来越大。尽管如此，该理论仍然具有十分突出的理论贡献。其一，它所采用的抽象化的理论演绎的研究方法以及对空间区位的关注，并根据具

体条件对农业生产进行合理空间布局的基本思想，奠定了区位理论的基本研究方法和研究思想。其二，它首次透彻地分析和揭示了区位级差地租的问题，这成为现代各种区位理论的理论基础。

时至今日，对影响畜产业布局的研究范畴从自然资源、技术条件延伸到社会经济条件，而在环境问题日益突出的背景下，由于畜牧业生产可能造成的污染，环保因素也在悄悄地影响着畜产业的布局。

2. 供求规律与均衡价格

供求规律，是指从市场整体出发，研究需求、供给和价格之间的关系，并从中寻找市场运行的规律。经济学提出的供求规律是基于一个理想的市场结构，即完全竞争的市场结构。在完全竞争的市场结构中，一个行业内企业数目很多，以致任何一个企业所生产的产品数量在整个市场中所占的份额都是微不足道的，而且它们的产品是同质的，所以任何一个企业都无力左右市场、操纵市场价格，而只能作为市场价格的接受者。此时，需求曲线上各点表示消费者在特定价格下愿意且有能力购买的产品数量，供给曲线上各点表示生产者在特定价格下愿意且有能力提供的产品数量。供给、需求两条曲线相交之处，就表明按这种价格成交供需双方都能接受，买者想买的数量等于卖者想卖的数量。当供给和需求相等时供求关系处于均衡状态，处于均衡状态时的价格称为均衡价格。供给等于需求时的数量称为均衡数量。

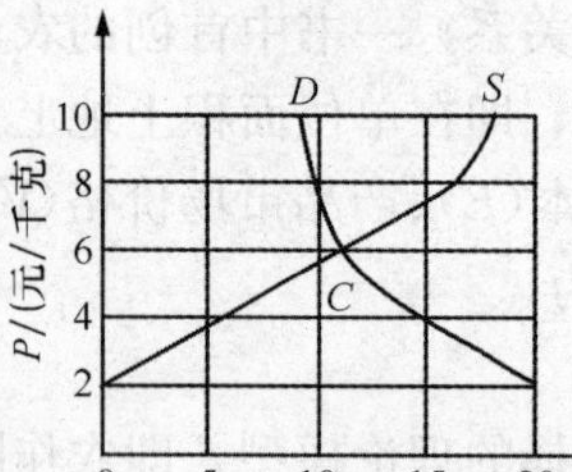

图 1-1　供给、需求与均衡价格形成

在供求规律作用下，市场上的供求通过自发调节达到均衡状态的过程可以用图 1-1 和表 1-1 来说明。在表中，鸡蛋价格为每千克 10 元时，对应的生产者每月给市场提供 18 吨鸡蛋，然而消费者的需求量仅为每月 9 吨，由于鸡蛋存货积压，竞争的卖方只得降低价格。当鸡蛋的价格处在 2 元时，因为需求超过生产，不能获得鸡蛋的需求者会使过低的价格提高。最后的成交价格显而易见，只能在价格为 6 元的 *C* 点，在该点的供给量正好等于需求量，此价格即为均衡价格（即唯一能持久的价格）。在这种价格下，愿意供给的数量和愿意购买的数量相等。

表 1-1　鸡蛋的供给与需求

供给/需求点	价格/（元/千克）	需求量/（吨/月）	供给量/（吨/月）
A	10	9	18
B	8	10	16

续表

供给 / 需求点	价格 /（元 / 千克）	需求量 /（吨 / 月）	供给量 /（吨 / 月）
C	6	12	12
D	4	15	7
E	2	20	0

如果需求曲线或供给曲线发生位移时，均衡价格又将会发生怎样的变化?

当出现非价格原因引起需求扩大时，需求曲线向右平移，这时生产者供给量和消费者购买量相等时的成交价格就会处于较高的水平，在 S 和 D' 相交的价格水平上，供给曲线保持不变，需求扩大时会导致商品价格上升（图 1-2（b））；反之，若需求曲线保持不变，供给出现非价格因素引起增大时，供给曲线发生向右平移，这会导致商品价格的下降（图 1-2（c））。

如果需求曲线向右平移的同时，供给曲线也发生向右平移，价格的变动就将取决于供给与需求曲线的斜率和各自的移动幅度（图 1-2（d）、图 1-2（e）和图 1-2（f））。依据同样的道理，可以推断当需求曲线和供给曲线同时向左平移时的情况。

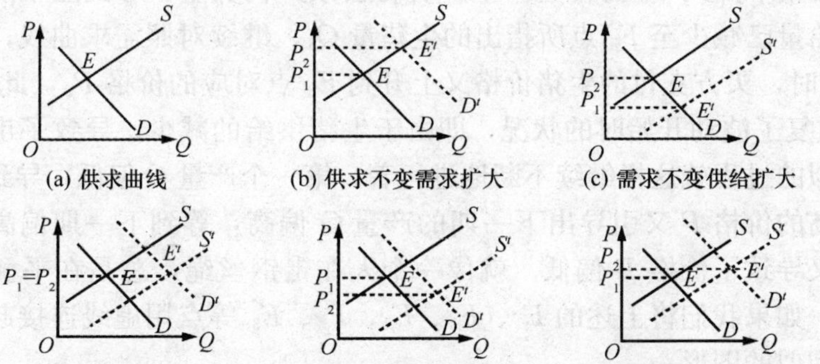

图 1-2　供给与需求的变动对均衡价格的影响

3. 蛛网理论

蛛网理论是 20 世纪 30 年代西方经济学界出现的一种动态均衡分析，它将市场均衡理论与弹性理论结合起来，再引进时间因素来考察市场价格和产量的变动状况，即用供求定理解释某些生产周期长的商品，在供求不平衡时所发生的价格和产量的变动。这种变动呈现周期性的波动，其波动的轨迹如果用图像表示，很像蛛网，因此被称为蛛网波动。概括这种波动现象的理论被称为“蛛网理论”。

下面以生猪为例来描述生猪的生产量与市场价格的波动及形成蛛网的过程。

假设图 1-3 中的曲线 dd 是某市场上生猪的需求曲线，曲线 ss 是该市场上生猪的供给曲线。根据均衡原理，该市场的生猪价格应该在需求、供给曲线相交的 E 点所对应的价格 P，成交量应该是 Q。

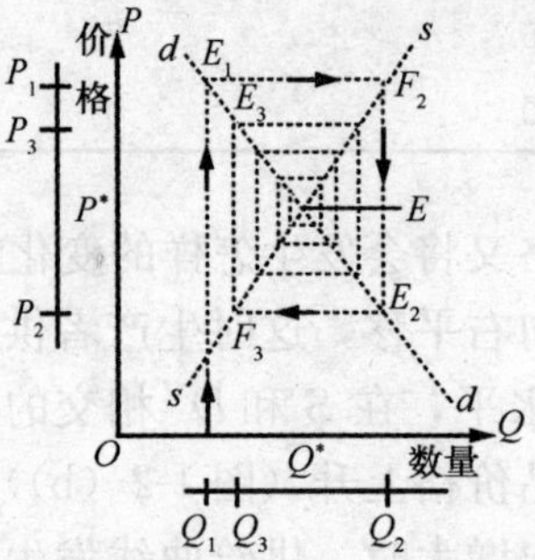

图 1-3　动态的蛛网

现在，假设由于饲料价格的上涨或由于疫情的发生，导致生猪产量下降到 Q_1（$Q_1<Q$）。面对 Q_1 的供给量，买方根据需求曲线 dd 只能按照 E_1 点对应的价格 P_1 买到生猪，此时的 $P_1>P$，由此可见，由于生猪供给的减少，导致了市场价格提高。高位的市场价格又将会影响到下一个时期的生猪市场供给量：对照供给曲线 ss，当价格上涨到 P_1 位置时，生产者将会增加饲养量，等到上市时市场中的生猪供给量已增加到 F_2 点所指出的生猪量 Q_2，再对照需求曲线，当生猪量在 Q_2 的位置时，买方支付的生猪价格只能是 E_2 点对应的价格 P_2，此时的 $P_2<P$，由此可见，由于生猪供给的增加，又导致了市场价格的降低。低位的市场价格又将会影响到再下一个时期的生猪市场供给量：对照供给曲线 ss，当价格下降到 P_2 的位置，生产者将会减少饲养量，等到上市时，市场中的生猪供给量已减少至 F_3 点所指出的生猪量 Q_3，继续对照需求曲线，当生猪量在 Q_3 位置时，买方支付的生猪价格又上升到 E_3 点对应的价格 P_3，此时的 $P_3>P$，这又重复了波动开始时的状况，即由于生猪供给的减少，导致了市场价格的提高。类似的过程就这样继续不断地进行着。第一个产量 Q 偏低，导致了价格 P 偏高；偏高的价格 P 又引导出下一期的产量 Q 偏高，等到下一期偏高的产量 Q 上市时，又导致了价格 P 偏低。就像一个人在走钢丝绳，总是在平衡点两边不断地摆动。如果我们将上述的 E_1、F_2、E_2、F_3、E_3 等点用虚线连接起来，便构成了蜘蛛网似的图形。

分析上述蛛网式波动的原因不难发现，畜产品市场价格的变化只反映了当前的供求关系，而对供求关系在未来一定时期内可能发生的变化并不能反映出来。畜牧业生产者规模较小又比较分散，因而他们往往只是以当前的市场价格来调整生产规模。由于畜牧业生产需要一定的周期，中途很难改变，在正常情况下，本期的生产安排规模，已决定了下一期的产量规模。而生产者总是以现有的市场价格为标准来预期未来的收益，就很容易陷入“蛛网困境”，产量的变化总是赶不上市场变动的节奏。上述生猪产量变化和市场价格波动的过程，可用图 1-4 来表示。

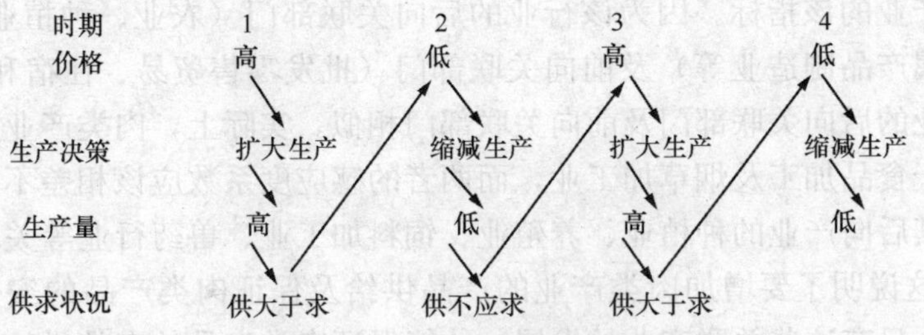

图 1-4 畜产品的周期性波动

作为一种经济体制，市场经济并不是十全十美的，其调节经济的自发性和滞后性就是它的内在缺陷，“蛛网理论”也正表明了这一点。蛛网理论是一种动态均衡分析，运用该理论时通常是基于这样的假设：①完全竞争的市场，每个生产者都会认为当前的市场价格会继续下去，自己改变生产计划不会影响到市场价格；②需求相对稳定，价格主要由供给量所决定，供给量由上期的市场价格所决定；③生产的商品不是耐用商品。这些假设表明，蛛网理论最适合解释农产品的供求状况及其价格的基本走势。在现实的运动中，蛛网理论的波动分为三种模型：发散性、循环性和收敛性，三种模型在一定时期内是相互交错出现的，具体形式会在第 6 章详细叙述。

4. 畜产业的产业关联

产业关联理论与其说是一种理论，还不如说是产业经济分析的定量化工具。产业关联是指由产业间的供求关系而形成的产业间的经济技术联系。产业间的关联实质上就是产业间的投入和产出关系。产业关联分析是借助于投入产出分析表对产业之间在生产、分配、交换上发生的联系进行分析研究，从而了解一国国民经济各产业部门的比例关系及其特征，进而为经济预测、经济计划和产业政策服务。产业关联分析又称为投入产出分析，是由美国经济学家瓦西里·列昂惕夫在 20 世纪 30 年代创立的。对于畜产业来说，产业关联的作用更为明显。一个部门的生产直接影响下游环节的生产运作，如果不能相互协调部门间的生产，就会影响生产的实现。畜产业延伸到了畜产品的流通消费环节，构建了生产与消费间的桥梁，对畜产业关联的整体把握，能够更好地将消费需求的变化传导至生产环节，有利于以市场为导向的生产体系建设。

肉类产业是畜产业生产环节的重要产业之一，通过对其与前后向关联产业的分析能够为其他畜产业的研究提供样板和示范。在编制的《中国投入产出表 2002 年》中，肉类产业包括在农副食品加工业中，分属三个产业：屠宰及肉类加工、水产品加工、饲料加工，并未单独列出。为了对肉类产业进行投入产出分析，研究者用投入产出表中的食品制造及烟草加工业感应度系数及影响力系数来替代肉类产业的该指标。因为该行业的后向关联部门（农业、种植业、畜牧业、林业及金属产品制造业等）及前向关联部门（批发零售贸易、住宿和餐饮业等）与肉类产业的后向关联部门及前向关联部门相似。实际上，肉类产业的影响力系数要稍大于食品加工及烟草加工业，而两者的感应度系数应该相差不大。肉类产业对作为其后向产业的种植业、养殖业、饲料加工业、兽药行业等关联系数达到了1.01。这说明了要增加肉类产业的产品供给及保证肉类产品的安全，必须从源头做起。只有这些关联产业的发展，才能保证肉类产品的有效供给，以满足肉类产品需求的增加。肉类产品深加工发展成熟度的高低，是衡量一国或地区肉类产业现代化发展水平的重要标志。发展肉类产品深加工业可以增加产品的附加值，延长产业链，增加社会就业容量，并能满足人们对肉类产品的多样化需求。

1.2 畜产与农户经济——农业经营中畜产的经济意义

1.2.1 畜产品生产在农户家庭经营中的作用

1. 畜牧业家庭经营的类型

农牧民畜产的家庭经营是指以农牧民家庭为单位独立或相对独立从事畜牧业生产经营活动的经营形式。家庭经营是一种弹性很大的经营形式，可以与不同的所有制、不同的物质技术条件相适应，可以与不同的生产力水平相适应。

按畜牧业在家庭经营中所占的比重划分，家庭经营的主要类型有副业养殖户、兼业养殖户和专业养殖户。副业养殖户是指在农户家庭经营的条件下，在从事其他主要生产活动以外，还饲养少量畜禽的农户。这种副业养殖户长期大量存在，反映了我国农牧业商品生产不发达的实际情况。兼业养殖户是在农户家庭经营的条件下，既饲养较多的畜禽，又经营种植业或加工业等其他生产活动的农牧户。这些农户正处于由副业养殖户向较大规模的专业户过渡的阶段。与副业养殖户相比，兼业养殖户的劳动生产率和畜产品商品率显著提高，所生产的畜禽产品商品量已占较大比重。专业养殖户是在农户家庭经营的条件下，专门或主要从事饲养畜禽的农户。牧区的专业养殖户，虽然专门从事畜牧业生产，但大部分牧户是牛马羊等各种牲畜都有，并非专门经营某种牲畜。与专业养殖户不同的是农区饲养畜禽专业户，它是在专业分工的基础上，专门从事某种畜禽的生产，如养鸡专业户、养猪专业户、养牛专业化等。饲养畜禽专业户一般饲养规模较大，采用较先进的科学技术和经营管理，具有较高的劳动生产率和商品率，并能取得较好的规模经济效益。

2. 现代畜牧业家庭经营的特征

现代畜牧业家庭经营呈现出商品化、企业化、专业化、规模化和社会化的特征。

(1) 畜牧业家庭经营的商品化。随着社会分工的发展和社会生产力的提高，畜牧业的家庭经营必然走向商品化，农户从为自己而生产转向为社会而生产。畜牧业家庭经营的商品化是指农户的经济活动由自然经济、半自然经济或自给半自给经济向商品生产、商品交换的商品经济转化。如表 1-2 所示，由于截取的时间序列较短，我们可以发现全国主要畜产品农村家庭人均商品量变化趋势有两类：猪肉、牛羊肉的商品量基本稳定，而禽肉、奶类、蛋类及水产品的商品量明显增加。可能的原因是在相应时期内对于农户家庭经营来说猪牛羊的商品化率已经达到较高的标准，而其他畜产品的商品化率还处于上升趋势，即农户养殖正处于由副业养殖向专业养殖的过渡时期，同时也反映出农户畜牧业生产结构调整的趋势。我们也应该看到，只有实行畜牧业家庭经营的商品化，才能使畜牧业生产走向专业化的道路，才能促使农牧民在生产中注意节约资源、降低成本、提高经济效率。

表 1-2 全国农村家庭人均畜产品商品量 单位：千克/人

年份	猪肉	牛羊肉	禽肉	奶类	蛋类	水产品
2004	26.6	5.4	6.9	7.67	6.4	7.05
2005	32.2	6.2	9.6	11.27	10.5	8.14
2006	34.4	6.2	8.9	13.27	11.0	8.58
2007	27.6	6.0	10.2	14.62	10.7	9.34
2008	25.4	5.4	10.8	5.1	12.8	9.7

资料来源：《中国农村住户调查年鉴》，各年资料整理而得

(2) 畜牧业家庭经营的企业化。这主要是指农户从自给自足、不进行经济核算的生产单位向提供商品畜产品、追求利润最大化、实行自主经营和独立经济核算的资本型家庭经营转变。这是一个长期渐进的过程，只有实现企业化的经营，农户才能生产适销对路的畜产品，优化资源配置，提高经济效益，才能在市场条件下生存和发展。

(3) 畜牧业家庭经营的专业化。这主要是指农户家庭之间实行明显的社会分工，生产的项目由多到少，由分散到集中，由自给自足转变为专门为市场生产某种畜产品，其他生产项目降为次要的地位，或者成为从属的、辅助的生产部门，甚至完全消失。畜牧业家庭经营的专业化有利于充分发挥各地自然经济条件的优势；有利于劳动者劳动熟练程度、技术水平的提高；有利于先进科学技术的运用和畜产品的加工，以提高畜产品的科技含量和经济附加值；也有利于畜产品供给

数量更多、品种更全和质量更高。当然畜牧业家庭经营的专业化也给农牧民带来了更大的市场风险。

(4) 畜牧业家庭经营的规模化。由于加工型畜牧业不像种植业那样严格受土地规模的限制，通过采用现代生产技术，进行集约经营，规模会逐渐扩大，劳动生产率会越来越高。因此，实现畜牧业家庭经营的适度规模经营能够提高资源利用的效率。

(5) 畜牧业家庭经营的社会化。这主要是指农户由孤立的、封闭性的自给性生产，转变为分工细密、协作广泛、开放型的社会化畜牧业生产的过程。畜牧业家庭经营的社会化，有利于发挥各地的生产力要素的优势；有利于从部门外部得到更多的物质和能量；有利于把农牧民带入市场，适应市场竞争，获得更好的发展。

3. 牧区与农区畜牧业家庭经营的比较

在牧区农村家庭经营的主要收入来源为畜牧业，典型的牧区三省（内蒙古、西藏、青海）畜牧业收入占家庭经营总收入的30%以上。从趋势上来说，牧区畜牧业收入占家庭经营总收入的比重较为稳定。而对农区而言，畜牧业收入的比重则相对较低，一般维持在15%～25%（表1-3）。由于各地资源禀赋、市场条件的差异，畜牧业在农业中的比重也不同，但对于农户经济而言仍然有一定的积极意义。

表1-3 2008年农区、牧区部分省份畜牧业生产收入支出情况

地区	省份	家庭经营总收入/元	其中		家庭经营总支出/元	其中	
			牧业/元	比重/%		牧业/元	比重/%
牧区	内蒙古	6590.3	2502.4	38.0	3064.6	1366.3	44.6
	新疆	5949.1	1317.3	22.1	2918.4	650.5	22.3
	西藏	2744.5	817.7	29.8	526.9	225.4	42.8
	青海	2694.8	975.0	36.2	930.8	339.6	36.5
农区	山东	5339.4	1228.9	23.0	2139.4	836.6	39.1
	江苏	4428.7	683.9	15.4	1417.3	373.9	26.4
	湖南	3657.3	922.7	25.2	1374.4	570.5	41.5
	江西	3954.3	652.0	16.5	1307.9	406.2	31.1

资料来源：根据《中国农村住户调查年鉴》整理

4. 畜产品生产与农户经济的关系

在农户收入水平相对较低的阶段，农户饲养包括生猪在内的大型牲畜除了有补充收入的目的外，还有在收入不确定的情形下保障家庭消费平滑的作用。低收入农户更愿将大型牲畜视为一种保障消费平滑的预防性资产。这种意愿程度的强弱同信用市场缺乏效率和市场不完全有关。Rosenzweig 和 Wolping（1993）观察到在印度一些信贷约束较为严重的地区，穷人们频繁通过买卖水牛来平滑其消费。而在我国传统农户中，畜产品生产的储蓄功能也非常明显。在农户有大额现金需求时（红白喜事、孩子上学等），通过杀猪宰羊而获得急需的现金是一种常见的农户行为。当进一步引入了生存风险影响时，可以发现，在生存风险的压力下，贫困农户家庭的资产将要用于维持生存且防范风险。低收入农户虽然更倾向于成为风险规避者，在日常生活中愿意储存较大比例的非生产资产以预防未来可能的风险冲击，但受生存压力的威胁，他们只能将生产性资产和非生产性资产权衡分配。如果将农户的养殖行为看作带有预防性动机的资产“储蓄”行为，那么虽然较一些其他农业生产回报率低，但仍愿意继续从事畜牧业生产就是合理的。因此，当农户收入水平提高到一定程度，农户的副业性养殖的储蓄功能减弱或消退时，一些农户就会退出畜产品生产，留在畜牧业中的农户会扩大养殖规模，以通过规模经济提高收入水平。

5. 畜产品生产与农户经营的关系

畜产品生产对于农户而言，除了上述的经济意义外，在有机肥料源、副产品的有效利用、劳动力的配置等方面都有积极作用。第一，畜牧生产产生的粪便可制成有机肥。农家肥的利用，可增加农田有机质含量，改善土壤结构和提高肥力，增加粮食单产，提高农产品品质，从而能增加农民收入。同时，有机肥的利用降低了农民对化学肥料的依赖，降低了农民的种田成本，间接增加了农民的收入。数千年来，中国的传统农业能够在人多地少的情况下保证粮食安全，家庭畜牧业生产提供的有机肥起到了关键的作用。第二，农产品生产加工的副产品，如秸秆等，通过草食动物过腹，既降低了农民的饲料投入，又减少了农业副产品的处理成本，提高了农作物秸秆和农副产品的利用率，是农民变废为宝最有效的途径。这些副产品可以称为家庭畜牧业的“绝对饲料”。第三，畜牧业家庭经营实现了劳动力资源的有效配置。耕种农业的劳动力需求存在着季节性，忙闲不均。而家庭的副业性养殖可以实现劳动力资源的有效利用，提高劳动生产率。从产业链的角度来看，畜牧生产的发展还为解决农村的剩余劳动力问题提供了新的思路。畜牧业的快速发展带动了饲料加工和食品加工等企业的发展，促进了农副产品的转换升值和农产品生产加工企业的发展，提高了农村地区的劳动就业率，增加了农民的收入。第四，畜产品生产为发展包括沼气在内的新能源奠定了物质基础。沼气等新能源的建设不仅解决了农户燃料的问题，减少了森林砍伐，减轻了农民的体力劳动，还对减少水土流失，改善生态环境及促进畜牧业的可持续发展起到了积极的促进作用。

1.2.2 畜产在我国农业产业体系中的地位和作用

从世界各国现代农业产业体系发展规律看，在以种植业为核心的产业体系发展到一定阶段以后，大力发展产业关联度更高、比较效益更大的畜牧业，并形成从养殖场到餐桌的畜产经济体系，是许多发达国家现代农业发展的成功之道。作为畜产业的核心环节，畜牧业占农业的比重是衡量一个国家和地区现代化水平总体发展状况的重要标志，是人们“生活富裕”的重要反映，也是新农村建设的重要内容（图 1-5）。

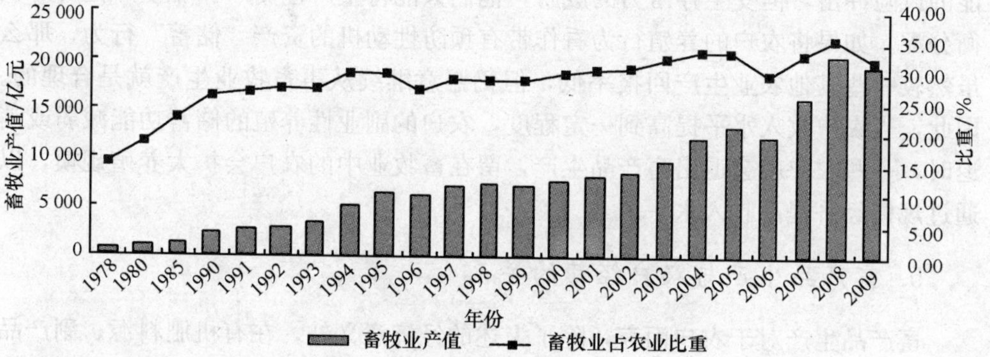

图 1-5　中国畜牧业产值及占农业的比重

目前，发达国家畜牧业产值已经占到农业总产值的 50%以上，欧洲和北美一些国家达到了 60%～70%。我国畜牧业产值在 1990 年仅为 1967 亿元左右，占农业产值的 25.7%。至 2009 年，畜牧业产值达 19 468.4 亿元，是 1989 年的 9.90 倍，占农业总产值的比重提高至 32.3%，部分畜牧业大省已经突破 50%。畜牧业生产已从家庭的副业性经营向规模养殖转变，机械、电子、信息和生物技术等成果得到了进一步利用。随着人民生活质量和水平的提高，国内消费者对畜产品的需求越来越大，畜牧业在现代农业中的比重将进一步增加。

另外，由于我国于 2001 年年底加入 WTO，对于属于劳动密集型产品的加工型畜牧业而言，在部分产品上存在一定的比较优势，一些产品在国际市场上占有一席之地。国际市场的需求也将推动我国畜产业的健康发展。

同时，从畜产业与农业产业体系的关系来看，一方面，畜牧业生产是生态农业链中的重要环节，既可以提供优质的畜禽产品，还能够提供大量廉价、优质、可再生的有机肥资源，能够改良土壤，培肥地力，减少化肥施用量，避免污染，促进农业可持续发展。而草食家畜的发展，不仅可以提高土地的利用效率，而且还有利于涵养水土，保持土壤微生物平衡，从而实现农业生态系统的良性循环；

另一方面，畜产业是大农业产业体系中重要的组成部分，它是农业生产的继续和延伸，拉长了农产品产业链，使农业成为一种从“田头到餐桌”的完整产业，提高了农产品的附加值。包括饲料业、畜禽养殖业、加工业等在内的畜产业还是农业产业化的关键环节，畜产业的快速发展不仅对扩大农产品市场、充分利用我国巨大的劳动力资源、推动农业和农村经济整体增效发挥了重要的作用，而且还会对国民经济的发展产生一定的拉动作用。

1.3 畜产经济的研究方法

1.3.1 系统分析法

系统科学认为，任何一个正常运转的系统，必然有着与其外界环境的关系，整体与部分的关系，部分与部分之间的关系，从而形成系统整体，产生系统整体性功能。这个含义，要求我们把畜产经济看成为几个产业组成的、相互联系的、多层次结构的系统，并通过其多方面、多角度的联系，来研究畜产经济结构及其相互联系。

所谓系统分析方法，不是用单独的、孤立的思维方法去研究畜产经济，而是自始至终把它作为一个系统整体来对待，并从其整体与部分、部分与部分，以及其与外界环境的联系中加以认识和改造的一种科学方法。以往的分析方法，总是按产业先分析后综合，以部分来求整体。这种方法，用来研究简单系统是适用的，而用来研究复杂系统就不够了。因为，畜产经济是一个复杂的系统，联系广泛，结构复杂，影响因素多种多样，如果运用先分析后综合，以部分来求整体，势必得出“部分效果优，整体效果也优”，“部分效果差，部分效果也差”的结论。事实上，这是不科学的。先把事物的整体分割成若干部分，进行个别的简单的剖析，然后再把各个已经分析的部分的认识综合起来，作为对整体的认识，这样往往容易把部分与整体人为地分割开来，使部分孤立，结果难免造成对部分的认识不够确切，而再把不够确切的部分的认识综合起来，就容易出现对整体认识的差错。

我们强调系统分析，就是坚持以畜产经济系统整体为起点和归宿，即先从系统整体出发，然后深入到各个产业、各个部分，并把对各个部分的分析始终放在系统整体之中来进行，这样就可使部分在整体中的地位和作用更清楚、更明确，对部分和整体之间的关系的认识也就更加确切。同时，系统分析是要从系统的要素、结构、功能、联系方式、历史发展等方面进行全面性、综合性的考虑。

综合，从纵的方面可以综合前人的成果；从横的方面可以综合今人的成果。把前人和今人的成果重新结合，可以产生原有成果所不具有的新的性能，达到系统整体性功能最佳化的目标。

系统分析与传统分析不能相互对立、截然分开。可以根据具体情况选择、结合应用。提倡和运用系统分析方法并不意味传统分析方法的淘汰，但应该看到，系统分析的提出，突破了传统分析方法的局限，它促使人们多角度、多维度、立体性地思考问题，为处理和解决畜产经济系统的问题提供了新思路。近几年来，我国有的省市在制定畜产经济发展战略过程中，运用系统工程的原理和系统分析方法，把畜产经济发展战略目标在整个国民经济系统与外界环境关系中进行总体的考察和研究，正确估计实现战略目标的条件，使其更具有实践性和可行性。

1.3.2 比较分析法

比较是研究畜产经济的重要方法。比较的方法很多，一是纵向比较，即历史源流、发展的比较；二是横向比较，即同一个时期与不同对象的比较；三是相同比较，即取其相同点的比较；四是不同的比较，即择其不同点进行比较；五是同异交叉比较，即取其相同点和不同点进行比较；六是关联比较，即取其三方，或多方对象相互关联起来进行比较。上述六种比较可以根据不同的对象和要求，求同求异，求常求变，交叉使用。

进行比较研究要遵循以下原则：一是要注意可比性。现在的内容、时间、范围、性质等要大体相符或相近，否则无法进行比较。二是比较要有统一标准。标准是衡量事物的尺码，尺码不同，衡量的结果不一。对同一事物，在同一时期内进行比较，必须用同一标准进行比较，才能达到预期的目的。三是要注意科学性。在进行比较时要注意坚持从实际出发，实事求是，防止主观、片面。如果事先定调子，下结论，然后找材料进行比较，那是违背科学原则的。四是要注意全面性，要了解事物的全体性和多维性，客观事物千变万化的客观事实要求在进行比较时，要了解事物的全面性，才能揭示事物的本质及其发展规律。

1.3.3 数理统计法

数学、统计方法在经济科学研究中的作用日益显著。它能提供精确的形式化语言，以简化和加速人们的思维过程。所谓形式化的语言，主要是指用数学符号(图形、图表等）来表示的语言，如用函数关系来表示畜产各业之间的变化关系；用各种数学方程式来表示和研究商品需求、市场价格的波动、经济周期的变化。这种形式化的语言，简洁明确，容易抓住事物的特征和内在关系，并能提供计算的方法和工具。在现代社会的经济生活中，存在着大量的、复杂的数量关系，单靠人的直观推测和计算，不能适应经济发展的需要。电子计算机产生和推广之后，数学计算的功效大大发挥，它能提供逻辑推理和抽象概括人的认识，可以帮助人们对某些问题作深入细致的研究。

在畜产经济研究中，运用数学和统计方法是必要和有效的，但在具体运用时必须注意，数学和统计方法对经济理论的发展只能起到服务的作用，不能起支撑、支配和决定作用，更不能用数学概念来代替经济理论的概念。

1.3.4　定量分析法

定量分析是在认识事物的规定性前提下，揭示事物量的规定性和把握事物数量界限的一种科学方法。其内容有：①揭示事物量的规定性，即解释这一事物区别于其他事物的数量（规模、程度、速度的大小、高低、快慢的数量）关系。②明确事物实际的数量界限，即事物规模、程度、速度数量的限额度。任何事物一定的质都具有一定的量，事物的质和量的统一叫做度。超过一定的度，事物的性质就发生变化。这个能使事物性质发生变化的度就叫做“数量界限”。③进行图表计算和数据分析。认识客观事物的本质和规律，不仅要用文字的叙述和概括，还要用图表、数据来分析和说明，这样会使人们对事物的认识更明确、具体，也容易使人接受，甚至还可以简化和加速人们的思维过程。

定量分析和定性分析是有区别的，前者是试图借助于各种数量关系和统计方法描绘经济现象和规律；而后者则以一般的和系统的方法去研究经济运动和规律。如我们在研究畜牧生产、畜产加工和畜产流通时，定性分析主要揭示它的最一般的规律，如生产资料和消费资料的关系，简单再生产和扩大再生产的实现条件，以及生产资料和消费资料内部结构及其比例关系等。而定量分析是从事物数量关系上揭示其各种经济变量关系，即在确定的一定经济关系前提下预测某种范围的数量关系特征，如供给、收入、价格、需求等各种变量关系。在实践工作中，定量分析和定性分析是不能分开的，在数量计算中能够找到一定的策略和方法，在策略和方法中又包含着一定的数量的规定性。这是质和量的辩证法。畜产经济结构复杂，数量关系繁多，单从定性或定量一方面进行分析，难以达到预期的目的，所以，必须将定量与定性结合起来进行分析，才能使研究结果更符合实际。

本章小结

1. 本章介绍了畜产业及畜产经济学的基本概念，强调了畜产业与畜牧业的区别和联系，简要说明了畜产业的组成。畜产经济学作为应用经济学研究的分支学科，通过对其相关研究内容、范围的挖掘，可以为产业政策的制定，产业结构的调整提供依据。

2. 产业布局理论、价格理论、产业关联理论、农产品贸易理论等应用于畜产经济研究，能够从生产、价格、贸易、环境等角度分析畜产经济问题。

3. 农户家庭经营中畜产的份额在降低，但从产业整体来看，畜牧业产值占整个农业产值的比重在上升。注重畜产各业上下游产业的关联，从产业的视角分析畜牧业问题，有利于弄清产业结构，有利于畜产业的可持续发展。

关键术语

畜产业　畜产经济　供需理论　产业理论　系统分析法　比较分析法

复习与思考

1. 简述畜牧业与畜产业的区别与联系。
2. 简述杜能的农业区位理论对畜牧业生产布局的意义。
3. 分析副业养殖户继续留在畜牧业生产经营中的原因。
4. 应用比较分析的方法研究中、美畜产结构的差异。

本章参考文献

陈传波，丁士军．2005．中国小农户的风险及风险管理研究．北京：中国财政经济出版社．
陈仲常．2005．产业经济理论与实证分析．重庆：重庆大学出版社．
方天堃．2007．畜牧业经济管理．北京：中国农业大学出版社．
高鸿业．1997．西方经济学（上册 微观部分）．北京：中国经济出版社．
胡浩，周光宏．2008．我国肉类产业产值占 GDP 比重的估算．肉类研究，(11)：3-5.
乔娟，潘春玲．2010．畜牧业经济管理学．北京：中国农业大学出版社．
史志诚．1992．畜产经济概论．北京：农业出版社．
郜秀军．2008．农户外出务工行为对养猪行为影响的实证分析．中国农村经济，(12)：35-41.

第2章 中国畜产业布局

农业区位论认为，农业布局不仅取决于土地的自然属性，而且更重要的是依赖于当时的经济状况和生产力发展水平，尤其是农业生产用地到农产品消费地（市场）的距离。近年来制约农业布局的其他因素，如社会制度、相关政策、技术条件等也起到越来越大的作用。在畜产业的布局中，理所当然地应该考虑上述因素。另外，在畜产业布局中，不仅要考虑到畜牧业生产与土地的关系，而且还要考虑到畜产加工业与畜牧业的关系，考虑到产业集聚及市场等因素。

中国幅员辽阔，各地区在畜产品生产上的资源禀赋、技术水平及市场条件等千差万别。这些区别构成了畜产业中比较优势的基础。中国畜业生产布局现状是否符合比较优势原则？生产要素是否实现了最优配置？中国畜产业的布局应该从哪些方面进行调整？本章首先阐述了畜牧业生产布局的理论基础，并从区域比较优势的角度出发，运用定性和定量的方法，分别对中国生猪、肉鸡、奶牛和畜产品加工业的区域性生产布局及其变化特征进行了描述，并对中国畜产业布局进行了简单的趋势分析。

2.1 畜产业生产布局的理论

2.1.1 畜产业生产布局的基本概念

1. 相关概念

畜产业布局是指畜产业生产的地域分布，亦称畜产业生产配置。实质上是指畜产业生产在一个国家或地区范围内的空间分布与组合。畜产业布局的内容包括两方面：一方面是指畜产业各部门在地域之间的分工关系，即生产格局的安排；另一方面是指畜产业各部门在一定地区内部的比例关系、协调状况和分布特点，即结构的安排。生产格局安排和结构的安排两者相互联系、互为因果。

合理的畜产业布局，必须符合各个不同地区的自然规律和经济规律，合理利用各地区的自然资源和经济资源，保持各种自然资源的协调和生态平衡，尽可能多地发展对本地区最有利的部门，并各自做到扬长避短、因地制宜地充分发挥其生产潜力，用最少的人力、物力、财力获得最大的经济效果。

2. 畜产业生产布局的依据

畜产业所从事的动物产品的生产经营过程，是自然再生产和经济再生产相互交织、相互作用的过程，必将受自然条件、社会经济条件和技术条件的作用和影响。因此，有必要分析和评价各种条件的作用和影响，并以此为依据，进行畜产业的合理布局。

(1) 自然条件。自然条件与畜产业关系极为密切，其对畜产业生产的影响主要通过生产资源的限制，从而决定家畜生产、加工的地理分布。在不同的自然条件下，各地的耕地与草地资源、劳动力资源及气候条件都不尽相同，因此会根据畜禽品种对自然条件的适应能力产生不同的布局，使得不同品种牲畜在地理分布上各有其特定的区域。传统畜牧业布局基本由自然条件所决定，由此也产生了各地独特的畜产加工品（表 2-1）。

表 2-1 畜产业生产资源的国际比较

国别	农用地面积占国土面积比/%			农业劳动力比重/%	户均耕地面积/公顷	气象条件	
	合计	耕地	草地			年均气温/℃	年雨量/毫米
中国	54.35	12.68	41.67	40.8	0.61	13.3	480.6
日本	14.8	13.3	1.5	4.2	1.82	15	1503
法国	58.3	34.6	23.7	3.4	57.81	10.9	585
荷兰	55	23	32	3	10.69	9.4	834
美国	46.7	20.5	26.1	1.4	174.82	12.6	1123
澳大利亚	64.3	5.8	58.5	3.4	72.19	17.6	1205

资料来源：根据《中国统计年鉴》、《世界银行数据库》、《第二次全国农业普查公报》、许世卫《当代世界农业》、日本文永堂《畜产经营学》的相关数据整理

(2) 技术条件。技术条件包括畜产业生产过程中使用的生产工具、饲养技术、生产技能及其技术熟练程度等，技术条件对畜产业布局的影响有其独特的特点，它主要通过技术条件的变化，来加强或减弱自然条件和社会经济条件对畜产业布局的影响，从而改变畜产业布局。比如，由于环境条件的制约，我国东北地区的生猪生产在 20 世纪 90 年代以前生产水平较低。随着畜舍条件的改善及配套技术的进步，东北地区的黑龙江、吉林都成为我国重要的生猪产地，两省在我国猪肉总产量中的比重分别从 1990 年的 1.73％与 1.71％提高到 2009 年的 2.21％与 2.31％。另外，水禽的网养、笼养、厚垫料平养、塑料大棚饲养等技术的成熟为山东、河南等产地的水禽发展提供了可能。

(3) 社会经济条件。社会经济条件包括畜产品的市场供求与价格、贸易和加工条件、交通和运输条件、经济地理位置、消费市场的容量和趋势、已有生产基地和水平等。在一定的生产方式下，这些条件综合作用于畜产业生产和布局，其

影响力往往大大超过自然条件的作用。例如，畜产品加工企业的集聚、家畜市场的设立、消费地的形成与发展、交通运输条件的改善等都可能改变畜产品的产地，扩大产地范围，加速畜产业的产业集聚，使畜产业布局更加合理。另外，畜牧业环境污染问题的发生，可能增加生产企业的畜禽废弃物处理成本，或者由于污染超过原产地的耕地容纳能力，迫使企业寻找其他产地。这种现象在规模化生产后更易发生，这是“污染天堂”假说在畜产业的验证。

3. 畜产业合理布局应遵循的主要原则

依据生产布局的一般原则，结合畜产业特点，畜产业合理布局应遵循以下主要原则。

(1) 充分合理利用各地的自然资源、发挥地区自然优势，因地制宜，适当集中。

(2) 根据比较优势的原则，充分考虑产地的社会经济条件，充分考虑市场条件。

(3) 从产业链视角，考虑畜牧业及其相关产业的合理结合，提高资源配置效率，提高畜产业一体化水平。

(4) 根据农牧结合的原则，防止环境污染问题的发生，维护生态平衡，实现畜产业可持续发展。

2.1.2　畜产业生产布局的相关理论

1. 杜能的《孤立国》与农业区位论

土地的区位，就是指土地分布的地区或地点。土地的区位理论，就是关于人类活动的空间分布及其在空间中的相互关系的学说。土地的区位理论作为一种学说，产生于 19 世纪，其标志是 1826 年德国的农业经济学家和农业地理学家杜能 (Johann Hein-rich von Thüunon，1783～1850) 发表的著作《孤立国同农业和国民经济的关系》。在这部著作中，杜能建立了区位地租理论和农业区位理论。

杜能的《孤立国同农业和国民经济的关系》的中心内容是，农业土地利用类型和农业土地经营集约化程度，不仅取决于土地的天然特性，而且更重要的是依赖于当时的经济状况和生产力发展水平，尤其是农业生产用地到农产品消费地 (市场) 的距离。这样，杜能就从农业土地利用的角度阐述了对农业生产的区位选择进行经济分析的方法。

杜能具体分析了农业生产者定居在一个集市城镇周围的情况。他把生产者假定为“价格的接受者”，即处于完全竞争的状态下。他假定生产者将设法取得最大利润，那么他们种什么作物，将取决于其耕地与市场之间的距离。运输费用相对来说较贵的产品（单位质量价格较高：指运输费用或转移成本相对于产品价格而言是高的那些产品）应在城镇附近种植，而运输费用相对来说比较便宜的产品则应在离城镇较远的田里种植。杜能的理论对于经济地租理论是相当重要的。

杜能的理论证实了：某一生产要素获得的租金可能不仅与该要素的质量有关，而且与其区位也有关。为了阐明距离对农业土地利用类型的影响，杜能先做出以下几点假设：①在一个大面积的区域内，有一个圆形范围的“国家”，其中有人居住和耕种，而这个“国家”以外的是大片的不能耕种的土地。②这个“国家”的土地是一定的，而且完全被投入使用，并且要获得尽可能高的净收入。③在这个“国家”只有一个城市，且位于其中心，其他都是农业用地，城市是农产品消费的中心。④在城市和其郊区之间只有陆上道路交通联系。⑤在这个“国家”中，各地气候特点和土壤质量都是相同的。⑥运输费用与农产品的质量和生产地到消费市场的距离成正比。

从这些假设条件出发，杜能推导出关于土地利用类型的结论：在距城市最近的郊区，可以生产易腐烂的、不适于长途运输或者是重量大、单位质量价格高的农产品。这些农产品，如在距城市较远的地方生产，其成本（生产成本加运费）就会超过在城市的销售价格，因此在经济上不合算。由于城市中每种农产品销售价格都是一定的，生产这种农产品的企业越靠近城市，其净收入就越大。但当靠近消费中心的农业企业的产品不能全部满足市场需求时，市场价格就将提高，结果就会扩展农产品的生产范围。相反，如果市场上某种农产品的消费需求可以从城市近郊得到满足，那么距市场远一些的企业就应种植单位质量价格较低的产品，这样就会引起生产资料和劳动费用的相对下降，其结果是随着到消费地距离的增加，土地经营会越来越粗放，而距离城市最近的郊区，其经营最集约。

由以上分析可以得出这样的结论：城市周围土地的利用类型以及农业集约化程度都是呈圈层变化的。围绕城市消费中心形成一系列的同心圆，即“杜能圈”（图 2-1）。

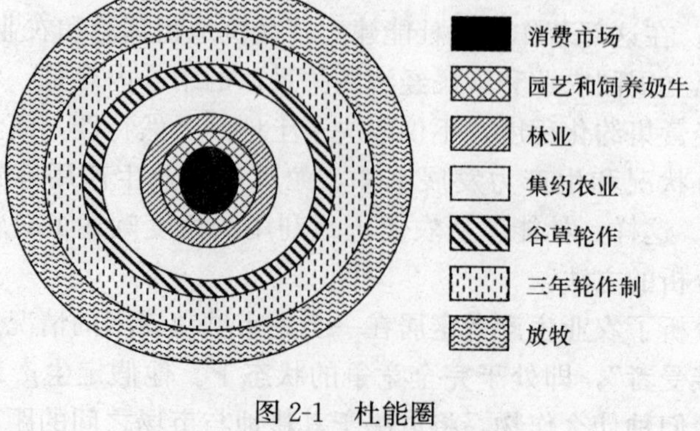

图 2-1　杜能圈

在杜能的农业圈中，中心的黑色部分为消费市场，每一圈的土地利用类型如下：①第一圈距离市场最近，适宜种植园艺作物，饲养奶牛，以及种植饲料、土豆和甜菜等。②第二圈适宜发展林业，因为它的产品量大，运费较高。③第三圈适宜发展以集约程度较高的方式种植的农作物，并实行二年轮作制。④第四圈适宜种植牧草用以放牧，以及种植粮食作物，但不实行集约生产。⑤第五圈适宜实行粗放的三年轮作制。⑥第六圈适宜放牧，也可以实行粗放的种植业。⑦第六圈以外的地区，由于距离消费地太遥远，因而只能供狩猎使用。

杜能认为，在相同的自然地理条件下，影响农业土地利用区位选择的主导因素是生产地到消费地之间的距离。在这种距离影响因素下，农业生产的空间差异不仅表现在产品方向上，而且也表现在经营种类、经营方式和强度上。随着社会的进步和经济技术的发展，从生产地到消费地之间的经济距离和时间距离较之它们之间的地理距离已大为缩短，加上冷藏运输设备的使用，使得某些易腐产品直接靠近消费中心生产的必要性大大降低了。比如，大城市消费的牛奶、肉类、蔬菜等产品也可以在距离城市较远的地方生产，并通过便捷的交通方式运到城市的消费中心。但是，只要还存在着面向集中的消费市场而进行的农业生产和因距离差别所引起的运费差异，农业土地利用的区位过程就必然要受到距离这一主导因素的影响。所以，杜能的理论仍然具有一定的实际价值。

杜能的农业区位论为以后出现的各种区位理论和城市地区结构等理论奠定了理论基础，杜能研究问题的方法被以后的经济学家广泛应用。但由于受到当时生产条件和理论水平的限制，杜能只强调了土地离市场的远近，而制约农业布局的其他大量因素，如社会制度、方针政策、自然条件差异、技术装备程度等因素却被忽略。因此，杜能的理论有一定的局限性。

2. 新空间经济学理论

空间经济学是从空间的视角研究资源在空间的配置和经济活动的空间区位问题。传统空间经济学理论主张，经济活动在区域间无差异的条件下，最终在地理空间上将均匀分布，但现实的情况却是不同类型的经济活动在空间上的高度集聚。具体而言，它是从理论上分析在某个特定的土地上会不会，以及为什么会产生集聚，也就是研究经济行为的空间集聚（Martin，1999），是经济学新兴的领域。Krugman（1991a，1991b）、Fujita 等（2004）在前人研究的基础上，创建并形成了新空间经济学理论。

新空间经济学的关键理论基础和假定是任何制造业产品都具有运输成本。运输成本包括看得见的运输网络形成的有形运输成本，也包括地方保护等非关税贸易壁垒。新空间经济学理论这种探讨经济行为在空间的集聚，从而形成产业集群。空间集聚是一种特殊的空间动态现象。在空间系统的动态过程中，某些中心区域吸收了来自其他区域的人口、资金而增长起来，相应的某些中心区域发生衰退，这就是空间集聚。古典的区位理论从不同产业的角度研究了空间分布规律，空间经济学则试图将古典学派的区位理论综合成一个系统的空间结构，并假定决定空间结构及其差异的关键因素是运输费用、要素聚积和对土地的开发利用等。新空间经济学采用了收益递增——不完全竞争模型的建模技巧对空间经济结构与变化过程重新考察，其目的在于将经济地理分析纳入主流经济学的范畴之中。

2.1.3 畜产业布局的测度

1. 行业集中度指数

产业经济学中，集中度指的是在一个行业中若干最大企业的产出占该产业总产出（产值、产量、销售额、销售量、职工人数、资产总额等）的百分比，用来反映一个产业的垄断程度。一种典型的度量方法是 n 企业集中度，即最大的 n 家企业的产出占总产出的百分比。绝对集中度反映一个行业的垄断程度。在计算公式中，集中度常被写成 CR_n 的形式。CR 是 concentration ratio 的简称，n 表示最大的 n 项之和所占的比例。本节以家畜饲养头数或畜产品产量为产出，反映畜产行业的集中程度。

2. 产地集中度系数

考虑到产地总数，在 CR_n 的基础上对其进行修正得到产地集中度系数。主要计算步骤为：

(1) 按照各地区某一产业产量占全国此产业产量的比重分为几组，计算出各组地区数在所有地区中所占的比重 P_i 和该地区此类产业产量占全国此产业产量的比重 Y_i；

(2) 计算出各组此产业产量的累加比重 U_i；

(3) 将累加此产业产量比重按照等级两两相加得到 V_i，其中第一组不变；

(4) 将 V_i 与相应地区占所有地区比重相乘，乘积相加，得到 S；

(5) 运用公式 $G=S/10000-1$，计算得到产地集中度系数 G。

3. 资源禀赋系数

资源禀赋系数是通常采用的用于反映一个国家或地区某种资源相对丰富程度的计量指标。资源禀赋系数（EF）的含义为，某一国家或地区某种资源在世界或全国的份额与该国或该区国内生产总值在全世界或全国国内生产总值中的份额之比。

其计算公式为 $$\mathrm{EF}=\frac{/V_i/V_{wi}}{Y/Y_w}$$

式中，V_i 为某一国家或地区拥有的 i 资源；V_{wi} 为世界或全国拥有的 i 资源；Y 为该国或该地区国内生产总值；Y_w 为世界或全国国内生产总值。如果 EF>1，则说明该国或该地区具有比较优势；如果 EF<1，则说明该国或该地区不具有比较优势。

在本教材中，我们以畜产品的产量来计测某省或地区的 EF 值。

2.2　中国的农区畜产业与牧区畜产业

从宏观上来看，中国畜产业布局首先表现为农区畜产业与牧区畜产业之分。由于自然条件之差异，自古以来就形成了农区与牧区畜禽饲养品种、加工产业及消费市场的显著不同。

2.2.1　中国农区畜产业与牧区畜产业的历史

畜牧业产生之初，完全依靠分布在江河流域附近和气候、土壤条件比较适宜地区的天然草场放牧，但随着人畜不断增多，为了解决固定地区放牧饲料资源的不足问题，产生两种扩大饲料来源的方式：发展种植业和扩大放牧空间范围。前者因依靠种植业而逐渐增加舍饲，减少放牧，趋向固定。后者则依靠扩大空间，增加流动性。饲养方式的分化，形成了畜牧业的两大类型，即农区（农田）畜牧业与牧区（草地）畜牧业。

在地广和人畜都少的古代，粗放种植业与游牧能并存于同一地区，但随着生产的发展，出现了种植业与游牧争地的矛盾。于是，西北、西南等部分不适宜种植农作物而适宜利用天然草场放牧牲畜的高寒地区，就在狩猎的基础上逐步发展为牧业区。而黄河、长江的中下游等适于种植多种农作物的地区，则在采集业的基础上逐步发展为农业区，进而促使两种类型的畜牧业产生地区分化，并逐渐形成牧区畜牧业与农区畜牧业。生态条件差、位置偏僻、不能发展种植业的牧区，只能发展马、牛、羊等草食家畜，这使得畜牧业不仅是唯一的生产部门，而且是高度自给性生产。这些地区直到新中国成立前仍基本处于原始状态。天然水草条件较好的农区，除部分粮食可作为饲料外，拥有大量秸秆、糠麸、根茎和蔬菜等可用于饲养猪和家禽，加之猪和家禽的饲养周期短等因素，很快其成为农区饲养的主要畜禽品种。但由于受到人多地少、耕地主要用于种植口粮、饲料来源少的限制，农区畜牧业只是作为家庭副业，发展缓慢。农区畜牧业和牧区畜牧业的分化及形成，除自然环境因素的作用外，还有战争和政府的畜牧业政策等社会因素的作用。

从统计数据来看，1933～1949 年，中国生猪生产主要集中在河北、山东、四川、广东和江苏（表 2-2），这 5 省的生猪饲养量约占全国总饲养量的 40%～55%。各省的生猪生产数量在整体上呈现出不断下降的趋势，是由于受到战争的影响。

表 2-2 1933～1949 年主要省份生猪数量估计值 单位：千头

年份	河北	山东	四川	广东	江苏	全国
1933	9 496	4 253	12 051	7 641	4 961	73 591
1937	3 742	3 506	8 177	5 187	5 018	63 027
1946	3 043	2 851	8 642	3 527	4 080	49 107
1949	3 162	1 970	9 421	4 107	4 000	56 166

资料来源：许道夫《中国近代农业生产及贸易统计资料》，人民出版社，1983 年

1933～1947 年中国鸡的主产省为山东、四川、广东、江苏和江西。这 5 省饲养的鸡约占全国总饲养量的 40%～50%（表 2-3）。

表 2-3 1933～1947 年主要省份鸡数量估计值 单位：千只

年份	山东	四川	广东	江苏	江西	全国
1933	37 723	19 812	29 574	34 184	19 792	288 835
1937	21 355	15 858	22 059	18 394	17 526	222 863
1946	16 335	37 802	16 523	14 069	14 511	205 641
1947	17 424	15 934	18 035	15 662	15 028	195 241

资料来源：许道夫《中国近代农业生产及贸易统计资料》，人民出版社，1983 年

1933～1949 年中国水牛的主产省为四川、广东、湖南、湖北和江西。这 5 省约占全国总饲养头数的 55%～65%（表 2-4）。

表 2-4 1933～1949 年主要省份水牛数量估计值 单位：千头

年份	四川	广东	湖南	湖北	江西	全国
1933	2 247	995	614	553	415	7 361
1937	1 999	1 299	1 482	924	827	11 574
1946	1 813	1 387	940	473	707	9 172
1949	2 264	1 204	996	699	558	10 085

资料来源：许道夫《中国近代农业生产及贸易统计资料》，人民出版社，1983 年

1933～1949 年中国黄牛的主产省为河南、山东、湖北、广东和四川。这 5 省约占全国总饲养头数的 35%～55%（表 2-5）。

表 2-5　1933～1949 年主要省份黄牛数量估计值　　单位：千头

年份	河南	山东	湖北	广东	四川	全国
1933	2 173	2 303	1 748	953	1 125	15 900
1937	3 139	2 580	1 875	1 579	824	21 604
1946	2 302	2 216	1 727	1 472	1 033	19 823
1949	3 475	2 208	1 440	1 301	2 088	28 397

注：新疆只记载了 1949 年的数据（1674 千头），为统计的一致性，故未将其纳入统计中

资料来源：许道夫《中国近代农业生产及贸易统计资料》，人民出版社，1983 年

1934～1949 年中国山羊的主产省为山西、四川、甘肃、河南和江苏。这 5 省约占全国总饲养头数的 45%～50%（表 2-6）。

表 2-6　1934～1949 年主要省份山羊数量估计值　　单位：千头

年份	山西	四川	甘肃	河南	江苏	全国
1934	2 188	4 498	1 720	1 776	1 396	22 717
1937	1 660	1 482	1 646	1 529	1 235	15 744
1946	1 397	1 658	1 356	1 010	1 039	13 087
1949	1 035	1 153	1 691	618	900	11 516

注：新疆只记载了 1949 年的数据（2071 千头），为统计的一致性，故未将其纳入统计中

资料来源：许道夫《中国近代农业生产及贸易统计资料》，人民出版社，1983 年

1934～1949 年中国绵羊的主产省为山西、甘肃、山东、河南和河北。这 5 省约占全国总饲养头数的 50%～65%（表 2-7）。

表 2-7　1934～1949 年主要省份绵羊数量估计值　　单位：千头

年份	山西	甘肃	山东	河南	河北	全国
1934	2 099	3 255	1 791	1 528	878	14 927
1937	2 198	2 625	1 089	889	789	12 411
1946	1 432	2 064	710	590	514	8 287
1949	1 552	3 704	637	376	947	14 771

注：新疆只记载了 1949 年的数据（6640 千头），为统计的一致性，故未将其纳入统计中

资料来源：许道夫《中国近代农业生产及贸易统计资料》，人民出版社，1983 年

在中国近代畜产品的国际贸易中，羊毛所占的比重最高（表 2-8）。当时的羊毛生产及贸易主要由牧区承担，我国的羊毛品质上（如卷曲度、脂肪含量等方面）没有澳洲羊毛优良，不能用于高级的纺织品的生产，但它却是中低档羊毛

衫、毛毡和地毯的重要原料。

表 2-8 1912～1941 年羊毛出口统计

年份	羊毛出口总数		绵羊毛		山羊毛		山羊绒	
	数量/公担	价值/千元	数量/公担	占总数比例/%	数量/公担	占总数比例/%	数量/公担	占总数比例/%
1912	172 204	9 516	160 108	92.98	12 096	7.02		
1925	280 735	25 304	257 717	91.80	23 018	8.20		
1930	131 173	10 682	118 171	90.09	5 485	4.18	7 517	5.73
1935	225 413	16 185	199 873	88.67	13 591	6.03	11 949	5.30
1941	10 676	9 030	4 377	41.01	3 296	30.87	3 003	28.12

资料来源：许道夫《中国近代农业生产及贸易统计资料》，人民出版社，1983 年

2.2.2 中国农区畜产业与牧区畜产业现状

1. 我国农区与牧区的划分

我国农、牧区大致的地理分界线是东起大兴安岭北部经辽河中下游地区，循西南走向经阴山山脉南下，包括河套平原，再沿鄂尔多斯高原外缘向西经贺兰山，翻越乌鞘岭，经河西走廊，沿该走廊地带南缘，顺祁连山往东，再沿青藏高原的东缘，顺横断山脉南下，到云南西部腾冲附近。该线以西是牧区，以东是农区。

农区以种植业为主，同时兼营林、牧、渔各业，是畜禽产品的主要产地，主要分布在东北、华北、长江中下游平原、四川盆地和珠江三角洲等地区。其中北方农区主要包括东北、华北地区、山东以及陕西关中平原，是牛肉、奶类和禽蛋的主要产区。而秦岭、淮河以南和青藏高寒牧区以东为南方农区，主要包括华东、中南、西南地区，是猪肉和禽肉的主要产区。

牧区以饲养草食性牲畜为主，主要分布在东北平原西部、内蒙古高原、黄土高原北部、青藏高原、祁连山以西、黄河以北的广大地区，共有 120 个牧区县（旗、市）和 146 半牧区县（旗、市）分布于全国的 12 个省、自治区。其中的内蒙古、青海、新疆、西藏、宁夏和甘肃六大牧区的天然草场面积占中国草场面积的 60%以上，是牛、羊生产的重要基地。

尽管以县（旗、市）为界限对农牧区进行划分更具科学性，但由于已有统计资料只以省而不是县为基础公布，使得上述分区在实践中较难运用。后来，有专家在已有分区基础上，按省、自治区、直辖市对我国畜牧业区划进行了划分，具体如表 2-9 所示。

表 2-9　按省、自治区、直辖市划分的农区和牧区

区域划分		省、自治区、直辖市
农区	北方农区	辽宁、吉林、黑龙江、山东、山西、陕西、河北、河南、北京、天津
	南方农区	湖北、湖南、广西、广东、福建、江西、浙江、贵州、江苏、安徽、四川、云南、上海、海南、重庆
牧区		西藏、青海、甘肃、宁夏、内蒙古、新疆

资料来源：李瑾《畜产品消费转型与生产调控问题研究》，中国农业科学技术出版社，2010 年

2. 我国农区畜产业和牧区畜产业的现状

20 世纪 80 年代以前，我国农区的畜牧业大多属于家庭副业，规模极小。据统计，1979 年我国农区平均每个农户只出栏生猪 0.33 头、存栏家禽 4.9 只、存栏奶牛 0.003 头。随着社会、经济以及技术的发展，到 2009 年，农区的猪、牛、羊肉的产量较 1979 年分别增长了 4.06 倍、36.75 倍和 10.9 倍。

2008 年，我国猪、牛、羊及家禽存栏数的 CR_5 值分别为 41.26、38.55、50.04 和 43.50，猪肉、牛肉、羊肉及禽肉产量的 CR_5 值分别为 37.67、48.06、57.06 和 46.08。目前，我国猪和家禽的生产以农区为主；牧区的内蒙古和新疆的羊肉产量及存栏数占到了全国的 30%左右，是羊的主要生产地；而同为草食性牲畜的牛，农区的饲养量及产量已经超过了牧区。另外，河南和四川的各畜禽存栏数均位居全国前五，成为我国的养殖业大省（表 2-10，表 2-11）。

表 2-10　2008 年我国畜禽存栏数的 CR_5

类别		省、自治区					合计
猪	省、自治区	四川	河南	湖南	山东	云南	
	存栏数/万头	5 325.8	4 462	3 915.3	2 725.8	2 669	19 097.9
	占全国比例/%	11.50	9.64	8.46	5.89	5.77	CR_5=41.26
牛	省、自治区	河南	四川	云南	内蒙古	西藏	
	存栏数/万头	1 051	987	706.4	688	644.5	4 076.9
	占全国比例/%	9.94	9.33	6.68	6.51	6.09	CR_5=38.55
羊	省、自治区	内蒙古	新疆	山东	河南	四川	
	存栏数/万只	5 125.3	3 025.7	2 142.9	2 038	1 720.8	14 052.7
	占全国比例/%	18.25	10.77	7.63	7.26	6.13	CR_5=50.04

续表

类别		省、自治区					合计
家禽	省、自治区	河南	山东	四川	河北	辽宁	
	存栏数/万只	61 002	53 971.8	39 717.7	37 996.3	37 100	229 787.8
	占全国比例/%	11.55	10.22	7.52	7.19	7.02	CR_5＝43.50

资料来源：根据历年《中国统计年鉴》和《中国畜牧业年鉴》相关数据计算

表 2-11　2008 年我国畜禽肉产量的 CR_5

类别		省、自治区					合计
猪肉	省、自治区	四川	湖南	河南	山东	湖北	
	产量/万吨	436.2	370.2	367.1	321.3	245.8	1740.6
	占全国比例/%	9.44	8.01	7.95	6.95	5.32	CR_5＝37.67
牛肉	省、自治区	河南	山东	河北	内蒙古	吉林	
	产量/万吨	82.1	69.2	57.7	47.6	39.4	296
	占全国比例/%	13.71	11.53	9.26	7.03	6.52	CR_5＝48.06
羊肉	省、自治区	内蒙古	新疆	山东	河南	河北	
	产量/万吨	84.8	46	33.2	26.5	26.5	217
	占全国比例/%	22.30	12.10	8.73	6.97	6.97	CR_5＝57.06
禽肉	省、自治区	山东	广东	广西	江苏	辽宁	
	产量/万吨	223.2	146.2	113.7	112.8	110.8	706.7
	占全国比例/%	14.55	9.53	7.41	7.36	7.22	CR_5＝46.08

资料来源：根据历年《中国统计年鉴》和《中国畜牧业年鉴》相关数据计算

3. 改革开放以来我国农区畜产业和牧区畜产业的变化

1985～2009 年，农区和牧区的猪牛羊存栏数及其肉产量均有不同程度的提高（表 2-12）。但从各自占全国的比例来看，牛的生产逐渐从原先占有优势的牧区转移向农区。形成这种局面的原因，主要有以下五点。

(1) 自然因素。我国牧区的草原面积占全国的 80%以上。从新中国成立初期到 20 世纪末，我国约有 90%的草原已有不同程度的退化，其中已利用草原中出现“三化”现象的草原已达 1.35 亿公顷。长久的超载过牧和乱采滥挖直接影响了草食牲畜的生产。以内蒙古为例，20 世纪 50 年代的天然草地载畜能力为 8700 万羊单位，而到了 80 年代末，载畜能力已经降至 4600 万羊单位。与此同时，我国草原的牲畜超载率却一直上升。据统计，20 世纪 80 年代我国北方草原的牲畜超载率平均已经达到 18%左右。虽然自 21 世纪初国家制定了退耕还草、退牧还草等一系列草原生态保护措施，但是到 2009 年，这一数据仍然上升到了 31.2%。

（2）饲料因素。我国农区是农作物的主产区，是玉米等精饲料原料的主产地，同时还有秸秆等大量农副产品。据统计，我国每年的农作物秸秆是牧区草原打草量的 50 多倍。而农作物秸秆通过青贮可以作为草食家畜的主要饲料。

（3）技术因素。随着从国外引进了工厂化的养殖技术，依托青贮饲料的不断发展，以往通过放牧形式喂养的牛、羊等草食牲畜可以脱离草地，并逐渐进入养殖场。

（4）社会经济因素。我国农区较牧区拥有较好的基础条件；距离主要消费市场较近，人口密集且市场需求大；吸引的科技人才多，具有较好的技术支持；加工企业多，产品增值空间大；接近城市，交通方便，更有利于畜产品的运输、贮藏和供销。

（5）生产结构因素。牧区牛肉产量占全国总产量比重的降低，也受到了畜牧业生产结构变动的影响。受乳制品龙头企业的带动和乳品消费市场的拉动，农牧民纷纷从养肉牛转向饲养奶牛。

表 2-12　1985 年与 2009 年农区与牧区猪牛羊生产的比较

项目		年份	农区		牧区
			北方农区	南方农区	
猪牛羊肉产量	猪肉产量/万吨	1985	425.0	1 178.5	51.2
	占全国的比例/%		25.68	71.22	3.09
	猪肉产量/万吨	2009	1 600.2	3 134.8	156
	占全国的比例/%		32.72	64.09	3.19
	牛肉产量/万吨	1985	14.3	15.1	17.3
	占全国的比例/%		30.62	32.33	37.04
	牛肉产量/万吨	2009	346	163.6	126.0
	占全国的比例/%		54.44	25.74	18.92
	羊肉产量/万吨	1985	17.9	11.9	29.5
	占全国的比例/%		30.19	20.07	49.75
	羊肉产量/万吨	2009	125.6	92.1	171.6
	占全国的比例/%		32.26	23.66	40.08

续表

项目		年份	农区		牧区
			北方农区	南方农区	
猪牛羊存栏数	猪存栏数/万头	1985	8 383.2	23 524.4	1 232.0
	占全国的比例/%		25.30	70.99	3.72
	猪存栏数/万头	2009	15 007.3	30 324.1	1 665.0
	占全国的比例/%		31.93	64.52	3.54
猪牛羊存栏数	牛存栏数/万头	1985	1 841.3	4 824.0	2 016.7
	占全国的比例/%		21.21	55.56	23.23
		2009	3 630.4	4 487.3	2 609.0
			28.51	35.23	20.49
	羊存栏数/万只	1985	3 597.0	2 913.9	9 077.5
	占全国的比例/%		23.07	18.69	58.23
		2009	9 220.2	5 538.2	13 693.9
			32.41	19.46	48.13

资料来源：根据历年《中国统计年鉴》和《中国畜牧业年鉴》整理

2.3 生猪的生产布局

2.3.1 中国生猪的传统布局

中国是世界最大的猪肉生产国，自古以来就有生猪饲养的传统。在自给自足的自然经济条件下，生猪的生产布局主要受饲养环境、饲料资源、消费传统等因素的影响，表现为中国生猪饲养自古以来主要分布于我国的中南部地区。

根据许道夫（1983）的资料，1914年的生猪产地主要集中在华中地区（包括安徽、江西、湖北、湖南）、东南地区（包括江苏、浙江、福建、广东），各占全国饲养头数的30%左右，其后依次为东北地区、华北地区、西南地区和西北地区。20世纪30年代的数据显示，这个时期的华中和东南地区仍然保持主产区地位，西南地区（包括广西、四川、贵州、云南）的猪肉生产有了大幅上升，生猪饲养头数占全国的比重从1915年的6.7%，上升到1935年的25.7%，而东北、华北、西北地区的生猪饲养比重仍然较小。卜凯（1936）所做的大型农户调查也验证了以上结论。调查资料显示，每100个农户中，华北地区的生猪饲养头数为71.1头，而华南地区则高达135.8头。

到了20世纪40年代，我国的猪肉生产也基本维持了这个趋势，即西南地区持续保持增加势头，生猪饲养量占全国的比重达到29%，超过了华中地区，跃居全国第一。东南与华中地区基本平稳，稳定在25%左右。

因此，在生猪生产主要受自然条件影响的前提下，中国生猪生产集中分布于四川盆地、长江中下游平原和黄淮平原，形成了中国三大传统主产区的格局（图2-2）。

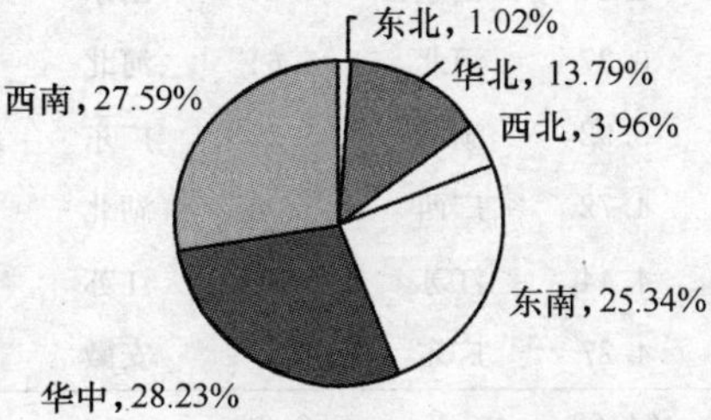

图2-2　1935年中国生猪生产布局区域分布图

数据来源：根据许道夫《中国近代农业生产及贸易统计资料》的数据整理

2.3.2　改革开放以来中国生猪的生产布局及其变动

从现代的生猪饲养地域来看，至少到1980年前后，生猪饲养仍然主要集中在上述的三大传统产地。1980年，我国猪肉产量排名前五位的省份分别是四川、江苏、湖南、山东和浙江，其中，除了第四位的山东处于小麦地带外，其余均为淮河以南水稻地带的省份。当时，淮河以南的14个省份的生猪饲养量占全国总饲养量的70%，这与20世纪初的生猪生产的地域特征没有大的差异。因此，可以说，在大规模的商品化生产未占主导地位，农户的副业性散养为生猪的主要饲养形态的情况下，中国的生猪产业主要分布在淮河以南的水稻地带，生猪饲养的布局主要受自然因素的影响。

改革开放以来，随着社会、经济的发展，中国猪肉的生产布局发生了变化。表2-13为1980～2006年中国猪肉的生产及其变动情况。1980年，猪肉产量占全国总产量的份额（ROY）超过5%的有6个省份，分别为四川、江苏、浙江、湖南、山东、广东，主要为南方省份。2006年ROY超过5%的省份减少为5个，即山东、河南、四川、河北和湖南，其中，北方省份增加为3个。因此，最近30年来，中国的生猪生产有从南方向北方、东部向中西部地区转移的趋势。

表2-13　1980～2006年中国猪肉主产省区产量占全国产量的比重（ROY）变化　单位：%

1980年		1990年		1998年		2002年		2006年	
省份	ROY	省份	ROY	省份	ROY	省份	ROY	省份	ROY
四川	14.49	四川	17.39	四川	10.05	四川	10.61	山东	9.52
江苏	9.15	湖南	8.23	湖南	9.40	湖南	9.17	河南	9.15
浙江	8.27	山东	6.74	河南	7.67	河南	8.47	四川	8.58

续表

1980年		1990年		1998年		2002年		2006年	
省份	ROY	省份	ROY	省份	ROY	省份	ROY	省份	ROY
湖南	8.06	江苏	6.54	山东	6.86	山东	7.28	河北	7.40
山东	7.60	广东	6.37	河北	5.64	河北	6.13	湖南	6.70
广东	5.89	湖北	5.92	湖北	5.22	广东	5.22	广东	4.88
湖北	4.77	河北	4.72	广西	5.00	湖北	5.06	辽宁	4.47
河南	4.36	江西	4.44	江苏	4.91	江苏	5.02	安徽	4.39
安徽	4.36	河南	4.27	广东	4.87	安徽	4.65	江苏	4.36
合计	66.94		64.62		59.63		61.60		59.45

注：2006年四川省数据不包括重庆市

资料来源：根据历年《中国统计年鉴》、《中国农村统计年鉴》和《中国畜牧业年鉴》整理

2.3.3 中国猪肉生产的产地集中度

1998～2001年猪肉生产呈现比较微弱的集中趋势，产地集中度系数由1998年的0.4上升到2001年的0.45。2000年之后，生猪产地集中度系数维持在0.45左右，属于生产比较分散的产业（表2-14）。这也说明虽然猪肉的主产区会产生变化，但作为与耕种农业联系紧密的产业而言，其发展必然与耕地紧密结合，不可能会出现极端的产地集中的现象。

表2-14 中国生猪1998～2006年产地集中度系数表

年份	1998	1999	2000	2001	2002	2003	2004	2005	2006
集中度系数	0.41	0.44	0.45	0.45	0.45	0.45	0.45	0.45	0.45

资料来源：根据历年《中国统计年鉴》、《中国农村统计年鉴》整理

2.3.4 中国猪肉生产的区域比较优势

通过对主要地区资源禀赋条件的比较，可以大体了解各地的资源状况，找出猪肉生产在资源禀赋方面的优势区域（表2-15）。

表2-15 中国生猪生产区域的资源禀赋系数的变化情况

年份	1＜EF＜2	EF＞2
1988	河北、安徽、福建、湖北、广西、海南、云南、甘肃	湖南、四川、贵州、江西
1990	河北、安徽、福建、湖北、广西、云南、甘肃、江西	湖南、四川、贵州
1992	河北、安徽、福建、湖北、广西、海南、云南、甘肃	湖南、四川、贵州、江西
1995	河北、安徽、湖北、广西、云南、甘肃、河南、吉林	湖南、四川、贵州、江西

续表

年份	1＜EF＜2	EF＞2
1998	河北、内蒙古、安徽、河南、湖北、重庆、吉林、云南	湖南、广西、四川、江西、贵州
2000	河北、内蒙古、安徽、江西、河南、湖北、海南、重庆吉林	湖南、广西、四川、贵州、云南
2002	河北、内蒙古、安徽、江西、河南、湖北、海南、重庆甘肃	湖南、广西、四川、贵州、云南
2006	河北、吉林、安徽、江西、河南、湖北、广西、海南重庆、甘肃	湖南、四川、贵州、云南

资料来源：根据历年《中国统计年鉴》、《中国农村统计年鉴》计算

一般情况下，1＜EF＜2，则该省（自治区、直辖市）生猪资源禀赋拥有一定的比较优势；EF＞2，则该省生猪资源禀赋拥有较强的比较优势；0＜EF＜1，则说明该省（自治区）生猪资源禀赋缺乏或不具有比较优势。

1988～2006 年，中国中西部地区在生猪生产的资源禀赋方面具有稳定的比较优势，如传统的生猪主产区四川、湖南、贵州等省的资源禀赋系数一直大于2，说明这三个省份一直具有较明显的生猪生产的资源禀赋优势，其他地区如河北、吉林、安徽、湖北、江西等省区也具有生猪生产的资源禀赋比较优势。原有的东南地区的生猪生产大省已不具有资源禀赋，因为随着经济的快速发展，劳动力、土地和资本等用于生猪生产的成本逐渐加大，出现了资源从生猪生产逐渐转向其他产业的趋势（表 2-14）。比如在 1988～1992 年，作为东部省份的福建在一定程度上还具有生猪生产的资源禀赋优势，但从 1995 年开始，福建省已不具备这种优势。与此相反，以吉林为代表的东北地区资源禀赋优势逐渐增强。因此，从生猪生产的资源禀赋方面进行考虑，中国的生猪生产存在从东部地区向中西部地区、南方地区向北方地区进行转移或扩散的趋势。

2.3.5　中国生猪生产布局的影响因素

1. 自然因素

从动物科学的角度分析，生猪生长最适宜的温度是 15～25℃，因此，在自然饲养条件下，相对于北方而言，南方更适宜猪肉的生产。同时，由于生猪饲养对水的需求较大，水资源是否充足或水资源的可获程度的高低也是决定生猪生产的重要因素。四川盆地、黄淮流域和长江中下平原都是气候湿润、温度适宜、土壤肥沃、水系较为发达的地区，这也是这些地区成为中国猪肉主产区的原因之一。表 2-16 为我国三大生猪主产区的自然资源禀赋情况。

表 2-16　中国三大生猪主产区的自然资源禀赋情况

主产区	自然资源的优势
四川盆地（四川、贵州、包括重庆）	①地处亚热带，气候湿润，降水充足，温度、湿度适宜；②人口众多，既是中国生猪主产区也是主销区；③深居内陆，群山环绕，外界疾病较难传入，是中国主要的“无疫区”之一；④地形以丘陵平原为主，气候、水利灌溉条件较好，其玉米、薯类、水稻等粮食总产量高，青绿饲料资源丰富，各种饲料供应充足。
黄淮流域玉米、小麦主产区（华北地区河南、河北、山东等省份）	①地处中原，交通便利，有利于生猪输出；②人口众多，既是中国生猪主产区也是主销区；③以平原为主，水利灌溉条件较好，玉米、小麦等粮食总产量高，饲料粮供应充足。
长江中下游水稻主产区（湖南、湖北、江苏、安徽、上海等省市）	①地处亚热带，气候湿润，降水充足，温度、湿度适宜；②人口众多，交通便利，有地缘优势；③水系密布，中国主要水稻主产区，青绿饲料资源丰富。

资料来源：胡浩等《中国生猪生产的区域性布局及发展趋势分析》，《中国畜牧杂志》，2009（20）：43～47

另一个影响猪肉生产的自然因素是饲料粮。猪肉生产为耗粮型畜牧业，需要消耗大量粮食及其副产品。因此，粮食主产区拥有生猪生产的得天独厚的条件。四川、湖南作为稳定的生猪传统主产区，是生猪比较优势最全面的省区。湖南的稻谷产量居全国第一位，四川的薯类产量居全国第一位，且都远高于其他省份，拥有丰富的饲料粮资源。其他主产区如江苏稻谷产量全国第二位，山东的小麦、玉米产量分别居全国第二位，其他猪肉主产区也都是粮食的主要生产省份。可以说，在物流体系不太发达、生猪饲养主要依赖自然条件的情况下，粮食主产区更易成为生猪主产地。

东北地区的吉林、黑龙江、辽宁三省也是我国重要的粮食主产区。2007 年三省的玉米产量占全国总产量的 29.9%，大豆产量占 37.9%。但由于其纬度较高，冬季漫长，给生猪的养殖带来一定的制约，过去每年都需要从外省调入一定量的生猪和猪肉。20 世纪 90 年代后三省的猪肉产量不断增加，这主要是由于生猪饲养技术的发展，“人工环境”等技术使气候因素的影响变弱，东北三省的饲料资源得到了较充分的利用。

2. 经济与社会因素

社会进步与经济发展可能会带来许多影响猪肉供给与需求的因素，进而影响猪肉生产的区域性布局。主要表现为以下三点。

（1）科技进步影响生猪饲养与猪肉供给。科技进步在生猪生产过程中的主要作用有两个体现：第一，加强或减弱自然条件对生猪生产的影响；第二，突破资源稀缺性的限制，合理配置与优化生猪的生产资源，减缓或降低生猪资源的边际报酬递减。在气温相对较低的北方地区，生猪饲养的周期较长，而在炎热的南方地区，生猪的发育也会受到影响。然而，当生猪饲养的环境随着饲养设施的改善而变化后，环境因素就会减少其影响程度。生猪饲养设施的改善使各个地区都可能实现大规模的养殖，因此，科技进步引起的包括饲养规模的扩大、出栏率的提高、品种的改善等都会带来生猪产地的移动。

(2) 经济发展影响消费者的消费需求。在中国肉类食品消费结构中，近几年猪肉一直占 62%左右，人均猪肉消费量从 1990 年的 20 公斤上升到 2006 年的 39.6 公斤，16 年间几乎翻了一番。这是由中国人的消费偏好所决定的。从收入弹性上看，2006 年城市与农村居民猪肉消费的收入弹性分别为 0.10 与 0.46，当农户纯收入增加 1%时，猪肉消费量增加 0.46%，大于城市居民。这也预示着随着农村居民收入水平的提高，猪肉需求仍然将有一定程度的增加。因此，中国居民的消费偏好及对猪肉的刚性需求的存在都形成了对猪肉的有效需求，会产生猪肉生产的新兴产地。

(3) 社会进步影响人们的环境意识，进而从环境安全的角度对生猪饲养布局提出了新的要求。在自给自足的农户散养形态下，生猪饲养一般不会产生环境污染问题。而随着饲养规模的扩大，加上人们对生活环境质量的追求，生猪饲养的环境污染问题可能带来猪肉产地的移动。根据资料，1 头猪日排泄粪尿约 6 公斤，1 个千头猪场日排泄粪尿 6 吨，年排泄粪尿 2200 吨以上。这种规模的猪场如采用水冲洗粪尿则日产污水达 30 吨，年排污水 1 万多吨。如此大量的污染物如果不能进行有效的处理，加上臭气、水体的富营养化、人畜共患疾病的传播等问题的发生将严重污染环境。因此，只有将大城市周边的生猪饲养转移到比较偏远的、能够消化大量有机肥料的地区，才能解决生猪饲养所带来的环境问题，同时减轻土壤肥力的衰退。上海、北京及一些大城市的生猪饲养已经向周边地区或偏远地区转移，同时这种移动从广域来看既发生在省之间，也发生在省内的地区之间。

2.3.6　中国猪肉生产区域性布局的发展趋势

根据中国生猪生产布局变化的趋势，结合各地生猪生产资源禀赋条件、社会及经济条件的变化，可以基本判断中国猪肉生产布局的趋势和方向。

长期以来，中国生猪生产主要集中于四川盆地、长江中下游及黄淮流域。随着社会、经济的发展及科学技术的进步，中国的猪肉生产格局出现了向华北和东北地区转移的趋势，逐渐形成了四川盆地、长江中下游平原、黄淮平原和东北平原等主要的猪肉主产区。

今后我国的猪肉生产布局应该根据资源、市场及环境三原则，形成既能有效利用资源，提高猪肉生产效率，又能满足人们的消费需求，环境友好的可持续发展的区域布局。资源原则的内涵就是要根据比较优势原理，充分发挥具有生猪生产资源禀赋优势地区的自然资源，提高猪肉生产的效率。四川、湖南、吉林、河南、河北、安徽、湖北、广西、重庆、江西、山东等省（自治区、直辖市）资源禀赋系数较大，其猪肉的平均生产成本较低，有丰富的饲料粮资源和较好的自然条件，应该是猪肉生产的主要省份。市场原则的内涵就是要根据农业区位原理，以我国几个大城市为中心，在一定的区域内进行猪肉生产的布局。因为与中心城市的距离、价格和成本等是决定农业布局的重要因素。比如以北京为中心，形成河北、山东、辽宁等猪肉产地，既能较好地满足当地居民的消费偏好与消费需求，又能比其他产地降低成本，增加生产者与消费者的福利。环境原则的内涵就是要根据生态农业的原理，在进行生猪粪尿处理的前提下，以耕地面积可容纳有效养分为基础，确定各地能够饲养的生猪数量，确保环境安全。只有这样才能保证猪肉生产的可持续发展。

专栏 2.1

我国生猪优势区域布局和主攻方向（2008～2015 年）①

一、优势区域布局原则

从我国实际出发，并借鉴美国依托粮食资源、丹麦发挥技术优势成为生猪生产、出口大国的有益经验，我国生猪优势区域布局选择的依据是：

(1) 饲料资源优势。粮食资源丰富或饲料工业较发达。

(2) 生产基础优势。生猪生产水平高、规模大、具有较完善的良种繁育体系，且相对集中连片。

(3) 市场竞争优势。商品率高，外销量大，区位优势明显。

(4) 产品加工优势。加工业基础较好，拥有实力较强的龙头企业。

二、布局与发展重点

根据上述依据，选择沿海地区的江苏、浙江、广东和福建 4 省，东北地区的辽宁、吉林、黑龙江 3 省，中部地区的河北、山东、安徽、江西、河南、湖北和湖南 7 省，西南地区的广西、四川、重庆、云南和贵州 5 省（自治区、直辖市），共 19 个省（自治区、直辖市）为优势区域。依据 19 个省（自治区、直辖市）生猪生产的优势布局，共优选出 437 个生猪生产优势县（团场）。2007 年，437 个优势区域县（团场）生猪存栏约 2.2 亿头，占全国生猪存栏的 50%，出栏 3.2 亿头，占全国生猪出栏的 56%左右，人均出栏 0.97 头，是同期全国人均出栏 0.42 头的 2.3 倍。

(1) 沿海地区生猪产区。包括沿海地区的江苏、浙江、广东和福建 4 省的 55

---

① 资料来源：佚名，《全国生猪优势区域布局规划（2008～2015 年）》，农民日报，2009 年 3 月 5 日。

个基地县。主攻方向：本区域靠近港澳、东南亚等传统猪肉贸易地区，种猪产业基础好，生猪生产的规模化、集约化水平较高，商品猪在港澳市场有较强的竞争优势。发展的重点是确保一定的自给率，同时发挥种猪生产优势，建立出口猪基地，增加出口。

（2）东北生猪产区。包括吉林、辽宁和黑龙江 3 省的 30 个基地县。主攻方向：本区域是我国玉米主产区，饲料资源丰富，生产成本低，生猪生产的规模化、组织化程度较高，生猪加工业相对发达，双汇、得利斯、金锣等多家国内知名企业相继在东北建立猪肉加工企业。发展重点是发挥成本优势，建设一批高标准的生产基地，做大做强龙头企业，进行精深加工，确保京、津等大中城市的供应，努力扩大对俄罗斯的猪肉出口。

（3）中部生猪产区。包括河北、山东、安徽、江西、河南、湖北和湖南 7 省的 226 个基地县。主攻方向：本区域为我国传统生猪主产区和粮食产区，主要特点是粮食资源丰富，生猪生产总量大，调出量大。不但区内人口众多，消费市场潜力大，而且邻近上海、广东等沿海经济发达地区，市场容量大。发展重点是进一步转变传统养殖方式，采取农牧结合的方式，不断提高规模化、标准化养殖水平，扩大屠宰加工能力；完善良种繁育体系，开发利用优良的地方品种资源，培育特色优势，立足于扩大本地市场，确保大中城市销区市场供应。

（4）西南生猪产区。包括广西、四川、重庆、云南、贵州 5 省（自治区、直辖市）的 126 个基地县。主攻方向：西南地区也是我国传统的生猪产区，大多数地方是丘陵山区。发展重点是因地制宜发展各种类型的生态养猪业，提高标准化规模养殖水平，改善生猪良种化水平，确保本地区消费的同时，努力拓宽市场销售渠道，增加农民养猪收益。

2.4　肉鸡的生产布局

在中国的饮食文化与传统中，鸡肉一直被公认为是营养价值高于其他肉类的滋补佳品，因此，我国鸡的饲养历史非常悠久。我国传统的肉鸡生产是自给、半自给的家庭庭院式饲养，饲养技术水平低下，专业化程度和商品率都比较低。所以，长期以来，我国肉鸡市场的供给一直严重不足，在普通消费者的生活中成为一种奢侈的消费品。改革开放以来，随着畜禽产品的价格逐渐市场化，农户自主经营的改革措施激发了农户从事肉禽养殖的积极性。同时，我国开始着力提高肉禽生产的水平，先后从欧美引进了星布罗等现代优良肉种鸡，并采用了配合饲料、现代饲养管理和疫病防治技术，使我国的肉禽生产周期缩短、饲养效益明显提高。进入 20 世纪 90 年代以后，我国肉鸡生产呈现规模化、企业化和产业化的发展趋势。规模养殖场的规模化程度开始提高，大规模肉禽养殖场的出栏量在总出栏量中的比重逐步上升。龙头企业不断涌现，带动了大量农户从事肉鸡养殖，促进了我国肉鸡产业的快速发展。

2.4.1　鸡的传统生产布局

家禽产业是我国传统而重要的畜牧产业，自古以来中国是鸡（主要是兼用，尚未形成肉鸡专业生产）的生产大国。在改革开放之前，我国鸡生产布局主要受饲养环境、饲料资源、消费传统等因素的影响，表现为中国鸡的饲养地域主要分布于我国的华北、华中和东南地区（图 2-3）。

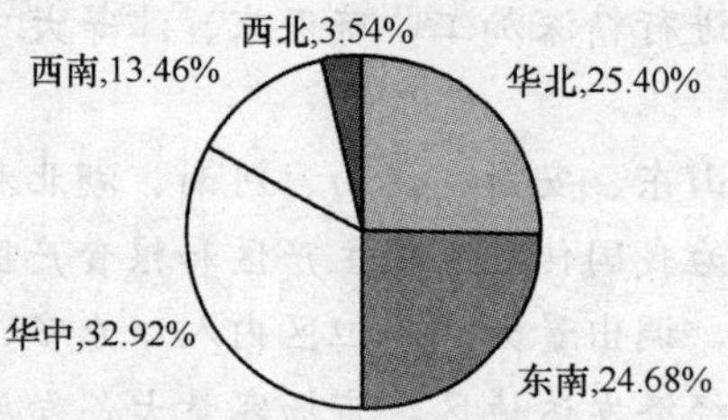

图 2-3　1935 年中国的鸡生产布局区域分布图

资料来源：根据许道夫（1983）整理

根据许道夫的统计资料，1935 年的鸡产地主要集中在华北（包括河北、山东、山西和河南）、华中（包括安徽、江西、湖北和湖南）和东南（包括江苏、浙江、福建和广东）地区，分别占全国鸡饲养总数的 25.40%、32.92%与 24.68%，其后依次为西南地区和西北地区（东北地区数据不详）。1947 年的数据显示，虽然由于受到抗日战争和解放战争的严重影响，全国鸡的饲养量大幅度下降，但各地区饲养鸡的比例保持总体不变，华北、华中和东南地区仍然保持主产区地位。

因此，在自然生产环境的前提下，中国鸡的传统生产主要集中分布于华北平原、长江中下游平原和黄淮平原。

2.4.2　我国肉鸡的现代生产布局

1. 我国肉鸡生产布局的统计描述

改革开放以后，由于市场化程度的提高和家庭经营机制激励效应的释放，我国肉鸡养殖业得到了长足的发展。1985 年，鸡肉产量的份额超过 5%的有广东、江苏、四川、安徽、广西、湖南、山东等 7 个省份，这 7 个省份生产了 68.9%的鸡肉，而且广东和江苏两个经济较为发达的省份生产了全国产量的 32%。2005 年这一份额超过 5%的省份有山东、广东、江苏、辽宁、河北、吉林、四川、河南和安徽等 9 个省份，这 9 个省份生产了全国鸡肉产量的 70%，说明我国肉鸡生产在空间上有扩张的趋势。2008 年又增加了广西。1985～2008 年，山东、吉林、河北、辽宁和河南等 5 个省的鸡肉产量占全国比重由 13.7%上升为 43.8%。而广东、江苏、安徽、广西、四川、湖南和浙江等省份生产比重减少幅度较大，其中广东减少了近12%的份额。中国的肉鸡业有从经济较为发达的东部地区逐渐向中部地区和西部地区转移的趋势（表2-17）。

表2-17　历年中国鸡肉主产省区产量占全国鸡肉产量比重情况　单位：%

年份	地区比重/%
1985	广东（19.3）、江苏（12.7）、四川（10.0）、安徽（9.4）、广西（6.4）、湖南（5.8）、山东（5.2）
1990	广东（16.7）、江苏（10.8）、四川（10.3）、山东（9.3）、安徽（6.5）
1995	山东（20.9）、广东（11.8）、江苏（9.0）、四川（7.3）、辽宁（5.0）
2000	山东（13.9）、广东（9.0）、四川（8.5）、江苏（8.0）、吉林（6.7）、辽宁（6.3）、河北（6.1）、安徽（5.7）
2005	山东（17.7）、广东（7.8）、江苏（7.1）、辽宁（7.0）、河北（6.8）、吉林（6.3）、四川（6.3）、河南（6.0）、安徽（5.0）
2008	山东（14.6）、广东（9.5）、广西（7.4）、江苏（7.4）、辽宁（7.2）、四川（7.0）、安徽（6.1）、河南（6.1）、河北（5.1）

注：1997年重庆市和四川省分设，为保持计算指标的一致性，1997年以后的四川鸡肉产量中包括重庆市的鸡肉产量。各省份鸡肉的产量按禽肉产量的75%进行计算

资料来源：根据历年《中国统计年鉴》和《中国畜牧业年鉴》整理

2. 产地集中度分析

中国肉鸡生产的产地集中度系数并不高，最低的年份为48.7%，最高的年份则为57%，相差不到9%，而且1995年后，区域肉鸡集中度系数呈现出下降的趋势（表2-18），这说明中国肉鸡产地有分散的趋势。

表2-18　1985～2005年区域肉鸡产地集中度系数变化情况

年份	1985	1990	1995	2000	2002	2003	2004	2005
集中度系数	0.575	0.518	0.536	0.498	0.492	0.489	0.501	0.497

资料来源：根据历年《中国统计年鉴》和《中国畜牧业年鉴》整理

1990～2005年肉鸡产量占全国肉鸡产量5%以上的省份，已经由原来的5个变为9个，中国肉鸡产地在空间布局上具有扩张的趋势。

3. 区域资源禀赋分析

一般情况下，EF＞1，则该省肉鸡资源禀赋拥有一定的比较优势；EF＞2，则该省肉鸡资源禀赋拥有较强的比较优势；0＜EF＜1，则说明该省肉鸡资源禀赋缺乏或不具有比较优势。1995～2002年，我国肉鸡生产的资源禀赋发生了很大的变化，辽宁、吉林、山东、河南、湖南、广西的EF值分别从0.61、1.21、

0.42、0.12、0.18、0.01 上升到 1.46、3.44、1.79、1.04、1.14、1.57。而浙江、江西分别从 2.36、4.65 下降到 0.32、1.47，在资源禀赋上不再具有优势或比较优势下降（表 2-19）。

表 2-19 中国肉鸡业资源禀赋具有优势的产区

年份	EF＞1	EF＞2
2001	河北、吉林、安徽	浙江、江西
2002	河北、辽宁、安徽、江西、山东、河南、湖南、广西	吉林
2003	河北、辽宁、安徽、江西、山东、河南、湖南、广西	吉林
2004	河北、辽宁、安徽、江西、山东、河南、湖南	吉林
2005	河北、辽宁、安徽、江西、山东、河南、湖南、广西	吉林

资料来源：根据历年《中国统计年鉴》和《中国畜牧业年鉴》计算

与上述相反，2002～2005 年中国各地区肉鸡业的资源禀赋优势状况基本不变，吉林省肉鸡产业的 EF 值保持在 3.3 左右，表明其在肉鸡业资源禀赋上具有很强的比较优势，这几年肉鸡生产在资源禀赋上具有比较优势的产区还有山东（1.8）、安徽（1.7）、辽宁（1.6）、江西（1.5）、河北（1.3）、湖南（1.2）、河南（1.0）、广西（1.0）。

2.4.3 中国肉鸡生产布局的影响因素

1. 自然条件及生态环境状况

在导致我国肉鸡业区域发展的不平衡的诸多影响因素中，饲料资源分布不平衡是一个重要的因素。我国可大致划分为东、中、西三大区域，其饲料生产出现较大的区域差异。东、中、西部配合饲料分别占全国总量的 58%、28%、14%；浓缩饲料分别占全国总量的 38%、50%、12%；添加剂预混合饲料分别占全国总量的 55%、31%、14%。我国肉鸡生产的区域布局与饲料资源分布地区是相似的。另外，玉米和优质植物性蛋白质饲料豆粕多集中于我国东北，而南方相对欠缺；鱼类和畜禽加工下脚料的动物性蛋白质饲料（鱼粉、肉骨粉等），在沿海地区和南方相对丰富些。饲料生产的不平衡性在一定程度上影响着我国肉鸡业区域发展的不平衡。

畜牧业环境污染也促进肉鸡产地发生移动。区域比较优势是一个资源、经济和环境等多学科交叉的边缘问题。农产品的区域比较优势取决于自然资源禀赋、市场需求拉动与环境支撑能力等方面的共同作用。在农业发展的初级阶段，市场因素、区位因素的影响较大；进入环保农业阶段，不仅对农产品数量、质量有要求，而且对生产农产品的环境质量提出了严格的要求，环境因素的地位也逐步提高。这些在很大的程度上也影响着肉鸡业产地布局的变动，要求我国将肉鸡产地逐渐向大城市周边或比较偏远的地区进行转移。

2. 技术条件

这里的技术条件是指在肉鸡生产过程中使用的生产设备、饲养技术及其技术熟练程度等。它主要通过技术条件的变化，来加强或减弱自然条件和社会经济条件对肉鸡生产布局的影响，从而改变肉鸡业布局。技术进步是产业结构演变的决定性力量。通过技术进步，可以开发新的资源，拓宽自然资源的利用范围，使不具有自然优势的产业变为优势产业，使新的产业或产品生产可以突破原有资源的制约而得以更好地发展；还可以提供新的优良品种和先进的养殖技术，从而不断推动产业结构、产品结构、品种结构的变化。

因此，具有区域比较优势的肉鸡产区一般具有良好的饲养技术水平，形成一定规模的屠宰与加工厂集聚，规模优势明显。例如，具有后发优势的山东、辽宁、吉林等省就是因为具有较高的技术水平条件，逐渐在国内的肉鸡生产中具有较强的比较优势。

3. 社会经济条件和城市化发展水平

如果某区域内经济相对发达，居民消费水平较高，且又有增长的趋势，即区域内有稳固的存量市场，且增量市场看好，则有利于促进肉鸡业的发展。

另外，城市化水平的提高也是肉鸡消费需求增长的新因素。近年，随着我国城市化及小城镇的迅速发展，城镇人口增长明显加快。城镇人口的迅速增长成为我国肉鸡产品消费新的增长点。由于城镇居民相对于农村居民有更好的消费环境，城镇居民更加追求饮食结构的进一步合理化，因此鸡肉消费水平一直高于农村居民。城市化水平是我国肉鸡消费需求增长的不可忽视因素。

肉鸡产地整体格局的状况与城市化、工业化及经济发展水平关系紧密。因此，随着城市化、工业化进程的不断推进以及经济发展水平的不断提高，肉鸡产地的整体格局也会随之发生相应的变化。

4. 消费偏好

各地区的消费偏好也是影响肉鸡业生产布局和区域比较优势的重要因素。我国肉鸡消费存在较大的地域性差异。据国家统计局统计数据分析，我国鸡肉人均购买量较高的地区有广东、广西、海南、安徽、重庆、云南、江苏和上海等省市，较低的地区有吉林、山东、湖北、江西、内蒙古、河北、黑龙江和山西等省（区、市）。从消费区域结构来看，我国呈现出南方鸡肉消费大于北方的格局。另外，从城乡来看，目前我国鸡肉的消费主要集中在城镇和经济发达的地区，大部分农村和经济欠发达地区的鸡肉消费量还比较少（表2-20）。

表 2-20　2005 年我国鸡肉消费较高和较低地区比较

项目	地区	每月人均购买量/千克	占肉禽比重/%	地区	每月人均购买量/千克	占肉禽比重/%
鸡肉消费比重较高地区	广东	1.04	22.43	重庆	0.59	15.63
	广西	0.98	20.89	云南	0.58	19.56
	海南	0.78	20.06	江苏	0.57	18.18
	安徽	0.62	19.72	上海	0.55	17.67
鸡肉消费比重较低地区	吉林	0.27	11.42	内蒙古	0.23	10.76
	山东	0.27	11.29	河北	0.23	10.18
	湖北	0.26	10.07	黑龙江	0.21	9.9
	江西	0.25	8.44	山西	0.15	8.89

资料来源：国家统计局

5. 生产成本和价格差异

从主产区鸡肉价格的地区差异来看，2005 年广东、河北每 50 千克鸡肉主产品的销售价格最高，远高于全国平均水平；吉林、河南的每 50 千克鸡肉主产品的销售价格最低（表 2-21）。鸡肉销售价格呈现出明显的地区差异。

表 2-21　2005 年肉鸡主产区每 50 千克鸡肉生产成本和出售价格　单位：元

地区	生产成本	出售价格	价格/成本
全国平均	326.00	339.46	1.04
山东	305.75	308.30	1.01
广东	467.38	425.45	0.91
江苏	317.00	339.93	1.07
辽宁	261.66	302.08	1.15
河北	294.67	404.68	1.37
吉林	277.74	300.52	1.08
河南	278.56	306.93	1.10
安徽	301.42	320.00	1.06

资料来源：根据《全国农产品成本收益资料汇编（2005 年）》有关数据整理

从肉鸡的生产成本来看，如图 2-4 所示，以 2005 年中规模肉鸡养殖为例，东部的百只肉鸡生产成本较高为 1493.15 元。而中部的百只肉鸡生产成本较低，仅为 1188.25 元，在成本上有一定的优势。西部的百只肉鸡的生产成本最高，达到了 1680.32 元，这一方面可能是由于生产的规模较小，另一方面可能是由于生产的技术水平较低造成的。这说明，生产成本和价格的地区差异影响到了生产布局和比较优势的变动；生产成本的高低，是决定一个地区是否具有竞争优势的关键。

总之，我国肉鸡养殖空间布局变化是由于经济、自然、技术进步等因素共同作用的结果。作为影响布局的因素，在市场方面要考虑价格和需求量，而在成本方面要考虑运输费用（市场距离）及非运输费用（生产成本）。也就是说，市场的数量及位置也会使生产布局产生较大的改变。随着我国步入农业国际化阶段，肉鸡业发展面临资源与市场的双重约束，市场在生产布局和区域比较优势形成、发展中起着越来越重要的作用，经济因素成为导致我国肉鸡养殖空间布局变化的最直接和最重要的原因。

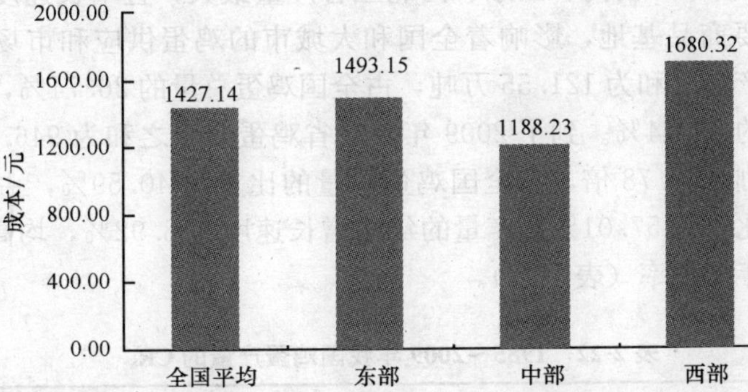

图 2-4 2005 年东中西部中规模百只肉鸡生产成本比较

注：这里用来计算的数据中东部包括：北京、天津、河北、辽宁、上海、江苏、浙江、山东、广东和海南；中部包括：山西、吉林、黑龙江、安徽、河南、湖北、湖南；西部包括：甘肃、宁夏、广西、内蒙古

资料来源：根据《全国农产品成本收益资料汇编（2005 年）》有关数据整理

2.5 蛋鸡的生产布局

鸡蛋是人类健康、廉价的重要蛋白质来源。我国自古就有养鸡吃蛋补充营养的传统。然而在 20 世纪 70 年代之前，我国没有专业的蛋鸡品种，鸡蛋基本都是以农民家庭养殖的形式进行生产，蛋鸡产业发展缓慢。直到 70 年代后期，我国才开始从国外大量引进罗曼、海兰褐、海寒克斯等专业的蛋鸡品系，我国的蛋鸡生产自此逐渐形成产业。

2.5.1 改革开放以来中国蛋鸡的生产布局及其变动

我国蛋鸡行业起步于 20 世纪 70 年代。虽然起步较晚，但发展迅速，1985 年即已成为世界上最大的鸡蛋生产国。近年来，在我国禽蛋产品中，鸡蛋产量占禽蛋总产量的比例稳定在 85%左右，其他禽蛋产量稳定在 15%左右（其中鸭蛋 12%，其他禽蛋 3%）。2009 年鸡蛋总产量达到 2331.30 万吨，分别是 1949 年和 1978 年的 85.92 倍和 8.83 倍。

1985年，我国8个产蛋大省分别是山东、江苏、湖北、河南、河北、四川、辽宁、安徽。而到了2009年原先分别排名第二和第三位的江苏和湖北退居到第五和第七位，而原先处于第四和第七位的河南和辽宁，分别上升到第一和第四位。

1985年，8个省份鸡蛋产量之和为281.69万吨，占全国禽蛋产量的61.98%；2009年，8个省份鸡蛋产量之和为1659.80万吨，占全国比重为71.20%。1985～2009年8个主产区的鸡蛋产量增加了5.89倍，年均增长速度为7.67%，高于全国5.13倍和7.05%的同期平均水平。

8个主产省份中，河南、山东、河北三省产量最大，且增长速度最快，成为全国鸡蛋的重要商品基地，影响着全国和大城市的鸡蛋供应和市场价格。1985年，三省鸡蛋产量之和为121.55万吨，占全国鸡蛋总量的26.74%，占8个主产省份禽蛋总量的43.14%。到了2009年，三省鸡蛋产量之和为946.22万吨，与1985年相比增加了7.78倍，占全国鸡蛋总量的比重为40.59%，占8个主产省份禽蛋总量的比重为57.01%，产量的年均增长速度为8.92%，均高于全国和8个主产省份的年增长率（表2-22）。

表2-22　1985～2009年我国鸡蛋产量的CR_8

年份	CR_8值/%	CR_8省份								CR_8省份总产量/万吨
1985	61.98	山东	江苏	湖北	河南	河北	四川	辽宁	安徽	281.69
1990	63.14	山东	江苏	河南	湖北	河北	四川	辽宁	安徽	426.45
1995	70.80	山东	河北	江苏	河南	辽宁	湖北	四川	黑龙江	1008.87
2000	72.42	山东	河北	河南	江苏	辽宁	安徽	湖北	四川	1380.91
2005	72.33	河北	山东	河南	辽宁	江苏	四川	安徽	湖北	1770.30
2009	71.20	河南	山东	河北	辽宁	江苏	四川	湖北	安徽	1659.80

注：鸡蛋产量按禽蛋产量的85%进行估算

资料来源：根据历年《中国统计年鉴》和《中国畜牧业年鉴》整理

2.5.2　中国蛋鸡生产的产地集中度分析

我国蛋鸡的产地集中系数并不高。从1985～2009年的变化来看，2009年的产地集中度系数较1985年增加了0.123 2，说明我国的蛋鸡产地在总体分散的情况下具有一定的集中趋势。这期间可以大致分为两个时段：1985～2005年我国蛋鸡生产的产地集中度系数从0.427 3升至0.569 4，在整体上呈现出逐渐集中的趋势。到2009年，蛋鸡的产地集中度系数较2005年有小幅下降，但总体上基本形成了稳定的区域布局（表2-23）。

表 2-23　中国蛋鸡 1985～2009 年产地集中度系数（*G*）

年份	1985	1990	1995	2000	2005	2009
G	0.427 3	0.465 2	0.535 0	0.549 4	0.569 4	0.550 5

资料来源：根据历年《中国统计年鉴》和《中国畜牧业年鉴》计算

2.5.3　中国蛋鸡的区域比较优势

一般情况下，1＜EF＜2，则该省蛋鸡资源禀赋拥有一定的比较优势；EF＞2，则该省蛋鸡资源禀赋拥有较强的比较优势；0＜EF＜1，则说明该省蛋鸡资源禀赋缺乏或不具有比较优势。通过对主要地区资源禀赋条件的比较，可以大体了解各地的资源状况，找出蛋鸡生产在资源禀赋方面的优势区域。

表 2-24　中国鸡蛋生产区域的资源禀赋系数（EF）的变化情况

年份		1＜EF＜2								EF＞2	
1985	地区	湖南	安徽	四川	河南	河北	吉林	江苏	湖北		
	EF	1.10	1.18	1.22	1.30	1.33	1.36	1.47	1.60		
1990	地区	陕西	安徽	北京	河北	吉林	天津	湖北	江苏		
	EF	1.05	1.14	1.19	1.32	1.36	1.38	1.45	1.46		
1995	地区	四川	山西	江苏	辽宁	陕西	黑龙江	湖北	吉林	山东	河北
	EF	1.11	1.15	1.17	1.26	1.33	1.36	1.43	1.48	2.2	2.47
2000	地区	陕西	黑龙江	四川	宁夏	湖北	辽宁	安徽	吉林	河南	河北
	EF	1.03	1.05	1.11	1.13	1.27	1.32	1.63	1.80	2.35	3.11
2005	地区	湖北	黑龙江	四川	安徽	山东	吉林	辽宁	河南	河南	河北
	EF	1.27	1.29	1.47	1.58	1.66	1.91	1.93	2.45	2.45	3.17
2009	地区	湖北	四川	山西	山东	安徽	黑龙江	吉林	辽宁	河南	河北
	EF	1.32	1.36	1.36	1.48	1.56	1.58	1.80	2.30	2.62	2.73

资料来源：根据历年《中国统计年鉴》和《中国畜牧业年鉴》计算

从表 2-24 中可以看出：1985 年，我国的湖南、安徽、四川、河南、河北、吉林、江苏、湖北和山东等地区在蛋鸡生产上有一定的比较优势，但全国范围内还未出现 EF 值大于 2、有较强比较优势的蛋鸡生产省份。到了 1995 年，山东与河北的 EF 值已经突破了 2，分别达到了 2.20 和 2.47。随后的十几年间，河北成为最具有蛋鸡生产优势的省份，其 2000 年和 2005 年的 EF 值甚至超过了 3。另外，山东蛋鸡生产的优势逐渐降低，其优势地位被河南所取代。到了 2009 年，河北、河南、辽宁成为蛋鸡生产最具比较优势的三个省份，而原先具有一定比较优势的陕西、北京、天津、江苏等地区，在资源禀赋上不再具有比较优势。

2.5.4 中国蛋鸡生产布局的影响因素

我国家禽的优势生产区域多分布在华北、东北等北部地区。一方面，这些地区地处饲料粮产区，饲料价格低，有利于降低生产成本；另一方面，这些地区也靠近北京、上海、天津等大城市，地处京广、京沪等交通干线，有利于将产品迅速、集中地销往大城市和南方各省；同时这些地区的气候条件也比较适合家禽生产。

蛋鸡生产布局的影响因素与肉鸡相似。随着养殖科学技术的进步，蛋鸡从农民散户生产向规模化生产发展，越来越工厂化的生产使得自然条件对其分布的影响已经不再重要，市场需求才是第一要素。2009 年，产蛋量最大的五个省为河南、河北、山东、辽宁和江苏，他们的城镇居民蛋消费支出均高于全国平均水平。其中，河南是全国人口第一大省，鸡蛋需求很高。河北和山东除满足本省鸡蛋消费外，还兼具满足北京和天津鸡蛋需求。可以看出，鸡蛋的消费需求对蛋鸡产业的布局有很大的影响（图 2-5）。

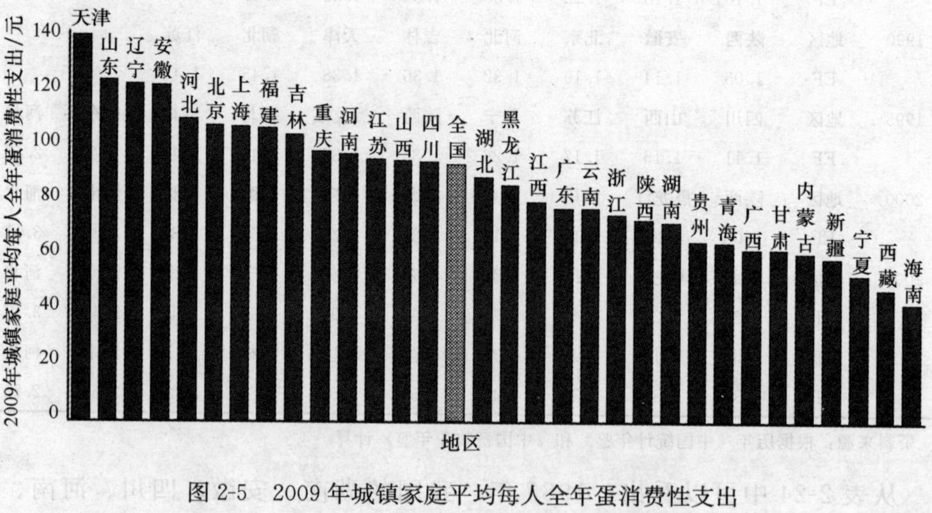

图 2-5 2009 年城镇家庭平均每人全年蛋消费性支出

资料来源：根据《中国统计年鉴》整理

2.6 肉牛的生产布局

2.6.1 牛的传统生产布局

黄牛和水牛是我国最重要的肉牛，随着现代生产要素和农作方式的改变，黄牛和水牛逐渐从以前的以役用为主转变为役肉兼用。

根据许道夫的统计资料（图 2-6），1935 年的中国水牛的产地主要集中在西南、华中和东南地区，黄牛的饲养主要集中在华中、华北、东南和西南地区。可以看出，水牛主要分布在南方水田地区，而黄牛的生产主要分布在北方旱作地区。

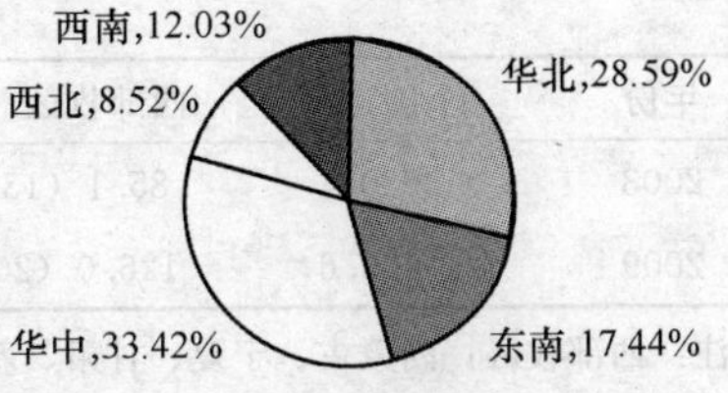

图 2-6　1935 年我国黄牛区域分布图

资料来源：许道夫（1983）

2.6.2　我国牛肉生产布局变化

伴随着肉牛产业规模的扩大，牛肉生产的布局发生了重大的变化。整体而言，中国牛肉生产一直集中在某几个特定省份或特定区域，把每一个省份假设为一个生产单位，可以用 CR_n（牛肉产量前 n 位的地区产量占牛肉总产量的比重）这一指标说明这一现象。在 1980～2009 年这一时期内，中国每年牛肉产量前 4 位的省份占总产量的 40%左右，牛肉产量前 6 位的省份生产牛肉总产量的 50%左右，产量前 8 位的省份生产牛肉总产量的 60%左右。

从 1980 年以来，牛肉主产区从以内蒙古、甘肃、新疆为代表的西部牧区转移到河南、山东、河北为代表的中部平原地区和黑龙江为代表的东北地区。1980 年中国牛肉产量的前四位中有内蒙古、甘肃、新疆，2009 年中国牛肉产量前 4 位分别是中部平原地区的河南、山东、河北和西部地区的内蒙古（表 2-25）。

表 2-25　我国牛肉产量的 CR_4 值

年份	CR_4 省份	CR_4 值/%
1980	内蒙古、四川、甘肃、新疆	47.96
1985	山东、内蒙古、新疆、四川	38.12
1990	河南、山东、安徽、内蒙古	43.2
1995	河南、山东、河北、辽宁	52.4
2000	河南、山东、河北、吉林	47.1
2005	河南、山东、河北、黑龙江	43.9
2009	河南、山东、河北、内蒙古	40.3

资料来源：根据历年《中国统计年鉴》和《中国畜牧业年鉴》计算

表 2-26　各地区牛肉产量及占牛肉总产量百分比

年份	全国/万吨	西部牧区/万吨	中部平原/万吨	东北地区/万吨	其他地区/万吨
1980	26.9	11.8（44%）	3.9（14%）	2.8（10%）	8.4（32%）
1990	125.6	29.3（23%）	60.4（48%）	12.2（10%）	23.7（19%）
2000	532.8	70.1（13%）	283.5（53%）	86.4（16%）	92.8（18%）

续表

年份	全国/万吨	西部牧区/万吨	中部平原/万吨	东北地区/万吨	其他地区/万吨
2003	630.4	85.1（13%）	323.9（52%）	104.1（18%）	117.3（17%）
2009	635.6	126.0（20%）	259.3（41%）	118.8（19%）	131.5（20%）

注：西部牧区：内蒙古、宁夏、甘肃、新疆、青海和西藏；中部平原：河南、河北、山东、安徽、江苏、湖北、山西和陕西；东北地区：黑龙江、吉林和辽宁；其他地区：除上述省（自治区、直辖市）以外的14个省（自治区、直辖市）

资料来源：历年《中国统计年鉴》

表2-26表明，传统上的牛肉主产区西部牧区1980年的牛肉产量几乎占了全国的一半，达到了44%，尽管1980～2009年，西部牧区牛肉产量增长了9.7倍，但其占全国牛肉产量的比例却下降为20%。这是因为其他地区特别是中原地区和东北地区的牛肉产量增长更快。同一时期的中部平原地区和东北地区分别增长了66.5倍和41.4倍，1980年中部和东北地区牛肉总产量占全国牛肉产量的比例仅为24%，2009年达到了60%。这表明，牛肉生产中心已经从西部牧区转移到中部平原地区和东北地区。在东北地区，辽宁、吉林和黑龙江三个省份的牛肉产量基本相当；在中部平原地区，河南、山东、河北及安徽几个省份逐渐成为主产地，2009年这四个省份的牛肉产量为226.4万吨，占全国产量的35.6%。

专栏2.2

全国肉牛优势区域布局规划（2008～2015年）①

一、中原肉牛区

（1）基本情况。中原肉牛区是我国肉牛业发展起步较早的一个区域。该区域包括4个省的51个县，其中山东14个县、河南27个县、河北6个县和安徽4个县。该区域有天然草场面积1320万亩，其中可利用草场面积1240万亩左右。该区域是我国最大的粮食主产区，每年可产3860多万吨各种农作物秸秆，目前秸秆加工后饲喂量达1360万吨左右，仍然有约50%的秸秆没有得到合理的利用。

（2）主要特点。该区域具有丰富的地方良种资源，也是最早进行肉牛品种改良并取得显著成效的地区。我国5大肉牛地方良种中，南阳牛、鲁西牛等2个良种均起源于这一地区。该区域农副产品资源丰富，为肉牛业的发展奠定了良好的饲料资源基础。中原肉牛区具有很好的区位优势，交通方便，紧靠“京津冀”都市圈、“长三角”和“环渤海”经济圈，产销衔接紧密，具有很好的市场基础。

（3）目标定位与主攻方向。中原肉牛区目标定位为建成为“京津冀”、“长三角”和“环渤海”经济圈提供优质牛肉的最大生产基地。未来发展要结合当地的资源和基础条件，加快品种改良和基地建设，大力发展规模化、标准化、集约化

① 资料来源：《农业部关于印发全国肉牛、肉羊、奶牛和生猪优势区域布局规划（2008－2015年）的通知》http：//law.baidu.com/pages/chinalawinfo/11/59/3ff2a8ce339a624d04d55ff6909ab217_0.html。

的现代肉牛养殖，加强产品质量和安全监管，提高肉牛品质和养殖效益；大力发展肉牛屠宰加工业，着力培育和壮大龙头企业，打造知名品牌。

二、东北肉牛区

(1) 基本情况。东北肉牛区是我国肉牛业发展较早、近年来成长较快的一个优势区域，包括5个省（区）的60个县，其中吉林16个县、黑龙江17个县、辽宁15个县、内蒙古7个县（旗）和河北北部5个县。该区域有天然草场面积约11.8亿亩，其中可利用草场面积8.85亿亩；同时也是我国的粮食主产区之一，每年可产约5900万吨各种农作物秸秆，目前秸秆加工后饲喂量达1600万吨，但仍有50%以上的秸秆没有得到充分利用。

(2) 主要特点。该区域具有丰富的饲料资源，饲料原料价格低于全国平均水平；肉牛生产效率较高，平均胴体重高于其他地区。区域内肉牛良种资源较多，拥有五大黄牛品种之一的延边牛，以及蒙古牛、三河牛和草原红牛等地方良种。近年来，品种的选育和改良步伐进一步加快，育成了著名的"中国西门塔尔牛"，成为区域内的主导品种。同时，该区域紧邻俄罗斯、韩国和日本等世界主要牛肉进口国，发展优质牛肉生产具有明显的区位优势。

(3) 目标定位与主攻方向。本区域目标定位为满足北方地区居民牛肉消费需求，提供部分供港活牛，并开拓日本、韩国和俄罗斯等周边国家市场。牧区要重点发展现代集约型草地畜牧业，通过调整畜群结构，加快品种改良，改变养殖方式，积极推广舍饲半舍饲养殖，为农区和农牧交错带提供架子牛。农区要全面推广秸秆青贮技术、规模化标准化育肥技术等，努力提高育肥效率和产品的质量安全水平。进一步培育和壮大龙头企业，在提升企业技术水平和加工工艺、产品质量和档次上下工夫，逐步形成完整的牛肉生产和加工体系。

三、西北肉牛区

(1) 基本情况。该区域是我国最近几年逐步成长起来的一个新型区域，包括4个省区的29个县市，其中新疆16个县（师）、甘肃9个县市、陕西2个县和宁夏2个县。该区域有可利用草场面积约1.2亿亩，各种农作物秸秆1000余万吨，约40%的秸秆没有得到合理利用。

(2) 主要特点。本区域天然草原和草山草坡面积较大，其中新疆被定为我国粮食后备产区，饲料和农作物秸秆资源比较丰富；拥有新疆褐牛、陕西秦川牛等地方良种。近年来引进了美国褐牛、瑞士褐牛等国外优良肉牛品种，对地方品种进行改良，取得了较好的效果。新疆牛肉对中亚和中东地区具有出口优势，现已开通14个口岸，为发展外向型肉牛业创造了条件。本区域发展肉牛产业的主要制约因素是开展肉牛育肥时间较短，饲养技术以及肉牛屠宰加工等方面的基础相对薄弱。

(3) 目标定位与主攻方向。本区域目标定位为满足西北地区牛肉需求，以清真牛肉生产为主；兼顾向中亚和中东地区出口优质肉牛产品，为育肥区提供架子牛。主攻方向是健全肉牛良繁体系和疫病防治体系，充分发挥饲料资源的优势，大力推广规模化、标准化养殖技术，努力提高繁殖成活率和牛肉质量；培育和发展加工企业，提高加工产品的质量和安全性，开拓国内外市场，带动本区域肉牛产业的快速发展。

四、西南肉牛区

(1) 基本情况。该区域是我国近年来正在成长的一个新型肉牛产区，包括5个省市的67个县市，其中四川省5个县、重庆市3个县、云南省的35个县市、贵州省的9个县市和广西的15个县市。该区域拥有天然草场面积1.4多亿亩，每年可产3000余万吨各种农作物秸秆，其中超过65%的秸秆有待开发利用。

(2) 主要特点。该区域农作物副产品资源丰富，草山草坡较多，青绿饲草资源也较丰富。同时，三元种植结构的有效实施，饲草饲料产量将会进一步提高，为发展肉牛产业奠定了基础。主要限制因素是肉牛业基础薄弱，地方品种个体小，生产能力相对较低。

(3) 目标定位与主攻方向。该区域目标定位为立足南方市场，建成西南地区优质牛肉生产供应基地。主攻方向为加快南方草山草坡和各种农作物副产品资源的开发利用；大力推广三元结构种植，合理利用有效的光热资源，增加饲料饲草产量；加强现代肉牛业饲养和育肥技术的推广应用，努力在提高出栏肉牛的胴体重和经济效益上下工夫。

2.7 牛奶的生产布局

2.7.1 中国牛奶生产的传统布局

中国人养牛挤奶的历史有数千年之久，但主要为牧区少数兄弟民族从事的自给自足的生产活动，而作为商品性的生产不过百余年历史。新中国成立前中国乳品供应基本依靠“洋奶”，国内虽有养牛者出售原奶，但数量极其有限，并集中在北京和上海市郊。

1949年新中国成立时，我国仅有12万头奶牛，年产原奶21.7万吨。到了1979年，奶牛年末存栏数达到48万头，原奶产量达到97.1万吨，年平均增长速度分别为4.90%和5.30%（图2-7）。

2.7.2 我国牛奶生产的现代生产布局

我国尽管每个地区都有牛奶生产，但是其分布具有明显的区域不平衡性，主要还是集中在一些牛奶生产大省。其中，产量最大的内蒙古2009年的牛奶产量占全国总产量的25.66%，超过了全国的四分之一。2009年，全国牛奶产量排在

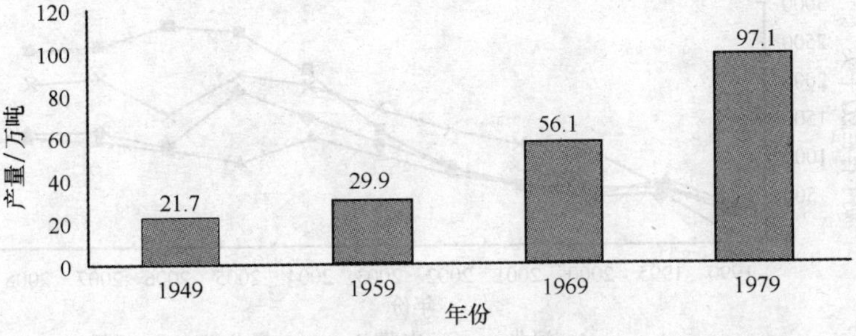

图 2-7　1949～1979 年我国牛奶产量

资料来源：李易方（2001）

前 8 位的依次为内蒙古、黑龙江、河北、河南、山东、陕西、新疆和辽宁，其产量合计达到了 2781.52 万吨，占全国总产量 3518.80 万吨的 79.05％。而其他 23 个地区的产量加起来还没有内蒙古多，只占了 20.95％（图 2-8）。

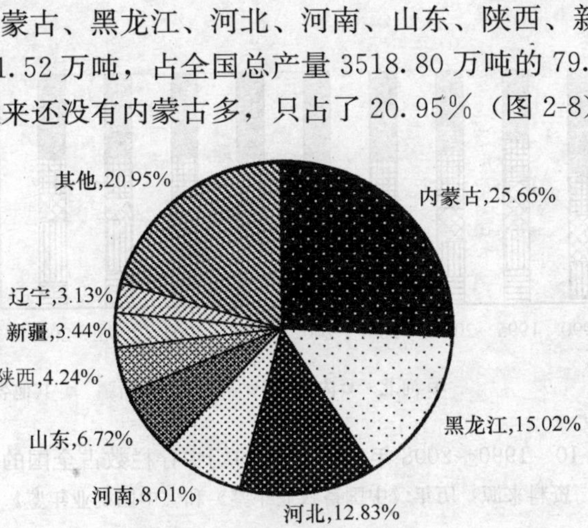

图 2-8　2009 年各地牛奶产量占全国总产量的比例

资料来源：2009 年《中国畜牧业年鉴》

与牛奶产量的区域分布相似，中国奶牛的饲养主要集中在华北、东北和西北的河北、内蒙古、黑龙江和新疆，具有很强的区域性。四省的奶牛存栏数由 1990 年的 9.5、39.4、54 和 47.6 万头增长为 2008 年的 143.2、245.6、140 和 204.9 万头，平均年增长 15.35％、10.11％、5.14％和 7.99％（图 2-9，图 2-10）。

长期以来，四省的奶牛存栏总数基本维持在全国的 60％左右，黑龙江所占比重呈现出下降的趋势而河北上升速度很快。

值得注意的是，各地区的牛奶产量与奶牛的存栏数的分布并不一致。最明显的就是我国的传统牧区新疆。新疆的奶牛存栏数一直以全国 15％以上的比例位居第二位，由于奶牛产奶量不高，其牛奶产量在 2002 年之前基本维持在全国

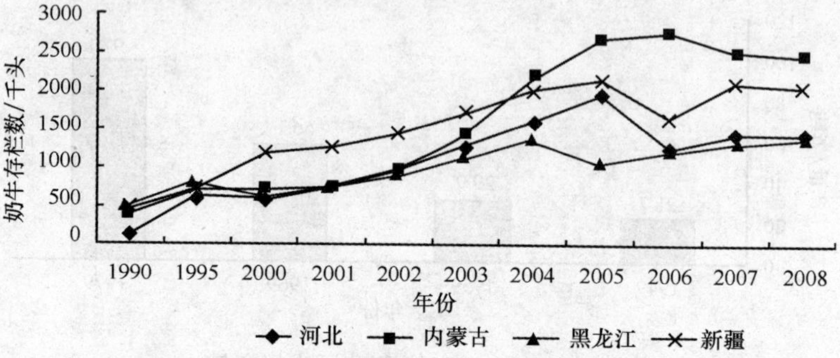

图 2-9 1990～2008 年 CR_4 各省的奶牛存栏数

资料来源：历年《中国畜牧业年鉴》和《中国奶业年鉴》

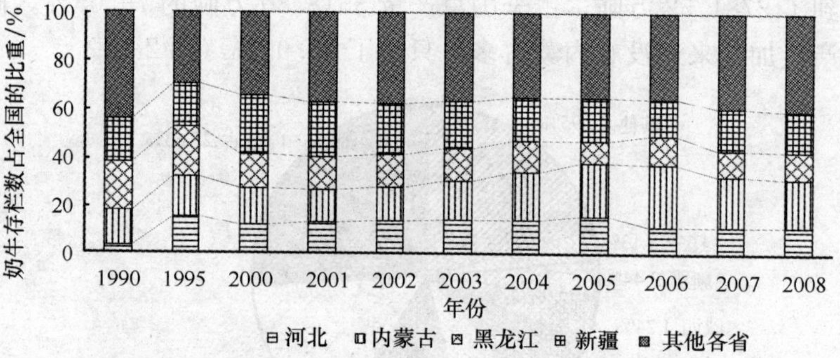

图 2-10 1990～2008 年 CR_4 各省的奶牛存栏数占全国的比重

资料来源：历年《中国畜牧业年鉴》和《中国奶业年鉴》

7％～8％的水平，并且从 2003 年开始有所下降，目前仅以 3.44％的比例位于全国的第七位。

另外，从 CR_8 数据表中可以看出，2002 年及其以前，黑龙江省的牛奶产量一直处于绝对的第一位，但在 2003 年被内蒙古超越。北京和上海的牛奶产量在 20 世纪 80～90 年代还时常位于全国前列，但到了 2000 年，上海已退出前 8 位，北京的地位也于 2005 年被辽宁替代。四川和山西在早期也是牛奶大省，但从近几年的数据来看，其地位已经被河南和山东取而代之。过去河北并不是产奶大省，但自 2000 年以来其产量占全国的比重稳定在 10％以上（表 2-27）。

表 2-27　1985～2009 年我国牛奶产量的 CR_8 值

年份	CR_8 省份及其牛奶产量占全国的比重/%								CR_8 值/%	CR_8 省份总产量/万吨
1985	黑龙江	内蒙古	四川	新疆	青海	上海	北京	浙江	63.79	159.40
	17.21	9.76	8.76	6.56	6.20	5.68	5.40	4.20		
1990	黑龙江	内蒙古	新疆	四川	上海	北京	青海	山西	66.49	276.40
	24.46	8.90	7.41	6.35	5.46	5.22	4.84	3.85		
1995	黑龙江	内蒙古	新疆	河北	四川	山西	上海	北京	67.13	386.93
	28.55	8.43	7.84	5.64	4.80	4.51	3.78	3.57		
2000	黑龙江	河北	内蒙古	新疆	山东	陕西	山西	北京	65.21	539.57
	18.65	10.18	9.65	8.76	5.52	4.74	4.05	3.66		
2005	内蒙古	黑龙江	河北	山东	新疆	陕西	河南	辽宁	76.38	2103.08
	25.10	15.99	12.36	6.80	5.53	4.12	3.78	2.72		
2009	内蒙古	黑龙江	河北	河南	山东	陕西	新疆	辽宁	79.05	2781.52
	25.66	15.02	12.83	8.01	6.72	4.24	3.44	3.13		

资料来源：根据历年《中国畜牧业年鉴》和《中国奶业年鉴》计算

2.7.3　中国牛奶生产的产地集中度分析

我国牛奶的产地集中度系数从 1985 的 0.444 8 上升到 2009 年的 0.637 0，增长比较明显，说明我国的牛奶产地具有较强的集中趋势。这期间可以大致分为两个时段：1985～2000 年我国牛奶生产的产地集中度系数在整体上呈现先上升后下降的趋势，1995 年达到 0.505 5，而 2000 年又降为 0.461 3；进入 21 世纪后，我国牛奶的产地集中度系数快速增长，在 2005 年突破了 0.6 并于 2009 年达到 0.637 0，这时期也正是我国牛奶产业的高速发展期（表 2-28）。

表 2-28　1985～2009 年中国牛奶产地集中度系数（G）

年份	1985	1990	1995	2000	2005	2009
G	0.444 8	0.492 1	0.505 5	0.461 3	0.614 6	0.637 0

资料来源：根据历年《中国畜牧业年鉴》和《中国奶业年鉴》计算

2.7.4　中国牛奶生产布局的影响因素

目前，从地理区域上划分，中国已经形成以黑龙江、内蒙古为主的东北奶业产区，以河北、山西、内蒙古中南部构成的华北奶业产区，以新疆、甘肃、宁夏、陕西为主的西北农牧区奶业产区，奶牛业的区域化生产已渐现端倪。我国牛奶生产的典型特征是产地以北方为主，其主要原因有以下四点。

（1）奶牛的生物学特性及自然因素。我国目前饲养的奶牛品种很单一，基本上是荷斯坦纯种奶牛或是其杂交后代。其耐寒畏热，特别不能耐受高温，当外界气温高于其体温 5℃时便不能长期生存。南方高温、高湿的气候条件会导致奶牛的泌乳性能下降、发病率升高。在国际上，有一条公认的优质奶牛饲养带，该地区处于北纬 43°～53°，属于中温带季风气候。而我国“三北”地区的大部分省份和胶东半岛正处于这条“黄金奶源带”中，气候适宜，地广人稀，农作物和饲草资源丰富，十分适宜奶牛的饲养。

（2）成本因素。总的来说，在饲草饲料资源丰富的地区的牛奶生产成本较低，而饲草饲料少的地区或大中城市郊区的牛奶生产成本则相对较高。如内蒙古、黑龙江、陕西、河北、山东等地的玉米及饲草资源丰富、价格较低，其牛奶生产成本也就较低；而广东、广西、江苏、贵州、湖北、浙江等南方地区，其饲养奶牛所需精饲料和优质牧草主要从北方购入，饲养成本较高。

（3）技术因素。近年牛奶加工业生产技术不断进步，超高温灭菌奶的出现，实现了奶的长期保鲜和远距离运输，以北方为基地的牛奶加工企业，完全可以实现在全国范围内的全年均衡销售，奶牛生产向南转移的必要性自然也日益减小。

（4）其他因素。各牛奶主产区的增长点大多在农区。这是因为农区以舍饲为主，具有较高的生产管理水平和技术水平，奶农的组织化程度相对高一些，在地理位置上距离消费地近，运输成本小，因此农区生产者获得利润较大，扩大再生产的积极性也很高。而中国的牧区饲养多以放牧为主，况且目前牧区载畜率已经过高，增加原料奶生产的能力已受到限制。

专栏 2.3

全国奶牛优势区域布局规划（2008～2015 年）[①]

一、优势区域布局原则

（1）市场优势。区域内经济相对发达，居民消费水平较高，奶类消费稳步增长。

（2）资源优势。区域内气候条件适宜，饲草饲料资源丰富，具有发展奶业生产基础条件。

（3）基础优势。区域内奶牛存栏量较大，基地县（团场）奶牛存栏在 3000 头以上，牛奶产量在 1 万吨以上；良种化程度较高，良种繁育体系较健

① 资料来源：《农业部关于印发全国肉牛、肉羊、奶牛和生猪优势区域布局规划（2008—2015 年）的通知》。

全；规模养殖发展迅速，基础设施和服务体系比较完善，具备发展的良好条件。

(4) 加工优势。区域内具有在国内领先的乳品加工企业和知名品牌，产加销一体化格局已初步形成。

二、布局与发展重点

根据上述依据，选择大城市郊区的北京、上海、天津；东北的黑龙江、辽宁和内蒙古；华北的河北、山西、河南、山东，西北的新疆、陕西和宁夏13个省（区、市）的313个奶牛养殖基地县（团场）作为奶牛生产优势区域。

1. 京津沪奶牛优势区

(1) 基本情况。本区域包括北京、上海、天津三市的17个县（场）。2007年，17个县奶牛存栏33.9万头，牛奶产量131.6万吨，分别占全国总量的2.5%和4.1%。该区域乳品消费市场大，加工能力强，牛群良种化程度高，部分农场的奶牛单产水平达到8000公斤以上。但环境保护压力大，饲草饲料资源紧缺。

(2) 主攻方向。巩固和发展规模化、标准养殖，进一步完善良种繁育、标准化饲养和科学管理体系，培育高产奶牛核心群，提高奶牛育种选育水平，提高饲料利用效率，实施粪污无害化处理和资源化利用。

(3) 发展目标。稳定现有奶牛数量，提高奶牛单产水平，到2015年平均奶牛单产水平，从现在的6500公斤提高到7500公斤以上；基本实现机械化挤奶和规模化养殖；加快奶业产加销一体化进程，率先实现奶业现代化，保障城市市场供给。

2. 东北内蒙古奶牛优势区

(1) 基本情况。本区域包括黑龙江、辽宁和内蒙古三省（区）的117个县（场）。2007年，117个县奶牛存栏471.1万头，牛奶产量1332.1万吨，分别占全国总量的34.6%和41.7%。区域特点是饲草饲料资源丰富，气候适宜，饲养成本低，奶牛群体基数大，但单产水平不高，分散饲养比重较大，与主销区运距较远。

(2) 主攻方向。重点发展奶牛大户（家庭牧场）、规范化养殖小区、适度规模的奶牛场，同时建设一批高标准的现代化奶牛场，尽快改变分散、粗放饲养比重大的不利局面，通过政策、技术、服务等综合手段，引导奶业生产尽快实现规模化、标准化和专业化，不断提高奶业效益和市场竞争力。

(3) 发展目标。稳定增长奶牛数量，着力提高奶牛单产水平。到2015年，奶牛存栏量达到730万头，年均递增5%；牛奶产量达到2700万吨，年均递增8%；平均单产提高到6300公斤。

3. 华北奶牛优势区

(1) 基本情况。本区域包括河北、山西、河南、山东四省的 111 个县（场）。2007 年，111 个县奶牛存栏 294.2 万头，牛奶产量 654.9 万吨，分别占全国总量的 21.6%和 20.5%。该区域特点是地理位置优越，饲草饲料资源丰富，加工基础好，但奶牛品种杂，单产水平低，奶牛改良与扩群任务比较繁重。

(2) 主攻方向。重点发展专业化养殖场和规模化小区，扩大养殖规模，提高集约化程度；加快奶牛改良步伐，尽快提高奶牛单产水平；探索资源综合利用新模式，充分利用农业资源和加工业基础，形成种养加一体化产业体系。

(3) 发展目标。到 2015 年，奶牛存栏量达到 540 万头，年均递增 7%；牛奶产量达到 1700 万吨，年均递增 10%；产奶牛平均单产从现在的 3700 公斤提高到 5500 公斤。

4. 西北奶牛优势区

(1) 基本情况。本区域包括新疆、陕西、宁夏三省（自治区）的 68 个县（团场）。2007 年，68 个县奶牛存栏 250.9 万头，牛奶产量 352.6 万吨，分别占全国总量的 18.4%和 11.1%。该区域特点是奶牛养殖和牛奶消费历史悠久，但牛奶商品率偏低，奶牛品种杂，荷斯坦奶牛数量少，养殖技术落后，单产水平低。

(2) 主攻方向。重点发展奶牛养殖小区、适度规模奶牛场；着力改良品种，大幅提高单产水平；扩大优质饲草饲料种植面积，大力推广舍饲、半舍饲养殖，提高饲养管理水平。

(3) 发展目标。发展特色奶业，大幅提高奶牛单产水平。到 2015 年，奶牛存栏量达到 390 万头，年均递增 5%；牛奶产量达到 800 万吨，年均递增 9%；产奶牛平均单产从现在的 1400 公斤提高到 3300 公斤。

2.8 畜产品加工业的布局

畜产品加工业是对肉、蛋、奶等多项产品加工形成的庞大产业。我国畜产品加工业是新中国成立后发展起来的新兴产业，在国计民生中占有重要的地位，对促进畜产品生产、发展农村经济、繁荣稳定城乡市场、满足人民生活需要、保证经济建设与改革的顺利进行，发挥着重要的作用。

1998 年以来，中国的畜产品加工业总产值处于上升的趋势。2008 年，畜产品加工业的增加值已上升到 1501.97 亿元，是 1998 年的 3.56 倍。图 2-11 表明，畜产品加工业增加值与农业和畜牧业增加值比值除 2004 年外均处于上升的状态，这表明我国畜产品加工程度总体上是在不断上升的。而畜产品加工业增加值与国民生产总值的比重约为 0.5%，处于一个比较稳定的状态，说明了畜产品加工业保持了与国民经济的同步增长。

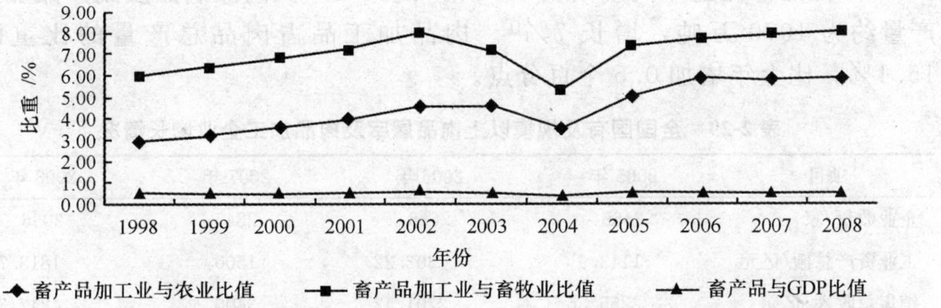

图 2-11　中国畜产品加工业占农业、畜牧业及国内生产总值的比重

资料来源：1998～2005 年数据来自 2006 年《中国食品工业年鉴》，2006～2008 年数据来自中国投资咨询网

2.8.1　肉品加工业布局

1. 我国肉品加工业的发展历程

我国的肉制品源远流长。但在新中国成立以前，我国的肉制品大都是通过家庭加工或手工作坊进行生产，肉制品加工业基本处于停滞状态，发展极为缓慢。不过在一些局部地区，我国民族资产阶级从国外引进了食品加工技术，生产一些调味料，如味精、咖喱、黄油、香精以及人工合成色素，逐步用于肉制品生产中。肉制品生产中的机械设备条件也相应得到提高，出现了构造简单的绞肉机、烟熏炉、灌肠机等。与此同时，在广州、上海、青岛、大连、长春、哈尔滨等城市，由于外籍侨民不断增加，形成了英法式、俄式、德式等西式肉制品的小规模生产，并相继建成一些中、小型的猪、牛、羊屠宰厂。

在 20 世纪 50～70 年代，我国开始进行肉质研究，设计并制造了许多肉类加工机械，建成了我国第一批肉联厂和分割肉车间。改革开放之后，以现代科技为基础的肉类加工技术被引入我国，自此我国才有了现代意义上的肉品加工业。

2. 肉品加工业发展现状

肉品原料供给为肉品加工业的发展奠定了坚实的基础。2008 年，中国肉品生产达到 7279 万吨，占世界肉品总产量的 29%，居世界之首。其中猪肉总产量为 4620.5 万吨，约占世界猪肉总产量的 46%，牛肉产量为 613.2 万吨，羊肉产量达到 380.3 万吨。

肉品加工企业数量增加、规模扩大。2008年全国国有及规模以上肉品屠宰及肉品加工企业为3096家，比上年增加249家；工业资产总额达到1813.7亿元，比上年同期增长22.5%（表2-29）。肉品制品及副产品加工品产量约为1070万吨，增长7%①。肉品加工品占肉品总产量的比重已达15.1%，比上年增加0.5个百分点。

表2-29　全国国有及规模以上肉品屠宰及肉品加工企业增长情况

项目	2005年	2006年	2007年	2008年
企业数量/家	2466	2686	2847	3096
工业资产总额/亿元	1143.9	1302.22	1500	1813.7
销售总收入/亿元	2255.56	2701.42	3400	4242.3
实现利润总额/亿元	78.37	105.27	135	168.44

资料来源：邓富江《2005～2008年中国肉品工业发展情况》

品牌效应显现，企业利润上升。截至2008年，肉品行业共有49家企业获得中国名牌产品称号，获中国驰名商标品牌37个，有12家优秀企业上市。优良品牌是企业可持续发展的综合体现，对推动地方经济和引导规范市场行为起到了积极作用，企业的利润水平上升。2008年全国国有及规模以上肉品屠宰及肉品加工业销售总收入达到4242.3亿元，比上年增长32.8%；利润总额达到168.44亿元，比上年增加24.7%；畜禽屠宰及肉品加工综合投入与产出比为1∶2.34，比上年提高0.1个百分点②。

3. 我国肉品加工业产业集中度分析

近年来，我国肉类加工行业的规模不断扩大，但其产业集中度还不高。虽然2005年肉类企业销售额100亿元以上的生产企业已有2家，销售额在10亿元以上的企业有33家。但是从销售额上来看，肉食品加工业前4位大企业的销售收入（CR_4）仅占整个行业销售收入的20%左右，CR_8还不到30%。

2008年肉食品加工业销售额在百亿元以上的已突破4家，销售额达1100.1亿元，CR_4已超过25%，达到25.93%；肉食品加工业前8位企业销售额达到1340亿元，CR_8也超过了30%，达到31.59%③。

比较2005年和2008年的变化趋势，发现肉食品工业集中度总体呈上升态势，然而企业生产集中度增长并不大，市场份额向大企业集中趋势不明显。参照HHI指标，行业集中度属于竞争型，说明我国肉食品制造行业前几位厂商的市

① 中国经济网（www.ce.cn）。
② 金光农业网（www.jgny.net）。
③ 中国肉类食品行业强势企业排名名单（肉类食品行业90强）。

场占有份额还不是很大，而中、小型企业在市场中还具有相当的市场势力。目前，行业整合高峰尚未来到，行业龙头企业在行业整合过程中的发展空间将十分巨大。

4. 我国肉品加工业区域布局态势

为了清晰地说明我国肉品工业的区域分布情况，我们用 2005 年我国肉品工业企业 50 强①的分布情况来表明我国肉品制品业的区域分布现状。

表 2-30　2005 年中国肉制品 50 强企业分布和销售收入表

省份	企业数量/家	销售总额/亿元	占 50 强销售收入百分比/%
山东	19	378	34.87
河南	9	310.88	28.71
北京	8	66.897	6.18
江苏	3	96.64	8.92
吉林	3	57.48	5.31
辽宁	3	13.11	1.21
内蒙古	3	49.74	4.59
广东	2	13.79	1.27
福建	2	12.08	1.12
湖南	2	28.28	2.61
四川	2	22.83	2.11
上海	1	12.52	1.16
江西	1	7.12	0.66
山西	1	4.83	0.45
浙江	1	4.55	0.42
河北	1	4.56	0.42

资料来源：中国饲料在线（www. chinafe edonline. com）

从表 2-30 来看，2005 年中国肉制品加工企业 50 强分布比较集中，山东省、河南省、北京市、江苏省 50 强企业数分别有 19、9、8、3 家，其销售收入占 50 强企业全部销售收入的 78.68%。

另外，中国肉制品加工业企业地区分布与畜产品年末存栏量区域分布、肉品加工业企业投资、销售收入、利润分布具有一定的相似性。其中，山东省、河南省、江苏省的生猪、家禽存栏量、肉品加工业企业投资、销售收入、利润分布均

① 总数超过 50 家企业是因为排名中有并列的企业。

位于第一梯度，这表明了肉品加工企业大都集中在原料相对集中的省份。

目前，我国肉品加工业经济区域已形成三类梯度势态（图 2-12，表 2-31）。

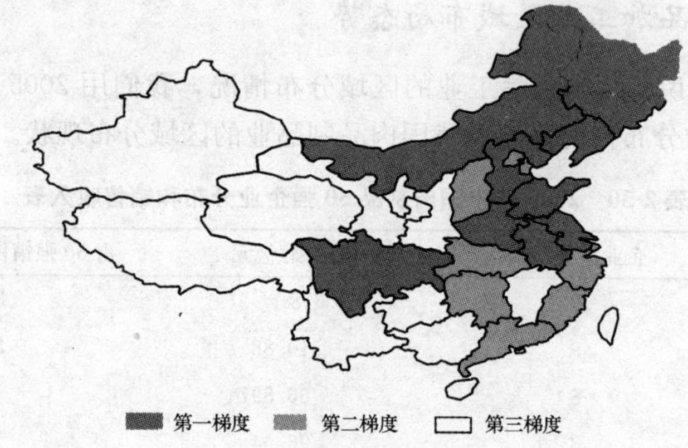

图 2-12　2008 年中国肉品加工业资产投入总量地域分布情况

资料来源：中国食品网（www.cnfood.gov.cn）

一是从资产投入总量来看，以山东、河南、四川、辽宁、吉林、江苏、内蒙古、安徽、河北、黑龙江为前 10 位，2008 年形成资产量为 1404 亿元，占全国规模以上肉品工业企业总量的 77%；以北京、福建、浙江、湖北、广东、上海、湖南、山西、天津、重庆为二梯度，资产量为 337.6 亿元，占资产总量的 19%；以江西、陕西、广西、云南、甘肃、贵州、青海、宁夏、西藏为三梯度，资产量为 72 亿元，仅占资产总量的 4%。

二是从产品销售收入来看，山东、河南、四川、江苏、辽宁、内蒙古、吉林、河北、北京、黑龙江为前 10 位，2008 年销售额为 3556.7 亿元，占全国规模以上肉品工业企业总销售额的 84%；以湖北、湖南、广东、安徽、浙江、福建、重庆、上海、天津、陕西为二梯度，销售量为 586.2 亿元，占总销售量 14%；以江西、山西、广西、云南、贵州、新疆、青海、甘肃、宁夏、西藏为三梯度，销售量为 99.3 亿元，仅占总销售额 2%。

三是从规模效益企业利润额来看，以山东、河南、四川、江苏、辽宁、内蒙古、河北、安徽、浙江、福建为前 10 位，2008 年实现利润 135.7 亿元，占全国规模以上企业利润总额的 88%。以吉林、湖南、湖北、黑龙江、广西、重庆、江西、广州、上海、山西为二梯度，实现利润 18.28 亿元，占全国规模以上企业利润总额的 12%；其他为第三梯度，实现利润 1.76 亿元。

表 2-31 2008年中国肉品加工业企业投资、销售收入、利润分布情况

梯度	地区	资产量/亿元	占全国规模以上企业总量/%
全国肉品加工企业资产投入情况			
第一梯度	山东、河南、四川、辽宁、吉林、江苏、内蒙古、安徽、河北、黑龙江	1404	77
第二梯度	北京、福建、浙江、湖北、广东、上海、湖南、山西、天津、重庆	337.6	19
第三梯度	江西、陕西、广西、云南、甘肃、贵州、青海、宁夏、西藏	72	4
全国肉品加工企业产品销售收入			
梯度	地区	销售收入/亿元	占全国规模以上企业总量/%
第一梯度	山东、河南、四川、江苏、辽宁、内蒙古、吉林、河北、北京、黑龙江	3556.7	84
第二梯度	湖北、湖南、广东、安徽、浙江、福建、重庆、上海、天津、陕西	586.2	14
第三梯度	江西、山西、广西、云南、贵州、新疆、青海、甘肃、宁夏、西藏	99.3	2
全国规模效益企业利润额			
梯度	地区	利润总额/亿元	占全国规模以上企业利润总额/%
第一梯度	山东、河南、四川、江苏、辽宁、内蒙古、河北、安徽、浙江、福建	135.7	87.13
第二梯度	吉林、湖南、湖北、黑龙江、广西、重庆、江西、广东、上海、山西	18.28	11.74
第三梯度	天津、陕西、贵州、云南、甘肃、新疆、西藏、青海、宁夏	1.76	1.11

资料来源：中国食品网（www.cnfood.gov.cn）

2.8.2 蛋品加工业布局

1. 我国蛋品加工业的发展历程

我国居民自古就有养鸡吃蛋的传统，在数千年的鸡蛋利用过程中逐步形成了传统蛋品工业。据史料记载我国国内最早的蛋品厂为外资创办，即德国于1872年建立的烟台蛋品厂。而中国资本最早创办的蛋品厂是1905年江苏镇江的同茂永蛋厂（孙毓棠等，1957）。到1933年，我国国内已有10家外资创办的蛋品厂，其总生产值为1552.2万元；同期的民族资本创办的蛋品厂有10家，总生产值为1180.6万元（吴承明，1955）。

我国专业的鸡蛋制品企业直到新中国成立后才出现。最早的蛋品加工厂是成立于1950年的天津蛋厂，一年能产一万吨冰蛋。随后，一批专营蛋制品加工厂相继建立起来，蛋制品大多为冰蛋、蛋粉、蛋黄酱等。

2. 我国蛋品加工业现状

我国居民的消费习惯主要以鲜蛋为主。鲜蛋消费量占我国鸡蛋总量的90%，另有9.74%为鲜蛋出口及鲜蛋损失。在我国鸡蛋分级和加工利用率仅分别为0.26%和0.13%，这与世界发达国家的蛋品加工业相比有很大的差距（表2-32）。

表2-32 我国蛋品加工利用率的国际比较

项目	美国	欧洲	日本	中国台湾	中国
蛋品分级率/%	98	98	60	20	0.26
蛋品深加工率/%	32	25	50	14	0.13

资料来源：秦富等：《中国蛋鸡产业经济2009》，北京：中国农业出版社，2010年

1998～2004年，我国蛋品加工业的年均产值基本维持在20亿元的水平，占到我国整个蛋鸡产业产值的1.3%左右，在整个食品加工业产值中仅占0.1%左右（图2-13）。

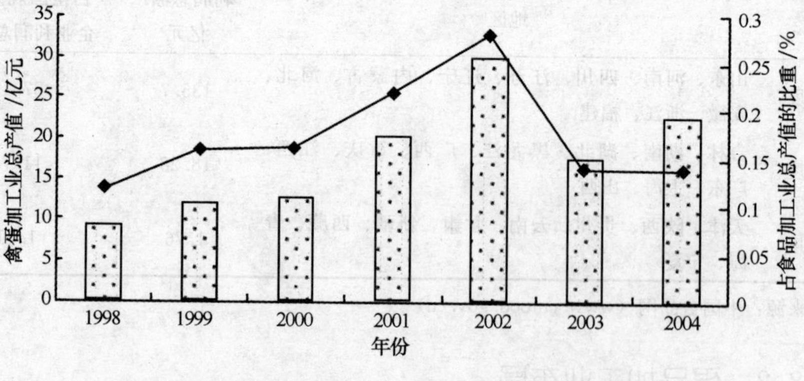

图2-13 1998～2004年我国禽蛋加工业总产值及占食品加工业的比重情况

注：由于我国蛋品加工业占食品加工业和农产品加工业的比重极低，2004年后《中国食品工业年鉴》未再统计其信息

资料来源：历年《中国食品工业年鉴》

我国蛋品加工业企业数量少、规模小、利润低。据《2006年中国农产品加工业发展报告》统计，2004～2005年，我国蛋品加工企业仅有759家，且大部分企业都只进行简单的初级加工。在这759家企业中，大型企业为5家，仅占

0.66%；中型企业 55 家，占 7.25%；小型企业 699 家，占 92.09%。759 家企业的资产总数为 260.38 亿元，销售收入为 201.68 亿元，资产报酬率为 1.78%；销售利润率为 1.27%，总利润仅为 2.57 亿元；从业人员 33.51 万人，人均利润额仅 770 元；其中，有 134 家处于亏损状态，占到总数的 17.65%。

3. 我国蛋品加工业产业集中度分析

我国蛋品加工业的产业集中度低。以销售收入为基础数据计算出了我国蛋品加工业的产业集中度。2004 年，位居第一的企业销售收入也仅占全行业的 2.64%，CR_4、CR_8 和 CR_{10} 分别为 8.60%、20.83% 和 22.60%；2005 年的 CR_1 和 CR_4 有所上升，分别为 3.61% 和 11.97%，CR_8 和 CR_{10} 则下降为 18.21% 和 20.24%（表 2-33）。

表 2-33　2004 年、2005 年我国蛋品加工业产业集中度

年份	项目	CR_1	CR_4	CR_8	CR_{10}
2004	CR 值/%	2.64	8.6	20.83	22.6
	销售收入/亿元	5.31	18.61	30.33	34.15
2005	CR 值/%	3.61	11.97	18.21	20.24
	销售收入/亿元	6.3	20.87	31.74	35.28

资料来源：根据《2006 年中国农产品加工业发展报告》计算

4. 蛋品工业区域分布情况

我国蛋品加工业的区域分布不平衡。据《2006 年中国农产品加工业发展报告》统计，2004～2005 年，我国 759 家蛋品加工企业中有 678 家位于华东、华南和华中地区，占到总数的 89%；华北和西南地区分别有 53 家和 16 家；西北和东北仅有 11 家；其中的青海、新疆等省区甚至没有一家蛋品加工企业（表2-34）。

表 2-34　2004～2005 年期间我国各地区蛋品加工企业分布情况

地区	企业数量/家	禽蛋加工量/万吨	销售收入/亿元	工业总产值/亿元
东北	3	381.8	0.07	0.06
西北	8	83.87	0.09	0.12
西南	16	205.87	3.16	3.32
华北	53	521.69	15.53	19.74
华中	147	532.63	31.39	34.48
华东	242	754.04	69.42	75.91
华南	289	48.79	82.02	83.78

资料来源：根据《2006 年中国农产品加工业发展报告》计算

2.8.3　乳制品加工业的布局

1. 我国乳制品加工业的发展历程

乳及乳制品在我国具有悠久的历史，但是在漫长的封建社会，我国的乳制品加工业几乎没有发展。有记录的最早的牛奶厂还是英国于1911年在上海创办的①。新中国成立前，虽然出现了极少数的民族乳品加工企业，但因为受到发达国家的倾销，一直处于奄奄一息的状态。

我国乳品加工业的真正兴起是在新中国成立以后。1949年，我国在沿海地区和滨州沿线存在少数规模极小的手工操作的乳制品加工企业，乳制品加工业处于萌芽状态。新中国成立时，全国只有4个乳品厂，其中两个为国人开办，另两个则为美商和英商开办。1950年，我国在海拉尔市、哈尔滨市、齐齐哈尔市、安达县等地建立乳品加工厂，这使得全国的干乳制品加工量达到624吨。1957年，全国的乳品企业达到70余家，干乳制品产量达到1.27万吨。到1978年，我国的干乳制品产量已经达到4.65万吨（图2-14)。

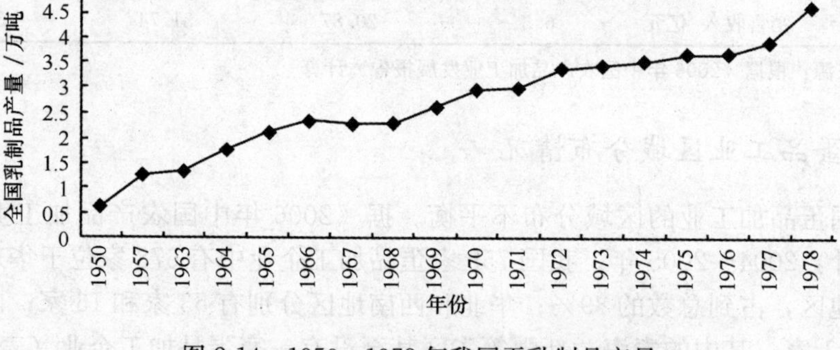

图2-14　1950～1978年我国干乳制品产量

资料来源：2009年《中国奶业年鉴》

2. 我国乳品加工业现状

我国奶牛养殖业快速发展，为乳品加工业发展奠定了坚实的基础。1978～2008年30年间我国奶牛存栏量、牛奶单产和奶类总产量增长迅速。1978年我国奶牛存栏量、牛奶单产和奶类总产量分别是47.5万头、3000千克和97.1万吨，2008年分别增长到1233.5万头、4800公斤和3781.5万吨。奶牛养殖业的快速发展为奶类加工业的发展提供了充足的原料来源。

① 孙毓棠，汪敬虞．《中国近代工业史资料》．北京：科学出版社1957年版。

我国乳品加工业发展迅速，成为食品工业中发展最快的产业。主要表现为：一是乳品企业经济总量大幅增长。2008年，规模以上企业共实现工业产值1556亿元，比1998年增长了11.7倍。二是企业规模不断扩大。2007年，我国乳品企业日处理原奶能力平均超过100吨，而1982年日处理能力平均仅为8吨，增长了11.5倍。三是资本结构逐步多元化。国有乳品企业在规模乳品企业中所占的比重大幅下降，而股份制企业、民营企业、三资企业的数量却不断增加。四是乳制品产量持续增长，产品结构逐步优化。2008年我国干乳制品产量285.3万吨，为1978年的61.4倍，年递增率为14.7%；液态乳产量1525.2万吨，为2000年的11.4倍，年递增率为35.5%。2008年我国乳制品产量合计1659万吨，已占世界年产量的4.6%。

乳品企业装备工艺水平和自主创新能力逐步提高。改革开放以来，许多乳品加工企业相继引进了国外的先进适用设备、管理和营销方法，缩小了同国外乳品企业的差距，特别是一些大中型企业，乳品加工设备和工艺已经达到了国际水平。

流通渠道的现代化水平提高。改革开放以来，具有客流量大、集货性强、信息反馈迅速和拥有冷链设备等优势的商超已经取代了传统的渠道占据主导地位，并促进了全国统一的乳制品市场的形成。网络技术、软件技术等现代技术在流通环节的广泛使用，不但节约了企业成本，还提高了企业效率。

3. 我国乳品加工业产业集中度分析

2008年，我国规模以上的乳品加工企业共有815家，共生产乳制品1810.56万吨，其中液态奶1525.22万吨，干乳制品285.34万吨。销售收入前5位的企业为：蒙牛乳业238.65亿元，占全国的16.68%；伊利集团216.59亿元，占全国的15.14%；光明乳业73.59亿元，占全国的5.14%；完达山乳业30.50亿元，占全国的2.13%；圣元乳业23.67亿元，占全国的1.65%。这5大企业占全国的比重达到40.74%。从销售收入来看，我国的乳制品加工产业主要集中于蒙牛、伊利等大公司（表2-35）。

表2-35　2008年乳品加工企业销售额前10名

全国销售额前十名	销售收入/亿元	占全国的比重/%
内蒙古蒙牛乳业（集团）股份有限公司	238.65	16.68
内蒙古伊利实业集团股份有限公司	216.59	15.14
光明乳业股份有限公司	73.59	5.14
黑龙江完达山乳业股份有限公司	30.50	2.13
青岛圣元乳业有限公司	23.67	1.65

续表

全国销售额前十名	销售收入/亿元	占全国的比重/%
济南佳宝乳业有限公司	18.57	1.30
北京三元食品股份有限公司	14.14	0.99
黑龙江飞鹤乳业有限公司	13.14	0.92
西安银桥生物科技有限责任公司	12.71	0.89
新希望乳业控股有限公司	12.39	0.87
合计	653.95	45.70

资料来源：2009 年《中国奶业年鉴》

牛乳加工产品主要有干乳制品和液态奶两大类，其属性相差很大，产业集中度反映的市场结构内容也有所不同。在 2000 年及其以前，我国的液态奶加工企业主要集中在东部沿海地区和经济发达地区。2000 年的前 8 位产地中，上海、北京、广东、江苏、浙江和天津都是经济发达地区，只有内蒙古和河北不是。而 2008 年我国液态奶的总产量是 1525.2 万吨，居于前 8 位的地区的产量是 1079.72 万吨，占全国总产量的 70.79%。其中内蒙古的产量是 325.71 万吨，占全国的 21.35%。在 2008 年的前 8 名中，只有山东、辽宁和江苏才是东部经济发达地区，且不占据主要位置，其他 5 省均是中部和内陆的经济欠发达地区。这说明，自 21 世纪以来，我国的乳制品加工业的产业重心开始由东部经济发达地区向中部发展中地区转移。与液态奶的产业发生转移不同，干乳制品的产业分布相对稳定。2000 年和 2008 年产量前 8 位的省区中，除了河南代替了宁夏，其他省区的地位变化相对不大（表 2-36）。

表 2-36　2008 年我国液态奶产量及干乳制品产量的 CR_8 数据

排序	液态奶			干乳制品		
	CR_8 省份	产量/万吨	占全国的比例/%	CR_8 省份	产量/万吨	占全国的比例/%
1	内蒙古	325.71	21.35	黑龙江	54.20	18.99
2	河北	208.51	13.67	陕西	31.38	11.00
3	山东	126.35	8.28	内蒙古	30.23	10.59
4	黑龙江	114.33	7.50	河北	27.94	9.79
5	辽宁	93.98	6.16	山东	26.03	9.12
6	陕西	79.50	5.21	河南	21.48	7.53
7	江苏	70.31	4.61	浙江	12.23	4.29
8	河南	61.03	4.00	江苏	10.59	3.71
合计		1 079.72	70.79	合计	499.41	75.02

资料来源：根据 2009 年《中国奶业年鉴》计算而得

4. 我国乳品工业区域分布情况

我国乳品加工企业的分布具有明显的区域特征。第一是奶源基地的乳品加工企业较多，如产奶大省黑龙江 2008 年共有不同规模的乳品加工企业 80 家，内蒙古有 70 家等；第二是大城市的乳品加工企业较多，如北京 2008 年有 13 家；第三是以生产干乳制品为主的乳品区域基本上都分布在奶源基地，以生产液态奶为主的乳品企业则多分布在大中城市及其郊区。

2005 年我国乳制品产量前五位的省区是：内蒙古 345.8 万吨，占全国的 24.04%；河北省 212.4 万吨，占全国的 14.77%；黑龙江省 122.8 万吨，占全国的 8.54%；山东省 103.3 万吨，占全国的 7.18%；陕西省 73.1 万吨，占全国的 5.08%。五省自治区乳制品产量占全国的 59.6%。乳制品前五位的省区奶类产量及占全国总产量的百分比分别是：内蒙古 877.45 万吨与 26.56%；河北 416.99 万吨与 12.63%；黑龙江 464.56 万吨与 14.06%；山东省 238.65 万吨与 7.22%；陕西省 157.41 万吨与 4.76%。五省、自治区奶类产量占全国总产量的 65.3%（图 2-15），表明与肉品工业相似我国乳制品生产大都接近原料产地，图 2-16 反映了这种布局特征，乳制品产量占全国总产量 3%以上的省、市、自治区也是奶类产量较大的地区。

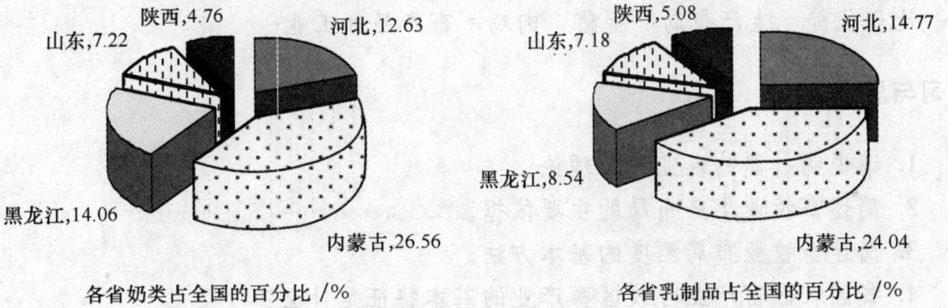

图 2-15　2005 年我国乳制品产量前五位省区奶类和乳制品产量占全国总产量百分比

资料来源：2006 年《中国食品工业年鉴》

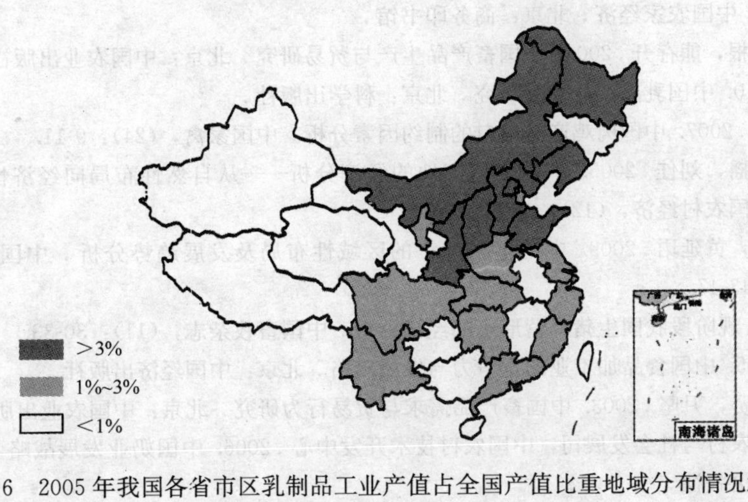

图 2-16　2005 年我国各省市区乳制品工业产值占全国产值比重地域分布情况示意图

资料来源：2006 年《中国食品工业年鉴》

本章小结

本章在相关理论的指导下，以生猪、肉鸡、奶牛和畜禽产品加工业为例，运用定性和定量的分析方法，对中国近代和现代畜产品及其加工业的生产布局进行全方位的描述，并对相关畜产品的生产布局发展趋势进行了简单的预测。总的来说，随着经济的快速发展和居民消费结构的转变，中国畜产品及加工业生产布局发生了较大变化，这种变化特征与地区比较优势关系密切，同时，各种畜产品的生产布局都呈现出从自然性布局向经济性布局转变的趋势。随着畜禽养殖环境问题逐渐引起公众和政府相关部门的重视，将导致中国畜产品生产及加工业的布局呈现出新的变化，需要引起我们的重视。

关键术语

比较优势　生产布局　生猪　肉鸡　畜产品加工业

复习与思考

1. 请说明杜能的农业区位理论。
2. 简述畜牧业生产布局的主要依据。
3. 简述畜牧业布局测度的基本方法。
4. 我国农区畜产业与牧区畜产业的基本特征是什么？

本章参考文献

卜凯．1936. 中国农家经济．北京：商务印书馆．
邓蓉，张存根，熊存开．2004. 中国畜产品生产与贸易研究．北京：中国农业出版社．
何玉成．2010. 中国乳品产业发展研究．北京：科学出版社．
胡浩，刘灿．2007. 中国肉鸡产品出口的制约因素分析．中国家禽，(24)：9-11.
胡浩，应瑞摇，刘佳．2005. 中国生猪产地的经济分析——从自然性布局向经济性布局的转变. 中国农村经济，(12)：46-52.
胡浩，张锋，黄延珺．2009. 中国生猪生产的区域性布局及发展趋势分析．中国畜牧杂志，(20)：43-47.
胡浩．2004. 现阶段我国生猪经营形态的经济分析．中国畜牧杂志，(11)：30-33.
胡晓鹏．2005. 中国食品加工业的竞争力与发展出路．北京：中国经济出版社．
蒋乃华，辛贤，尹坚．2003. 中国畜产品需求与贸易行为研究．北京：中国农业出版社．
科学技术部农村与社会发展司，中国农村技术开发中心．2006. 中国奶业发展战略．北京：中国农业出版社．
李瑾．2010. 畜产品消费转型与生产调控问题研究．北京：中国农业科学技术出版社．

李延云 . 2006. 中国农产品加工业发展战略及政策研究 . 北京：中国轻工业出版社 .
李易方 . 2001. 入世前夕话奶业 . 北京：中国农业出版社 .
林祥金 . 1994. 中国农区畜牧业经济问题 . 北京：中国农业科学技术出版社 .
刘铁男 . 2008. 我国食品工业发展战略研究 . 北京：中国计划出版社 .
流域满，李胜利 . 2010. 中国奶业经济研究报告 2009. 北京：中国农业出版社 .
倪学志 . 2008. 中国乳品产业协调发展的理论与实践 . 北京：经济科学出版社 .
乔娟 . 2002. 中国肉类产品国际竞争力研究 . 北京：中国农业出版社 .
秦富等 . 2010. 中国蛋鸡产业经济 2009. 北京：中国农业出版社 .
宋洪远 . 2006. 中国草原改良与牧区发展问题研究报告 . 北京：中国财政经济出版社 .
孙毓棠，汪敬虞 . 1957. 中国近代工业史资料 . 北京：科学出版社 .
谭向勇等 . 2007. 中国奶业经济研究 . 北京：中国农业出版社 .
吴承明 . 1955. 帝国主义在旧中国的投资 . 北京：人民出版社 .
徐志刚 . 2001. 比较优势与中国农业生产结构调整 . 南京农业大学博士学位论文 .
许道夫 . 1983. 中国近代农业生产及贸易统计资料 . 上海：上海人民出版社 .
颜景辰 . 2008. 中国生态畜牧业发展战略研究 . 北京：中国农业出版社 .
虞祎，胡浩，刘莹 . 2009. 我国城乡两市场的猪肉价格的影响因素分析——基于均衡转移模型. 南京农业大学学报（社科版），(2)：38-42.
中华人民共和国科学技术部 . 2005. 中国农产品加工发展战略 . 北京：科学出版社 .
中华人民共和国农业部农产品加工局 . 2007. 2006 中国农产品加工业发展报告 . 北京：中国农业科学技术出版社 .
中华人民共和国农业部农产品加工局 . 2008. 2007 中国农产品加工业发展报告 . 北京：中国农业科学技术出版社 .
中华人民共和国农业部农产品加工局 . 2009. 2008 中国农产品加工业发展报告 . 北京：中国农业科学技术出版社 .

第3章 中国畜牧业生产组织与经营规模

畜牧业的生产活动是社会生产活动的重要组成部分，对畜牧业生产组织、经营规模以及发展趋势的研究，不仅有助于我们对生产组织本身有更深刻的认识，而且有助于把握生产组织变化的规律，对畜牧业生产具有一定的指导作用。

本章从生产组织的基本理论出发，首先结合农业生产活动自身的特点，探讨农业组织形式的选择及畜牧业生产组织的特征。其次对畜牧业经营规模及其变动进行描述。并以主要畜产品生产为例，描述我国生猪产业、家禽产业、肉牛和乳牛产业生产组织及规模的变迁情况，并从成本收益的角度，分析导致畜牧业生产组织变迁的深层次原因。

3.1 畜牧业生产组织

3.1.1 生产组织一般性理论

生产组织的一般性理论主要包括古典经济学的分工协作理论、空想社会主义者的生产组织模式设计理论和马克思主义生产理论。

1. 古典经济学的分工协作理论

以亚当·斯密、李嘉图、李斯特为代表的古典经济学家的分工协作理论和比较利益原则奠定了生产组织理论的基础。古典经济学创始人亚当·斯密认为分工是提高劳动生产率的主要原因，他通过对手工工场内部分工和产业间分工作了考察，并论述了分工对不同部门劳动生产率高低和国家财富差别的影响。斯密指出，工业部门的劳动生产率之所以高于农业部门，是由于工业企业和行业间的分工比较发达。在农业方面，由于不能采取完全的分工制度，富国和贫国的劳动生产率差别不大，而在工业方面由于易于实行分工制度，分工引起的劳动生产率的提高能够使工业具有极大的竞争能力，所以分工比较发达的富国其劳动生产率远高于贫国。斯密还说明了财富增长的另一个因素——资本积累，他认为如果分工是在对新的生产建筑、设备、运输工具的投资基础上实行的，那么分工的效率就会得到极大的提高。为了扩大分工，增加积累，斯密认为必须创造经济自由的社会条件。就分工而言，其扩大程度总要受交换能力大小和市场范围大小的限制，只有在商品经济当事人追逐个人经济利益的活动不受限制自由进行时，才能提高交换能力，拓宽市场，促进分工。李嘉图修正和补充了斯密的学说，他在斯密分工协作理论基础上又作了进一步的发展，他还认为斯密没有彻底揭示出分工有助于劳动生产率提高这一自然法则的本质，这一法则的本质特征是：不限于同一生产过程划分为几道工序分别由几个人来完成，更重要的是各种劳动力、智力和资源为了同一生产而进行的联合和合作。如果只重视专业化而忽视协作的重要性，就无法对分工促进劳动生产率的作用做出完整解释，因为协作也有自己的规律——直接产生一种大于各分量和新的生产力。李斯特把这一思想推广到社会分工即各产业各企业间的分工，提出了“生产力的平衡和协调”的概念。

2. 空想社会主义者的生产组织模式设计理论

以圣西门、欧文、傅里叶为代表的空想社会主义思想家把工业和农业发展结合起来设计经济组织，但他们彼此的设计思路又是不相同的。圣西门从人的主要工作和义务就是劳动的观点出发，认为必须根据每个人利用财产从事有益工作的能力大小享有财产控制权，技术人员和有技能的组织者按照他们为公众服务的才能管理生产，而全体生产者——技术人员、组织者和劳工，都根据他们所做的工作享受公民权。他要求工人接受以科学方式组织起来的生产条件，坚持社会有义务通过由“生产者”控制的经过改造的国家来计划和组织生产资料的运用，人们根据已经证实的技术能力选择组织形式。赞同并支持圣西门思想的空想社会主义者想把民族国家改造成巨大的生产合作社，由具有科学知识和卓越技能的人来管理，并且用全世界范围的经济和社会发展总计划把各个经过改造的国家联系起来。

欧文则主张建立“合作村”，让失业工人通过土地耕作自食其力，把公社作为组织农业生产又是组织工业生产的机构。傅里叶认为人类的主要工作是经营农业，他向往的是一种利用熟练劳动力从事各种单一产品生产的高度集约的自足的耕作体系，劳动组织是人们根据自己的爱好自愿参加的各种小组。赞同并支持傅立叶和欧文思想的空想社会主义者则计划在真正社会化的基础上在全世界建立地方公社网来代替旧的社会组织。空想社会主义者的设计因缺乏对社会进步和发展机理的深刻认识而使其实践不能取得成功，但我们应该看到他们的探讨为马克思主义的生产理论起到了一定的启示作用。

3. 马克思主义生产理论

马克思、恩格斯通过对协作、工场手工业和大工业依次发展的深入研究，阐述了工业生产组织机制的基本原则。马克思、恩格斯认为，“工场手工业分工通过手工业活动的分解，劳动工具的专业化，局部工人的形成以及局部工人在一个总机构中的分组和结合，造成了社会生产过程的质的划分和量的比例，从而创立了社会劳动的一定组织，这样就同时发展了新的、社会的劳动生产力。”马克思、恩格斯从对资本主义生产方式内在矛盾的剖析中得出了公有制必然取代私有制的结论，但他并未否定资本主义生产的组织方式，而是指出资本主义赖以成长的社会化大生产既是否定资本主义的内在因素，又是新的公有制社会得以建立的物质基础。

列宁把合作社看做是通过商品交换促使小农联合的组织形式，在列宁看来，合作社的原则是：①必须根据当时的生产力水平来发展合作社。列宁认为，推行合作化事业，就必须从客观实际出发，根据生产力发展水平，制定出相应的合作社发展的计划、政策，绝对不能脱离实际，这是发展合作社的根本出发点和立足点。②必须遵循自愿原则来发展合作社。马克思主义创始人提出的小农合作化思想中一条最重要的原则，就是在发展合作社的过程中绝对不能采用剥夺农民财产、强迫农民入社的方式，而要严格遵守自愿的原则。理所当然，这一正确原则也为列宁在发展合作社时所特别强调。列宁认为，只有那些由农民自己发起的、其好处经他们在实践中检验过的联合才是有价值的。③必须采用各种手段来支持和帮助合作社。合作社的发展除按自身规律发展以外，最重要的是还需要有外界的支持和帮助，否则它的发展单靠自身力量是无法坚持多久的。列宁指出："任何一种社会制度，只有在一定阶级的财政支持下才会产生。"列宁对合作社问题的认识与思考，大致可以概括为，在无产阶级政党领导下，首先实行土地国有化，将土地平均分配给农民长期使用，然后采用示范的方法，根据自愿的原则，将农民逐步吸引到合作社中来。同时，国家对合作社给予大力的财政帮助，在一定的物质技术基础上和农民觉悟提高的条件下，逐渐使农民完全合作化。

3.1.2 农业生产组织理论

1. 农业的特点与农业生产组织

虽然农业生产资料所有制形式是决定农业生产组织形式以及组织规模大小的主要因素，但是农业生产组织形式在很大程度上还取决于农业自身的特点，而这正是农业与工业部门不同之处。为了深入考察农业生产组织，有必要研究农业的特点与其生产组织形式之间的关系。

(1) 农业受土地、生物生长、自然条件、市场波动的影响很大，风险较多，不易控制，它的投入产出关系、规模与效益的关系很不稳定，不像工业那么直接和明显。报酬递减现象比别的部门突出。因此，除工厂式养鸡、养猪等部门之外，一般不适宜采用规模很大主要依靠雇工去经营的组织。

(2) 大型农场更有利于采用包括机械技术在内的先进技术，但它在日常生产中，在劳动与管理、发挥劳动力积极性、主动性、精耕细作等方面，则往往不如具有一定规模的家庭农场。中小家庭农场由于具有能节省投资，更多吸收就业人员；能够采用成熟的现代技术，进行精耕细作，提高单产等优点，因此比较适合于农业的特点，容易适应其经常性的生产活动。

(3) 农业生产劳动的组织形式主要有分散的个体劳动、集中劳动、分散基础上的合作或联合劳动三种形式。除需要大量人工完成或者长年性大批量工厂式生产以外，集中劳动的效果一般不好，在种植业部门更是如此。在播种、抢收、抗灾等活动中，如果没有协作，仅靠个人力量很难完成，或者会贻误时机。但在不少农活中，简单协作的作用还有消极的一面。就国内外农业生产的经验看，各个分散经营的基层生产单位，以农户、种田能手或几个人组成作业组比较合适。为了取得经营效果，每个基层单位应具有一定的规模，而且规模应当适度。

2. 农业生产组织的主要类型

农业是人类从事的有生命物质生产的活动，人们进行农业生产并不是孤立的，他们总是以某种方式组织起来。因此，基于农业自身的特点，现代农业生产组织形式大体有三种：家庭经营、企业经营与合作（合伙）经营。

1）家庭经营

家庭经营是以家庭为单位进行生产的组织，家庭内部根据成员的年龄、性别、劳动技能和体力强弱进行分工合作。以家庭为单位从事农业生产，自古以来一直存在，根据它在不同的社会，与不同的生产力和生产关系相结合，有不同的形式，主要包括原始社会后期的家庭生产、奴隶社会的自由农和隶农生产、封建社会的农奴和佃农生产、资本主义社会的家庭农场和社会主义社会的家庭农场。

发达国家和地区的家庭农场及其发展，可以分为三种类型。第一种类型是以大中型农场为主体，它们分布在新大陆国家：美国、加拿大、澳大利亚和新西兰。第二种类型是以中小型农场为主，主要是在西欧国家，以法国和德国最为典型。第三种类型是以小型家庭农场为主，主要在东亚发达和中等发达国家和地区，包括日本、韩国和中国台湾。发达国家和地区的家庭农场都有以下特征：一是拥有一定的生产资料，独立经营、自己承担经济责任；二是农场主身兼劳动者和管理者二职；三是农场的劳动和管理主要依靠农场主及其家属。

发展中国家的家庭经营（农场或农户）模式分为两种类型。一类是拉美国家的大小农场并存的二元结构。拉美国家的家庭农场中，一极是数量不多而占有大量土地的大庄园，另一极是大量的规模很小的小农户，中间存在一类为数众多在农业生产中占相当比重的农场。如果把这两种农场和小农户合在一起，都视为家庭经营，那么拉美国家实际存在大小农场并存的二元结构，即一个是大庄园和小农户并存的结构，一个是家庭经营当中大小农场并存的结构。另一类是亚非许多国家的小型为主的家庭经营（小农），如印度、巴基斯坦等国。中国直到改革开放建立了家庭承包制以后，家庭经营才在新的基础上发展起来。它以土地集体所有为基础，但同发达国家的家庭农场相比，规模较小，生产力水平较低，处于从传统农业向现代农业过渡的阶段。

2）企业经营

农业生产的企业经营是指雇用多数的农业劳动力进行农产品的商品性生产，以获得利润的经营方式。这种组织形式有以下几种特点：一是集中生产和劳动；二是经营者和劳动力之间实行等级分工制。经营者只负责经营和管理，一般不参加劳动，劳动者一般只从事劳动，不参与经营和管理；三是全部人员按职能、班组等实行比较严格的分工；四是劳动条件和劳动工具比较统一；五是劳动时间以日、小时为单位计算；六是职员按工作数量、质量领取报酬。

企业经营组织的建立，需要具备一些必要条件：①产品的生产和劳动过程可以分解为若干个独立部分，需要和可以把相当数量的劳动者集合在一起实行比较固定的分工协作；②生产可以不分季节时令连续进行；③大批量生产。以上三点是农业的企业经营的必备条件。企业经营在农业中以畜禽部门较为常见，而一些设施农业的生产也采用这种组织形式。因为它们的劳动过程具有长年连续性，可以实行比较专门的分工，容易采用大批量集中流水线生产。如世界上最大的肉鸡产业集团公司之一的 TysonFood 公司，20 世纪 60 年代肉鸡产品还只有一个品种，从 1969 年开始，通过合并和收购，迅速扩大经营规模与范围，现在有专门生产冷冻食品的加工厂，除了鸡肉以外，还增加了牛肉和猪肉加工生产业务。到了 1997 年 TysonFood 公司雇佣工人达到 2.57 万人，产品多达 1500 多种。北京的华都肉鸡厂，也是这种企业。一些生产蔬菜、水果、农作物的植物工厂，也属于这种企业。

3）合作（合伙）经营

合作经营是指由若干农户联合或合并起来统一进行生产的组织形式。它的土地和其他生产资料可以是公有或者私有，其规模也大可小，可以是十户以下或者数千户以上。各种畜禽生产合作社是合作经营的主要形式。合作社的基本原则主要有以下内容，严格意义上的合作社应该以此为指导方针。一是自愿与开放的社员制。合作社是自愿的组织，对所有利用其服务和愿意承担义务的人开放。二是社员的民主管理。在基层合作社，社员享有平等的投票权利（一人一票），合作社的方针和重大事项由社员参与决定。三是社员的经济参与。社员入股并民主管理合作社的资金，合作社的盈余按社员与合作社的交易量进行分红。四是自治、自立。合作社是由社员管理的自治自助组织，与其他组织达成的任何协议必须以确保社员的民主管理和维护合作社自主权的方式进行。五是教育、培训和信息。合作社要为社员等提供教育和培训机会，要向大众宣传合作的性质和优越性。六是合作社之间的合作。合作社通过与国内及国际上其他合作组织的合作，最有效地服务于社员和促进合作社发展。七是关心社区。合作社要推动所在社区的可持续发展，有责任保护所在地区的环境。

在资本主义国家中，以色列、瑞典、日本、孟加拉等国的合作组织各有特色，形成了各有特征的成功范式。以色列的“基布兹”就是农民自愿参加、联合建立的集体性生产组织，在全国大约有270个。它是既从事经济活动又组织社会生活的基层社会及经济组织。在全国，它的耕地占35%，生产的农产品占40%，工业品占7%。其财产和产品归集体所有，成员大体实行平均分配，体制上有些类似于我国以前的人民公社。以色列的另外一种合作组织是“莫沙夫”，在全国有450个，生活着34%的农村人口。与“基布兹”相比，它强调在财产所有、生产经营、生活消费等方面给社员以更多的自主权。“莫沙夫”的合作紧密程度低于“基布兹”。

以上三种组织，是近代现代农业生产组织的基本形式，它们分别适合于不同的生产条件，不宜简单肯定一种否定另一种，应根据不同领域不同条件采用不同的组织形式。总体看来，三种组织形式的界限是清楚的，但它们的划分并不十分严密，具体到某些组织应该划归哪一类，则不大容易处理。比如，使用雇工数量较多家族经营的农场，规模比较大的生产合作社，应该划归哪类，就是如此。

3.1.3　畜牧业生产组织的主要特点

作为农业中重要组成部分的畜牧业，其生产组织也可以划分为家庭经营、企业经营与合作经营。由于以下几个原因，理解畜牧业生产组织有重要意义。

第一，根据生产组织类型的不同，反映其经营目的及经营成果的具体内容——收益的内涵有显著差异；

第二，在不同的生产组织中，其组织结构与管理方式有较大差异；

第三，畜牧业生产的发展与生产组织之间有相当大的关联，从小规模的家庭经营开始的畜牧业生产需要从生产组织的变迁来进行考察与分析；

第四，随着畜牧业生产的专业化程度越来越高，诸如育种、繁殖、饲料等各种专业部门也越来越多。它们与不同的生产组织之间的协作关系也呈现出不同的特点。

(1) 畜牧业生产中的家庭经营。畜牧业生产的家庭经营经历了从副业性生产到专业化生产的过程。在初期的畜牧业家庭经营中，畜牧业生产的目的主要是为了合理利用家庭劳动力、合理利用种植业的副产物及获得一定的副业收入。因此，对于农户而言，畜牧业生产能够提高资源的利用效率，是家庭的动物蛋白的来源、种植业的有机肥来源及储蓄手段。随着部分农户从畜牧生产的家庭经营中退出，继续进行畜禽养殖的农户逐渐扩大饲养规模，实现了专业化生产。与传统的畜牧业生产的家庭经营相比，此时的家庭经营已经成为“资本型家庭经营”，已经实现了生产的规模化、机械化及设施化。因此，畜牧业中的家庭经营与农业中的家庭经营一样，主要是指依靠家族劳动力进行生产，在不同的自然条件及技术水平下，其规模有很大的差异。

(2) 畜牧业生产中的企业经营。畜牧业生产中企业经营的成立需要几个前提。①农民阶层的分化；②大规模技术体系的形成；③有一定的资本积累；④具有一定的竞争力。畜牧业中的企业经营从与耕地的结合程度来看包括三种类型。第一种是加工型畜牧业，基本不需要耕地，依靠大规模生产及高度的机械化来提高劳动生产率。从农户养鸡（poultry farm）向企业化养鸡（poultry industry）的转移就是一个很好的例子。这种类型是最容易实现也是最常见的畜牧业生产的企业经营，由于资本是决定性因素，因此这种类型最先实现了垂直一体化。第二种是非加工型畜牧业，需要大量的耕地，依靠种植业与畜牧业的有机结合来提高生产率。乳牛及肉牛的生产较多为该类型。其特征是农耕、培肥、牧草处理、乳牛饲养等都实现了高度的机械化。由于与耕地的结合程度较高，所以较难被其他资本统合。第三种是中间型畜牧业，与耕地结合的程度介于第一种与第二种之间，加上在直接生产成本中的饲料成本的比重也介于两者之间，也即对资本的依赖低于第一种类型，因此实现垂直一体化较第一种类型难。

(3) 畜牧业生产中的合作经营。在畜牧业生产的合作经营中，存在着全面合作及专业合作两种情况。前者指合作的范围包含了合作农户的所有经营部门；后者指合作的范围仅限于经营的某一个特定部门，比如共同购买饲料或者共同销售等。合作经营成立是为了追求大规模生产的有利性，这不仅是技术或经济方面的原因，而且也包括耕地面积、资本及家庭劳动力等原因。另外在引入新的经营部门时，合作经营也可以起到分散风险的作用。

专栏 3.1

美国农村专业合作经济组织①

美国的农业合作社通常称做农场主合作社。根据美国农业部使用的定义，是由拥有共同所有权的人们，在非营利的基础上，为提供他们自己所需要的服务而自愿联合起来的组织，它们的特点是：第一，合作社是由它的全体社员所拥有，并为社员服务；第二，合作社由社员民主管理，实行一人一票制，或者每年按股金分配的红率不超过既定比率；第三，合作社实行非营利原则，年终的盈余按社员同合作社的业务数量的比例退给社员。

一、美国农业合作社的发展阶段

在美国，最早出现的农场主合作社是农产品销售合作社，至今已有 170 多年的历史。随着农业生产力的发展，农场主合作社也经历了一个发生、发展和壮大的过程。这个过程大致可分为以下几个阶段：

---

① 资料来源：廉高波，《中国农村经济组织：模式、变迁与创新》，西北大学博士学位论文，2005 年

第一阶段：1810～1870年。这一时期，美国东北部、棉花生产带、密西西比河谷上游以及西部地区，开始出现农民合作社。这也是美国农业实现商品化的时期。美国历史上最早的合作社是1810年康涅狄格州的奶牛场主组织起来的，目的是加工和销售奶油。但是比较成功的则要算1841年和1851年在威斯康星州和纽约州组成的两个乳业合作社。从那以后，各种合作社纷纷出现，这段时间里，合作社解决的主要问题是农产品销售。在这一阶段的后期，在最早大规模组织合作社的各州，如俄亥俄州和纽约州先后通过立法，使合作社合法化，为未来的发展铺平了道路。

第二阶段：1870～1890年。这是农业中机械化蓬勃发展的年代。19世纪70年代，美国工业在国民生产总值中的比重已经超过农业，农业也已经进入了商品化的时代。但是农业生产的发展，也为农场主带了灾难。从1867年开始，农业陷入了第一次危机。农产品价格下跌，农业收入下降，农场主陷入困境。同时，铁路公司和中间商却趁火打劫，竭力提高运费和压低农产品收购价格。于是，在美国先后出现了两个保护农场主利益的社团："格兰其"（1867年成立）和"农场主联盟"（1873年成立），在它们的支持下纷纷成立农场主合作社。到1890年，全国大约有1000多个合作社组织，但是当时的合作社大多由于管理不善、内部分裂和资本缺乏等原因而很快失败了。但也有少数是比较成功的。

第三阶段：1890～1930年。20世纪初内燃机在农业上的应用，为美国农业机械化带来了革命性的影响。与此同时，农场主合作社迅速发展，各地的合作粮库、乳业合作社以及牲畜运输合作社等发展很快，联邦和州的机构也都普遍承认合作社是一种合法组织。但是在法律上仍然受到谢尔曼反托拉斯法的限制。因此，这个阶段的合作社多数是小规模的。

第四阶段：1930年以后。自1930年以来，合作社的发展特点是合并与提高效率。

二、美国农民合作社的法律基础与制度特征

（一）立法变迁与法律基础

美国农民合作社与欧洲农民合作社相比，制度特征与法制基础都有一定的差别。首先，美国是最早制定合作社法的国家之一，但它是以州法为主，没有统一的联邦合作社法。其次，美国农民合作社的产权结构、收益分配和运营方式，也都呈现多样化的特点，不像欧洲那样统一。美国合作社的法律基础是各州的合作社立法，涉及合作社的联邦立法主要是三部反托拉斯法。即1865年，密歇根州通过了第一部承认合作购买和销售方式的法律。随后，美国其他一些州也开始陆续制定合作社法，其中，有的只适用股份式合作社，有的只适用于非股份式合作社，也有的对两者都适用。但是截至1914年，没有一部联邦法律承认农民合作社的合法地位，因此当1890年国会通过希尔曼反托拉斯法时，许多合作社的合法性受到威胁。

1914年，美国国会通过了一项克雷顿补充法案禁止价格歧视和独立商业企业为减少竞争或从事垄断而可以要求获得三倍于所受损失的赔偿。但这个法案的第六节，部分地把农业合作社和劳动工会排除在外。克雷顿补充法案的通过，大大促进了非股份式合作社的发展，也迫使一些股份式合作社向非股份式合作社转变。但是很多股份式合作社认为，这导致了对股份式合作社的歧视。1922年，美国国会通过了凯波-沃尔斯蒂德法案作为对克雷顿法案补充。该法案规定，凡是参与农业生产的各类农民，都可以按股份形式或非股份形式建立协会等组织，集体从事农产品加工、准备、处理、销售等活动。这些协会可以拥有共同的销售机构，可以签署共同协议或合同。1936年，国会又通过了一个补充克雷顿法案的罗宾森-派特曼价格歧视法这一法案禁止价格歧视，包括任何对竞争者实行歧视的交易。但法案的第四节规定，不应阻止合作社协会向社员返还从交易中获取的与其交易份额相一致的纯收益或盈余。这就保证了合作社惠顾返还金不被看做是价格歧视的一种形式。

美国的农民合作社，按照其组织特征可以分为三类：一类是中央集权制合作社，一类是联邦制合作社，还有一类是混合制合作社。所谓混合制合作社，就是指那些既直接吸收农民为社员，又以基层合作社或地区合作社为成员社的合作社。

（二）制度特征

无论是中央集权制合作社，还是联邦制合作社，都存在着一些共同的特征。美国农业部的有关材料，把美国农民合作社的制度特征概括为：合作社是用户所有，用户控制和用户受益的公司型企业。

1. 用户所有和用户控制

按照美国农业部的定义，农民合作社是一种以农业生产者为基层社员的企业，这些社员既是合作社的用户，又是合作社的所有者。有些合作社也向非合作社成员出售优先股，但这些股在合作社总股本中只占很小比例。社员通常在合作社中仅拥有一个普通股，或支付一次性社员费。为了有效地实现社员对合作社的控制，有些合作社鼓励社员按其使用合作社服务的比例拥有产权。按照传统的合作社原则，合作社只与社员做交易，但美国大部分州法律允许合作社与非成员开展的业务往来最多可占至其业务量的50%。联邦税法则规定，供给合作社与非成员客户的业务往来不能超过其业务量的15%。社员对合作社的控制方式有多种，目前大部分合作社实行一人一票原则，以防止权力向少数人手里集中。但这一点在现实中并没有得到完全的遵守。现在约有1/4的州，仍允许社员可以有一票以上的投票权。获得额外的投票权通常是以交易量为基础，也有少数州是以持股量为基础。对于按股投票的做法，在各州的法规和合作社实践中都有一定限制，最常见的情况是规定投票权份额最多不能超过20%，有的限定为3%或5%，还有的规定最多不能超过5票或10票。西海岸的有些州允许合作社给予成员与其交易份额相一致的投票权，中西部少数由农场组织赞助的合作社还允许一股一票，而农场组织则拥有股权的大部分。此外，大部分州法允许地方合作社作为区域联社的成员社，可以按各自的社员人数比例或业务量比例参加投票。

2. 用户受益

农民合作社作为用户受益的企业，实行的是“保本经营”原则。所谓保本经营原则，在以买断方式经营的合作社和以统一结算方式经营的合作社之间，做法是有所不同的。按买断方式经营的合作社，首先是以市场通行价格收购农产品和销售农用物品，年终再将超过经营成本的收益作为“惠顾返还金”，按照客户的交易量或交易额进行返还。许多合作社在实行返还以前，先要为社员股金支付有限的红利，并扣留10%或更多的净收益作为社员资本准备金。许多供给合作社和大部分销售合作社，对所有用户（不管是否合作社成员）都按同样的费率返还惠顾金，从而可以享受相应的收税减免。也有些合作社仅向社员返还惠顾金，但要按与非社员交易获利的多少缴纳收入税。以统一结算方式经营的合作社，一般是在社员送交农产品后预付一到两次现金，待产品售出以后，扣除经营费用和一定的留用资本，再进行统一结算。留用资本的扣除额是按每一件或每一箱产品计算。由于事先已对社员进行预付，因此统一结算的最终支付大大低于惠顾返还金。无论是惠顾返还金还是留用资本，一般都是以股票或其他凭证的形式分配给社员，以后可以按照资本周转计划清还。作为一个“保本”经营的企业，联邦法和各州法都对合作社的股金报酬有最高限制。按照联邦凯波-沃尔斯蒂德法，合作社对股金支付的利率不能超过8%或各州规定的最高利率。如果合作社实行一人一票原则，股金报酬也可以不受上述利率限制。

三、美国新一代农民合作社

在过去的50年里，美国农民合作社的发展出现了两种明显的趋势：一是纵向一体化，二是横向集中。随着市场竞争的日趋激烈和传统合作社的某些制度缺陷，20世纪80年代中后期，美国出现一种“新一代”农民合作社，对传统合作社原则做了较大修改，使合作社焕发了新的生命力。所谓新一代农民合作社具有以下一些制度特征：

(1) 传统合作社往往是以销售初级农产品为主，而新一代农民合作社是以创造农产品附加值为主要战略。由于附加值战略需要对生产和销售进行大量投资，因此农民必须承购大额股金，通常每个社员承购股金在5000～15 000美元。这些钱必须事先支付，以便束缚社员和确保股本基数。

(2) 股金额度与交售农产品数量相联系，一个社员必须承购与其农产品交售配额相对应的股金。

(3) 如果社员不能提供合同规定数量和质量标准的产品，合作社就从市场上购买这些产品，并按市场价格计入社员账户。

(4) 社员资格不开放，社员股份得至理事会批准以后可以交易。因此存在一个股份市场，它们的价值依据人们对合作社绩效的预期而变动。

(5) 由于股份是可交易的，因此整个股本金具有永久性（在传统合作社中，由于社员退社自由，因此股本不稳定），这样银行就能提供条件优惠的贷款。

(6) 社员资格不开放和股份可以交易，意味着资产净值在已分配和未分配资本中的组成比例并不重要，未分配基金在交易市场上被股份价格资本化。现实中在部分新一代农民合作社中并没有多少未分配的资产净值。

(7) 如果经营规模要扩大，就出售更多的股份（集资），首先是卖给已有的社员，然后再卖给其他农民。

(8) 如果在经营规模不扩大的情况下需要更多的资本（例如技术更新等），则社员被要求按其交易配额的比例增加股金。对农民来说，这样的额外投资是合理的——如果他们反对，那么他们的交易配额就会下降。

(9) 为了避免合作社被一个社员独占，有些新一代农民合作社对每个社员可以拥有的股金数量进行限制。

(10) 利润作为惠顾者退款分配给社员。由于社员投资和交货数量成一定比例，因此红利也与社员持股成比例。几乎所有的退款都是现金支付，只留很小的数量作为储备金，甚至完全不留。

除此之外，有的时候合作社也向社区出售优先股，但对优先股有8%的利率限制，而且没有投票权。理事会由社员在其中间选举产生，合作社实行专家管理，一切重大事项都要经过可行性研究。

3.2 畜牧业经营规模

3.2.1 畜牧业经营规模的内涵

畜牧业经营规模是指在畜牧业经营中投入的土地、固定资产（机械、设备、建筑物等）与稳定的劳动力（家族劳动及常年雇工）的结合体的大小。经营规模的大小通常用经营实绩来衡量，但要注意的是，这种经营实绩是由固定资产投资与劳动力的大小带来的，还是由生产技术及管理带来的，需要进行严格的区分。实际上，由于生产组织的多元化，很难对经营规模的大小用一种简单的指标进行判断。我们可以与畜牧业经营中的畜种联系起来，对经营规模的内涵进行分析。

在畜牧业生产中，肉牛、羊的饲养除了需要耕地外，还有一定的草地利用。因此，在这些畜种中，用农用地面积（耕地、草地、林地）作为经营规模大小的尺度是比较适当的。需要注意的是，在不同的区域及不同的生产组织中，仅用土地规模可能会出现偏差。因此，“在同一区域内、在类似的布局条件下、同一畜种之间相互比较”才有意义。

对于生猪、肉鸡、蛋鸡及奶牛经营，常用资本规模指标。包括固定资产（家畜、机械设施、建筑物、土地及无形资产的评价额）与流动资产的资产总额是一个理想的指标。特别是在这些畜种的生产中，企业经营越来越多的背景下，该指标更为适当。

另外，用主产品及副产品的销售额（粗收入）或者年间的经营费（总费用）来表示经营规模也是一种常见的指标。这实际上是经营实绩的概念，它不仅包括投入要素的多少，还包括生产率的高低，甚至还包括价格等因素的作用。

3.2.2　畜牧业大规模经营的有利性

在畜牧业生产中存在着小规模经营向大规模经营转变的趋势。家庭经营中的副业性家畜饲养的减少、企业经营及合作经营的增加都是其具体表现。然而，畜牧业大规模经营存在有利性的同时，也有一定的限制条件。

1. 生产过程中的有利性

（1）劳动生产率的提高。利用机械设备，能够使养鸡经营中人均饲养的羽数增加，管理面积扩大，从而节约劳动成本。然而，在生猪的一贯经营（自繁自养）中，由于繁殖与肥育的技术及管理有一定差异，无法实现如养鸡经营中的劳动节约技术。在奶牛及肉牛经营中，由于仅实现了部分的机械化，甚至可能出现小规模经营的劳动生产率更高的情况。

（2）单位产品的固定资产额的减少。随着饲养规模的扩大，单位产品所需的的畜舍建筑物、机械设备等固定资产投资可能减少。但在规模扩大的过程中，也常见机械设备等过剩投资的情况，这在土地利用型畜牧业中更易发生。

（3）分工协作的有利性。饲养规模的扩大，促进了专业化经营，分工与协作也应运而生。肉牛及奶牛经营中的粗饲料的生产、收获、青贮，养鸡经营中的孵化等都是如此。

2. 流通过程中的有利性

（1）购买面的有利性。规模的扩大可以使生产者提高市场交涉力，能够以较低的价格购买饲料、仔畜等生产资料。

（2）销售面的有利性。由于大规模经营可以进行大批量销售，可以按照市场需求统一品质、规格销售，因此相对于小规模经营而言可能获得较高价格。

（3）信用面的有利性。规模的扩大有利于资金的借贷，能够以较低的利息得到流动资金。

3.3　生猪经营规模的变化

我国是猪肉生产大国，生猪养殖在我国农业中占有重要的地位。生猪不仅是我国肉类食品的主要来源，而且是我国农户收入的重要来源之一，养猪收入占农村居民人均纯收入的8%～10%。改革开放以后，我国的养猪业发展迅速。从表3-1中可以看出，我国畜牧业总产值和生猪总产值逐年增加，分别从2001年的7963.13亿元、4028.88亿元，增加到2007年的16 124.9亿元和8132.9亿元，生猪产值占畜牧业总产值的比重一直都保持在50%左右，说明我国生猪生产在畜牧业中具有举足轻重的地位。就地区而言，2007年全国31个省（市、自治区），有一半左右的地区生猪产值占畜牧业总产值的比重超过50%。这也反映了养猪业对调整农村经济结构，提高农业效益，增加农民收入发挥了重要作用，养猪业已成为我国农业及农村经济中十分重要的支柱产业之一。而随着生猪饲养头数的急剧增加，我国养猪产业在生猪的品种、饲养、繁殖等技术方面都有较大的进步。同时，生猪的生产组织及流通体系也发生了较大的变化。生猪的生产组织一般被分类为家庭经营、企业经营、合作（共同）经营、一体化经营等形态。这种生猪生产组织的划分与农业劳动生产率或土地生产率的高低并没有直接的相关，但在我国的生猪生产中，由于客观条件的限制（耕地面积、劳动力素质、农业社会化服务水平等），传统的以农户家庭为代表的家庭经营形态存在着相对的低效率，其经营规模一般比较小。本节将根据生猪饲养规模的大小来进行分析。

表3-1　2001～2007年我国生猪总产值占全国畜牧业总产值的比重（按当年价格计算）

年份	畜牧业总产值/亿元	生猪总产值/亿元	生猪产值占畜牧业总产值的比重/%
2001	7 963.13	4 028.88	50.59
2002	8 454.64	4 124.95	48.79
2003	9 538.81	4 443.30	46.58
2004	12 173.80	6 169.60	50.68
2005	13 310.80	6 443.50	48.41
2006	13 640.20	6 336.70	46.46
2007	16 124.90	8 132.90	50.44

资料来源：《中国农村统计年鉴》（各年）并经作者整理，小数点后保留2位小数

3.3.1　农户散养

2002～2008年，生猪散养的农户数从104 332 671户减少到69 960 452

户，散养户年生猪出栏数从 44 393.24 万头减少到 37 764.70 万头。尽管散养户年生猪出栏数占总出栏数比重从 72.79%下降到 44.05%，但是从饲养户数来看，2008 年散养户为 69 960 452 户，仍占生猪总饲养户的 97%左右（表 3-2）。这主要是因为农户散养生猪仍有其经济合理性。小规模的农户的副业养猪与农户生猪专业经营相比，其相同之处为两者均为家庭经营，其不同点除了饲养规模及专业化程度的差异之外，还表现在饲养技术（如饲料结构、品种的选择）、资金利用及对家族劳动力安排的差异上。以 2008 年为例，农户散养生猪较之规模化养殖，每头生猪的净利润、总产值均要低于规模化饲养。农户散养生猪的头均总成本为 1316.20 元，规模养猪的头均总成本为 1263.87 元。在生产成本的构成中，物质与服务费用分别为 1128.70 元和 1192.12 元，人工成本分别为 187.10 元与 69.82 元。可见，两种饲养形态在生产成本构成上存在很大差异。农户散养由于规模较小，其人工成本所占比例较高。然而，在农民人均收入较低、耕种农业的生产手段较为落后的时期，农户散养生猪在自给性的动物营养源、有机肥料源及财产-储蓄手段等方面具有积极的意义，这也是长期以来，农户保持养猪传统的一个重要原因。

3.3.2　规模化养殖

随着经济的发展、人们收入水平的提升，居民对猪肉的需求量不断增加，使我国生猪经营形态发生了一些变化，规模化生猪养殖有了一定程度的发展（表3-2，表 3-3）。2002～2008 年，我国规模化养殖户从 1 034 843 户增加到 2 421 378 户，年生猪出栏数占总出栏数比重也从 27.21%上升到 55.95%。表明我国生猪养殖逐渐从农户散养向规模化转变，规模化养殖是一个必然的趋势。

表 3-2　2002～2008 年生猪饲养形态变化

年份	散养/户	散养占总户数的比重/%	规模化养殖/户	规模养殖占总户数的比重/%
2002	104 332 671	99.02	1 034 843	0.98
2003	106 779 375	98.94	1 138 618	1.06
2007	80 104 750	97.27	2 244 300	2.73
2008	69 960 452	96.65	2 421 378	3.35

注：生猪散养的饲养头数为 1～49 头，规模养殖为 50 头以上

资料来源：根据《中国畜牧业统计年鉴》（各年）整理

表 3-3　2002～2008 年生猪各饲养形态年出栏生猪头数变化表

年份	散养户		规模化养殖户（场）	
	生猪出栏数/万头	占总出栏数比重/%	生猪出栏数/万头	占总出栏数比重/%
2002	44 393.24	72.79	16 598.15	27.21
2003	46 867.58	71.25	18 907.41	28.75
2007	41 418.37	51.54	38 938.99	48.46
2008	37 764.70	44.05	47 973.64	55.95

资料来源：根据《中国畜牧业统计年鉴》（各年）整理

从生猪养殖的收益来看（表 3-4），规模化养殖每头生猪的主产品产值为 1554.25 元，高于散养的 1530.80 元，净利润为 304.23 元，高于农户散养的 234.90 元。规模饲养使单位产品的成本下降、产品品质提高等都是其原因。因此，我国生猪的规模养殖户数量的增加、养殖规模的扩大，具有一定的经济意义。

表 3-4　2008 年我国生猪养殖不同经营形态成本收益的比较（每头）

项目	单位	散养	规模化养殖
主产品产量	公斤	112.10	108.80
产值合计	元	1551.10	1568.10
主产品产值	元	1530.80	1554.25
副产品产值	元	20.30	13.85
总成本	元	1316.20	1263.87
生产成本	元	1315.80	1261.95
物质与服务费用	元	1128.70	1192.12
人工成本	元	187.10	69.82
家庭用工折价	元	186.80	40.18
雇工费用	元	0.30	29.65
土地成本	元	0.40	1.92
净利润	元	234.90	304.23

注：规模化养殖的成本收益为小、中、大规模的平均值

资料来源：全国农产品成本收益资料汇编

从生猪散养和规模化养殖两种形态的变化趋势来看，规模化养殖是一个必然的发展趋势，但是由于农户散养生猪还具有财产-储蓄手段等功能，因此生猪的农户散养在很长一段时期内与生猪的规模化饲养并存。

专栏 3.2

台湾生猪产业的发展及其政策变化①

我国台湾地区的生猪产业久负盛名，其生产及技术水平在国际上有一定的影响。特别是在1989年以后，我国台湾成为日本的最大猪肉供应地，也进一步巩固了其养猪业在岛内农业中的地位。然而，1997年发生的口蹄疫，使台湾的养猪产业受到了比较大的影响，台湾也因此失去了猪肉出口的商机。

一、1997年前的台湾养猪业

（一）养猪业发展的三个阶段及其相关政策

1997年以前的台湾养猪产业可分为三个阶段。在这三个阶段中，由于其政策的影响，养猪产业的技术水平、饲养规模及流通体系都呈现出不同的特点。

（1）1945年至20世纪70年代初期。在这个阶段，台湾养猪产业的产值在农业的各项产值中仅次于水稻，农户散养是主要的饲养形态。由于农户养猪仅仅是家庭的副业，利用剩余劳力和残羹剩饭饲养是最普通的方式。1957年养猪的农户达到了历史上最高的81.64万户，说明了当时养猪是农户中一项普及率较高的副业。饲养头数在1958年达到380.43万头，是1945年的7倍。与当时的饲养水平相对应，生猪产地市场的流通以兼有屠宰业务的零售商（小刀手）为主体，其生猪的收购率达42.2%。在广域流通方面，根据1951年制定的“家畜市场管理规则”、“家畜市场业务规则”等条例，设立了15个家畜市场，并将这15个市场根据其不同的范围分为乡镇市场（产地市场功能）、市级市场（兼有产地与消费地市场功能）和都市市场（消费地市场功能）。在生猪屠宰方面，虽然设立了800个屠宰场，但小刀手的私宰是十分普遍的。而猪肉的零售也主要在传统的自由市场进行。

（2）20世纪70年代初期至80年代中期。在这一阶段的生产过程中有三个特征。第一个特征是伴随着饲养规模的扩大，养猪农户急剧减少。由于一些优良品种的推广和饲养技术水平的提高，总饲养头数在这一期间从428万头增加到705万头，养猪产业的产值也于1986年超过了稻米，成为农业中产值最大的产业。同时，饲养农户则从70年代初的50万户减少到了80年代中期的6万户，户均饲养头数从8.6头增加到了112头。第二个特征是养猪产地的集中化。饲养头数较多的前5个县的饲养比率占到总饲养头数的61.57%。第三个特征是由于养猪业的发展，畜产公害问题不断深化。当局也因此制定了“民营大规模养猪场管理法”、“畜产公害管理法”等，以规范养猪产业。该阶段生猪流通的一个重要特征是农会（农协）及合作社的生猪收购比率大幅度上升，从1973年的28.94%增加到1987年的77.9%。家畜商及小刀手的收购量则明显下降。这在一定程度上增

① 资料来源：胡浩，《台湾生猪产业的发展及其政策变化的启示》，《贵州农业科学》，2004年第5期

强了农户的市场交涉力，保护了农民的利益。但从该阶段的屠宰环节来看，简易屠宰场的屠宰仍然占有很高的比例。

(3) 20世纪80年代中期至1996年。80年代以后，养猪产业最重要的变化是生产经营的一体化。由于猪肉出口特别是对日出口保持了一个较好的增长势头，出现了饲料业、油脂业、面粉业、食品加工业等建立直营的大规模养猪场或与规模猪场签订养猪合同的情况，由此带来了户均饲养规模的进一步扩大、养猪农户的减少及总饲养头数的增加。养猪产地集中也显示了出口产业的特征，更集中于高雄港及有许多饲料工厂的西南地区的屏东、高雄及台南三县。1996年猪肉外销达27.16万吨，价值15.51亿美元，而岛内人均年消费量也达40千克。在该阶段的流通体系最大的变化是在每一个县（市）设立一个家畜市场或肉品市场，并对屠宰场的设施进行更新。但从生猪的屠宰量来分析，除了出口的部分以外，简易屠宰的比例仍然有55.26%。而该时期的猪肉在传统市场的零售比例仍保持在60%左右。

（二）养猪业存在的问题

台湾的养猪产业虽然发展很快，并于1986年产值超过了稻米，但由于其生产条件的客观制约，从生产及市场的角度分析，存在着以下问题。

(1) 养猪饲料过分依赖进口，生产成本高，竞争力不足。台湾养猪业所需饲料约90%从岛外进口，其中以美国为主要进口国。而劳动力、土地等价格上涨，又使台湾养猪产业的生产成本增加。台湾猪肉市场价格比美国高出约60%，与大陆的农户养猪相比，台湾养猪生产成本更是高出许多。

(2) 流通过程不合理，屠宰过程的卫生水平有待提高。台湾的家畜批发市场以生猪拍卖形式为主，而从产地到消费地市场的流通仍然主要是活体形式。另外，由于台湾生猪在所谓私设屠宰场的屠宰量较大，而其卫生条件则相对较差。所有这些都可能会增加各种疾病的传染。

(3) 近年来的销售过分依赖国外市场。由于猪肉生产的快速发展，猪肉过剩造成台湾境内猪价低迷，台湾采取了猪肉外销的政策。20世纪80年代以前的出口对象主要是日本和香港。到1989年，猪肉外销市场仅剩日本一地，形成了对日本市场的依赖程度过高。

(4) 污染严重，环保问题突出。养猪业的发展增加了农民收入，增加了市场供给，但带来了严重的环境污染。台湾的生猪饲养密度高居世界第二位（仅次于荷兰），单位面积载畜量达230头/平方公里，高密度的饲养业给环境造成巨大的压力。据调查，台湾畜牧污染（主要是养猪污染）占总污染量的23%。农村地区猪粪尿的大量排放，不仅达不到肥田之效，反而造成严重的环境污染，对人们的生活环境造成严重的危害。

二、1997年后的台湾养猪业

1997年台湾地区爆发口蹄疫，对台湾的养猪产业产生较大冲击，台湾的养猪产业政策也因此发生了变化。

（一）生猪饲养量的变化

口蹄疫发生以后，猪肉市场价格暴跌，外销市场冻结，台湾养猪业损失惨重。台湾的猪肉产量从口蹄疫发生前的123万吨下降到1997年的103万吨，甚至降到1999年低谷时的82万吨。而价格的下降更是惊人，批发市场的猪肉价格从原来的5000多元/100千克（台币）跌到2300多元，有的肉品市场甚至出现500元/100千克的低价。经过几年的努力，台湾的养猪业已经基本复兴。养猪也已经转型为以完全内销为主，且产销平衡的产业结构。近年来的生猪屠宰头数维持在1000万头，产量维持在90多万吨，而价格也在平稳中有所回升。

（二）养猪政策的变化

生猪生产的变化，主要是由于台湾调整养猪产业政策所致。具体而言，有以下的政策措施。

(1) 调整养猪产业结构，重订养猪生产目标。台湾调整养猪产业政策的原因可以从内外两个方面来分析：一是由于口蹄疫的发生，使台湾失去了几乎占其产量1/4的外销市场；二是养猪业的环境污染，使台湾有一个限制养猪发展的内在压力。因此，台湾农业主管部门于1997年7月提出了以"自给自足为目标、辅导养猪产业永续经营计划"，1998年5月，通过"畜牧法"将整个畜牧产业进行适当的规范与整合。在这样的政策背景下，从1997年6月到1998年11月，执行了"养猪户（场）及肉猪（场）离牧计划"，支助不具有经济规模或竞争力以及水源水质保护区内的养猪户离牧。在这项活动中，台湾"农委会"动用了超过100亿元（台币）的资金来办理"离牧计划"，创了有史以来"农委会"单项计划的纪录。同时，为解决养猪污染问题，规定凡饲养20头以上的养猪场都要办理畜牧场登记，并提出符合环保机关认可的污染防治措施计划书，以确保养猪产业健康发展。

(2) 调整运销策略，改善生猪运销体系。采用合同产销及一体化经营形式，推动养猪饲料及设备的统购统销，以降低中间环节费用。特别注重减少活体运输，提高肉品屠宰品质，保证猪肉质量。

3.4　家禽经营规模的变化

我国是以农业人口为主体的国家，广大农民素有养禽的习惯，但长期以来，家禽业一直处于自生自灭状态，没有形成产业。新中国成立以后，家禽生产有所恢复。1952年年底，全国家禽数量恢复到3亿只左右。第一个五年计划纲领中明确提出“应该大力增殖家禽”，到 1957 年年底，家禽存栏数量达到 7.1 亿只。20 世纪 60 年代，我国开始搞机械化养鸡，1965 年上海开始兴建红旗机械化养鸡场。但直到改革开放为止，家禽生产仍然处于副业地位，养禽生产水平和技术水平不高，家禽产品加工企业很少，市场上很难见到禽制品。

改革开放以来，我国养禽业取得了长足的发展。随着市场开放和个人、集体、国营一齐上的方针的贯彻，家禽业发展十分迅速。1987 年和 1978 年相比，家禽存栏增长 1.8 倍，鲜蛋产量增长 1 倍以上。1988 年国务院提出在全国 80 个大中城市建设“菜篮子”工程，更促使各大城市着重发展养禽业。在各级政府的大力支持下，各地建设了一大批产业化（规模化）养禽场，这些养禽场实现了生产规模集约化、品种的良种化和饲料营养全价化。由于投入的增加和技术进步，带动了养禽业迅猛发展，1990 年，年度家禽出栏量就达到 24.34 亿只，占当年世界总量的 9.3%；年度禽肉产量 322.9 万吨，占当年世界总量的 8.5%，均跃居世界第二位，从根本上改变了我国城乡居民家禽产品长期短缺的状况，基本满足了市场需要。随着国民经济的发展，居民对畜产品的需求不断增加，家禽业进入到稳定发展时期。1999～2008 年我国家禽出栏量从 743 165.1 万羽增加到 1 022 155.7万羽，年均增长率为 3.7%；禽肉产量从 1999 年的 1115.5 万吨增加到 2008 年的 1533.7 万吨，年均增长率为 3.7%。禽蛋产量也从 1999 年的 2134.7 万吨增加到 2008 年的 2702.2 万吨，年均增长率为 2.66%（表 3-5）。

表 3-5　1999～2008 年全国家禽生产情况

年份	禽蛋产量/万吨	禽肉产量/万吨	家禽出栏量/万羽
1999	2 134.7	1 115.5	743 165.1
2000	2 182.0	1 191.1	809 857.1
2001	2 210.1	1 176.1	808 834.8
2002	2 265.7	1 197.1	832 858.9
2003	2 333.1	1 239.0	888 587.8
2004	2 370.6	1 257.8	907 021.8
2005	2 438.1	1 344.2	943 091.4
2006	2 424.0	1 363.1	930 548.3
2007	2 529.0	1 447.6	957 867.0
2008	2 702.2	1 533.7	1 022 155.7

资料来源：《中国畜牧业统计年鉴》（各年）

我国的家禽生产在新中国成立后的不同的农政期经历了农户经营、合作经营、企业经营等几种不同的形态。根据饲养规模的大小，我们比较肉鸡和蛋鸡的农户散养与规模化养殖。

3.4.1　农户散养

就蛋鸡而言，2002～2008 年我国蛋鸡散养农户从 58 911 859 户减少到 24 900 794户，减少了 34 011 065 户，年均递减率为 13.37%；另外，散养年末存栏数占总存栏数比重从 2002 年的 47.08%减少到 2008 年的 23.09%（表 3-6）。虽然散养户数不断减少，但其饲养的蛋鸡数仍然占有近四分之一的比重。比较两种规模的成本收益，可以发现，虽然散养户每百只蛋鸡的主产品产量为 1484.7 公斤，低于规模化养殖场（1637.60 公斤）；每百只蛋鸡总产值为 8475.1 元，也低于规模化养殖场（9525.38 元）。但是从成本来看，农户散养、规模化养殖场每百只蛋鸡总成本分别为 7258.18 元、8613.40 元，农户散养的成本要低于规模化养殖场（表 3-7）。

表 3-6　2002～2008 年蛋鸡饲养形态变化情况

年份	农户散养/户	散养年末存栏数占总存栏数比重/%	规模化养殖/户、场	规模化养殖年末存栏数占总存栏数比重/%
2002	58 911 859	47.08	694 109	52.92
2003	65 093 135	47.75	731 182	52.25
2007	29 135 097	28.03	799 198	71.97
2008	24 900 794	23.09	729 828	76.91

注：蛋鸡散养饲养羽数为 1～499 只，规模化养殖饲养羽数为 500 只以上

资料来源：中国畜牧业统计年鉴（各年）

表 3-7　2008 年全国蛋鸡成本收益情况（每百只）

项目	单位	散养	规模化
主产品产量	公斤	1484.7	1637.60
产值合计	元	8475.1	9525.38
主产品产值	元	7280.79	8259.85
副产品产值	元	1194.31	1265.54
总成本	元	7258.18	8613.40
生产成本	元	7258.18	8593.64
物质与服务费用	元	6685.61	8221.20
人工成本	元	572.57	372.44
家庭用工折价	元	572.57	235.92
雇工费用	元	0.00	136.52
土地成本	元	0.00	19.76
净利润	元	1216.92	911.98

资料来源：《全国农产品成本收益资料汇编》（规模化养殖成本收益取自小、中、大规模的平均水平）

就肉鸡而言，从2002～2008年散养农户数从52 487 583户减少到27 127 006户，减少了25 360 577户，年均递减10.42%；散养农户年出栏数占总出栏数比重从31.28%减少到18.36%（表3-8）。比较两种规模的成本收益，可以发现，散养户每百只产值为2077.75元，低于规模化养殖场2143.26元。而散养户的每百只肉鸡的总生产成本为1843.02元，低于规模化养殖场的1909.74元。散养农户的单位生产与服务费用、雇工费用和土地成本远低于规模化养殖（表3-9），使得农户散养肉鸡存在着一定的利润空间。

表3-8　2002～2008年肉鸡各饲养形态变化情况

年份	散养户/户	散养年出栏数占总出栏数比重/%	规模化/户	规模化年出栏数占总出栏数比重/%
2002	52 487 583	31.28	396 532	68.72
2003	51 459 670	32.87	427 126	67.13
2007	28 613 036	19.88	532 005	80.12
2008	27 127 006	18.36	511 040	81.64

注：将肉鸡散养定为1～1999只，规模化养殖定为2000只以上

资料来源：《中国畜牧业统计年鉴》（各年）

3.4.2　规模化养殖

从蛋鸡来看，2002～2008年我国蛋鸡规模化养殖场从694 109家增加到729 828家，增加了35 719家，增长了5.15%；另外，规模化养殖年末存栏数占总存栏数比重从2002年的52.92%增加到76.91%（表3-6）。虽然从每百只蛋鸡的净利润来看，农户散养要高于规模化饲养，但是从产品质量、安全性等方面综合考虑，规模化养殖仍是一种长期的趋势。

而肉鸡的专业化养殖场的数量增加迅速，2002～2008年我国肉鸡规模化养殖场从396 532家增加到511 040家，增加了114 508家；同时，规模化养殖年末存栏数占总存栏数比重也由2002年的68.72%上升到2008年的81.64%（表3-8）。由于肉鸡生产是最易被资本统合，从而实现一体化经营的畜禽品种，因此，肉鸡饲养的规模化进程在各种畜禽品种中也是最快的（表3-9）。

表3-9　2008年全国肉鸡成本收益情况（每百只）

项目	单位	散养	规模化
主产品产量	公斤	221.5	206.70
产值合计	元	2077.75	2143.26
主产品产值	元	2056.09	2115.52
副产品产值	元	21.67	27.74

续表

项目	单位	散养	规模化
总成本	元	1843.02	1909.74
生产成本	元	1841.34	1903.75
物质与服务费用	元	1719.82	1814.62
人工成本	元	121.52	89.13
家庭用工折价	元	112.92	48.50
雇工费用	元	8.61	40.63
土地成本	元	1.67	6.00
净利润	元	234.74	233.52

资料来源：《全国农产品成本收益资料汇编》(规模化养殖成本收益取自小、中、大规模的平均水平)

专栏3.3

温氏集团的发展历程①

位于广东新兴县的温氏食品集团有限公司，其前身是竹勒镇的一个民办鸡场。1983年开始，鸡场与农民实行了以场带户、场户联合的经营方式。经过10多年发展，已由最初一个小型鸡场发展为一个集农、工、科、贸于一体的企业集团。公司内部实行股份合作制，对外提供种苗、饲料、药物、技术咨询及购销服务。至1995年已拥有17家企业，近1000名职工，9000万元自有资产；已固定挂钩联营农户6500多户。目前温氏集团已在广东省内及省外建立了多个家禽公司或种鸡基地，规模不断扩展，发展前景广阔。

一、温氏集团的制度结构

温氏集团与农户实行"固定挂钩联营"。具体做法是：公司与专业户签订合同，由公司对各户建立"四个统一服务"的档案。每户饲养一只鸡先向公司预交5元生产成本费，公司按规定统一提供鸡苗、饲料、防疫药物、技术指导四个方面的服务。农户的各项支出输入公司的电脑，农户可随时查询，定期结算，多退少补。公司当时的核算是：上市一只肉鸡重1.5公斤，市场销价10元，扣除生产、销售费用盈余3元，每只鸡毛利润分配是农户保持1.5～1.8元，公司保持1.2～1.5元。如肉鸡市场销价下跌，公司对农户仍保价收购，亏损部分由鸡苗、饲料等综合经营的收入给以补贴，从而保证养鸡户的收入稳定。公司虽向农民让利，但通过综合经营来平衡。集团内部实行股份合作制。开始办场时，只有7户8股，类似于合伙制企业。随着生产的发展和非股东职工的增加，鸡场在清产核资的基础上，把以户为单位入股改为以劳动力为单位入股，使该场成为全员股东

---

① 资料来源：罗必良，王玉蓉，《农业经济组织的制度结构与经济绩效》，《农业经济问题》，1999年，第6期。

型企业。至1989年，又发行了内部股票。把职工股金和历年积累折成股份发给个人，另外再发行由职工自由认购的新股。这样就把过去只停留在账户上的股金，体现为手中持有的票据，并可以在场内自由流动。在分配方面，企业把每年净收入的一半用于按劳分配，一半用于股份分红，但分红却不分现金（1994年开始为了照顾职工需要规定分红的20%可分现金）。

二、集团的运行机制

(1) 积累机制。温氏集团内部采用的是股份合作制，内部产权明晰，具有明显的自我积累与扩张功能。温氏集团开始办场时，向银行贷款10万元，到1989年已形成多功能的企业，当时的银行贷款仍然是10万元。到1994年创办大型肉鸡分割厂，一次投入即达1800万元，而当年银行贷款仍不过是340万元。该集团发展之快，银行负债率之低，在广东全省是罕见的。这不能不归功于实行股份合作制形成的自我积累的机制。

(2) 风险机制。温氏集团通过鸡苗、饲料、药品、加工等综合经营，分解了回收肉鸡的市场风险，从而有效地实现了规模经济与范围经济，加工增值也提高了产品的市场竞争力；股份合作制的建立不仅提高了每个职工的风险意识，而且也构造了风险共担机制。

(3) 动力机制。动力机制不仅表现为企业的积累机制，还表现在技术投入机制上。在相当的程度上，企业对联营农户的吸引力表现在其技术优势上。温氏集团先后建立了家禽育种、养鸡技术、饲料及防疫等研究机构，聘请60多位技术人员进场。1992年还以技术入股的形式，发展了与华南农业大学畜牧系、华南理工大学食品系的联合，从而构建了强有力的技术支撑体系，有效地提高了企业的技术水平和市场竞争力。

(4) 管理机制。温氏集团则将生产风险化解到农户，仅承担市场风险。因此其监督成本和计量成本均能够实现节约。温氏集团向农户提供种苗时预收了5元的生产成本费，相当于毁约保证金，向每个农户供应多少种苗、回收多少只肉鸡，易于计量，易于评估农户的毁约行为；而且这种毁约行为还会受到集团不再提供种苗的“退出威胁”的约束。统一供应种苗、统一供应饲料，大体能保证较为一致的肉鸡质量，这种产品特性意味着公司与农户交易的计量成本与谈判成本低。温氏集团收购农户肉鸡采取最低保护价收购，如果市场价格高于保护价则按市场价收购，农户具有稳定的收入预期；并且，农户交售肉鸡后扣除种苗、饲料、药物，拥有剩余索取权。在这样的内部管理机制下，温氏集团从农户收购的肉鸡量达到了公司供应鸡苗量的90.4%，如果扣除种苗的死残率，可以说农民把几乎全部的产品都交售给了公司。

三、启示

不同的制度安排，隐含着不同的激励与约束机制，诱导着不同的经济行为，从而导致经济组织的不同绩效。制度安排的移植不仅会受到非正式制度环境的约束，而且也会受到产业特性、资产特性的约束。一个经济组织的经济绩效，既取决于组织内部的制度安排，也取决于组织制度安排与环境的相容性在市场体制环境下，温氏集团的组织形式则存在明显优势。在信息不对称、败德行为以及不确定性的情形下，通过设计不同的风险分担机制、剩余索取权安排以及不同的契约期限，会产生不同的影响经济组织绩效的激励效果。如农业中的分散化经营尤其是家庭经营，可以使农业风险分解，同时大大降低组织监督成本；农业中的分成契约使地主与佃农双方分担了风险，而固定租金契约则能使有经营能力的农民更有效地发挥他们的经营优势；尽管分成制存在监督问题，但若通过改变租约期限，比如说只签订短期租约，根据佃农使用土地和投入劳动的情况决定佃农能否续约，这种方式所产生的退出威胁显然可改善对佃农的激励效果。

3.5　肉牛奶牛经营规模的变化

3.5.1　我国肉牛经营规模的变化

肉牛产业是欧美等发达国家现代农业中的一个重要产业，为发达国家居民改善食物营养结构和增强国民体质作出了重要贡献。美国和欧盟的牛肉消费量占世界的40.5%。我国养牛业历史悠久，养牛遍及全国各地，但商品肉牛业起步较晚。历史上我国养牛以役用为主，牛肉主要来自屠宰淘汰的老弱残牛，因此造成我国牛种普遍肉用生产力低下。改革开放以来，随着人民生活水平的提高及膳食结构的变化，全社会对牛肉的需求不断增长。我国牛的存栏总数从1985年的8682.0万头增加到2008年的10 576.0万头，出栏总数从1985年的456.5万头增长到2008年的4446.1万头，年平均增长10.40%；牛肉产量从1985年的59.3万吨增长到2008年的613.2万吨，年平均增长11.85%；牛肉占肉类总产量的比例由1985年的2.42%增加到2008年的8.42%，并且保持着强劲的增长势头。目前我国肉牛生产主要呈现以下四个特征。

第一，近几十年来，我国肉牛总体上保持了较快的发展速度，我国牛肉生产和消费保持平稳增长的态势。

第二，主产区由牧区转向农区。由于地理资源和饮食结构的差异，我国传统的肉牛主产区是西部牧区。但近年来，由于广大农区对牛肉的消费不断增加，粮食资源丰富，养牛业呈现快速发展的态势，致使肉牛养殖由牧区向农区转移。目前，农区的肉牛存栏量、出栏量和牛肉产量在全国都已占到主要地位。在全国的肉牛主产区中，中原、东北、西北及西南的共16个县形成了我国肉牛生产的优势区域。据统计，2008年肉牛优势区域共存栏7499.3万头，占全国肉牛存栏头数的70.91%；优势区域牛肉产量为513.9万吨，占全国牛肉总产量的83.81%（表3-10）。

表3-10 我国肉牛生产的优势区域存栏与牛肉产量在全国的份额状况

优势区	包含省份	存栏占比/%	牛肉产量占比/%
中原	河北、安徽、山东、河南	20.49	37.30
东北	辽宁、吉林、黑龙江、内蒙古	18.84	25.02
西北	陕西、甘肃、宁夏、新疆	9.64	10.05
西南	四川、重庆、云南、贵州	21.94	11.45
合计		70.91	83.81

资料来源：根据《中国统计年鉴（2008）》和《全国肉牛优势区域布局规划（2008～2015年）》整理，引自贾建伟（2010）

第三，饲养方式逐渐由传统放牧方式转变为舍饲。在过去，由于肉牛养殖主要是在牧区，而牧区有着丰富的草场资源，所以，我国传统肉牛养殖主要采用草原放牧方式，在这种方式下，对精饲料需求很小，甚至几乎是不使用任何精饲料的。放牧方式由于生产成本低廉，一直是牧区的主要饲养方式。但是，随着肉牛饲养规模的不断发展，放牧方式对我国草地资源造成了很大压力，一定程度上破坏了草原的生态环境。近些年来，随着肉牛养殖区域不断转向农区，粮食作物秸秆逐渐成为农区养牛的主要饲料。农区肉牛养殖，不但充分利用了农区丰富的秸秆资源和大量的劳动力资源，而且很大程度上缓解了牧区肉牛养殖对草地资源和生态环境的压力。

第四，规模化程度不断提高。虽然在我国许多地区，肉牛饲养模式仍然是农户散养，但是，随着我国肉牛产业整体发展水平的提高，在一些农区特别是肉牛产业较发达的地区，肉牛的饲养规模已呈现出逐步扩大的趋势。

据统计（表3-11），2003～2008年，我国的肉牛散养的农户数从15 536 964户减少到13 740 379户，散养户的年出栏头数占总出栏头数的比重从71.88%下降到61.96%。而同期规模化养殖肉牛的户数从439 074户增加到529 394户，规模化养殖的年出栏头数占总出栏头数的比重从2003年的28.12%上升到2008年的38.04%。

比较两种规模的成本收益，可以发现，规模养殖户的头均纯收益为2238.13元，而散养户为1191.13元，规模养殖户收益较散养户高87.75%。从平均主产品产值来看，规模养殖户为922.25元/头，散养户为457.38元/头，肉牛单产水平比散养户高（表3-12）。

表 3-11　2003～2008 年不同养殖规模对肉牛出栏的贡献率

年份	散养户/户	散养年出栏数占总出栏数比重/%	规模化/户	规模化年出栏数占总出栏数比重/%
2003	15 536 964	71.88	439 074	28.12
2007	15 351 990	65.36	515 857	34.64
2008	13 740 379	61.96	529 394	38.04

注：肉牛散养的饲养头数为 1～9 头，规模养殖的饲养头数为 10 头以上

资料来源：中国畜牧业统计年鉴（各年）

表 3-12　不同规模出栏每头肉牛成本收益情况

项目	散养	规模化养殖
主产品产量/公斤	457.38	922.25
总收入/（元/头）	6 402.78	13 769.81
犊牛费/（元/头）	3 642.21	8 582.87
饲料费/（元/头）	1 472.02	2 665.71
防疫费/（元/头）	33.56	50.3
雇工费/（元/头）	33.08	108.93
水电费/（元/头）	20.27	41.55
其他费用/（元/头）	10.51	82.32
净收益/（元/头）	1 191.13	2 238.13

资料来源：《全国农产品成本收益资料汇编》（规模化养殖成本收益取自小、中、大规模的平均水平）

3.5.2　我国奶牛经营规模的变化

1999～2008 年，我国奶牛饲养规模（年末存栏数）由 443.2 万头增加到 1233.5 万头，年均增长 17.8%；原料奶产量由 717.6 万吨增加到 3555.8 万吨，年均增长率达到 39.5%①。

就奶牛生产组织形式而言，改革开放以前，我国的奶牛基本上由国营奶牛场养殖。改革开放以后，一些集体及广大农户参与到养殖的行列中来。根据生产规模将奶牛生产分为农户散养与规模化养殖，可以发现两个特征。一是与其他畜种相比，由于农户养殖奶牛经济效益明显，进入奶牛养殖的散户不断增加，从 2002 年的 200 083 户增加到 2008 年的 542 102 户。但是由于其规模较小，因此，农户散养年末存栏数占总存栏数的比重从 2002 年的 53.11%下降到 2008 年的 46.65%。二是奶牛的规模养殖也呈现增长趋势，但由于散养农户的增加，规模

① 《中国奶业年鉴》(2009)。

养殖比重的提高尚不显著。2002～2008 年，奶牛规模化养殖户数虽然从 28 511 户增加到 74 257 户，但规模化养殖年末存栏数占总存栏数的比重仅从 2002 年的 46.89%上升到 2008 年的 53.35%（表 3-13）。形成以上现象的主要原因如下：一是由于奶牛的商品价值较大，扩大规模需要大量的资本，对于农户而言存在一定困难；二是乳品企业通过公司＋农户等组织形式，形成了企业与农户的有效连接机制，散户可以进行稳定的生产经营。

表 3-13　2002～2008 年奶牛规模饲养情况

年份	散养/户	散养年末存栏数占总存栏数比重/%	规模化养殖/户	规模化养殖年末存栏数占总存栏数比重/%
2002	200 083	53.11	28 511	46.89
2003	224 373	48.69	38 703	51.31
2004	286 973	52.32	43 898	47.68
2005	302 494	48.99	51 282	51.01
2006	333 944	52.41	58 283	47.59
2007	444 895	46.15	64 118	53.85
2008	542 102	46.65	74 257	53.35

注：奶牛散养饲养头数为 5～19 头，规模化养殖饲养头数为 20 头以上

资料来源：《中国畜牧业统计年鉴》（各年）

比较两种规模的成本收益，从产量来看，规模越大单产越高。以 2008 年为例（表 3-14），规模化养殖的主产品产量高于农户散养，说明规模化的养殖，对于提高乳产量具有很好的作用。但是，规模化养殖单位产品的净利润却低于农户散养，这主要是由于其生产成本远远高于农户散养，如规模化养殖的每头物质与服务费用为 11 258.82 元，而散养户则为 8981.82 元。

表 3-14　2008 年全国奶牛成本收益情况（每头）

项目	单位	散养	规模化养殖
主产品产量	公斤	5 140.9	5 686.03
产值合计	元	13 585.33	15 690.82
主产品产值	元	12 481.79	14 532.97
副产品产值	元	1 103.54	1 157.86
总成本	元	10 287.52	12 539.67
生产成本	元	10 259.93	12 501.21
物质与服务费用	元	8 981.82	11 258.82
人工成本	元	1 278.11	1 242.39
家庭用工折价	元	1 254.53	236.88
雇工费用	元	23.58	1 005.51
土地成本	元	27.59	38.46
净利润	元	3 297.81	3 151.15

资料来源：《全国农产品成本收益资料汇编》（规模化养殖成本收益取自小、中、大规模的平均水平）

本章小结

1. 本章结合生产组织理论，着重介绍分析了我国畜牧业生产组织的变迁情况。作为农业中重要组成部分的畜牧业，其生产组织也可以划分为家庭经营、企业经营与合作经营。

2. 畜牧业经营规模是指在畜牧业经营中投入的土地、固定资产与稳定劳动力的结合体的大小。在畜牧业生产中，由于大规模经营的有利性，存在着小规模经营向大规模经营转变的趋势。

3. 总体而言，畜禽生产已经由农户散养为主逐渐向规模化生产转变，但农户散养这一畜禽生产组织形式在广大农村地区仍比较普遍。在生猪生产中，从2001年到2008年，散养农户年生猪出栏数占总出栏数比重从72.79%下降到40.05%；规模化生猪出栏数占总出栏数比重从27.21%上升到55.95%。另外，由于肉鸡生产最易被资本统合，肉鸡饲养的规模化进程在各种畜种中是最快的。

4. 就肉牛和奶牛饲养而言，农户散养所占比率均有所下降，但是肉牛的家庭小规模经营仍是目前我国肉牛的主要生产形式；而奶牛的生产由于对生产技术和资金等要求不断提升，这使得其生产逐渐向规模化转变。

关键术语

畜牧业　家庭经营　规模经营　生产组织变迁

复习与思考

1. 简述农业生产组织的基本类型。
2. 简述畜牧业生产组织的主要特点。
3. 简述大规模畜牧业经营的有利性。
4. 农业合作组织的主要原则是什么？

本章参考文献

卜卫兵．2007．乳品产业链组织模式及效率研究．南京农业大学博士学位论文．
胡浩．2004．台湾生猪产业的发展及其政策变化的启示．贵州农业科学，(5)：92-94．
胡浩．2004．现阶段我国生猪经营形态的经济分析．中国畜牧杂志，(11)：30-33．
贾建伟．2010．我国肉牛不同养殖模式成本收益比较研究．内蒙古农业大学硕士学位论文．
经济管理学教研室．1986．经济管理学简明读本．北京：科学技术文献出版社．
廉高波．2005．中国农业经济组织：模式、变迁与创新．西北大学博士学位论文．
刘运梓．2006．比较农业经济概论．北京：中国农业出版社．
申秋红．2008．中国家禽产业的经济分析．中国农业科学院博士学位论文．
许蓉．2008．列宁对东方落后国家合作社问题的认识与思考．理论学刊，(5)：17-21．

第4章 中国饲料产业的分析

饲料产业是畜牧业生产的基础。我国的饲料产业从无到有，从弱到强，已经成为中国畜产产业链中的一个重要环节。饲料产业的发展受饲料原料、饲料工业及畜禽营养学的影响与制约，也在一定程度上决定着畜禽养殖业的发展水平。

本章主要运用市场供求理论，分析我国饲料粮市场供求状况及其影响因素。运用产业组织理论对我国饲料产业的组织结构、市场行为及其市场绩效进行分析，探讨饲料市场的供求关系及其影响因素，并对我国未来饲料市场的发展趋势进行预测。

4.1 饲料的经济意义

饲料是能提供饲养动物所需养分、保证健康、促进生长和生产且在合理使用下不发生有害作用的可食物质。因而，饲料是指在人工饲喂条件下，能够为家禽、家畜、水产动物提供营养物质、调控生理机制、改善动物产品品质，且对动物机体不具有毒副作用的物质的总称。传统意义上的饲料主要是指植物性天然产品或其加工副产品以及一些人不能食用的动物产品。现代意义上的饲料是比较狭义的饲料概念，它是指向动物提供能量、蛋白质、脂肪、维生素、矿物质等营养物质与多种非营养有机和无机化合物的混合物。

作为动物饲料必须具备两个条件：一是必须具有可食性，即饲料必须能够被动物所消化吸收并转化为动物体内的能量、蛋白质和脂肪。二是作为饲料必须具有一定的营养成分，对动物不具有毒副作用。因此，构成饲料必须具备数量和质量两方面的内容。

饲料的经济意义可以从广义和狭义两个角度来考虑：从狭义角度考虑，饲料能够通过动物机体的吸收，转化成人们可以食用的畜禽肉产品，从物质形态的转换上实现其经济价值；从广义的角度考虑，饲料产业的发展，可以带动上下游产业的发展，通过产业链条的延伸来实现价值的增值，同时也带动相关产业的发展。

第一，饲料是畜禽的主要食物来源，饲料的合理投入有效地实现了物质形态的转换，从而获得了价值的增值。

饲料是动物所需营养物质的载体。动物所需的各种营养物质（包括碳水化合物、脂肪、蛋白质、矿物质、维生素等）大都必须通过饲料来提供。饲料成本在畜牧业生产总成本（包括场地折旧、购买畜禽、饲养管理、饲料、疫病防治等）中占有较大的比重，约占 50%～80%。因此，在动物饲养过程中，节省饲料数量，降低饲养成本，提高饲料的营养质量及其饲料报酬率显得至关重要。

饲料的经济效益可以通过饲料报酬来衡量。饲料报酬又称饲料转化率，是畜牧生产中表示饲料效率的指标。根据不同动物产品的特征，饲料报酬又可以以“料肉比”、“料蛋比”等概念来表达，它表示每生产单位重量动物产品所消耗的饲料数量，耗料少则饲料报酬高，反之则饲料报酬低。饲料报酬的表示方法是：饲料消耗量/动物体重增加量（千克），用来表示动物每增加 1 千克体重（或产品）所消耗的饲料数量。比值越小，则饲料报酬越高，饲料效率也就越高，反之则饲料效率越低。饲料报酬高低是反映养殖业饲料效率的重要指标。

影响饲料报酬的因素主要有饲料的营养标准、饲养的畜禽品种以及饲养管理水平等。饲料的营养标准是根据畜牧业生产实践中积累的经验，结合物质能量代谢试验和饲养试验，科学地规定出不同种类、性别、年龄、生理状态、生产目的与水平的家畜，每天每头应给予的能量和各种营养物质的数量。这种为畜禽规定的数量，称作饲料标准或称为营养需要量。因此在饲养实践中，必须根据各种饲料的特性、来源、价格及营养物质含量，合理的确定畜禽动物的饲养标准，从而发挥饲料的最优经济效益，避免养殖过程中的营养流失，降低养殖成本。畜禽品种的优劣也是影响饲料报酬的一个重要因素，一个优良的畜禽品种，由于其维持生命的用料少，且其生产性能相对较高，因此其饲料报酬就高。饲养管理水平的提升也有利于饲料报酬的提高。选择合适的饲养品种，根据饲养目的及饲料的营养特点确定适当的饲养标准，根据畜禽生长的周期，改变畜禽的食物量及营养结构等，这些管理方法的改进既能降低动物的饲料消耗量又能提高动物的肉蛋产品产量，因而有助于饲料报酬的提高。

第二，饲料产业的发展有利于相关纵向关联产业的发展，有利于产业链的延伸和农产品附加值的提高。饲料产业是以饲料生产企业为核心，结合种植业、养殖业、畜产品加工、仓储、零售业以及饲料生产设备制造业，形成了一个与市场机制紧密结合的产业链组织，因为它不仅仅能够实现企业化经营，而且可以把种植业、饲料生产与加工业、畜产品生产、加工业及销售业有机地结合起来，形成完整的饲料产业链（图 4-1），实现产业化发展。

饲料产业的发展有利于种植业结构的调整。我国饲料原料中有 70%来自于玉米，而玉米又是高产高效的农作物品种之一，玉米的种植条件相对于水稻比较简易，适宜于旱地种植。随着饲料工业的快速发展，我国的玉米种植面积不断扩大，而小麦等其他谷物种植面积相对下降（表 4-1）。因此，饲料工业的发展适应了我国农业中旱地种植面积广的特点，有利于农业种植结构的调整，也有利于农民增产增收。

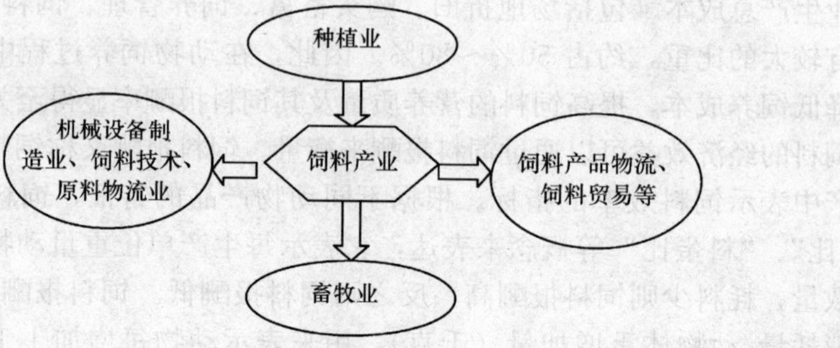

图 4-1　饲料产业链

表 4-1　我国谷物种植结构的变化　单位：%

年份	谷物	谷物种植结构			
		稻谷	小麦	玉米	其他
1991	100	34.6	32.9	22.9	9.6
1995	100	34.4	32.3	25.5	7.8
2000	100	35.1	31.2	27.0	6.7
2005	100	35.2	27.9	32.2	4.7
2008	100	33.9	27.4	34.6	4.1

资料来源：国家统计局网站，经整理

专栏 4.1

我国饲料工业的发展状况①

我国饲料工业起步于20世纪70年代中后期，仅仅经过10多年的艰苦创业，就走过了世界上发达国家数十年的发展历程，从1992年起，饲料产量连续17年稳居世界第二位，成为饲料工业大国。经过30年的发展，我国饲料工业向世人展示出巨大的潜力，已经成为国民经济中具有举足轻重地位和不可替代的基础产业。

一、饲料产量快速增长

1980～2007年，饲料产品产量由110万吨增加到12 331万吨，27年增长111.1倍，年递增率为19.1%。1990～2007年，饲料加工业产值由1.119亿元增长到3.335亿元。饲料产品结构随着养殖业结构调整而不断优化。2007年，在全国配合饲料中，肉禽料比重最大，达到了34%；反刍料比重最小，为4%；猪料、蛋禽料和水产料分别占26%、20%和14%；其他料2%。饲料产品结构与养

① 资料来源：辛盛鹏、粟胜兰、佟建明、田莉，《浅谈我国饲料工业发展状况》，《饲料工业》，2009年，第3期。

殖业的结合度更加紧密。

二、质量稳步提高

饲料质量安全是保障养殖产品安全和食品安全的第一道关口。各级政府采取多种有效措施，不断加强对饲料产品质量的安全监管，饲料产品的质量稳步提高，质量安全状况明显改善。1987 年，第一次全国抽查饲料产品质量样品平均合格率仅为 20%；2006 年达到 93.8%；2001 年以来，全国配合饲料质量合格率一直保持在 90%以上，高品质的饲料产品已成为主流。自 2001 年开始，农业部组织开展的饲料质量监督例行检测和饲料中违禁药品监测结果显示，饲料和畜产品中违禁药物检出率逐年下降，从 2001 年的 3.83%下降到 2007 年的 0.67%。

三、饲料添加剂工业取得长足发展

饲料添加剂工业是饲料工业发展水平的一个重要标志。20 世纪 80 年代，国产饲料添加剂品种少、产量低、质量较差，饲料添加剂基本上依靠进口。进入新世纪以来，饲料添加剂工业有了长足的发展。品种大幅度增加，产量快速增长，彻底改变了依赖进口的局面，许多产品还进入国际市场。氯化胆碱和 VA、VE、VC 等饲料添加剂已占国际市场的 30%～50%。以赖氨酸为例，1999 年产量为 9327 吨，2006 年达到 50.2 万吨，7 年增长 52.8 倍，并从 2001 年开始出口，2005 年第一次实现出口量（6.5 万吨）大于进口量（5.4 万吨）。目前，国产赖氨酸市场占有率达到 94%。

四、饲料机械工业技术和设备达到国际先进水平

我国饲料机械早在 20 世纪 50 年代已有零星生产，但作为一个专业化的机械制造业，则是在改革开放后逐步发展起来的。特别是近年来，取得突破性进展，生产几十个系列的 200 多种产品，不仅可以满足国内饲料生产的需要，而且还远销国际市场。包括成套设备在内的饲料机械产品出口到东南亚、新西兰、俄罗斯和非洲等国家和地区。

五、饲料科技创新步伐加快

长期以来，国家一直在税收贷款上对符合产业技术进步方向的饲料产业给予免征增值税等优惠政策。在政策鼓励下饲料企业的技术创新带动企业加快科技步伐，采用先进技术、工艺和装备，不断提高技术装备的自动化和工艺水平，提高了饲料产品的科技含量。据测算，目前饲料对畜牧业生产的科技贡献率超过 40%，肉鸡配合饲料转化率由 2.5∶1 提高到 1.8∶1，猪配合饲料转化率由 3.3∶1提高到 3∶1，水产配合饲料转化率由 2∶1 提高到 1.8∶1。

六、饲料企业不断成长壮大

1990 年，全国饲料加工企业 14 010 家，其中时产 5 吨以上的企业 551 家，不到 4%；2007 年全国饲料加工企业 15 376 家，其中时产 5 吨以上的企业 4415 个，占 28.7%。特别是进入新世纪以来，企业集团化和兼并联合趋势加快。

2007年，年产10万吨以上的饲料企业157家，全国排名前10位的饲料企业集团的饲料产量3377万吨，占全国总产量的27%。

4.2 我国的饲料粮市场发展状况

饲料加工的重要原料来源是饲料粮。随着养殖业的规模化和产业化的发展，我国的饲料粮用量逐年增加，因此，饲料粮的种植面积以及产量变化直接关系着饲料粮的供给，关系着饲料产业和养殖业的发展。我国饲料粮主要由玉米、小麦、水稻和大豆等构成。人们膳食结构的改变、规模养殖方式的推进以及国家政策扶持力度的加强等都会引发饲料粮的需求的增加。当前我国饲料粮供给的基本状况是：玉米、稻谷和小麦等谷物类供给呈逐年上升的趋势，但大豆等蛋白类饲料粮供给不足，仅靠国内生产难以满足饲料工业的需求。

4.2.1 饲料粮的概念

饲料粮是指满足养殖动物需要，以原料形式被直接制成饲料所消耗的粮食，饲料粮主要包括玉米、稻谷、小麦、谷子、高粱以及薯类等。大豆是传统概念上的粮食，虽然并不直接作为饲料使用，但经压榨后产出豆油和豆粕两种产品，其中的豆粕主要作为蛋白饲料使用，是最重要的蛋白饲料来源，因此也被认为是特殊的“饲料粮”。此外，饲料中还含有大量源于粮食加工产生的麸皮、米糠、糟渣等物质，它们是口粮消费和工业用粮消费所产生的副产品，不是饲料粮，但因其对饲料粮具有一定的补充和替代作用，被认为是重要的饲料资源。

4.2.2 饲料粮的需求状况分析

人们生活水平的提高带来了食物结构的变化，国家扶持政策的出台以及养殖方式的改进，将会促进养殖业的规模化的发展，这些因素会促使饲料粮的需求呈不断增加的趋势。

人民生活水平的提高和膳食结构的改善，增加了对饲料粮的需求。改革开放以来，我国人民的收入水平持续、稳定上升，肉蛋奶食物消费在总的食物消费中所占份额明显增加。以我国农村居民食物消费为例，1999年以来，农村居民对肉制品的消费量呈波动状增长，2005年的消费量达到历史最高后又缓慢下跌。而对蛋奶及其制品的消费量则呈持续稳定增长的态势。畜牧产品的需求量显著上涨，直接推动了养殖业的持续增长，从而引发了对饲料需求的稳定增长，因而在客观上要求饲料粮产量不断增加。

同时，饲养方式的改变以及养殖业规模化、组织化的推进，将进一步加大对饲料产品的需求。畜牧业规模化有三种形式，其规模化程度从低到高依次是：区域规模化、畜牧小区和大规模化养殖。区域规模化即指在一定的区域内，集多个小规模养殖户（场），形成具有区域特色的大规模养殖，这是畜禽规模化生产的初级阶段。畜牧小区建设是畜禽规模化养殖的过渡阶段，是指由一个企业或个人出资建设统一的畜禽舍，由愿意饲养的农户租用进行畜禽养殖，统一饲养、管理和服务。规模化养殖企业是大规模化养殖的主体，也是畜牧业发展的高级阶段和发展方向。随着经济收入的不断增加，人们对畜产品的品质提出了更高的要求。传统的农户散养的养殖方式难以满足对畜牧产品品质的要求，因此规模化养殖已成必然。养殖方式的改进必然会增加对饲料的投入进而导致对饲料粮需求的增加。

4.2.3　各种饲料粮的供给状况分析

1. 玉米的生产和贸易状况

1）玉米的生产状况

玉米是饲料粮的主要来源，因而玉米的供给对于养殖业的发展至关重要。我国是世界上玉米生产、消费和贸易的大国，玉米产量约占世界玉米供给量的1/5，消费量约占世界的 1/4，我国也是世界主要的玉米出口国。自 1978 年以来，随着畜牧产业的发展，对饲料需求不断增加，对玉米的需求也不断递增，我国的玉米种植面积和产量都呈现不断增加的局面（表 4-2）。

表 4-2　1991～2008 年我国玉米种植面积和产量表

年份	种植面积/千公顷	产量/万吨
1991	21 574	9 877.3
1995	22 776	11 198.6
2000	23 056	10 600.0
2005	26 358	13 936.5
2008	29 864	16 591.4

资料来源：国家统计局网站

1991 年我国玉米的种植面积是 2157.4 万公顷，到了 2008 年，我国玉米种植面积增加到 2986.4 万公顷，比 1991 年增加 38.4％。我国玉米种植面积的增加得益于国家的农业支持政策以及养殖业的发展。自 2004 年起，国家对农业实施了较大的扶持政策，这其中包括减免农业税，对农民种粮实施直接补贴及农机具补贴，这些政策的实施大大增强了农民种粮的积极性，从而促进了玉米等粮食作物种植面积的大幅度增加。而畜禽养殖业的发展以及对饲料粮需求的增加是导致玉米种植面积增加的直接原因。

玉米种植面积的增加直接导致了玉米产量的增加，1991 年玉米的总产量

9877.3 万吨，到了 2008 年玉米产量增加到 16 951.4 万吨，比 1991 年增加了 71.6%。和玉米种植面积相比，玉米产量增加的幅度要远远大于玉米种植面积增加的幅度。这主要得益于农业先进技术和优良品种的普及。由于优质、高产玉米品种的普及以及地膜种植技术的推广，玉米的单产大幅度提高，从而导致玉米产量的增加幅度大于种植面积的增加幅度。

随着农业政策扶持的力度的不断增大以及农业科技进步的不断提升，我国玉米的种植面积和产量会继续提高，增加玉米供给尚有潜力。在看到玉米增产的同时也应当看到一些不利因素的影响，总耕地面积的减少，耕地质量的下降以及水资源的短缺等会给玉米生产产生负面的影响，必须引起高度重视。

2）玉米的进出口状况

我国的玉米进出口在加入世界贸易组织之前一直实行国家贸易体系，即由指定企业按照计划从事贸易活动。我国的玉米贸易在大多数年份都以净出口为主，由表 4-3 可以看出贸易量随着国内市场供求状况呈现急剧波动。在 1995 年，为了应付当时粮价暴涨的局面，我国采取了禁止玉米出口并且大量从外国进口玉米的措施。在随后几年粮食大丰收的背景下，我国从 1997 年开始又再度大量出口玉米。2004 年由于粮食价格的急剧上升，我国减少了玉米进口。玉米出口的增减与我国农业政策有关。1996 年政府大幅度提高了粮食收购价格鼓励粮食生产，而在 1997 年开始实行按保护价收购粮食的政策抑制玉米价格下降以保护农民利益。1998 年开始实行按保护价敞开收购、实行顺价销售和资金封闭运行等三项措施，在这种政策条件下，政府不得不对进口进行限制，同时对玉米出口实行补贴，以防止玉米价格下降。在这些政策刺激下我国玉米的出口数量显著增加而进口数量甚微。加入世界贸易组织后，我国停止了对玉米出口实施的补贴政策，但同时也实行了减免粮食运输铁路建设基金和对粮食出口退增值税的措施。2003 年以后，随着国内畜牧业对玉米需求的增加以及玉米出口补贴取消，我国玉米出口量又呈现波动中逐渐降低的局面。

表 4-3　1996～2008 年我国玉米的贸易量　　单位：万吨

年份	出口数量	进口数量	净出口数量
1996	16	44	－28
1999	432	7	425
2002	1167	0	1167
2005	854	0	864
2008	27	0	27

资料来源：国家统计局网站

2. 大豆的生产和贸易状况

1) 大豆的生产状况

在饲料生产中，由大豆压榨而生产出来的产品——豆粕是饲料的重要的蛋白原料来源。豆粕是大豆压榨以后的产品，作为大豆加工的副产品，由于其富含蛋白质，营养价值高，广泛应用于饲料工业，是饲料蛋白的主要来源。因此，大豆的生产和供给状况直接关系到豆粕的供给量。我国在历史上是大豆的主要生产国和出口国。20 世纪 30 年代，我国的大豆产量和贸易量居世界首位，国际上 90%的大豆来自我国。

表 4-4 表明，我国的大豆种植面积有一定起伏，大豆的产量也呈现类似的波动趋势。1992～1994 年我国大豆产量出现较大幅度的增长，达到 1600 万吨以后，1995 年大豆产量跌至 1350 万吨。经过相当长时间以后，2005 年大豆产量又恢复到 1635 万吨。其后，大豆产量逐渐下降。造成大豆种植面积和产量波动的原因除了种植成本和价格的波动影响之外，国际贸易的冲击也是很重要的原因。大豆的种植成本受种子、化肥、农药以及劳动费用的影响，一直呈波动状上升变化。大豆的价格由于受到气候变化、进出口以及养殖业需求的影响，价格的波动幅度较大，而大豆种植的价格弹性较大，价格的波动会影响到农民对大豆的种植，进而影响到大豆的产量。国际贸易通过影响大豆的供给进而影响大豆的价格，从而对大豆的种植面积和产量产生影响。目前，美国、巴西和阿根廷是世界主要的大豆出口国，在世界大豆市场占有重要地位，对我国国内大豆市场形成一定冲击。

表 4-4　1991～2008 年我国大豆种植面积和产量

年份	种植面积/千公顷	产量/万吨
1991	7041	971
1995	8127	1350
2000	9307	1541
2005	9591	1635
2008	9127	1554

资料来源：2009 年《中国农村经济年鉴》

2) 大豆的贸易状况

1990 年以前，中国大豆处于净出口的格局。而在 1990 年以后，随着人民收入水平的提高，对于植物油需求以及肉蛋奶类需求的增加促进了畜禽养殖业的发展，对大豆的需求也迅速增加。与此同时，国内大豆生产增长相对比较缓慢，远不能满足需求，因而大豆及豆制品的进口开始迅速增加，我国在世界大豆贸易中的比重也随之大幅度提高。

1996年之前，我国大豆和豆粕均为净出口。为了满足国内对蛋白饲料的需求，我国政府在1995年出台了进口豆粕增值税免征的临时措施。因此，从1995年起，中国豆粕进口数量开始急剧增加。由于在免除进口豆粕增值税的同时，也把大豆进口关税降到3%，并且取消了配额管理，加上国内大豆减产幅度较大，大豆进口也急剧增加。1996年，中国进口大豆近110万吨，净进口近92万吨。自此以后，我国就变成了大豆净进口国，大豆进口开始迅速增加，进口量和净进口量屡创新高。2000年我国大豆进口突破1000万吨，达到1042万吨，进口量的环比增长速度达到了141%，净进口1020万吨，首次成为全球最大的大豆进口国。2003年我国大豆进口突破2000万吨，达到2074万吨，净进口2047万吨。2004年进口量有所减少，下降至2023万吨，净进口减少至1990万吨。在随后的几年中大豆的进口数量不断攀升，到了2008年大豆进口数量达到3744万吨，净进口数量接近3700万吨，达到历史最高值（表4-5）。

表4-5　1996～2008年我国大豆的贸易量　　单位：万吨

年份	出口数量	进口数量	净进口数量
1996	19	110	91
2000	21	1 042	1 021
2005	40	2 659	2 619
2008	47	3 744	3 697

资料来源：国家统计局网站

专栏4.2

我国大豆的进出口形势及存在问题①

一、进口绝对数量持续猛增，出口疲软

在全球化背景下，中国大豆产业几乎完全市场化。1995年前，中国的大豆完全自给。1996年，我国大豆自给率为77%，大豆享受配额保护。2000年，中国大豆自给率下降到58%。2001年12月加入WTO后，我国大幅削减了大豆及豆制品的关税。2002年，我国大豆进口量超过国内产量。据商务部统计，2006年我国大豆的外贸依存度为63.74%。为应对2006年下半年以来的通货膨胀，从2007年10月至2008年9月，我国将大豆进口关税由3%下调至1%。2008年，中国大豆进口3744万吨，比上年增加21.5%，进口依存度达77.6%；进口金额218亿美元，比上年增长90.1%。

二、价格被国外控制

1996年以后，随着价格和市场的开放，国内大豆价格呈现剧烈波动，一般

① 资料来源：王雪尽，《我国大豆产业的危机及对策》，《经济问题》，2010年，第1期

年份振幅在20%左右，个别年份达到38%，国内大豆生产面临了严峻的价格风险。2004年5月，处于高位的大豆每吨3720元，到2006年6月仅为2600元，下降了30.1%；2007年8月，大豆价格同比上涨20%以上；2008年全年均价高达4550元/吨，创历史新高，较上年上涨41.5%。在2004年的大豆风波中国内油脂加工行业亏损严重，压榨企业被迫出让股份或出售，进而失去了进口主动权及国内市场份额。在市场化10多年的时间里，在大豆这个我国最早开放的农产品领域，目前已经陷入了几乎被外资全面掌控的境地。仅ADM、邦基、嘉吉和路易·达孚（简称“ABCD”）等四大国际粮商就控制了中国80%的进口大豆货源，目前中国大豆实际压榨能力66%以上都属于外资企业。在进口和加工两个方面，外资已经基本形成了掌控我国大豆产业的结构布局。由于缺乏定价的话语权，大豆价格波动的利益被少数几个大豆寡头垄断，我国则承担了价格波动的大部分风险和由此造成的巨大损失。

三、进口门槛低

由于基础条件较好，大豆是我国市场化程度较高和缺乏保护的农产品。1996年，大豆作为中国关税配额制度管理商品，享受配额保护，普通关税税率为180%，优惠税率为40%，配额内税率是3%。1999年，中国取消了大豆的配额限制，实行3%的单一关税政策。2001年12月加入WTO以后，大豆进口只征收3%的关税，豆粕关税为5%，同时逐步增加关税配额，到2006年后则取消关税配额，只征收3%的单一关税。这远远低于加入WTO时17%的农产品平均关税率。随着国内大豆市场准入门槛的一降再降，大豆及其制品的市场价格低于国内价格，甚至低于国内生产成本，这对国内大豆产业形成了巨大的冲击。为应对2006年下半年以来的通货膨胀，从2007年10月至2008年9月，中国将大豆进口关税由3%下调至1%。海关统计数据显示，该项税率实施当月，我国共进口大豆619.9万吨，价值26.6亿美元，同比增长36.3%和1.2倍。2008年我国共进口大豆3744万吨，比2007年增加614万吨，增长19.6%。降低关税对大豆进口增长的拉动效果非常显著。

四、非转基因大豆在生产竞争中处于劣势

我国生产的大豆是传统的非转基因大豆，其安全性已经过几千年的检验。由于转基因技术仍在发展过程中，国际上生物安全方面的评估和防范技术还较落后，现有的知识不足以评估转基因生物的利益与风险。尽管非转基因大豆在安全性、蛋白质含量等方面更胜一筹，但由于在形状、产量、出油率等方面存在劣势，非转基因这项品质优势没有得到应有的重视和消费市场的认同，再加上国内加工企业在经营规模、技术水平、原料进口渠道等方面远不如国外企业，致使国产大豆失去了竞争优势，导致大豆产业陷入困境。

4.3 中国饲料产业的产业组织分析

20世纪90代以来，我国饲料加工业的产量和产值以年均超过10%的速度增长。2004年我国饲料总产量为9300万吨，是2000年的2.5倍。而2008年饲料总产量超过13 666.61万吨，我国已经成为世界第二大饲料生产国，其总产量仅次于美国。随着我国人口的增长、城乡居民收入水平的提高，肉、蛋、奶等动物性食品的消费将继续增长，从而会进一步拉动饲料需求的上升。然而与发达国家相比，目前我国饲料加工业呈现市场集中度低、企业规模小、行业效益差等特点。为了更准确地把握我国饲料加工业的行业特征，根据产业组织理论中的"市场结构-市场行为-市场绩效"的研究框架（即SCP结构），对现阶段饲料加工业的发展进行分析，为饲料产业的政策制定提供依据。SCP结构是由梅森和贝恩为代表的哈佛学派在20世纪30～50年代，以新古典经济理论为基础，把产业分解为特定的市场，并采用市场结构（market structure）、市场行为（market conduct）、市场绩效（market performance）的模式构建的传统产业组织理论框架。

4.3.1 中国饲料加工业的市场结构

1. 市场集中度

市场集中度表示在特定的产业或市场中，卖者或买者具有的相对规模结构的指标。它可以分为绝对集中度指标和相对集中度指标。绝对市场集中度指标是最基本的市场集中度指标，通常用规模上处于前几位企业的生产、销售、资产或职工的累计数量占整个市场的生产、销售、资产、职工总量的比重来表示。绝对市场集中度指标的测定相对容易，而且这一指标又能较好地反映产业内生产集中的状况，显示市场的垄断和竞争的程度，因此是使用较为广泛的市场集中度指标。最早使用绝对市场集中度指标对产业的垄断和竞争程度进行分析研究的是贝恩教授。他将集中类型分为6个等级（表4-6）。绝对集中度指标最常用于判断市场竞争与垄断的程度，主要包括行业集中度和赫芬达尔-赫希曼指数。

表4-6 贝恩对美国产业垄断和竞争类型的划分

类型	CR_4	CR_8
极高寡占型	75%以上	
高度集中寡占型	65%～75%	85%以上

续表

类型	CR_4	CR_8
中（上）集中寡占型	50%～65%	75%～85%
中（下）集中寡占型	35%～50%	45%～75%
低集中寡占型	30%～35%	40%～45%
原子型	30%以下	40%以下

第一，行业集中度（concentration）。它是指行业内规模最大的前几位企业的有关数值 X（可以是产值、产量、销售额、销售量、资产总额等）占整个市场或行业的份额。计算公式为

$$CR_n = \sum_{i=1}^{n} X_i / \sum_{i=1}^{N} X_i$$

式中，CR_n指产业中规模最大的前n位企业的行业集中度；X_i指产业中第i位企业的产值、产量、销售额、销售量或资产总额等数值；n根据计算需要取值，通常$n=4$或$n=8$；N指产业内的企业总数。

第二，赫芬达尔-赫希曼指数（Herfindahl-Hirschman index，HHI）。它是某特定产业市场上所有企业的市场份额的平方和。计算公式为

$$\text{HHI} = \sum_{i=1}^{n} (X_i/X)^2 = \sum_{i=1}^{n} S_i$$

式中，X指产业市场的总规模；X_i指产业中第i位企业的规模；S_i指产业中第i位企业的市场占有率；n指产业内的企业数。

表 4-7　1995 年和 2008 年饲料业的市场集中度　　单位：%

市场集中度指标	1995 年	2004 年	2008 年
CR_4	11	21	31
CR_8	19	27	46
HHI	0.018	0.023	0.026

注：文中选取销售收入值计算市场集中度指标值

资料来源：根据《中国饲料工业年鉴》（1995～2009 年）整理

从表 4-7 可以看出，从 1995 年到 2009 年我国饲料加工业的市场集中度呈现出一定的上升趋势，2008 年的 CR_8 已经达到 46%。根据贝恩的市场结构分类指标，市场结构属于低垄断竞争型。参照 HHI 指数，H 指数同样较低，说明市场上企业数量众多，且规模较小。比较 1995 年和 2004 年的 CR_n 指标，发现 2004 年度 CR_4 比 1995 年增长了 10%，CR_8 增长 8%，而 2008 较 2004 年度 CR_4 增长了 10%，CR_8 增长了 19%，说明前 8 位厂家的市场份额在增大，呈现一定的集中趋势。

根据市场集中度指标可以判断，目前我国饲料加工业市场集中度仍然较低，中小企业仍然具有较大的市场份额，企业整体规模小、数量多、市场竞争激烈。同时市场集中度在最近10年不断升高，预示着我国饲料加工企业正进行着规模化的扩张，行业集中度有进一步提高的趋势。

2. 产品差别化

产品差别化指企业为了使产品的价格设定或扩大市场份额更为便利，所提供的产品或在向市场提供产品的过程中具有与其他企业可以区别的特点，其目的是降低产品的可替代性，提高企业的市场份额。饲料加工业的产品差别化主要指两个方面：一是由于畜禽种类或生长期的不同而形成的饲料品种的差异；二是相同品种中为了扩大销售而进行的差异化，如品牌、质量、形状、包装等。目前国内饲料产品主要以猪、禽饲料为主，二项合计占饲料产量的92%。随着人们生活水平的提高，对牛肉和水产品的需求会有较大幅度增长，因此我国饲料产品结构也会逐步变化。由于针对不同的细分市场、产品之间的相互替代性较小，我国大型饲料企业虽然品种涉及面较广，但大部分企业都根据自身优势选取主营产品。比如北京大北农集团主要生产畜禽饲料，四川通威股份则主要生产水产饲料，浙江新和成股份主要生产饲料添加剂。而同品种的饲料产品因为使用目的相似，产品同质化严重，为了加大与同类产品的差别化，企业近一步加大科技创新力度，开始重新细分同种饲料市场，例如正虹科技推出了高档浓缩乳猪场专用料，大北农集团则投产了乳猪膨化饲料等。同时，随着饲料企业自身实力的增强，为了近一步加强产品竞争力和基于企业长远发展的考虑，饲料企业逐渐重视品牌战略的重要性。对于饲料企业而言，品牌是一种竞争力，对于养殖户而言则代表了质量与信誉，可以降低购买成本与风险。由于我国饲料企业众多，不同地区的饲料资源和养殖水平不同，目前多数饲料品牌只是在区域内影响力较大，在全国范围内具有知名度的品牌企业尚不多。

3. 进入壁垒

与加工业的其他行业相比，饲料加工业进入壁垒较小。作为我国最早对外开放的行业之一，饲料行业至2003年已容纳了300家外资企业，目前行业内90%为民营企业，说明饲料加工业的政策壁垒、技术壁垒和资金要求相对比较低，有利于民营和外资的新企业进入。但是，近年来由于国内饲料的质量影响到了我国畜产品的出口，饲料行业质量标准（包括国家标准和行业标准）得到了重视，提高了行业的技术性进入壁垒。而饲料质量水平的提高除了以管理水平的提高为支持条件外，还需要大量的投资，由于技术要求而产生的资本要求，对于后进入者来说构成了资本进入壁垒。此外，从目前饲料业省市分布情况来看，浓缩饲料前

5 名的省份是河南、湖南、山东、吉林、河北；配合饲料前 5 名的省份是广东、山东、河北、四川、江苏，而这些省份往往也是我国畜牧业比较发达的省份。说明由于饲料业是联系种植业和养殖业的中间产业，其地域性比较强，规模大、效益好的企业分布在农业和畜牧业大省，也说明了饲料业产前（种植业）及产后（养殖业）产业对其布局的影响很大。

4.3.2　中国饲料加工业的市场行为

市场行为指企业在市场上为了实现利润最大化、提高市场占有率等目标而采取的与市场要求相适应的行为，受到市场结构的制约，并反作用于市场结构，决定了市场绩效。对饲料加工业进行市场分析，主要分析其价格行为和非价格行为，后者主要包括广告策略、联营及纵向一体化。

1. 价格行为

饲料业的产品价格主要受到饲料原料（粮食）价格和养殖品价格的双重制约。分析 1998 年至 2009 年的饲料产品价格可以发现，2003 年以前饲料价格处于较低水平。主要原因是当时养殖市场的不景气和大众饲料原料价格普遍较低。然而 2003～2004 年饲料价格出现了上涨，主要是因为饲料原料价格出现了上涨，而原料价格的上涨与当时我国粮食主产区受到气候等不利因素的影响有关。受猪肉价格上涨及粮食成本上涨的影响，2008 年后的饲料价格继续保持着上涨的趋势，但饲料产品的价格相对于粮食与畜产品而言，比较稳定。原因是饲料加工业市场集中度较低，不存在垄断企业，市场内少数大企业无法通过垄断地位获取高额利润，同时中小企业居多，无法形成有效的价格同盟。因此饲料加工企业往往选择变化产品质量，而不是改变价格的方式应对市场的变化。

2. 非价格行为

1）广告行为

广告是企业向消费者提供产品信息、介绍产品性能、诱导消费者购买等的一种行为。广告策略是构建品牌的最有效途径。饲料加工业由于企业数量较多，竞争激烈，企业开始注重对自身品牌的宣传，在广告上的投入越来越大。从表 4-8 看出，2000～2009 年，新希望的营业费用增加了约 100 倍，主营业务收入增加了 65 倍，营业费用占主营业务收入的比重增加了近两个百分点；同期通威营业费用增加了 110 倍，主营业务收入则增加了 28 倍，营业费用占主营业务收入的比重增长了五个百分点。二者营业费用年增长率都超过近 10 倍。而广告支出、包装、展览费用是营业费用的重要组成部分，可见企业正逐年加大品牌的构建力度。由于行业自身的特征，其广告行为与其他食品行业有较大的区别，后者的购买群体多为一般消费者，其广告媒介为报纸、杂志、电视等大众传媒，而饲料加工业的购买群体主要集中在畜牧饲养领域，因此饲料加工企业多选择专业媒介作为其广告宣传平面。

表 4-8 新希望集团和通威股份营业费用变化状况 单位：万元

年份	新希望		通威	
	营业费用	主营收入	营业费用	主营收入
2000	1 929.97	64 135.65	619.49	35 336.86
2004	17 549.39	264 352.27	4 548.88	212 862.49
2009	198 368.29	4 187 577.48	71 350.01	1 037 817.69

资料来源：根据上市公司资料整理

2）联营和纵向一体化

我国饲料企业虽然数量多，但与世界大型饲料企业相比，在规模、效益及管理等方面均有较大差距，很难参与国际市场竞争，同时在国内市场也面临着激烈的竞争和较大的挑战。因此，调整国内饲料产业结构，实施企业联营和一体化战略是国内饲料企业迎接挑战、寻求发展的需要。目前企业联营行为主要发生在大企业之间，代表性的事件为新希望和六合集团的联营，联营后的集团将进入全球饲料十强。纵向一体化是指从饲料业向养殖业、饲料原料业等上下游产业发展，如正大集团、唐人神集团等企业通过此方法达到延伸产业链、抵御市场风险的目的。国内的饲料企业通过不断的兼并、联合与重组，已经形成了一批主业突出的大型饲料企业。

4.3.3 中国饲料加工业经营绩效

衡量行业经营绩效，通常通过一些财务指标，如销售利润率、成本利润率、资金利润率、销售毛利率等计算，文章主要通过对行业内典型大企业毛利率及其变化趋势分析，探讨行业整体绩效。与食品加工业相比，饲料加工业的销售收入和销售利润率都比较低，如 2002 年饲料加工业的销售利润率为 1.72%，同期食品加工业为 2.52%。饲料加工业由于数量众多，竞争激烈，特别是在企业数量、销售收入和利润总额方面都占行业绝大多数的配合和混合饲料企业，其销售利润率只有 1.5%左右。

从表 4-9 看出，通威股份和新希望集团主营业务收入逐年增长，但是随着 2008 年以来饲料原料价格的上涨，主营业务成本不断增长，毛利率有较大幅度下降。2008 年新希望集团的主营业务成本比 2000 年上升了 11 倍，毛利率下降了 9%；通威随着规模的扩大，同期的主营业务成本比 2000 年上升了近 30 倍，毛利率下降了 3%。可见种植业作为饲料工业的上游部门影响着饲料原料价格，而饲料加工业中饲料原料占成本的比重非常大，约为 80%，同比高于食品加工业

10%左右，因此饲料加工业的利润率对饲料原料价格的变动比较敏感，如 2004 年由于前期粮食供给不足，粮价上涨造成了饲料加工业全面亏损。另一方面，作为饲料加工业的下游部门养殖业，其突发的诸如动物疫情等因素也会对饲料加工业的利润产生影响，如 2005 年禽流感疫情使得禽类消费市场严重萎缩，禽饲料加工企业纷纷减产，损失严重。

表 4-9　新希望与通威股份成本、毛利率比较

项目	新希望			通威		
	2000 年	2004 年	2008 年	2000 年	2004 年	2008 年
主营业务收入/万元	64 135.65	264 352.27	679 746.92	35 336.86	212 862.49	1 019 611.24
比上期增长/%		175.8	−6.5		54.9	35.81
毛利率/%	18.72	15.28	9.13	13.63	9.15	10.41
比上期增长/%		−4.4	−2.4		−31.8	−0.79
主营业务成本/万元	52 129.16	222 538.64	608 753.54	30 519.38	237 658.09	932 137.70
比上期增长/%		132.2	−8.4		99.8	37.0

资料来源：根据上市公司资料整理

4.4　中国饲料市场分析

4.4.1　我国饲料需求状况及其影响因素

1. 我国饲料需求的现状

饲料的需求是派生需求或引致需求。饲料产业发展的目的是为了满足人们对畜禽产品日益增长的消费需求。从畜产品消费的趋势来看，随着人们生活水平的不断提高和膳食结构的改善，畜产品消费市场具有较大的潜力，必然会促进畜牧业的发展。而饲料产业是畜牧业发展的基础，畜牧业的快速发展必然会引致饲料产业需求的变化。因此，饲料的需求属于引致需求。

我国饲料产品的需求结构呈现多样化的趋势，这种趋势是由于畜产品消费结构所决定的。随着人们收入水平的不断上升，畜产品的消费结构发生了明显的变化，肉及制品的消费比例下降，而蛋、奶等畜禽产品的消费比重上升。以农村居民对畜禽产品的消费为例，1999 年，农村居民对肉及其制品的人均消费量是 15.53 千克，随着生活水平的不断增长对肉及其制品的消费量逐渐增加，2004 年人均消费达到 22.42 千克。2004 年以后，对肉产品的消费数量渐减，2008 年下降到人均 20.15 千克。而蛋类及奶类的消费则呈现不同的特征。1999 年以后，农村居民对蛋及其制品的人均消费量稳定增长，2004 年以后基本维持在人均 5.0

千克左右。对奶及其制品的消费量呈逐年递增的趋势，2000年的人均消费量是1.06千克，到了2008年，农村居民人均奶消费量3.43千克，是2000年人均消费量的3倍多，未来农村居民对奶及其制品的消费潜力很大，仍然有着较大的上涨空间。消费结构及消费需求的变化会促使畜牧业的发展和产业结构的调整，对饲料的需求也就会随之增加，各种饲料产品结构也会发生变化。

表4-10表明，1995年以来，猪饲料产品占饲料总产量的比例呈现明显的下降趋势，由1995年的43%下降到2008年的27%，而禽类产品饲料和水产品饲料所占的比例则呈显著的上升趋势，肉禽饲料由1995年的24%上升到2008年的36%，水产品饲料也由1995年的不足5%上升到2008年的12%，增加了一倍多。

表4-10 1995～2008年饲料产品结构的变化 单位：%

年份	猪饲料	蛋禽饲料	肉禽饲料	水产饲料	其他
1995	43	26	24	5	2
2000	36	24	27	8	5
2005	33	18	31	13	5
2008	27	19	36	12	6

资料来源：根据历年《中国饲料工业年鉴》整理

另外，由于畜产品生产的目的不同，出现饲料产品层次的差异。比如出口畜产品受到出口国对产品标准的限制，对产品的安全性和卫生指标要求甚严，导致对饲料产品的品质及安全性的要求也非常严格。常规饲料、无公害饲料、绿色饲料、有机饲料等都是一些具体形式。

2. 影响我国饲料需求的因素

(1) 居民收入水平的提高。饲料需求的增长主要来源于畜产品需求的增长。随着居民收入水平的提高，畜产品的消费需求将会增长，从而对饲料粮的需求也会增加。饲料的需求对收入而言是一种派生需求，收入水平的提高会引发对畜禽产品消费数量的增加，而畜禽消费量的增加会促使饲料需求的增加。黄季琨和罗泽尔于1998年对影响我国城乡居民畜产品消费需求影响因素的一系列研究表明，收入水平及其差异是影响我国城乡居民畜产品消费需求最重要的因素之一。畜禽产品的消费对居民收入的变化非常敏感。田维明和周章跃根据计量模型得出农村居民对于猪肉消费的收入弹性是0.25，而城镇居民的猪肉收入弹性是0.32。同时测算出对于鱼虾、牛羊肉、奶类和禽肉的收入弹性明显高于猪肉，分别是0.51、0.49、0.49和0.48。另外，根据田维明与周章跃的测算，人均收入每增长1%，会导致饲料粮的国内需求增长0.7%。

(2) 饲养技术的提高和畜禽品质的改善。饲养技术的提高会提高饲料的营养质量，提高饲料的转化率从而降低饲料的消耗数量，降低对饲料的需求。饲养技术和方式的不同会在一定程度上影响饲养的效率，从而影响对饲料的需求。当前我国畜禽养殖方式主要有两种：传统的农户散养与规模化养殖方式（包括农户大规模及企业大规模）。传统的农户散养是与农村的家庭种植业结合起来的，农民在种植农作物的同时，也会去饲养一些家畜，如猪、鸡、牛、马。散养的规模要受饲料资源的限制，因为农民主要用剩余的粮食、草料、农作物加工后的副产品（秸秆、糠麸）以及泔水来饲养家畜，这种养殖方式技术落后，规模小，养殖效率较差。大规模养殖有技术优势，利用配合饲料，并应用较成熟的养殖技术从事畜禽养殖。在这两种饲养方式中，由于对畜禽品种选择的差异以及饲养技术的选择不同，饲养的效率差异明显。农户散养缺乏对动物品种的精心选择和采用适当的饲养技术，饲养周期较长，饲养效率低下。而规模化的集约化养殖方式中选用了优良的动物品质，能够根据畜禽的生长特征及周期，科学的配备饲料，饲养效率相对较高。因此，农户散养方式向规模养殖的转变能够增加饲料需求，并提高饲料的利用效率。

(3) 畜产品出口贸易的发展。畜禽产品国外需求的增加和我国畜产品出口贸易的发展将会促使我国畜牧产业的发展，进而会增加对饲料产品的需求。我国是畜产品生产和消费大国，但我国畜产品在世界的出口份额很低。尽管如此，与其他国家相比，我国部分畜产品的出口仍然具有一定的比较优势。我国的畜产品在生产环节上虽然没有优势可言，但在产后环节上，有一定的竞争优势。比如肉鸡分割肉的出口就是一个例子。随着产业链的延长，流通环节向后延伸，相对劳动密集产品可能会出现一定的出口机会。

4.4.2 我国饲料供给状况及其影响因素

1. 我国饲料供给的现状

经过近 30 年的发展，我国已经形成了较为完整的饲料工业体系，饲料工业已经成为我国国民经济的重要组成部分。饲料企业中规模小的企业数量逐渐减少，而规模相对较大的企业则呈现不断扩大的趋势。我国饲料的市场供给呈现着以下三个特点：

(1) 产量持续增长。自 1991 年以来我国饲料处于持续增长的阶段，1991 年我国饲料的总产量是 3582.7 万吨，到了 2008 年饲料总产量为 13 666.7 万吨，增加了 2.81 倍。在此期间，受到 2003 年 SARS 疫情的影响和 2005 年禽流感的影响，我国畜禽产业受到较大的冲击，因而在 2003 年和 2005 年我国的饲料供给增长放缓。2006 年以后，我国饲料供给量以年均 10.8%的速度增长。

(2) 产品结构趋向合理。由于科技水平的提高及畜产品消费结构的变化，饲料产品结构的变化主要表现在两个方面。一是在饲料总体供给中，配合饲料的供给比例下降，而浓缩饲料的供给比例上升。图 4-2 表明，1991 年配合饲料，浓缩饲料和添加剂预混料比例是 97%、2%和 1%，而 2008 年的比例变化为 77%，19%和 4%。这种变化主要得益于饲料工业和添加剂工业迅速发展，许多依赖进口的添加剂逐步由国内产品替代，蛋白质饲料得到初步开发，在一定程度上提高了我国工业饲料的质量，推动了饲料产品品种的多元化和系列化。二是随着人们生活条件的改善和饮食结构的变化，人们对畜禽产品的消费结构也发生着变化，猪肉的消费比例下降而禽蛋和奶制品的比例上升。在这种背景下，饲料供给的结构也发生了相应的变化。猪饲料的比例逐渐缩小，而禽类，水产品和其他反刍类动物饲料的比例趋于上升。

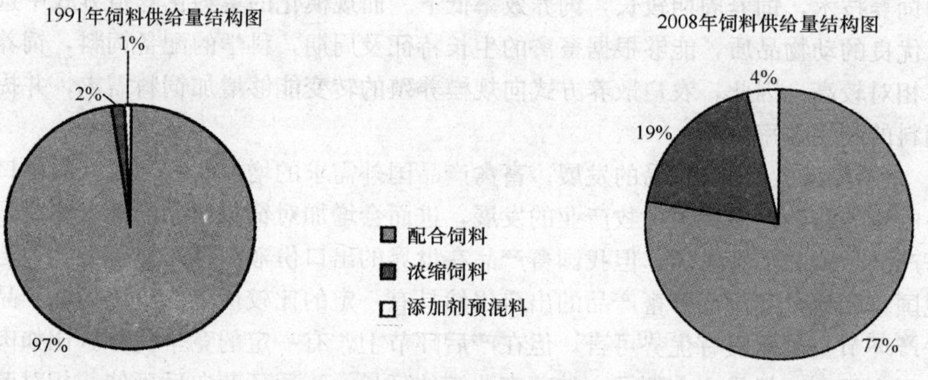

图 4-2　1991 年和 2008 年配合饲料、浓缩饲料和添加剂预混料比例比较

（3）生产区域集中度增强。表 4-11 表明，从 2002～2006 年 CR_4 和 CR_8 变化一致，区域集中度呈递增趋势，CR_4 从 2002 年的 37.66%增加到 2006 年的 41.77%，CR_8 从 59.29%增加到 64.53%，说明我国饲料加工业生产趋于集中，产区的规模相对扩大。

表 4-11　2002～2006 年饲料产业区域集中度变化表

年份	CR_4	CR_8
2002	37.16	59.29
2003	39.23	60.06
2004	37.52	59.12
2005	39.06	59.99
2006	41.77	64.53

资料来源：国务院发展研究中心数据网，经整理计算

2. 影响我国饲料供给的因素

（1）饲料的原料供应因素。我国是世界上最大的畜产品生产国，也是世界上饲料原料特别是蛋白质原料的需求大国。但是由于我国缺乏有效的土地资源提供大量的能量饲料和蛋白质饲料，形成了我国饲料资源相对匮乏，市场供求矛盾日益加剧的现状。我国的蛋白质饲料和氨基酸饲料主要依靠进口，其中，氨基酸50%以上来自进口，鱼粉 70%需要进口，用于豆粕生产的大豆 70%需要进口。另外，能量饲料供需不平衡矛盾也有所显现，由于自然灾害和耕地面积的不断减小，能量饲料特别是玉米产量受到很大的影响，有一定缺口，这些会给饲料的供给产生一定的影响。

（2）饲料工业产业链因素。饲料工业是连接种植业、养殖业、畜产品加工业的一个关键环节，直接受到上、下游产业的影响。种植业极易受到气候条件、国家政策和贸易条件的影响，从而影响饲料原料价格。畜产品消费会受到价格、季节甚至食品安全等因素的影响，而畜产品贸易也会受到贸易壁垒等因素影响而对饲料的间接需求产生影响。

（3）技术水平的因素。饲料科技水平的高低主要体现在饲料的转化率、畜禽生产性能、饲料的科研与开发水平、饲料业高新技术产业化水平以及饲料业技术推广工作上。和发达国家相比，我国畜禽养殖的饲料消耗成本占饲养总成本的比重较高，饲料报酬也相对较低。以禽类养殖为例，我国禽类养殖的精饲料消耗高，约占养殖成本的 65%～70%，而美国仅为 44%，荷兰为 56%。我国禽类生产的料肉比在 2.5～3，而荷兰的料肉比为 2。技术水平的高低影响了饲料的利用效率，从而影响饲料的有效供给。

4.4.3　中国饲料市场供求趋势预测

1. 饲料供给的预测

我们选用计量模型的方法对我国饲料市场的供给状况进行定量分析。这里选用二次指数平滑法来进行预测，二次指数平滑法是呈现线性趋势的时间数列在一次指数平滑法的基础上，对一次指数平滑值再做一次指数平滑，然后，利用两次指数平滑值，建立预测的数学模型，最后运用数学模型确定预测值。二次指数平滑法适用于上升或下降趋势明显的需求序列，它是为有线性趋势的线性预测服务的。二次指数平滑法的基本计算公式为

一次指数平滑值为　$S_t^{(1)} = \alpha Y_t + (1-\alpha) S_{t-1}^{(1)}$

二次指数平滑值为　$S_t^{(2)} = \alpha S_t^{(1)} + (1-\alpha) S_{t-1}^{(2)}$

线性预测模型为　$Y_{t+k} = a + bT$

式中，$S_t^{(1)}$、$S_t^{(2)}$ 分别为 t 期一次、二次指数平滑值，α 为权系数，Y_t 为实际值，$S_{t-1}^{(1)}$、$S_{t-1}^{(2)}$ 为 $t-1$ 期一次、二次指数平滑值，Y_{t+k} 为 $t+k$ 期预测值，T 是 t 期到预测期的间隔期数，a,b 为平滑系数，a,b 可由以下公式求得：

$$a = 2S_t^{(1)} - S_t^{(2)}$$

$$b = \frac{\alpha}{1-\alpha}(S_t^{(1)} - S_t^{(2)})$$

为了降低修匀的效果，提高模型的预测准确度，这里选择 $\alpha = 0.9$，根据上述公式，计算出各年预测值。饲料供给量采用《中国饲料工业统计年鉴》数据，分析模型同上，分析结果如表 4-12 所示。

表 4-12　1996～2008 年饲料供给量实际值和预测值表　　单位：万吨

年份	实际值 Y_t	一次指数平滑值 $S_t^{(1)}$	二次指数平滑值（预测值）$S_t^{(2)}$	预测相对误差/%
1996	5 609.96	5 609.96	5 609.96	0
1997	6 299.16	6 230.24	6 168.21	−2.08
1998	6 599.02	6 562.14	6 522.75	−1.16
1999	6 872.02	6 841.03	6 809.20	−0.91
2000	7 429.04	7 370.24	7 314.14	−1.55
2001	7 806.48	7 762.86	7 717.98	−1.13
2002	8 319.02	8 263.40	8 208.86	−1.32
2003	8 711.55	8 666.74	8 620.95	−1.04
2004	9 300	9 236.67	9 175.10	−1.34
2005	10 732.31	10 582.75	10 441.98	−2.71
2006	11 058.97	11 011.35	10 954.41	−0.95
2007	12 330.97	12 199.01	12 074.55	−2.08
2008	13 666.61	13 519.85	13 375.32	−2.13

资料来源：饲料供给量实际值来源于历年《中国饲料工业统计年鉴》

由表中可以看出预测的相对误差均在 5%以内，因此预测的可信度较好。同时计算出预测方程为

$$Y_{t+T} = 13672.38 + 1300.77T$$

由预测方程可以计算出未来几年饲料供给量的预测值，如表 4-13 所示。

表 4-13　2009～2015 年饲料供给量预测值　单位：万吨

年份	预测值
2009	14 973.15
2010	16 073.92
2011	17 574.69
2012	18 875.46
2013	20 176.23
2014	21 477.00
2015	22 777.77

由计量分析可以看出我国饲料市场的供给量呈不断增加的趋势，这也和我国饲料工业的未来发展趋势相吻合。当前我国饲料行业的竞争比较激烈，饲料企业在市场要获取竞争力必须通过兼并、联合、重组等形式，形成一批拥有自主知识产权、竞争力强的大公司和企业集团，提高产业集中度和产品开发潜力。因此，规模化、组织化必将增强企业的竞争能力，提高企业的生产能力和赢利水平，从而提高整个市场饲料的供应量。

2. 饲料需求的预测

相比饲料的供给而言，对未来饲料市场的需求进行定量预测比较困难，这主要是由我国畜牧养殖的方式决定的。由于农村散养在当前农村中还占有相当的比例，这种养殖方式中，农民用自家生产的谷物以及农业废弃物如秸秆等进行养殖，对饲料的直接需求并不是很高。在家庭经营的规模养殖中，自产饲料和自己配制的饲料仍然占很大的比例，对商品饲料的需求较小。企业经营的自配饲料也占有相当大的比例，对市场饲料的需求依赖性并不是很强。因此对饲料的未来需求作精确的估计比较困难。但是，从国家对饲料工业的政策规划以及人民生活水平不断提高的趋势可以看出，未来对饲料的总体需求量会不断增加，饲料的多元化需求趋势将会更加明显。

国家饲料工业 2015 年远景规划从我国肉食消费的变化趋势、我国畜禽生产的国家竞争力和未来养殖方式的变化趋势等方面对我国 2015 年饲料工业发展进行了分析（表 4-14，表 4-15）。该规划预测，到 2015 年，肉类总产量达到 9000 万吨，其中猪肉 5580 万吨，牛羊肉 1350 万吨，禽肉 1980 万吨，人均肉类占有量 62.1 千克。肉类结构将进一步优化，猪牛羊肉的比重分别达到 62%、15%、22%。蛋类总产量达到 3000 万吨，人均占有量 20.7 千克。奶类产量达到 3300 万吨，人均占有量 22.8 千克。羊毛总产量达到 37 万吨。

表 4-14　2015 年我国主要畜禽产品发展指标

项目	发展指标/万吨	增长速度/%	比重/%
肉类	9000	2.5	100
猪肉	5580	2.1	62
牛羊肉	1350	3.2	16
禽肉	1980	3.5	22
禽蛋	3000	2	—
奶类	3300	10	—

资料来源：《饲料工业“十五”计划和 2015 年远景目标规划》

表 4-15　2015 年饲料产品社会需求量

动物产品品种	产量/万吨	料比	工业饲料普及率	工业饲料需求量/万吨
猪肉	5 587	3	0.45	7 542
牛羊肉	1 357	2	0.3	811
禽肉	1 983	2	0.7	2 776
禽蛋	2 926	2.2	0.5	3 218
奶类	3 322	0.3	0.4	398
海水养殖	1 600	1.8	0.45	1 298
淡水养殖	1 900	1.8	0.45	1 539
其他				200
合计	18 670			17 780

资料来源：《饲料工业“十五”计划和 2015 年远景目标规划》

4.4.4 未来我国饲料市场的政策展望

要发展饲料产业，增加饲料供给数量，优化饲料供给结构，完善饲料供给渠道，确保饲料市场的供求平衡，未来政策取向应当着眼于以下三点。

(1) 优化饲料供给结构，完善供给渠道。造成我国饲料供求矛盾的重要原因就是我国饲料粮供给不足，供给渠道不健全。因此，要增加饲料粮的供应，需要调整和优化农业种植结构，提高玉米等粗粮种植面积。改善流通条件，放宽流通政策，促进饲料粮的流通，降低流通成本。放松贸易条件，扩大饲料粮的进口数量。这些政策的实施将会缓解饲料供给的原料短缺，有利于饲料供给结构的优化。

(2) 发展饲料工业，实现规模经营。我国饲料供给企业的规模小，产业化水平低，技术落后，因而对饲料产品的产量和质量造成一定的影响。发展饲料工业就要提高饲料企业的整合程度，通过兼并重组，实现企业的规模化经营，提高其竞争能力。加大饲料产品的科研投入力度，降低生产成本，改进产品结构，提高产品质量，实现品牌发展。

(3) 调整畜禽产业结构，提高饲料报酬。畜禽结构的不合理、饲养效率的低下会增加养殖业对饲料的需求，这将会加剧我国饲料供给相对短缺的局面。因此，必须要改进饲养方式，降低饲料的消耗率，提高畜产品的生产性能。依靠科学技术，发展优质畜禽品种养殖，调整畜禽产品结构，提高饲料报酬。

专栏 4.3

饲料行业未来五年的 11 个趋势[①]

中国的动物饲养和饲料加工工业在经过 20 多年的迅猛发展后，正在迈入成熟的阶段。企业经营者在激烈的市场竞争环境下，既要扩大规模，又要实现赢利，其压力是非常大的。饲料行业面临着一个大发展、大竞争、大淘汰的格局。

今后 5 年内饲料行业发展的 11 个趋势如下所示。

1. 30%以上的饲料企业将退出市场

2009 年全国饲料加工企业 12 291 家，同比减少 1321 家，下降幅度为 9.7%。随着养殖业规模化程度的大幅提升，饲料企业利润率的进一步降低，这一趋势将延续甚至深化，今后 5 年内，30%以上的饲料企业将主动或被动的退出市场。

2. 饲料行业进入高成本时代

随着社会的发展，国家提出国民收入倍增计划，原料市场与国际的接轨，今后 5 年内，虽然饲料企业不情愿，饲料行业也将迎来高成本时代。

3. 饲料行业进入资本时代

随着饲料行业成熟度的提升，其劳动密集型和资本密集型的产业特点将逐渐显现并占据主导，会有更多的饲料企业谋求上市。在资本的力量面前，中小企业将成为狩猎的对象。

4. 饲料行业将全面迎来信息革命

时代在发展，生意可以传统，但工具必须更新。今后 5 年内，饲料行业将更多的 IT 化和网络化。有别于最初的办公自动化和网站的建设，这一轮信息革命，将以电子商务、网络技术服务平台、高效网络管理平台为特点。

我们的社会正在全面信息化，饲料行业也必然会全面信息化，对于饲料企业，不能与时俱进，即意味着落后，而落后就会挨打。

5. 饲料行业将进入“混业经营”时代

比如新希望，打造了猪、禽、乳业 3 条完整的产业链。再如正邦、艾格菲等，近年大举进入养猪领域，建设猪产业链。更多的企业，或是涉足养殖，或是

① 资料来源：中国饲料行业信息网，http：//www.feedtrade.com.cn/additive

涉足兽药、疫苗领域。今后5年内，饲料行业的“混业经营”现象将更为突出，因为只有延伸产业链才能更好地提高抗风险的能力，预计产业链将成为一线饲料企业的主流选择。

6. 饲料行业的“第三产业”将成为掘金的蓝海

饲料行业作为一个产值4000多亿元的制造业，理应有强大的第三产业支撑。今后5年内，预计饲料行业的“第三产业”将会得到迅猛发展。这一是产业发展的自然要求，二是六和等先行者成立“担保公司”、“专业化养殖服务公司”等举措带来的示范效应。

7. 养殖业的规模化、专业化水平将有明显改善

养殖业的规模化程度低、专业化水平不高，一直是影响产业链发展的一大问题，随着国家对规模化养殖业的扶持，今后5年内，预计养殖业的规模化、专业化水平将有大的改善，而且将超出不少人的预期。

8. 玉米-豆粕日粮的主流地位下降

中国的国情，本来就不适合玉米-豆粕型的日粮结构，目前国内以玉米-豆粕型为主的日粮结构，可以说是国际粮商经典的市场推广案例。然而，随着玉米、豆粕价格的高企，随着饲料产品利润率的下降，该日粮结构将会受到市场的冲击，今后5年内，杂粮、杂粕型日粮将会更多地出现在市场上，以玉米-豆粕型为主的日粮结构将会明显被削弱。

9. 饲料原料价格的明显波动将成常态

中国加入WTO后，中国经济就开始快速地融入全球经济，下一个5年这种趋势将会更为明显和深化。由于资本的趋利性，国际上大宗农产品价格的明显波动化是不可避免的常态，在全球经济一体化的明天，中国饲料企业要有大宗原料价格明显波动常态化的预期，过去的那种稳定的大宗原料价格状态将被打破。

10. 健康将成为生产力

中国的消费者对动物食品的需求经历了从无到有、从少到多、从多到全、从全到鲜的几个阶段。

目前，随着生活水平和消费能力的更进一步的提高，人们对食品的安全和健康更为关注，绿色和有机食品的概念已经深入人心。这就给企业创造了提高产品附加值的机会。今后5年内，健康牌将成为一些产业链企业的竞争力之源，并获得差异化的竞争优势。

11. 企业社会责任在行业内的影响力迅速扩大

在全球化的今天，不少本土农牧企业已经认识到承担企业的社会责任的意义，并积极地去实践。但大部分尚在起步或摸索阶段，有些也只是停留在口头上，5年内，将有越来越多的饲料企业将社会责任与经营目标和企业使命相结合，并从中获益。对于企业社会责任，这里借用创荷美营养科技（北京）有限公

司总经理范学斌的一句话："一个损害了社会效益的企业，其经济效益是难以持久的。对于以赢利为目的的企业，不能过分的强调社会效益，但是若长期损害社会效益，那它不是被政府所取缔，就是被消费者所抛弃。"

本章小结

1. 饲料是指向动物提供能量、蛋白质、脂肪、维生素、矿物质等营养物质与多种非营养有机和无机化合物的混合物。饲料必须具有可食性和一定的营养成分并且对动物机体没有毒副作用。从饲料的营养层次和结构角度可以将饲料分为配合饲料、添加剂预混料和精料混合料等。随着饲料工业技术更新的加快以及畜牧业产业化和规模化的发展以及养殖技术的提高，饲料的构成也不断发生变化，配合饲料所占比重也逐渐下降，而添加剂预混饲料及浓缩饲料所占比重不断增加。

2. 饲料粮是饲料工业的主要原料来源。我国的饲料粮市场上对饲料粮的需求不断增加，蛋白类饲料粮如大豆的需求较大，我国饲料粮的供给中谷物类的供给量呈稳定增加，而蛋白类饲料粮的供给欠缺，对进口的依赖性较大。

3. "市场结构—市场行为—市场绩效"（即SCP结构）的研究框架是产业组织研究中较完善和成熟的研究方法。从本章的分析可以看出，我国饲料加工业的市场集中度绝对值仍然比较低，规模经济不明显，产品同质性强，差异化程度低，由此导致我国饲料行业的竞争激烈，利润率较低。

4. 我国居民收入的持续增长、畜牧产业规模化发展以及畜产品贸易的持续发展，由此导致畜产品需求的潜力增大，因而我国饲料的需求具有一定的上涨空间，而饲料的供给却受到原料的短缺、产业链的脆弱等一系列因素的影响，饲料供应的形势较为严峻。因而，饲料的供求存在着较明显的不对称性。

关键术语

饲料　配合饲料　饲料粮　市场集中度　行业集中度　产品差别化

复习与思考

1. 从饲料的营养层次和结构角度说明饲料的分类，简述近年来我国饲料结构的变化情况并说明其原因。

2. 运用产业经济学知识分析导致我国饲料产业组织化、规模化程度低的原因，并分析提高我国饲料产业组织化程度的路径。

3. 影响我国饲料供求状况的因素有哪些？结合本章以及相关经济学理论分析我国未来饲料市场的变化趋势以及未来饲料市场政策的导向。

本章参考文献

储艳涛 . 2003. 中国饲料粮分析 . 中国农业大学博士学位论文 .

胡浩，刘丽 . 2006. 中国饲料加工业产业组织分析 . 饲料研究，(6)：51-55.

乔娟 . 2001. 中国主要家畜肉类产品国际竞争力变动分析 . 中国农村经济，(7)：37-43.

田维明，周章跃 . 2007. 中国饲料粮市场供给需求与贸易发展 . 北京：中国农业出版社 .

肖国安 . 2002. 未来十年中国粮食供求预测 . 中国农村经济，(7)：9-15.

辛贤，蒋乃华，周章跃 . 2003. 畜产品消费增长对我国饲料粮市场的影响 . 农业经济问题，(1)：60-66.

张利痒 . 2006. 中国饲料产业发展报告 . 北京：中国农业出版社 .

张晓辉，卢迈 . 1997. 我国农户生猪饲养规模及饲料转化率变化趋势探讨 . 中国农村经济，(5)：53-55.

第 5 章 中国畜产品的价格与市场

市场经济条件下，畜产品供求决定畜产品价格，畜产品价格又反作用于畜产品供求。价格是资源分配和产出组合的依据，只要畜产品现行的市场价格超过其生产成本，生产更多的畜产品就有利可图，这样不但既有的生产者愿意增加生产，新的生产者也有动力进入这个行业，于是供给增加的畜产品正好就是消费者愿意购买的畜产品。这就是亚当·斯密称为“无形之手”的原理，即使一个人追求的只是个人的利益，他也会被引导着去为公众服务，提供别人最想得到的产品或服务。

在市场机制的作用下，畜产品价格受供需结构等多种因素的作用而呈现出上下波动，这种价格波动幅度近年来有不断加大的趋势。从宏观上讲，这种波动给政府对市场的调控带来了一定的挑战；从微观上来看，价格波动给生产者带来不稳定的收益预期，进而又进一步影响价格的波动。本章讲述畜产品供需原理、价格与市场特性。

5.1 畜产品的需求与供给

5.1.1 畜产品需求

1. 畜产品需求及影响因素

1）畜产品需求的含义

在经济学上，对某种商品（实物产品或者服务）的需求是在一定的条件（时间等）下，在一定的价格水平上，消费者所愿意并且能够购买得起的该种商品的数量。这种经济学所指的需求概念与一般意义上所指的“需要”、“欲望”等概念有着严格的不同。消费者对某种商品的需要和欲望只是一种生理上的要求或心理的、主观的愿望。如果消费者不具有相应的货币购买能力，则其就仅仅是一种愿望而已，并不能成为经济学意义上的需求，只有当其既具有了购买的愿望，又有了购买能力时，才形成需求。

这里需要强调的是，需求总是对应于一定的价格水平。一般所说的需求不足，总是指在特定的价格水平上需求没有得到充分的满足。从计量需求的角度也可以将其分为数量需求和金额需求。数量需求是指用实物数量计量的需求，而金额需求是指用货币金额计量的需求。可以看出两者有如下的对应关系：

$$金额需求 = 数量需求 \times 需求价格$$

因此，某种畜产品的需求是指消费者在一定时期内在各种可能的价格水平上愿意而且能够购买的该种畜产品的数量。根据定义，如果消费者对某种畜产品只有购买的欲望而没有购买的能力，就不能算做需求。需求必须是指既有购买欲望又有购买能力的有效需求。例如，对牛肉的需求，想吃牛肉而买不起牛肉的人没有这种需求，能买得起牛肉但不愿吃牛肉的人也没有这种需求，只有既想吃又买得起的人才构成对牛肉的需求。

按照畜产品用途的不同，其需求可分为生活资料和生产资料的需求。生活资料的需求还可以分为食品和非食品的需求；生产资料的需求可以分为工业原料和农业原料的需求。具体如图 5-1 所示。

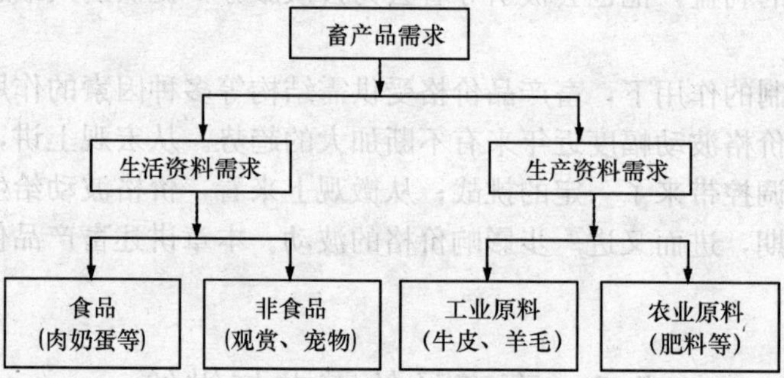

图 5-1　畜产品需求的细分

不同细分的产品，所满足的需求也是不同的。肉、蛋、奶等食品所满足的主要是生存方面的需求，而观赏、宠物所满足的主要是享受方面的需要。工业原料与农业原料所满足的不是最终消费者的需求，而是其派生出来的中间需求——生产方面的需求。

按照最新的市场需求理论，对商品的需求可以细分到对该商品的各种质量价值特征成分的需求。人们之所以对某种畜产品有需求，归根结底是因为该种畜产品具有某些质量特征，这些质量特征可以满足人们的需求。这些质量特征有很多种，包含在畜产品之中。这种畜产品对于消费者的效用如何，最终取决于消费者对其所包含的各种质量特征的综合总体评价。畜产品的具体质量特征如表 5-1 所示。这些质量特征不仅包括营养价值特征，而且还包括一些感官享受价值（如颜色、味道等）、技术性价值特征（如耐储藏性、易于加工等）、健康价值特征（卫生质量等）和一些主观心理价值特征（如产地、名贵程度、生产方式等）。这些不同的质量价值特征均对消费者的食品需求起着重要的影响和制约作用。

表 5-1 中位于上方的属于食品的基本质量特征，位于下方的则属于附加的质量特征。当收入水平较低时，消费者关注的只是基本的质量特征。随着收入增

加，消费者对于各种附加效用的评价也越来越高。

表 5-1　畜产品的质量价值的构成要素与特征

	质量价值细分	质量特征指标
基本效应	营养价值（营养生理质量）	能量、脂肪、碳水化合物、蛋白质、维生素、矿物质等的含量与质量等
	健康价值（卫生、安全质量）	兽药、重金属、外来杂质的含量等
	适用性与可用性（技术与物理质量）	可储藏性、可加工性、加工出品率等
附加效应	享受价值（情感性质量）	形态、颜色、气味、口味、享受成分的浓度等
	心理价值（道德、生态和社会的质量）	生产方式（环境友好的、农户友好的、动物福利的以及可替代性的）、生产体验、产品产地以及优越性价值等

2）影响畜产品需求的主要因素

某种畜产品的需求数量是由许多因素共同决定的。其中主要的因素有：该畜产品的价格、消费者的收入水平、相关畜产品的价格、消费者的偏好和消费者对该畜产品的价格预期等。它们各自对该种畜产品的需求数量的影响有以下五点。

第一，畜产品本身的价格。一般说来，一种畜产品的价格越高，该畜产品的需求量就会越小。相反，价格越低，需求量就会越大。

第二，消费者的收入水平。消费者的收入水平与畜产品的需求量的变化分为两种情况。对于一般畜产品来说，当消费者的收入水平提高时，就会增加对畜产品的需求量。相反，当消费者的收入水平下降时，就会减少对畜产品的需求量。即消费者的收入水平与畜产品的需求量呈同方向变化。对于低档畜产品而言，消费者的收入水平与畜产品的需求量呈反方向变化。

第三，其他相关畜产品的价格。当一种畜产品本身的价格保持不变，而和它相关的其他畜产品的价格发生变化时，这种畜产品本身的需求量也会发生变化。畜产品之间的关系有替代关系和互补关系两种。

例如，羊肉和牛肉就是这种替代关系。这种有替代关系的畜产品，当一种畜产品（例如羊肉）价格上升时，对另一种畜产品（例如牛肉）的需求就增加。因为羊肉价格上升，人们少吃羊肉，必然多吃牛肉。反之，当一种畜产品价格下降时，另一种畜产品的需求就减少。替代畜产品价格变化引起该畜产品需求量同方向变动。而互补关系的畜产品价格变化引起需求量反方向变化。

第四，消费者的偏好。当消费者对某种畜产品的偏好程度增强时，该畜产品的需求量就会增加。相反，偏好程度减弱，需求量就会减少。消费者的偏好是心理因素，但更多地受人们生活与其中的社会环境、特别是当时当地的社会风俗习惯的影响。

第五，消费者对畜产品的预期（包括收入和价格）。当消费者预期某种畜产品的价格在将来某一时期会上升时，就会增加对该畜产品的现期需求量；当消费者预期某种畜产品的价格在将来某一时期会下降时，就会减少对该畜产品的现期需求量。这也是一个心理因素，不过对消费者需求量影响的预期因素，不仅是价格预期，还有对未来收入和支出的预期，政府政策倾向的预期等。

价格和收入主要影响购买能力，消费者的偏好和预期主要影响购买欲望。除此之外，还有人口规模与结构、分配状况等影响因素。

2. 需求函数

所谓需求函数是用来表示一种商品的需求数量和影响该需求数量的各种因素之间的相互关系的。也就是说，在以上的分析中，影响畜产品需求数量的各个因素是自变量，畜产品需求数量是因变量。一种畜产品的需求数量是所有影响这种畜产品需求数量的因素的函数。但是，如果我们对影响一种畜产品需求数量的所有因素同时进行分析，这就会使问题变得复杂起来。

在处理这种复杂的多变量问题时，通常可以将问题简化，即把影响因素放在该商品本身的价格上，而同时使其他影响因素保持不变。这是因为一种畜产品的价格是决定需求数量的最基本的因素，所以，我们假定其他因素保持不变，仅仅分析一种畜产品的价格对该畜产品需求量的影响，即把一种畜产品的需求量仅仅看成是这种畜产品的价格的函数。于是，需求函数就可以表示为

$$Qd = f(P) \tag{5.1}$$

式中，P 为畜产品的价格；Qd 为畜产品的需求量。

为了更进一步简化分析，在不影响结论的前提下，大多使用线性需求函数，其形式为

$$Qd = \alpha - \beta P \tag{5.2}$$

式中，α、β 为常数，且 α、$\beta > 0$，α 为截距，β 为斜率倒数。

3. 需求表与需求曲线

需求函数 $Qd = f(P)$ 表示一种畜产品的需求量和价格之间存在着一一对应的关系，这种函数关系可以分别用畜产品的需求表和需求曲线来加以表示。

1）需求表

畜产品的需求表是一张表示某种畜产品的各种价格水平与各种价格水平相对应的该畜产品的需求数量之间关系的数字序列表。表 5-2 是某畜产品的需求表。

表 5-2　畜产品需求表（假设）

价格	需求量
1	9
2	6
3	4
4	3
5	2
6	1

从表 5-2 可以清楚地看到该种畜产品价格与需求量之间的函数关系。譬如，当该种畜产品价格为 1 元时，其需求量为 9 单位；当价格上升为 2 元时，需求量下降为 6 单位；当价格进一步上升为 3 元时，需求量下降为更少的 4 单位，如此等等。需求表实际上是用数字表格的形式来表示畜产品的价格和需求量之间的函数关系的。

2）需求曲线

(1) 含义与图形：需求曲线是以几何图形来表示商品的价格和需求量之间的函数关系的。畜产品的需求曲线是根据畜产品不同的价格-需求量的组合在平面坐标图上所绘制的一条曲线。图 5-2 是根据表 5-2 绘制的一条需求曲线。

在图 5-2 中，横轴 OQ 表示畜产品的数量，纵轴 OP 表示畜产品的价格。与数学上的习惯相反，在微观经济学分析需求曲线和供给曲线时，通常以纵轴表示自变量 P，以横轴表示因变量 Q。

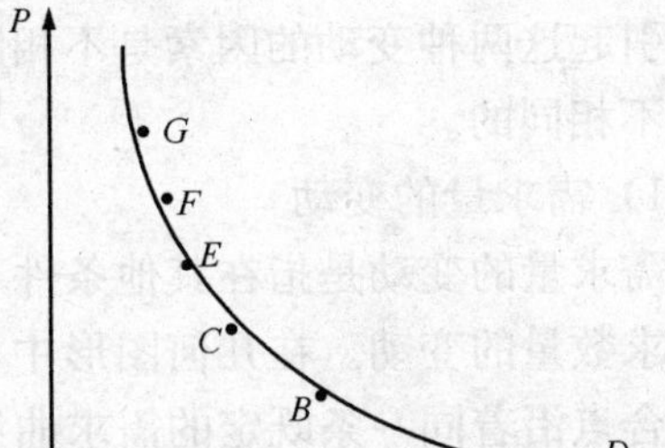

图 5-2　畜产品需求曲线图

图中的需求曲线是这样得到的：根据表 5-2 中每一个畜产品的价格-需求量的组合，在平面坐标图中描绘相应的各点 A、B、C、E、F、G，然后顺次连接这些点，便得到需求曲线 $Qd=f(P)$。它表示在不同的价格水平下消费者愿意而且能够购买的畜产品数量。

微观经济学在论述需求函数时，一般都假定商品的价格和相应的需求量的变化具有无限分割性。正是由于这一假定，在图 5-2 中才可以将畜产品的各个价格-需求量的组合点 A、B、C……连接起来，从而构成一条光滑的连续的需求曲线。

图 5-2 中的需求曲线是一条曲线，实际上，需求曲线可以是曲线型的，也可

以是直线型的。当需求函数为线性函数时，相应的需求曲线是一条直线，直线上各点的斜率是相等的。当需求函数为非线性函数时，相应的需求曲线是一条曲线，曲线上各点的斜率是不相等的。

(2) 需求定理：建立在需求函数基础上的需求表和需求曲线都反映了畜产品的价格变动和需求量变动二者之间的关系。从表 5-2 中可见，畜产品的需求量随着畜产品价格的上升而减少。相应地，在图 5-2 中的需求曲线具有一个明显的特征，它是向右下方倾斜的，即它的斜率为负值。它们都表示畜产品的价格和需求量之间呈反方向变动的关系，这种现象普遍存在，被称为需求定理。在理解价格的决定时，需求定理是很重要的。

畜产品需求定理的基本内容是：在其他条件不变的情况下，某畜产品的需求量与价格呈反方向变动，即需求量随着畜产品本身价格的上升而减少，随畜产品本身价格的下降而增加。

需求定理作为一种经济理论也是以一定的假设条件为前提的。这个假设条件就是“其他条件不变”。所谓“其他条件不变”是指除了畜产品本身的价格之外，其他影响需求的因素都是不变的。离开了这一前提，需求定理就无法成立。

4. 需求量的变动与需求的变动

在经济分析中特别要注意区分需求量的变动和需求的变动这两个概念。在西方经济学文献中，需求量的变动和需求的变动都是需求数量的变动，它们的区别在于引起这两种变动的因素是不相同的，而且，这两种变动在几何图形中的表示也是不相同的。

1) 需求量的变动

需求量的变动是指在其他条件不变时，由某商品的价格变动所引起的该商品的需求数量的变动。在几何图形中，畜产品需求量的变动表现为其价格-需求数量组合点沿着同一条既定的需求曲线的运动。例如，在图 5-2 中，当畜产品的价格发生变化由 2 单位逐步上升为 5 单位，它所引起的畜产品需求数量由 6 单位逐步地减少为 2 单位时，畜产品的价格-需求数量组合由 B 点沿着既定的需求曲线 $Qd=f\ (P)$，经过 C、E 点，运动到 F 点。需要指出的是，这种变动虽然表示需求数量的变化，但是并不表示整个需求状态的变化。因为，这些变动的点都在同一条需求曲线上。

2) 需求的变动

需求的变动是指在某商品价格不变的条件下，由于其他因素的变动所引起的该商品的需求数量的变动。对于畜产品来说，引起其需求变动的其他因素包括消费者的收入水平变动、相关畜产品的价格变动、消费者偏好的变化和消费者对畜产品的价格预期的变动等。在几何图形中，需求的变动表现为需求曲线的位置发生移动。以图 5-3 加以说明。

图中原有的曲线为 D_1，在畜产品价格不变的前提下，如果其他因素的变化使得需求增加，则需求曲线向右平移，如由图中的 D_1 曲线向右平移到 D_2 曲线的位置。如果其他因素的变化使得需求减少，则需求曲线向左平移，由需求变动所引起的这种需求曲线位置的移动，表示在每一个既定的价格水平需求数量都增加或减少了。例如，在既定的价格水平 P_0，原来的需求数量为 D_1 曲线上的 Q_1，需求增加后的需求数量为 D_2 曲线上的 Q_2，需求减少后的需求数量为 D_3 曲线上的 Q_3。而且，这种在原有价格水平上所发生的需求增加量 Q_1Q_2 和需求减少量 Q_3Q_1 都是由其他因素的变动所引起的。譬如说，它们分别是由消费者收入水平的提高和下降所引起的。显然，畜产品需求的变动所引起的其需求曲线的位置的移动，表示整个畜产品需求状态的变化。

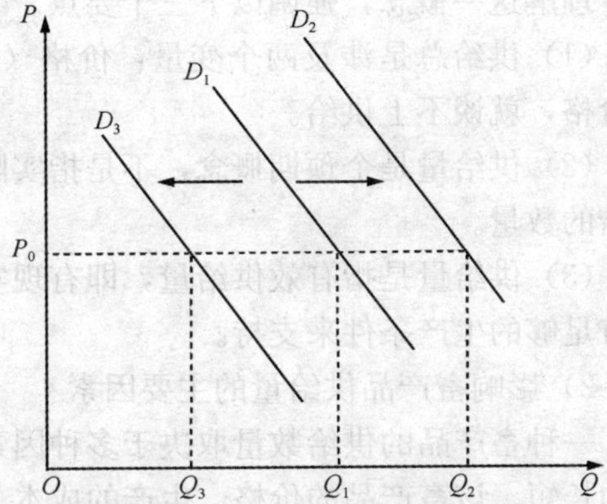

图 5-3　需求的变动和需求量的变动

5.1.2　畜产品供给

1. 供给的定义及其影响因素

在市场上，需求来自消费者，供给来自生产者。和需求一样，供给也存在于市场之中，经济学中把生产者在一定的时间内，对应着一定的价格水平所愿意并且能够提供出售的某一商品的数量称为对该商品的供给。畜产品的供给来自于畜产品的生产者。但并不是生产出来的所有畜产品都能够成为供给，只有生产者愿意出售的那部分才属于供给（或称市场供给）。在畜禽生产中，自养自用的部分以及用来耕地或运输的役畜不能成为供给部分。目前，我国畜禽养殖仍以散养为主，自食自用的部分所占比例仍然相当高，所以明确这种区别是有重要意义的。

1）畜产品供给的含义

经济学中在谈到一种商品的供给这个概念时，总是指一定市场上在一定时期内与每一销售价格相对应的，生产者愿意并且能够供给的数量。畜产品的供给是指生产者在一定时期内在各种可能的价格水平下愿意并且能够提供出售的该种畜产品的数量。根据上述定义，如果生产者对某种畜产品只有提供出售的愿望，而没有提供出售的能力，则不能形成有效的供给，也不能算作供给。

理解这一概念，强调以下三个要点。

(1) 供给总是涉及两个变量：价格（price)、供给量（quantity)。没有相应的价格，就谈不上供给。

(2) 供给量是个预期概念，不是指实际售卖量，是生产者预计、愿意或打算供给的数量。

(3) 供给量是指有效供给量，即有现实生产能力的供给。现实的生产能力指拥有足够的生产条件来支持。

2）影响畜产品供给量的主要因素

一种畜产品的供给数量取决于多种因素的影响，其中主要的因素有：考察时间的长短、该畜产品的价格、生产的成本、生产的技术水平、相关畜产品的价格和生产者对未来的预期。它们各自对畜产品的供给量的影响有以下六点。

第一，考察时间的长短。一种畜产品的产量或供给的数量与生产周期密切相关。在一个生产周期内，畜禽的生产规模不能改变，从而畜禽的供给量是不变的，若大于一个生产周期，生产者就可以根据预期调整生产规模，从而供给量可以调整。以生猪的市场供应为例，如果只考察最近一个月或三个月的供给量，它只能取决于当前的生猪存栏量，即使市场价格很高，短期内也不可能生产出更多的生猪上市。如果考察期为一年或几年的时间，由于养殖者可以根据当前以及预期的市场价格，扩大或缩小生产规模，从而改变市场供给量。

第二，畜产品自身的价格。一般来说，一种畜产品的价格越高，生产者提供的产量就越大。相反，畜产品的价格越低，生产者提供的产量就越小。

第三，生产要素价格。生产要素的价格直接关系畜产品生产的成本，生产要素价格越高，畜产品的生产成本就会上升，在畜产品自身价格不变的条件下，生产成本上升会减少利润，从而使得畜产品的供给量减少。相反，生产成本下降会增加利润，从而使得畜产品的供给量增加。例如，饲料的价格、劳动力工资等要素价格的上升，就会影响到畜禽的生产成本，在畜禽市场价格不变时，就会减少畜禽养殖者利润，生产者就会减少生产规模，降低供给数量。

第四，生产的技术水平。在一般情况下，畜禽生产技术水平的提高可以提高劳动生产率，降低生产成本，增加生产者的利润，生产者会提供更多的产量。

第五，相关畜产品的价格。当一种畜产品的价格保持不变，而和它相关的其他畜产品的价格发生变化时，该畜产品的供给量会发生变化。区分互补品和替代品：当一种畜产品的价格提高，其替代品的供给量就会增加；相反，价格降低，其替代品的供给量就会减少。例如：猪肉是鸡肉的替代品，当鸡肉价格不变而猪肉的价格上升时，鸡肉供给量就会随猪肉价格上升而增加。

第六，政府政策和生产者对未来的预期。由于畜产品涉及民生问题，为了保证畜产品的稳定供应，各国政府都根据本国的国情实施了一些保护或促进畜牧业发展的相关政策，比如税收政策、价格政策、贸易政策等，这些政策对稳定畜产品的供给起到了一定的导向性作用。例如，2007 年政府对母猪实施的补贴，就直接增加了生猪的供给量。如果生产者对未来的预期是乐观的，如预期畜产品的价格会上涨，生产者在制订生产计划时就会增加产量供给。如果生产者对未来的预期是悲观的，如预期畜产品的价格会下降，生产者在制订生产计划时就会减少产量供给。

2. 供给函数

一种畜产品的供给量是所有影响这种畜产品供给量的因素的函数。如果假定其他因素均不发生变化，仅考虑该种畜产品的价格变化对其供给量的影响，即把一种畜产品的供给量只看成是这种畜产品价格的函数，则供给函数就可以表示为

$$Qs = \varphi(P) \tag{5.3}$$

式中，P 为畜产品的价格；Qs 为畜产品的供给量。当使用线性函数时，其形式为

$$Qs = -\delta + \gamma P \tag{5.4}$$

式中，δ、γ 为常数，且 δ、$\gamma>0$。与该函数相对应的供给曲线为一条直线。

3. 供给表与供给曲线

供给函数 $Qs=\varphi(P)$ 表示一种畜产品的供给量和畜产品价格之间存在着一一对应的关系。这种函数关系可以用供给表和供给曲线来表示。

1）供给表

畜产品的供给表是一张表示某种畜产品的各种价格和与各种价格相对应的该畜产品的供给数量之间关系的数字序列表。表 5-3 是某畜产品的供给表。

表 5-3　某畜产品的供给表（假设）

价格	供给量
1	0
2	3
3	4
4	5
5	6

表 5-3 清楚地表示了畜产品的价格和供给量之间的函数关系。例如，当价格为 5 元时，畜产品的供给量为 6 单位；当价格下降为 3 元时，畜产品的供给量减少为 4 单位；当价格进一步下降为 1 元时，畜产品的供给量减少为 0。供给表实

际上是用数字表格的形式来表示畜产品的价格和供给量之间的函数关系的。

2）供给曲线

畜产品的供给曲线是以几何图形表示畜产品的价格和供给量之间的函数关系，供给曲线是根据供给表中的畜产品的价格-供给量组合在平面坐标图上所绘制的一条曲线。图 5-4 便是根据表 5-3 所绘制的一条供给曲线。

图 5-4 中横轴 OQ 表示畜产品数量，纵轴 OP 表示畜产品价格。在平面坐标图上，根据供给表中畜产品的价格-供给量组合所得到的相应的坐标点 A、B、C、D、E 连接起来的线，就是该畜产品的供给曲线。它表示在不同的价格水平下生产者愿意而且能够提供出售的畜产品数量。和需求曲线一样，供给曲线也是一条光滑的和连续的曲线，它是建立在畜产品的价格和相应的供给量的变化具有无限分割性的假设基础上的。

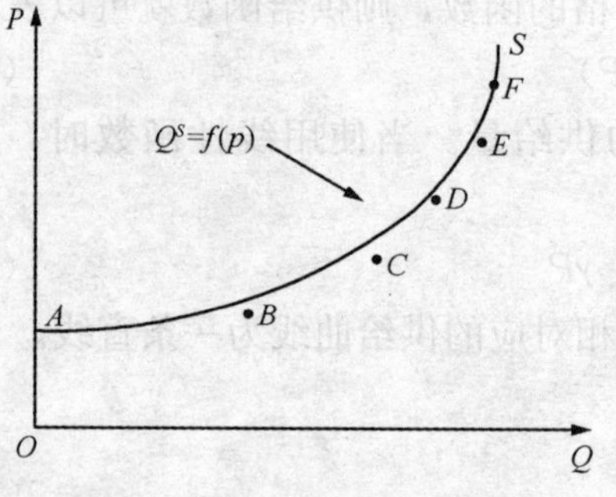

图 5-4　某商品的供给曲线

如同需求曲线一样，供给曲线可以是直线型，也可以是曲线型。如果供给函数是一元一次的线性函数，则相应的供给曲线为直线型。如果供给函数是非线性函数，则相应的供给曲线就是曲线型的，如图 5-4 中的供给曲线。直线型的供给曲线上的每点的斜率是相等的，曲线型的供给曲线上的每点的斜率则不相等。

在特殊情况下供给曲线也可能是一条垂直线或一条水平线。

3）供给定理

以供给函数为基础的供给表和供给曲线都反映了畜产品的价格变动和供给量变动二者之间的规律。从表 5-3 可见，畜产品的供给量随着畜产品价格的上升而增加。相应地，在图 5-4 中的供给曲线表现出向右上方倾斜的特征，即供给曲线的斜率为正值。它们都表示在其他条件不变的情况下，畜产品的价格和供给量呈同方向变动的关系，这种现象被称为供给定理。

4. 畜产品供给量的变动与供给的变动

畜产品供给量的变动和供给的变动都是供给数量的变动，它们的区别在于引起这两种变动的因素是不相同的，而且，这两种变动在几何图形中的表示也是不相同的。

1）畜产品供给量的变动

畜产品供给量的变动是指在其他条件不变时，由某畜产品的价格变动所引起的该畜产品供给数量的变动。在几何图形中，这种变动表现为畜产品的价格-供给数量组合点沿着同一条既定的供给曲线的运动。

前面的图 5-4 表示的是供给量的变动：随着价格上升所引起的供给数量的逐步增加，A 点沿着同一条供给曲线逐步运动到 E 点。

2）畜产品供给的变动

供给的变动是指在畜产品价格不变的条件下，由于其他因素变动所引起的该畜产品供给数量的变动。这里的其他因素变动可以指生产成本的变动、生产技术水平的变动、相关畜产品价格的变动和生产者对未来的预期的变化等。在几何图形中，供给的变动表现为畜产品供给曲线的位置发生移动。

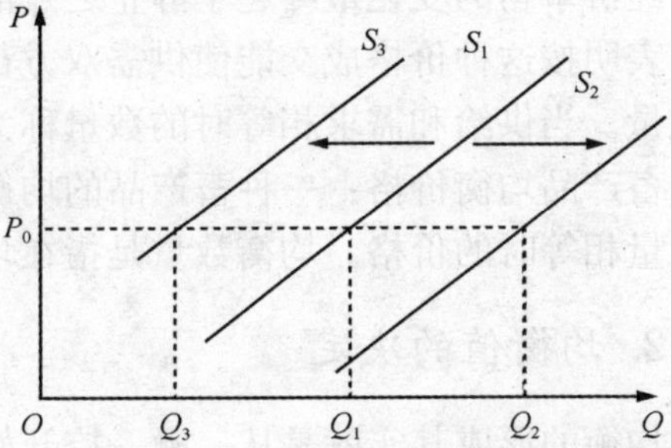

图 5-5　供给的变动与供给曲线的移动

图 5-5 表示的是供给的变动。图中原来的供给曲线 S_1 在除畜产品价格以外的其他因素变动的影响下，供给增加，则使供给曲线由 S_1 曲线向右平移到 S_2 曲线的位置；供给减少，则使供给曲线由 S_1 曲线向左平移到 S_3 曲线的位置。由供给的变化所引起的供给曲线位置的移动，表示在每一个既定的价格水平供给数量都增加或都减少了。例如，在既定的价格水平 P_0，供给增加，使供给数量由 S_1 曲线上的 Q_1 上升到 S_2 曲线上的 Q_2；相反，供给减少，使供给数量由 S_1 曲线上的 Q_1 下降到 S_3 曲线上的 Q_3。这种在原有价格水平上所发生的供给增加量 Q_1Q_2 和减少量 Q_3Q_1，都是由其他因素变化所带来的。譬如，它们分别是由生产成本下降或上升所引起的。因此供给的变动所引起的供给曲线位置的移动，表示整个供给状态的变化。

5.2　畜产品均衡价格的决定与变动

畜产品需求曲线说明了消费者对某种畜产品在每一价格下的需求量是多少，供给曲线说明了生产者对某种畜产品在每一价格下的供给量是多少。但是，它们都没说明这种畜产品本身的价格究竟是如何决定的。那么，畜产品的价格是如何决定的呢？此处的畜产品价格是指畜产品的均衡价格。畜产品的均衡价格是在畜产品的市场需求和市场供给这两种相反力量的相互作用下形成的。下面，将畜产品需求曲线和供给曲线结合在一起，运用经济模型与均衡分析说明均衡价格的形成。

5.2.1 均衡价格与均衡产销量的决定

1. 基本概念

均衡：根据经济学原理，均衡最一般的意义是指经济事物中有关的变量在一定条件的相互作用下所达到的一种相对静止的状态。经济事物之所以能够处于这样一种静止状态，是由于在这样的状态中有关该经济事物的各参与者的力量能够相互制约和相互抵消，也由于在这样的状态中有关该经济事物的各方面的愿望都能得到满足。正因为如此，经济学家认为，经济学的研究往往在于寻找在一定条件下经济事物的变化最终趋于静止之点的均衡状态。供给、需求两条曲线相交之处，表明按这种价格成交能使供需双方都能接受，买者想买的数量等于卖者想卖的数量。当供给和需求相等时的数量称为均衡数量。

畜产品均衡价格：一种畜产品的均衡价格是指该畜产品的市场需求量和市场供给量相等时的价格。均衡数量是指在均衡价格水平下的供求数量。

2. 均衡值的决定

均衡的形成其实就是从一撇一捺开始的，需求曲线和供给曲线放在一个坐标图上就是一个“×”，就进入了市场。从几何意义上说，一种畜产品市场的均衡出现在该畜产品的市场需求曲线和市场供给曲线相交的交点上，该交点被称为均衡点。均衡点上的价格和相对应的供求量分别被称为均衡价格和均衡数量。

现将需求表 5-2 和供给表 5-3 合并成一张表如表 5-4 所示。

表 5-4 均衡值列表

价格	需求量	供给量	短缺与过剩	
1	9	0	−9	短缺
2	6	3	−3	短缺
3	4	4	0	均衡
4	3	5	+2	过剩
5	2	6	+4	过剩

现在把图 5-2 中的需求曲线和图 5-4 中的供给曲线结合在一起，用图 5-6 说明一种畜产品的均衡价格的决定。

畜产品的均衡价格是如何形成的呢？

畜产品的均衡价格 P_e 表现为畜产品市场上需求和供给这两种相反的力量共同作用的结果，它是在市场的供求力量的自发调节下形成的，E 为均衡点，P_e 为均衡价格，Q_e 为均衡数量。当市场价格偏离均衡价格时，市场上会出现需求量和供给量不相等的非均衡状态。一般说来，在市场机制的作用下，这种供求不相等的非均衡状态会逐步消失，实际的市场价格会自动地恢复到均衡价格水平。

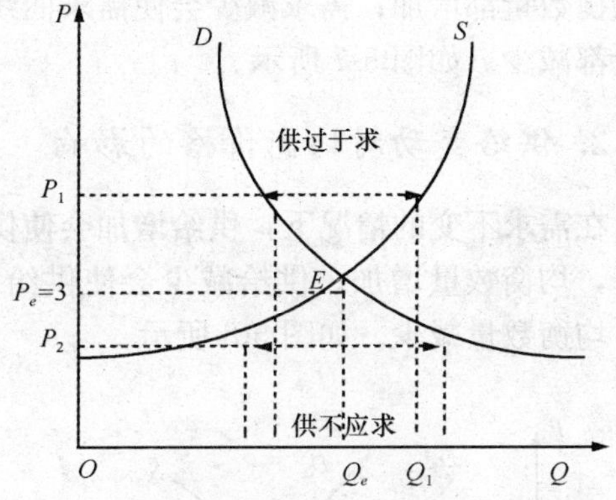

图 5-6　均衡价格的决定

当供求不平衡时，市场出现两种状态：过剩（P_1）与短缺（P_2）。

当市场价格高于均衡价格时，市场出现供大于求的畜产品过剩或超额供给的状况，在市场自发调节下，一方面会使需求者压低价格来得到他要购买的畜产品量，另一方面，又会使供给者减少畜产品的供给量。这样，该畜产品的价格必然下降，一直下降到均衡价格的水平。当市场价格低于均衡价格时，市场出现供不应求的畜产品短缺或超额需求的状况，同样在市场自发调节下，一方面需求者提高价格来得到他所需要购买的畜产品量，另一方面，又使供给者增加畜产品的供给量。这样，该畜产品的价格必然上升，一直上升到均衡价格的水平。由此可见，当实际价格偏离均衡价格时，市场上总存在着变化的力量，最终达到市场的均衡或市场出清。在存在垄断、政府实行价格支持和价格限制时，市场非均衡也可能不会消失。

需要注意的有以下三点。

(1) 均衡点往往不是实际的交易点；

(2) 在现实生活中，实际的交易往往发生在 Q_1 的位置，即供给价＞需求价，无法达到均衡价格，生产者为了达到自己的目的要让一个利给消费者，消费者也会让一步，抬高一个价，最终达到均衡状态；

(3) 均衡并不是市场经济的常态，大多交易是在非均衡点时进行的。因为当供大于求时，自由市场没有谁强迫消费者购买生产者的供给量，实际的交易按消费者愿意购买的量和与此相应的价格进行；当求大于供时，没有谁强迫生产者一定要提供消费者需求的量。因此，实际的交易按生产者提供的量进行。

5.2.2　均衡价格的变动

一种畜产品的均衡价格是由该畜产品市场的需求曲线和供给曲线的交点所决定的。因此，需求曲线或供给曲线的位置移动都会使均衡价格发生变动。下面说明这两种移动对均衡价格以及均衡数量的影响。

1. 需求变动对均衡价格的影响

在供给不变的情况下，需求增加会使需求曲线向右平移，从而使得均衡价格和均衡数量都增加；需求减少会使需求曲线向左平移，从而使得均衡价格和均衡数量都减少。如图 5-7 所示。

2. 供给变动对均衡价格的影响

在需求不变的情况下，供给增加会使供给曲线向右平移，从而使得均衡价格下降，均衡数量增加；供给减少会使供给曲线向左平移，从而使得均衡价格上升，均衡数量减少。如图 5-8 所示。

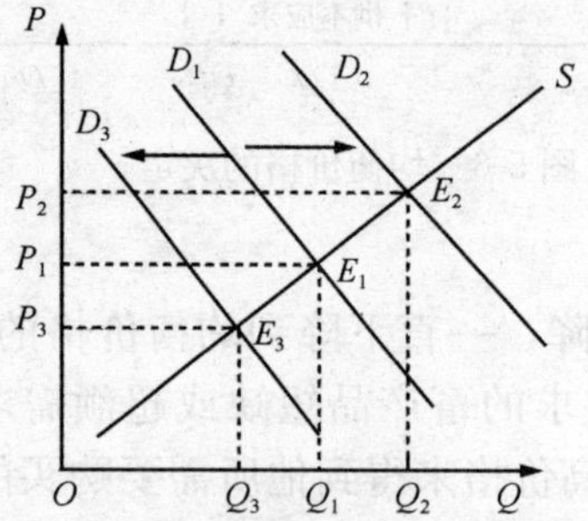

图 5-7　需求的变动和均衡价格的变动

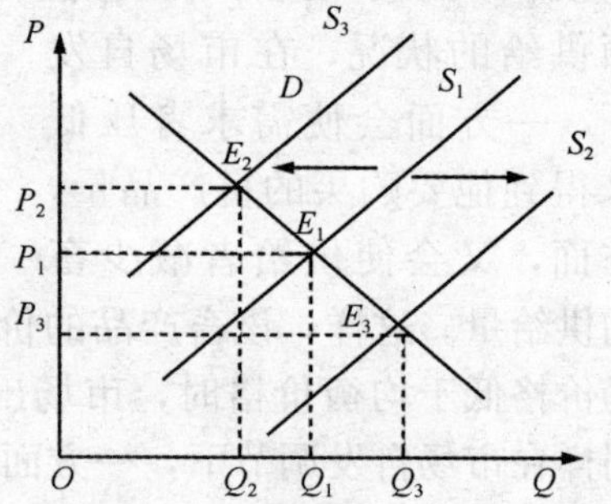

图 5-8　供给的变动和均衡价格的变动

综上所述，可以得出畜产品供求定理：在其他条件不变的情况下，需求变动分别引起均衡价格和均衡数量的同方向的变动；供给变动分别引起均衡价格的反方向的变动和均衡数量的同方向的变动。

3. 需求和供给同时发生变动对均衡价格的影响

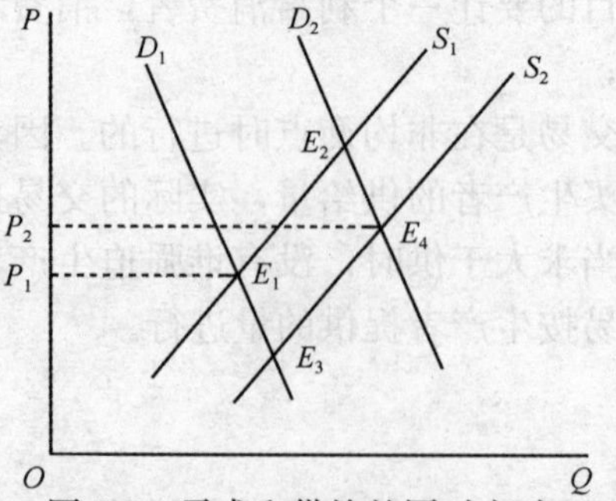

图 5-9　需求和供给的同时变动

此时畜产品的均衡价格和均衡数量的变化是难以肯定的，要结合需求和供给变化的具体情况来决定。以图 5-9 为例进行分析。

(1) 同时增长情况：供给增加

若需求增长的幅度大于供给增加的幅度，最终的均衡价格上升；

若需求增长的幅度小于供给增加的幅度，最终的均衡价格下降；

若需求增长的幅度等于供给增加的幅度，最终的均衡价格不变。

(2) 同时减少情况：供给减少

若需求减少的幅度大于供给减少的幅度，最终的均衡价格下降；

若需求减少的幅度小于供给减少的幅度，最终的均衡价格上升；

若需求减少的幅度等于供给减少的幅度，最终的均衡价格不变。

另外可能会出现需求增加、供给减少及需求减少、供给增加的情况。

5.3　弹性理论

假设某地某时期内，猪肉市场价格由 18 元/千克上升到 25 元/千克，市场对猪肉的需求从 10 000 千克下降到 9000 千克；同时鸡肉价格由 10 元/千克上升到 15 元/千克，需求量由 8000 千克下降到 6500 千克。猪肉和鸡肉价格上升都引发了需求量的下降，因而在定性意义上符合市场需求理论。然而，进一步从数量关系看，怎样比较两种不同畜产品需求量变化对价格变化的灵敏度呢？由于经济学非常重视价格与供求的关系，但是，不同畜产品的计量单位不同，不能直接比较它们价格与数量变化之间的关系。例如，依据上述猪肉和鸡肉价格变化和需求量变化的信息，不能直接比较它们的需求对于价格反应的灵敏程度。用弹性理论就可以很容易解决此类问题。弹性的意义在于它可以超越不同商品性质和计量单位差异，去比较它们的需求和供给对价格变动反应的灵敏程度。

5.3.1　弹性的一般含义

弹性（elasticity）表示作为因变量的经济变量的相对变动对于作为自变量的经济变量的相对变动的反应程度。若用 x 表示自变量，y 表示因变量，那么，可令 x 与 y 的函数关系为 $y=f(x)$，Δx 表示自变量的变动量，Δy 表示因变量的变动量，e 表示弹性系数，则 y 相对于 x 的弹性用公式表示为

$$e=\frac{\frac{\Delta y}{y}}{\frac{\Delta x}{x}} \tag{5.5}$$

由式（5.5）可知，猪肉和鸡肉的需求价格弹性分别为 0.26 和 0.38。也就是说，猪肉价格上升 1 个百分点会引起需求量减少 0.26 个百分点。同理，鸡肉价格上升 1 个百分点会引起需求量减少 0.38 个百分点。鸡肉的市场需求对于价格反应的灵敏度高于猪肉。

弹性是相对数之间的相互关系，即百分数变动的比率，或者说它是当自变量变动 1%时，引起因变量变动百分之多少（程度）的概念。对于任何存在函数关系的经济变量之间，都可以建立二者之间的弹性关系或进行弹性分析。弹性分析是数量分析，对于难以数量化的因素便无法进行计算和精确考察。弹性又分为点弹性和弧弹性。

本节主要研究需求价格弹性、需求收入弹性、需求交叉价格弹性、供给价格弹性，着重分析需求价格弹性。

5.3.2 畜产品需求价格弹性的定义

畜产品需求的价格弹性通常被简称为需求弹性。它表示在一定时期内一种畜产品的需求量相对变动对于该畜产品的价格相对变动的反应程度。其公式为

$$e=\frac{\frac{\Delta q}{q}}{\frac{\Delta p}{p}} \tag{5.6}$$

式中，q 是市场需求量，Δq 为需求量变化幅度，p 是市场价格，Δp 是价格变动的幅度，e 表示需求价格弹性。

按照上式所计算出来的弹性是点弹性，即变化量 Δq 和 Δp 均为很小的量。如果变化幅度较大，则计算公式变为：

$$e=\frac{\frac{q_2-q_1}{(q_2+q_1)/2}}{\frac{p_2-p_1}{(p_2+p_1)/2}} \tag{5.7}$$

这样计算出来的弹性称为弧弹性。即（p_1，q_1）和（p_2，q_2）两点间的平均弹性。由于（q_2-q_1）与（p_2-p_1）的符号通常相反，所以价格弹性一般为负值。

关于弹性，特别需要注意以下四点。

(1) 需求价格弹性是两个百分比的比率，它的含义是价格下降 1%，需求量增加的百分比。

(2) 需求价格弹性值可以是正，也可以是负。这取决于两个变量的变动方向，若同方向变动，为正；若反方向变动，加负号。

(3) 同一条负斜率需求曲线上各个点上的需求价格弹性值是不等的。

(4) 从不同方向计算同一段弧的需求价格弹性值是不同的。

5.3.3 影响畜产品需求价格弹性的因素

影响畜产品需求价格弹性的因素很多，其中主要有以下五个。

第一，畜产品的可替代性。一般来说，一种畜产品的可替代品越多，相近程度就越高，该畜产品的需求的价格弹性往往就越大；相反，该畜产品的需求的价格弹性往往就越小。例如，若猪肉价格上涨，人们就会转而多消费羊肉、牛肉其他替代品。对一种畜产品所下的定义越明确越狭窄，这种畜产品的相近的替代品往往就越多，需求的价格弹性也就越大。如猪肉按不同部位肉质不同，一般可分为里脊肉、通脊肉、后腿肉、前腿肉等，那么，里脊肉与通脊肉间的替代弹性就很大。

第二，畜产品用途的广泛性。一般来说，一种畜产品的用途越是广泛，它的

需求的价格弹性就可能越小；相反，用途越是狭窄，它的需求的价格弹性就可能越小。这是因为，如果一种畜产品具有多种用途，当它的价格较高时，消费者只购买较少的数量用于最重要的用途上。当它的价格逐步下降时，消费者的购买量就会逐渐增加，将畜产品越来越多地用于其他的各种用途上。

第三，畜产品对消费者生活的重要程度。一般来说，生活必需品的需求的价格弹性较小，非必需品的需求的价格弹性较大。例如，猪肉的需求的价格弹性是较小的，牛肉需求的价格弹性是较大的。

第四，畜产品的消费支出在消费者预算总支出中所占的比重。消费者在某种畜产品上的消费支出在预算总支出中所占的比重越大，该畜产品的需求的价格弹性可能越大；反之，则越小。因为，消费者每月在这些畜产品上的支出是很小的，消费者往往不太重视这类畜产品价格的变化。

第五，所考察的消费者调节需求量的时间。一般来说，所考察的调节时间越长，则需求的价格弹性就可能越小。因为，当消费者决定减少或停止对价格上升的某种畜产品的购买之前，他一般需要花费时间去寻找和了解该畜产品的可替代品。

5.3.4　需求的价格弹性和养殖者的销售收入

畜禽养殖者从畜产品销售中所得到的销售收入 $R=$ 畜产品价格 $P\times$ 畜产品销售量 Q。假设畜禽的销售量正好等于市场需求量，则销售收入 $R=PQ$。畜产品需求价格弹性大小与需求量变动关系非常密切，因此与销售收入有直接的联系。

在实际的经济生活中，只要细心观察我们便会发生这样一些现象：每逢节假日，有很多商品会降价促销，如服装、电器等商品，而有的商品却很少降价促销的，如猪肉、鸡蛋、大米等。这意味着，以降价促销来增加销售收入的做法，对有的产品适用，对有的产品却不适用。如何解释这些现象呢？这便涉及产品的需求的价格弹性和厂商（或生产者）的销售收入两者之间的相互关系。

畜产品的需求价格弹性表示畜产品需求量的变化率对于商品价格的变化率的反应程度。这意味着，当畜产品的价格 P 发生变化时，该畜产品需求量 Q 的变化情况，进而这种畜产品的养殖者的销售收入 PQ 的变化情况，将必然取决于该畜产品的需求价格弹性的大小。所以在畜产品的需求价格弹性和提供该畜产品的养殖者的销售收入之间存在着密切的关系。为便于比较，我们把商品价格变化、弹性大小与销售收入变化的关系归纳如表 5-5 和图 5-10 所示。

表 5-5 价格变化、弹性大小与销售收入变化的关系

需求弹性的值	种类	对销售收入的影响
$E_d>1$	富有弹性	价格上升，销售收入减少 价格下降，销售收入增加
$E_d=1$	单一弹性	价格上升，销售收入不变 价格下降，销售收入不变
$E_d<1$	缺乏弹性	价格上升，销售收入增加 价格下降，销售收入减少

当弹性 $E_d>1$，商品富有弹性，价格上升，厂商的销售收入减少，反之销售增加；而当 $E_d<1$，商品缺乏弹性时，价格上升，销售收入反而会增加，价格下降使其收入减少。

随着居民收入水平的提高，多数畜产品都成为生活必需品，其需求价格弹性都比较低。目前，散养户是畜禽养殖的主体，其提供的畜禽数量占总的畜禽数量仍在一半以上。其数量众多、产品同质性强且养殖数量少，因此，我国的畜禽供给市场是完全竞争市场，养殖者是价格接受者，其能够调整的只能是养殖数量。以生猪养殖为例，多数养殖主体缺乏及时准确的市场信息和预测能力，又具有很强的从众的心理，当生猪价格高时，生猪养殖预期能够带来较大收益，多数养殖主体就会加大养殖数量，一个周期后生猪供给增加，价格下跌，又会给养殖者带来较大损失，从而使生猪养殖出现增产不增收的现象。

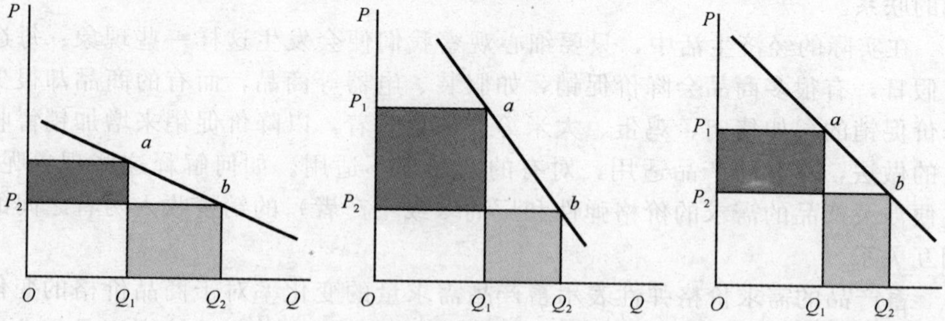

$(E_d>1)$ 需求富有弹性　$(E_d<1)$ 需求缺乏弹性　$(E_d=1)$ 单一弹性

图 5-10 需求弹性与销售收入的关系

5.3.5 弹性概念的扩大

从畜产品需求弹性我们还可以推导出其他弹性。

1. 畜产品需求的收入弹性

畜产品需求的收入弹性表示在一定时期内消费者对某种畜产品的需求量的相对变动对于消费者收入量相对变动的反应程度。它是畜产品的需求量的变动率和消费者的收入量的变动率的比值。

假定某畜产品的需求量 Q 是消费者收入水平 I 的函数，即 $Q=f(I)$，则该畜产品需求的收入弹性公式为

$$e=\frac{\dfrac{Q_2-Q_1}{Q}}{\dfrac{I_2-I_1}{I}} \tag{5.8}$$

或

$$e=\frac{\partial Q}{\partial I}\times\frac{I}{Q} \tag{5.9}$$

式（5.8）和式（5.9）分别为需求的收入弧弹性和点弹性公式。

根据畜产品的需求的收入弹性系数值，可以将所有畜产品分为两类。

正常品 $e>0$，正常品的需求量随收入水平的增加而增加。$e<0$ 的畜产品为劣等品，劣等品的需求量随收入水平的增加而减少。

在正常品中，$e<1$ 的畜产品为必需品，$e>1$ 的畜产品为奢侈品。当消费者的收入水平上升时，尽管消费者对必需品和奢侈品的需求量都会有所增加，但对必需品的需求量的增加是有限的，或者说，是缺乏弹性的，而对奢侈品的需求量的增加量是较多的，或者说，是富有弹性的。

19 世纪德国统计学家恩格尔根据统计资料，具体研究了消费者收入量的变动和用于购买食物的支出量的变动之间的关系，得出的规律是：一个家庭收入越少，家庭收入中（或总支出中）用来购买食物的支出所占的比例就越大，随着家庭收入的增加，家庭收入中（或总支出中）用来购买食物的支出则会下降。这就是恩格尔系数（或定律）。这个定律同样适用于人们对畜产品消费支出的变化，随着家庭收入的增加，畜产品消费支出在总支出中所占比重具有下降的趋势。

恩格尔定律是根据经验数据提出的，它是在假定其他一切变量都是常数的前提下才适用的，因此在考察畜产品支出在收入中所占比例的变动问题时，还应当考虑城市化程度、畜产品深加工、饮食业、畜产品本身结构以及年龄结构变化等因素都会影响家庭对畜产品的支出。只有达到相当高的平均畜产品消费水平时，收入的进一步增加才不对畜产品支出发生重要的影响。

2. 畜产品需求的交叉价格弹性

畜产品需求的交叉价格弹性也简称为需求的交叉弹性。它表示在一定时期内

一种畜产品需求量的相对变动对于相关畜产品价格相对变动的反应程度。它是该畜产品需求量的变动率和它的相关畜产品价格变动率的比值。

假定畜产品 X 的需求是它的相关畜产品价格 P_Y 的函数,即 $X=f(P_Y)$,则畜产品 X 需求的交叉价格弹性公式一般表达式为

$$e=\frac{\partial X}{\partial P_Y}\times\frac{P_Y}{X} \tag{5.10}$$

需求的交叉价格弹性系数的符号取决于所考察的两种畜产品的相关关系。若两种畜产品之间存在着替代关系,则一种畜产品的价格与它的替代品的需求量之间呈同方向变动,相应的需求的交叉价格弹性系数为正值。若两种畜产品之间存在着互补关系,则一种畜产品的价格与它的互补品的需求量之间呈反方向的变动,相应的需求的交叉价格弹性系数为负值。若两种畜产品之间不存在相关关系,则意味着其中任何一种畜产品的需求量都不会对另一种畜产品的价格变动作出反应,相应的需求的交叉价格弹性系数为零。

同样的道理,反过来,可以根据两种畜产品之间的需求的交叉价格弹性系数的符号,来判断两种畜产品之间的相关关系。若两种畜产品的需求的交叉价格弹性系数为正值,则这两种畜产品之间为替代关系。若为负值,则这两种畜产品之间为互补关系。若为零,则这两种畜产品之间无相关关系。

3. 畜产品供给价格弹性

畜产品供给价格弹性表示:在一定时期内某一畜产品的供给量的相对变动对该畜产品价格相对变动的反应程度,即畜产品供给量变动率与价格变动率之比。假定畜产品 X 的供给量 Q 是它自身价格 P_X 的函数,即 $Q=f(P_X)$,则畜产品 X 供给的价格点弹性公式一般表达式为

$$e=\frac{\partial Q}{\partial P_X}\times\frac{P_X}{Q} \tag{5.11}$$

在通常情况下,畜产品的供给量和畜产品的价格是呈同方向变动的,供给的变动量和价格的变动量的符号是相同的。

5.3.6 畜产品价格的周期波动——蛛网理论

蛛网模型(cobweb model)是用于市场均衡动态分析的一种理论模型。它是由英国经济学家 N. 卡尔多命名的,因它的图形像蛛网,也称为“蛛网理论”。

蛛网理论研究的主要产品,从生产到上市都需要较长的生产周期,而且生产规模一旦确定,在生产过程未完成前,不能中途改变,因此市场价格的变动只能影响下一周期的产量。同时认为本期的产量取决于上一期的价格,本期的价格决定下期的产量。这种变动状况分为三种模型。

(1) 供给弹性小于需求弹性:意味着价格变动对供给量的影响小于对需求量

的影响。这时价格和产量的波动会逐渐减小，使市场价格趋于均衡价格，称为“收敛型蛛网”（图 5-11）。

（2）供给价格弹性大于需求价格弹性：市场受外力干扰偏离均衡状态的市场价格在对下期供给量变动影响下，使实际价格和实际产量上下波动的幅度会越来越大，远离均衡点，使均衡无法恢复，这种情形称为“发散型蛛网”（图 5-12）。

（3）供给弹性等于需求弹性：即价格波动引起供给量变动的程度始终不变。即实际产量和实际价格始终围绕均衡点上下波动，永远达不到均衡，称为“封闭型蛛网”（图 5-13）。

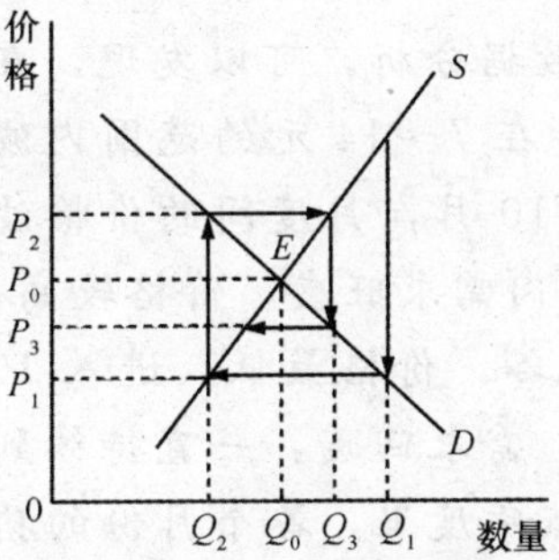

图 5-11　收敛型蛛网模型

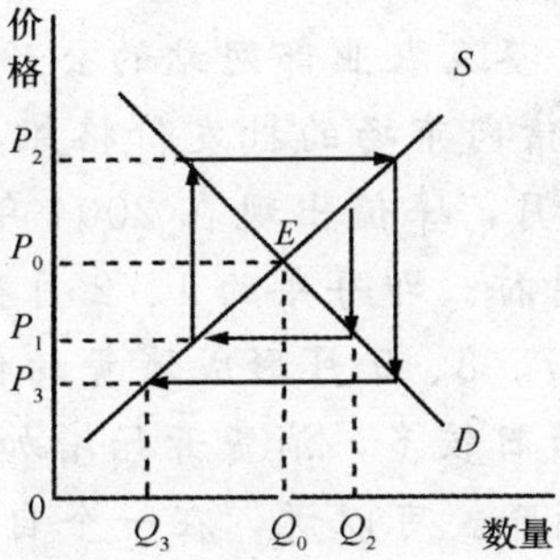

图 5-12　发散型蛛网模型

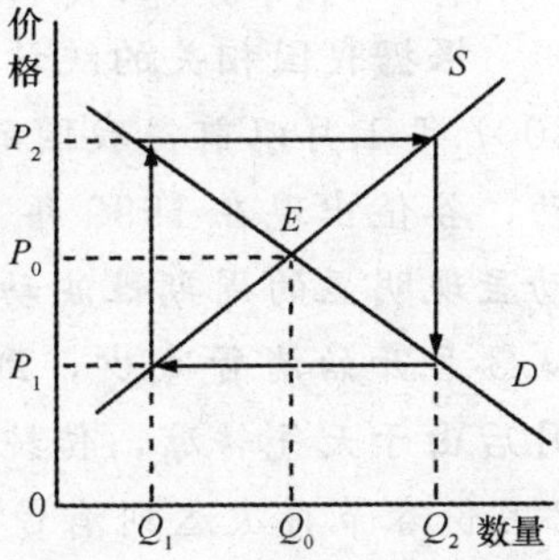

图 5-13　封闭型蛛网模型

在我国目前的畜产品市场上，猪肉同其他畜产品一样，其市场价格的变化只反映当前的供求关系，而对供求关系在未来一定时期内可能发生的变化并不能反映出来。农户往往只是以当期的市场价格来安排来年的养殖规模，若猪肉价格走高，来年农户就会扩大养殖规模；而第二年时由于供过于求，价格下降，农民就会相应减少生猪养殖量，由此反复循环变化。

专栏 5.1

中国猪肉价格波动①

1985 年以前，我国的猪肉市场主要是以国家计划调节为主，实行统购统销，猪肉价格一直比较平稳。1985 年我国猪肉市场开始由计划体制向国家宏观调控下的自由流通体制过渡，猪肉价格开始出现较大幅度的波动。最近几年的价格变动更是直接影响了生产者的生产行为及消费者的利益，引起了政府部门的高度关注。从最近几年的价格走势来看，2006 年的猪肉价格尚处于历史的低谷，当年 4 月份批发市场的价格仅为 9.36 元/千克，而到了 2007 年，猪肉价格持续上涨，2008 年 2 月份的市场平均批发价格上升至

① 资料来源：刘莹、胡浩、虞祎，《中国猪肉价格波动研究——兼与美国的比较》，《畜牧与兽医》，2009 年，第 11 期，第 1～5 页。

23.36元/千克，与低谷时相比涨幅高达150%。最近的猪肉全国平均价格又有一定程度的回落，2008年国庆节前一周的批发市场的猪肉均价为19.96元/千克，环比下降1.48%，已跌破20元大关，而且形成了进一步下降的趋势①。

猪肉价格的大起大落不仅给生产者及消费者的生产生活带来极大的影响，而且会通过传导机制影响到产前及产后行业，进而影响整个产业链。本部分通过1995年以来猪肉月度价格变动及1985～2007年生猪及猪肉年度价格波动的分析，分析我国猪肉市场价格的长短期变动规律。

一、我国猪肉价格的短期波动规律

根据我国相关的统计年鉴及农业部网站的公开数据分析，可以发现，在2007年1月以前，我国的猪肉市场的批发价格维持在7～14元的范围内波动，谷值出现在1999年5月，峰值出现在2004年10月，月度间的价格波动呈现明显的周期性波动特征。即每年的1、2月猪肉需求旺盛，价格较高；从3月开始消费减少，到7、8、9月形成消费的低谷，价格最低；进入10月后由于天气转凉，传统节日较多，消费开始增加，需求回暖，一直持续到2月份春节再次达到消费顶峰。可以说，在一个自然年度里，各个月份的猪肉价格主要受居民消费习惯的影响，呈现两头高中间低的特点。

2007年1月之后，猪肉价格短期发生异常波动。在经过近半年的持续上涨，价格接近历史最高水平之后，并未出现季节性回落，而是持续走高，2008年2月达到了23.36元/千克。猪肉价格的走高与宏观经济有一定的关系，也同时表明了我国目前的猪肉市场处于一个非常动荡的环境中，上游成本的转嫁、生猪生产方式的转变、疫情与疾病、消费动态的变化等因素都可能单方面或者综合性地影响猪肉价格。但由于我国居民对猪肉的刚性需求的存在，在一个年度里，上述的短期波动规律依然成立。

二、我国猪肉价格的长期波动规律

图5-14为以当年价格表示的近13年的猪肉价格走向。点状线为当年价格，直线为作者所画的趋势线。从实际价格来看，我国猪肉市场价格每3～4年有一次周期性波动：几次价格波峰分别为1995年初、1998年初、2001年初及2005年初。实际上从每一个价格波峰开始，猪肉的价格就开始走下坡路，也就会开始出现卖猪难的问题。这与实际状况一致，与全国畜牧兽医总站的分析结果相同②。因为价格的大幅下降是由于生猪出栏的大幅增加引起的，相对于需求而言的供给过剩必然会出现卖猪难。同时，供大于求又必然

① 资料来源：农业部网站，http：//www. agri. gov. cn/。

② 石有龙，2008年全国畜牧兽医总站济南会议。

使价格降低，从而影响生猪生产，进而使生猪存栏量降低到一个低水平。到了供不应求的程度，猪肉价格又开始上升，直到下一个价格波峰为止。

在分析猪肉价格的长期波动时，一般会考虑消费物价指数的影响。为了更准确地测度，本文用猪肉的实际价格除以居民消费价格指数以消除通货膨胀对价格的影响（$p_{\mathrm{cpi}} = p/\mathrm{cpi}$），其中 p 是猪肉年平均价格，然后计算其环比增长率（$p_{\mathrm{cpi}_{rt}} = (p_{\mathrm{cpi}_t} - p_{\mathrm{cpi}_{t-1}})/p_{\mathrm{cpi}_{t-1}}$），得到图 5-14 所示的猪肉年度价格波动状况。

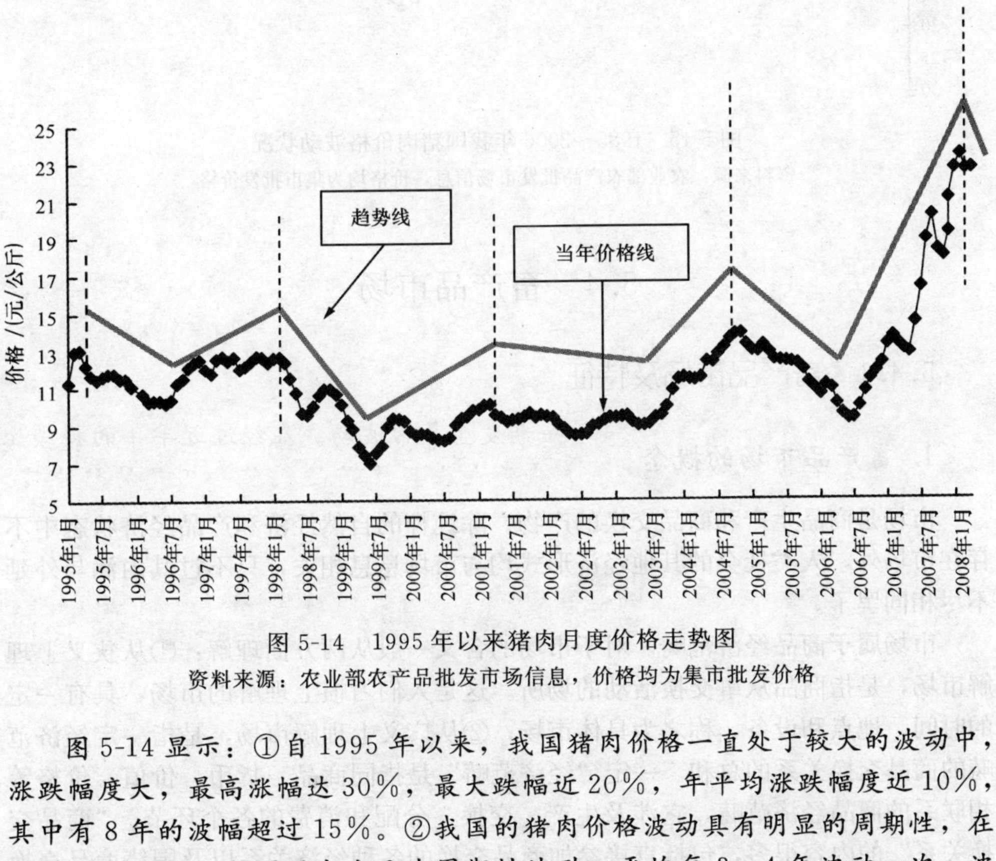

图 5-14 1995 年以来猪肉月度价格走势图

资料来源：农业部农产品批发市场信息，价格均为集市批发价格

图 5-14 显示：①自 1995 年以来，我国猪肉价格一直处于较大的波动中，涨跌幅度大，最高涨幅达 30%，最大跌幅近 20%，年平均涨跌幅度近 10%，其中有 8 年的波幅超过 15%。②我国的猪肉价格波动具有明显的周期性，在 22 年的时间里，经历了大小 6 次周期性波动，平均每 3～4 年波动一次，波动频繁。

再比较图 5-14、图 5-15 的相同年份的图形，可以发现，图 5-14 中的几次价格波峰即 1995 年、1998 年、2001 年及 2005 年的其后一年的价格在图 5-15 中都出现了环比下降，而其前一年则是环比价格上升，循环的周期性非常明显。从时间上来看虽然不是严格的 3 年，但大多数年份基本都是 3～4 年一个循环。

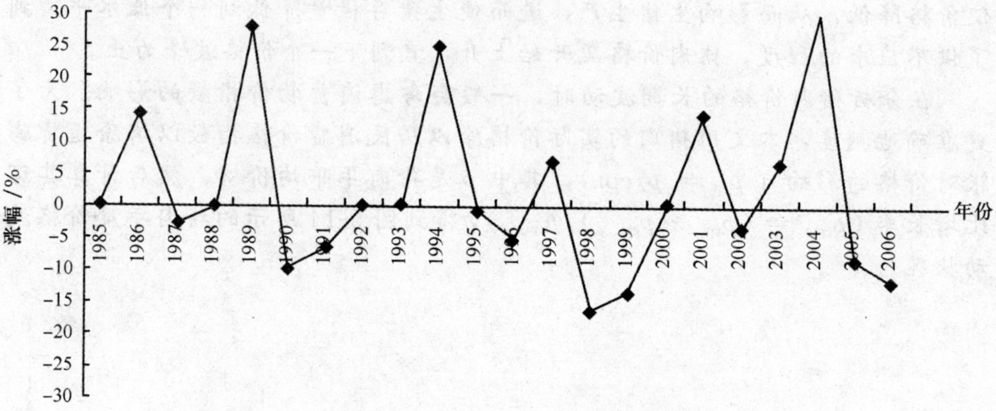

图 5-15　1985～2006 年我国猪肉价格波动状况

资料来源：农业部农产品批发市场信息，价格均为集市批发价格

5.4　畜产品市场

5.4.1　畜产品市场及特征

1. 畜产品市场的概念

市场是商品生产和商品交换的产物。除纯粹的自然经济和产品经济状态中不存在市场外，人类社会的其他经济形式均与市场息息相关，只不过其内涵与外延不尽相同罢了。

市场属于商品经济范畴。对于市场的含义一般从两方面理解：①从狭义上理解市场，是指商品从事交换活动的场所。这是人们习惯上理解的市场，具有一定的时间、地点和设备，称之为具体市场；②从广义上理解市场，是指一定经济范畴的商品交换关系的总和。一定“经济范畴”是指同商品、货币、价值、价格等相联系的商品经济范畴，它涉及生产、交换、分配和消费的各个环节。“商品交换关系”的内容很多，包括直接参加商品交换的各种经济关系以及围绕商品交换而开展的其他经济活动的各种经济关系。总之，广义上的市场是反映商品交换的一切关系的总和，是抽象的市场。

从上述两个含义上理解畜产品市场，它不仅是指以畜产品为主体的商品交换的具体场所，也是指畜产品交换关系的总和。这反映了畜产品市场上的各种复杂的经济关系，这种关系主要体现在如下三个方面。

（1）畜产品市场已形成了广泛的商品交换关系。在简单畜产品生产和交换的条件下，进行的是直接的畜产品交换，如绵羊与谷物或绵羊与斧头的交换。这种物物交换只是所有权的互相让渡，并没有复杂的交换关系。而在复杂的、发达的市场经济条件下，就形成了广泛的商品交换关系，不仅有货币作为交换媒介，而且有中间商作为中介人，同时还有一定的交易设施和条件。譬如交易场所的牲畜围栏、冷冻仓库、屠宰场所、运输设备、融通资金等，这就形成了复杂的交换关系。

(2) 畜产品市场活动范围不断扩大。随着畜牧业专业化和社会化程度的提高，市场活动不仅包括使畜产品从生产者流转到消费者（或用户）手中这一种经济活动，而且延伸到畜产品产前活动（如市场调查、产品开发）和售后工作（收集消费者意见或市场对产品的反应）。可见畜产品市场活动过程比畜产品流通过程更长，这就反映了畜产品产前、产中和产后的各种经济关系。

(3) 畜产品市场活动的内容不断丰富。伴随国民经济发展的另一个表现是消费者收入的提高。因此，消费者不再只是满足初级畜产品的消费，更主要的是要求质量的提高和品种的多样化，以及提供更多的销售服务。为此企业不但要组织适销对路的畜产品供应，而且还要开发新产品，进行高层次的畜产品加工，同时还要开展周到优质的销售服务。畜产品市场活动的内容不断丰富，反映在市场上的各种经济关系也就更复杂。在我国市场经济不断完善的条件下，畜产品市场正是反映这种复杂经济关系的抽象的市场。

2. 畜产品市场的特征

畜产品是人们生活的必需品，其生产周期相对较长、消费的鲜活性、体积大等特征，决定着畜产品市场的特征，具体包括以下三个方面。

1) 畜产品市场是比较典型的自由竞争市场

畜产品市场是以畜产品或食品为交易标的物的市场。由于畜产品生产者和消费者都非常多而分散，加上产品没有太多的隐藏性本质，即消费者对产品的属性都有相当高程度的认知，因而可以说是一种接近自由竞争的市场。按理论来说，自由竞争市场的价格是由供给与需求双方决定，所以定价效率应该比较高。但事实并非如此，因为构成市场完全竞争的条件，除了看产品性质、买卖双方人数之外，还要看卖方的市场集中率或者占有率、商品品牌化程度、有关交易法规及进入市场的难易等。由于畜产品市场的竞争条件受多种因素的影响，因此它不容易成为一个完全竞争的市场，只能说是一种接近完全竞争的市场。

2) 畜产品市场具有供给的周期性

畜禽生产具有显著的周期性，例如猪肉的生产必须经过繁育母猪、产仔、育肥 3 个阶段才能完成一次循环，这个过程至少需要一年半的时间。而畜产品又属于生鲜品，在冷藏冷冻设施不太完善、流通渠道不畅的情况下，很难通过库存来调节供给。因此，一旦市场供需失衡，不能马上通过产量反映出来。另外，由于从生产决策到最终产品投放市场需要较长的时间，这种滞后性容易给生产者造成一种错觉，导致其在价格水平高时扩大饲养规模，购进仔猪，造成仔猪涨价，供应不足；这一信息又会促使母猪饲养量的增加，减少小母猪出栏，从而进一步减少了市场上肥猪的供给。此时，无论是母猪的饲养量还是育肥猪的存栏量可能都已超过市场需求，但由于其供给的滞后性，还没有在市场价格中反映出来。等到母猪产仔、在育肥猪可以出栏后，养殖者发现猪肉价格开始下跌，进而减少育肥猪的饲养，使得仔猪供大于求，出现仔猪更大幅度的下跌。此时，要恢复正常的养猪生产往往需要两三年乃至更长的时间。从而由一轮生产过剩而引发了下一轮生产的不足，使整个市场始终处于不停的波动之中。

3）畜产品市场多为小型分散的市场

目前我国畜禽的生产仍以小规模家庭生产为主。畜产品生产分散在亿万农户中，畜产品在集市中交易时具有地域性特点，通常小规模的产地市场分散于产区各地。由于畜产品消费主要以家庭为单位，且具有少量多次、零散购买等特点，消费地的畜产品零售市场贴近消费者，多分散于各居民居住区。在大中城市、交通枢纽也有大规模的集散市场。

5.4.2 中国畜产品市场发展的阶段与类型

畜产品市场是我国市场体系中最基本最主要的组成部分，畜产品市场的发育程度关系到我国整个市场体系发育的程度，也标志着一国经济发展的水平。

1. 短缺时代和畜产品市场的凋零

1949 年中华人民共和国成后，中国的经济是国有经济和私有经济并存的混合经济。1949～1953 年，在城乡市场实行自由贸易的政策，畜产品市场比较活跃，民族商业得到了一定的发展。从 1953 年下半年起，政府恢复了对私营批发商征收营业税，9月间，恢复了在大城市统一采购的办法，限制私商的活动。

为了在流通领域进行对资本主义工商业的改造，由国营批发商业代替私营批发商业，掌握商品货源，国家从三个方面采取了措施。

第一，实行主要畜产品的统购统销。1953 年 11 月，继粮食和食用油料实行统购统销后，政府宣布把生猪、蛋品、皮革等主要畜产品列入计划收购的范围，不准私商收购贩运。这些规定的出台，使国家掌握了绝大部分畜产品货源，极大地限制了畜产品的自由市场。同时，也从畜产品流通领域排除了私营批发商业，割断了城乡自由贸易的联系。

第二，管制对外贸易。1953 年下半年，政府对一些重要的出口物资实行统购，实行国家经营，不许私商插手。不久，又规定进口物资由国营公司经营，排除了进口商品的自由市场。

第三，在控制了流通领域的批发权之后，进而又对私营零售商业进行限制。此时的私营商业在货源上只能依赖国营商业和合作社商业供应。私营商业通过经销、代销形式经营，逐步缩小自营进货的部分，使私营商业纳入计划经济的轨道。

1953～1956年的对农业、手工业和资本主义工商业的社会主义改造，使国内的自由贸易缩小至最小范围。社会主义改造以后，我国在所有制关系上基本上只剩下全民所有制和集体所有制两种形式，畜产品生产和交换主要存在于这两种形式之间。国家向城市居民供应的生活消费品大部分是要凭票供应，货币已经不是唯一的交换媒介，居民在畜产品消费上失去了选择，真正意义上的畜产品市场逐渐凋零。

2. 有形畜产品市场崛起

1978年底，中国改革开放的序幕拉开，农村家庭联产承包责任制迅速在全国推行，极大地调动了农民生产经营的积极性，提高了畜产品的生产力。这个时期主要是恢复和发展农村集市贸易，开放城市集贸市场，放宽了畜产品上市商品的范围，准许农民和商贩从事畜产品贩运活动，活跃了城乡畜产品市场。

在集贸市场恢复开放的第一年（1979年），城乡集贸市场就增加到38 993个，成交额183亿元，占社会商品零售额的10.17%，一年就恢复到“文化大革命”前的水平。到1983年，全同城乡集贸市场发展到48 003个，成交额379亿元，占社会商品零售额的13.99%。

中国有形的畜产品商品市场是在集贸市场基础上升级形成的。集贸市场的升级发生在四个方面：一是由农民、手工业者之间互通有无和调剂余缺的初级市场向商业性市场发展。二是由零售市场为主向批发市场和零售市场相结合的方向发展。三是由地产地销为主的区域性市场向跨省市、远辐射的大市场发展。四是市场设施由简陋的马路市场逐步向建筑形式多样的室内市场转变。

专业市场交易集中、竞争充分以及市场透明度高，形成的价格对某一区域乃于全国的畜产品生产和消费具有指导作用，从而使价格摆脱了“黑箱”式的状况，成为调节生产和需求的信号。

3. 从卖方市场到买方市场

中国的畜产品市场是在体制转换过程中建立起来的。在过去漫长的计划经济体制下，居民的消费受到严重的压抑，畜产品市场是极不完善的市场，改革后一旦商品市场恢复，长期被压抑的消费需求就如火山一样不断地喷发出来。这种巨大的畜产品需求受到畜产品总供给的制约，致使改革开放后我国的畜产品市场长时间处于卖方市场之下。

在畜产品需求不断膨胀的同时，我国畜产品的有效供给从80年代到90年代末也在迅速地扩大。随着农村经济改革不断深化，农民的生产积极性被充分调动起来，不再恪守自给自足的生产方式，而是市场需要什么就生产什么，畜产品的供应越来越丰富；到2000年以后，随着农村经济改革发展，畜产品经济增长的供给“瓶颈”相继被突破，中国畜产品市场进入了买方市场。

5.4.3 中国主要畜产品市场

1. 畜产品集贸市场

畜产品集贸市场（commodity trading market/public market），是在一定区域范围内，以畜产品的生产者和消费者互通有无为目的，以当地畜产品为交易对象，以零售为主要形式的现货交易场所。

一般来说，畜产品集贸市场辐射范围小。进场交易者主要是当地的畜禽养殖者、零售商和城镇居民，每笔交易的成交量小，而且是买卖双方直接交易，交易成功后钱货两清。通过畜产品集贸市场，养殖户可以用最少的时间、经过最少的环节、花最少的费用就近把畜产品卖出去。畜产品集贸市场在中国具有悠久历史，是一种传统的交易形式。畜产品集贸市场具有以下两点特征。

第一，市场接近完全竞争。畜产品集贸市场内有多个零售商。按其进货渠道看，主要有自产自销和从批发市场进货两类。总体看，其经营商品种类、经营规模、经营方式、附加服务都类似，销售中没有太多的不同，可以认为集贸市场内从事畜产品销售业务接近完全竞争。

第二，商品价格变动幅度大。畜产品集贸市场中畜产品的价格是由买卖双方通过自由协商而形成的。随着畜产品市场供求关系的变化、产品质量的不同以及交易双方议价能力的不同而出现升降变动。畜产品集贸市场供求状况影响畜产品交易价格，交易价格也反过来调节畜产品集贸市场供求。

集贸市场价格经常变动的原因有：①地区差价，这主要是畜产品生产的区域性、畜产品消费的普遍性和畜产品集贸市场交易的区域性决定的；②质量差价，这是由畜产品的品种、质量等决定的；③季节差价，即同一畜产品品种在同一市场上的不同时点价格不相同，使畜产品的供求关系有很大的偶然性和变动性。畜产品集贸市场价格的这些变化特征是价值规律通过畜产品供求矛盾对畜产品集贸市场交易起调节作用的一种表现，并通过价格变化经常地调节着生产者对各个畜产品品种的生产量、上市量以及消费者的需求量。

2. 畜产品批发市场

批发市场（wholesale market）是指进行商品批发交易的场所。畜产品批发市场是指从事大宗畜产品交易的市场。相对于零售而言，其特点是每一笔交易数量和金额都较大。中国内地的畜产品批发市场经历了复活期、成长期和确立期三个过程。畜产品批发市场作为发达市场经济中较高层次的市场形态和流通组织，在市场经济中功能表现在以下四个方面。

1）形成合理的市场价格

在批发市场上，由于较大范围内集散畜产品来自全国各地的畜产品同场竞争，同一种畜产品就可以通过比较按质论价，从而有利于反映畜产品商品价值和供求关系的价格的迅速形成。这种真实价格可以起到对全国各类市场畜产品价格的指导和稳定作用，有效地解决了畜产品销售中经常出现的不等价交换问题，避免了“谷贱伤农”的现象。同时，畜产品批发市场形成的反映市场真实供求情况的价格也能引导养殖者对产品养殖数量及养殖种类的调整。

2）调节市场供求

由于畜禽饲养受自然再生产的影响大，增加了其生产和供给的不确定性，但畜产品的消费则是比较均衡的。生产的不确定性、消费的稳定性加上畜禽饲养周期长的特征，使得畜产品达到市场供求平衡成为一件非常困难的事情。畜产品批发市场通过大批量、大规模集散，在全国范围内调集畜产品，完全按市场规律来调节供求，有效地引导生产者对畜禽进行平衡生产，引导市场对畜产品进行储藏保鲜，对畜产品生产和消费起到了很好的调节作用。

3）收集和发散市场信息

市场信息对畜禽生产者和经营者都非常重要。畜产品批发市场连接产销两头，畜产品信息来源较多，信息质量比较真实、可靠，批发市场内多样化的信息收集、整理、发布，加快了市场信息的传输速度。由于这些先天的优势，畜产品批发市场实际成了畜产品信息中心，对畜产品的生产、运销、消费具有很好的指导作用。

4）拓展产品流通半径

在畜产品批发市场产生以前，跨地区的畜产品交易往往存在交易次数多、批量小、成本高、风险大、效率低的问题，使得畜产品的生产和流通经常出现此地积压彼地脱销的情况。畜产品批发市场的强大的生命力就在于它能够吸引和汇集各地的客户和畜产品，极大地降低了畜产品流通成本，使畜产品流通半径迅速扩大，产品价值得以实现。有效地解决了畜产品小规模生产与大市场的对接问题。

3. 超级市场

超级市场（supermarket）是以较大规模、部门化经营、自我服务为特征的专营食品、洗涤和家庭日常生活用品的大型零售商店。

超级市场最初出现于20世纪30年代的美国，而后迅速风靡全球，被誉为商业上的第二次革命。超级市场的零售方式从20世纪80年代引入我国，之后发展迅速并推动我国零售业务格局发生了重大变革。从1994年起，中国连锁超级市场业的年平均增长速度在10%左右，迅速向大中城市蔓延，店铺数量和销售金额都迅速增加。在大中城市畜产品零售市场中，超级市场已经逐步取代传统市场的零售摊贩。

超级市场引入我国不过30多年时间，但是它作为一种新型的零售业态，发展非常迅速。超级市场作为一种新的业态，其一诞生就迅速发展并表现出强大的竞争力，除了受商品经济发展的一般规律作用之外，还因为超级市场拥有其适应现代社会文明发展要求和趋势的一系列独特的竞争优势。

第一，“空间扩大化”优势。超级市场的营业方式在物理空间一定的情况下，给予了顾客以更大的心理空间。它具体表现为：超级市场商品的多样化，给予了顾客更大的选择空间，传统的专业商店就不能提供这一空间；超级市场里没有各种硬性区隔物，顾客购物过程中有更大的自由走动空间。相比之下，大型零售商场虽然有很大的几何空间，但它们硬性区隔物的存在和接受服务的被动性，使消费者并不认为这个几何空间是“自己”的空间；超级市场购物具有自助服务的性质，除了付款时外，顾客不需要也不会因为要不断地向营业人员提出各种细微的服务要求而感到抱歉或不好意思，营业人员也不会因为顾客的要求太多、变化太快、犹豫不决、无效劳动等而心存不悦，主客双方都能在服务与接受服务的过程中更好地表达自我意愿，从而扩大了人际空间。

第二，时间节约化优势。超级市场经营多样化及服务综合化的发展，已经在很大程度上弥合了供需的空间距离。这一空间距离的弥合，意味着顾客购物综合成本的节约。一般而言，普通消费者只要走进超级市场的大门，便可以足不出“市”地使其绝大部分购物需求得到满足；一些大城市里的大超级市场，不仅能提供商品服务，还提供休息、娱乐、餐饮服务，顾客不需要花费更多的交通费，穿越更多的街区或城市空间，花费或浪费更多的时间就能得到包括购物、娱乐、休息等在内的“一揽子服务”。

第三，成本低廉化优势。超级市场的商品通常具有价格优势，比大中型零售商场同类商品的价格要低。这种价格差距通常达到10%甚至更大，超级市场的价格优势源于它的成本形成机制：首先是超级市场经营品种的多样化和服务的综合化，使其成本形成具有集约化特点。许多连锁超级市场商品集中配供配销、系统内部调剂余缺、灵活的市场反应能力，不断优化的物流配置系统，降低了它的物流成本。其次是它的大众化、社会化定位特点降低了它的不动产成本。许多超级市场都依据给顾客实惠、为顾客节约的思路来构筑自己的物业体系、控制物业成本，在满足清洁、安全、方便、舒适要求的前提下，不进行豪华装修，甚至干脆以“清水墙壁清水地”来“返璞归真”，降低了物业成本。最后是超级市场的内部组织与管理结构简约，更适应和反映了信息时代组织结构扁平化、组织运行与管理成本节约化的趋势和要求，降低了人力与组织成本。

除此之外，随着经济的发展和城乡居民收入的增加，人们生活质量普遍提高，家境殷实并且收入丰厚、经济自主又注重生存价值的独生子女或年轻人增多。人们用于度假、娱乐、郊外野餐、国内外旅游等方面的非商品性消费比重越来越大。消费者家务劳动向商品化、社会化发展，这些给鲜活商品、食品为主的超级市场提供了发展的市场需求条件。

4. 畜产品期货市场

畜产品期货市场（futures market）是市场经济发展过程中围绕畜产品期货合约交易而形成的一种特殊的经济关系，这种交易活动按照特定规则与程序，在特定的场所内集中进行。畜产品期货交易运行所涉及的各种机构以及参加者，如畜产品期货交易结算、期货佣金商、场内经纪人、投机者和套期保值者等，构成了期货市场的各个层次和基本要素。

从经济角度考察，期货交易产生的最初动力是库存风险、资信和价格。随着商业的发展，人们越来越觉得有必要积累库存，尤其是那些季节性较强的农作物。但是，储存商品有很大的财务风险和价格风险。于是，生产商、加工商和中间商们采取签订远期合同的方式来固定购销关系。但随着交易量的增加，交易风险使远期合同的购销关系也不稳定，现货市场无法克服其自身的局限性，从而产生了标准化的期货合同以及为期货合同进行统一清算和结算的机构。世界上第一个有组织的期货市场是1848年成立的芝加哥交易所（Chicago Board of Trade, CBOT）。畜产品期货市场具有以下四类功能。

1）分散风险

畜产品市场价格由于受多种因素影响容易发生波动。这种波动可能给交易中的一方带来好处，同时给另一方造成损失。因此，人们总是想方设法转移、规避和分散畜产品价格风险。而畜产品期货市场最突出的功能就是为畜产品生产经营者提供规避风险的手段，即畜产品生产经营者通过在畜产品期货市场上进行套期保值来规避畜产品价格波动的风险。

畜产品期货交易同畜产品现货交易一样，都存在畜产品价格风险。一般情况下，畜产品现货价格和畜产品期货价格的变动方向和幅度基本一致。一旦畜产品现货买卖出现亏损，可以用畜产品期货交易的赢得来补偿。反之，畜产品现货市场交易的赢得也可以弥补畜产品期货市场的亏损。

2）发现价格

期货市场可以抑制市场价格的大幅波动，发现真正的市场价格。商品市场上的大宗初级产品，特别是畜产品，生产具有很强的周期性，受自然条件影响较大，畜产品消费则基本平均，缺乏弹性。由于供求关系总是随着自然条件、气候因素、病虫害以及人们对未来供求的预测等因素的变化而变化，因此，市场价格很难保持一定的稳定性。价格上涨会刺激产品生产，生产量增加导致供过于求，从而价格下降，生产者受损失。期货市场的运行可以有效减缓市场价格不正常的剧烈波动。因为期货市场形成远期价格具有一定的权威性能够比较真实地反映现货市场未来的供求关系。生产者、加工商和中间商可以根据各自的生产情况、经营需要，参考期货市场价格签订远期现货合同，从而将远期的生产、收益或购买成本固定下来。这样，无论价格怎样变化，交易者的预期收益总可以得到保障。

此外，期货市场价格是由众多交易者通过竞价方式达成的，其价格基本准确代表了交易者对未来市场供求关系的估计和预测，是该商品的不同时期供求关系的真实价格。由于期货市场交易是公开的，成交的价格也是向市场公布的，所以期货市场的价格具有很强的示范效应。畜产品生产经营者可以根据期货市场价格，指导各自的生产经营。

3）风险投资

风险投资功能主要是针对畜产品期货投机商来讲的。期货市场为投机者创造了许多条件，使投机活动在期货市场上占据重要的地位。同时，投机和投机者的存在是期货市场存在和发展的基本前提。畜产品期货交易中如果只有套期保值者，而没有投机者，那么套期保值者转移风险、规避畜产品价格风险就成了一句空话。当投机者以交易者的身份出现在畜产品期货市场上的时候，他们才成为套期保值者转移、规避风险的承受者。适量的投机有利于增强期货市场的流动性，有利于增加期货市场和现货市场价格的稳定性，有利于价格和信息供求情况的传播。投机者在畜产品价格处于低水平时买进期货，使需求增加，这会导致畜产品价格上涨；投机者在畜产品价格处于较高水平时卖出期货，使需求减少，这又抑制了畜产品价格的上涨。

风险与收益并存，获取风险收益是投机者进行风险投资的根本目的。投机者愿意承担畜产品生产者或其他商人想规避的风险和损失，主要原因是能以少量的本钱做数倍于本钱的生意，有较高的获利机会。这种瞬间可获利几十倍的机遇，刺激着众多的人甘冒风险跻身于投机者行列。这样，在投机者为了风险收益而进行风险投资的同时，套期保值者转移、规避风险也就有了真正的承担者。当然，对过度投机的副作用也必须引起重视。

4）其他功能

一些学者从不同的角度来认识和评价期货市场的功能，指出期货市场还具有其他许多功能。

（1）期货市场具有资源配置功能。期货市场的发展为实际经济领域的企业分散或回避风险创造了良好的条件，从而有助于改善金融产品和金融资产的市场价格形成机制，促进资本的有效配置。资本的有效配置进而导致社会稀缺资源的有效配置，从而创造出更多消费者认为最有价值的产品和服务，提高了生产力，改善了人民的生活水平。通过启用期货市场杠杆作用，间接调配商品物资在期货市场的内外流转。

(2) 期货市场能够节省交易费用。期货合约是一种标准化合约，成交迅速，买卖双方只要认为价格合适，即可成交，节省了为合约条款反复协商的洽谈费用。期货保证，节省了资信调查费用；实物交割制度化，一般不存在违约和毁约现象，因而节省了违约、毁约引起纠纷而发生的费用。

(3) 期货市场具有培植市场秩序功能。期货市场倡导“公开、公正、公平”的交易规则，禁止不正当交易，建立规范化交易秩序。期货市场创立了“交易头寸限额”规则，严禁垄断和操纵市场，维护公平竞争秩序。期货市场的价格涨跌停板规则，抑制价格波动风险，造就了价格平稳运行秩序。

本章小结

畜产品需求是指消费者在某一特定时期内在一定价格水平下愿意并能够购买得起的畜产品数量。对畜产品的需求，按照产品类别特征可以划分为不同种类。影响畜产品需求的因素包括：消费者的偏好，消费者的收入水平，畜产品本身的价格以及相关畜产品的价格等。

常用的需求弹性有需求的自身价格弹性、交叉价格弹性和需求收入弹性；需求曲线移动讨论的是：当消费者偏好变化、收入变化或相关畜产品价格变化时，需求曲线将发生怎样的变化。

畜产品供给是指在一定时空条件下，在一定价格水平上畜产品生产者愿意并能够出售的畜产品数量。影响畜产品供给的因素主要包括自然的、经济的和社会因素等许多方面。影响供给的因素很多，但引起供给曲线发生移动的最常见原因主要有两个：生产要素价格变化和技术进步引起的生产率变化。

畜产品市场不仅是指以畜产品为主体的商品交换的具体场所，而且是指畜产品交换关系的总和，反映畜产品市场上的各种复杂的经济关系。随着我国经济的发展，畜产品市场主要有集贸市场、批发市场、超级市场、期货市场等。

关键术语

需求价格弹性　需求收入弹性　畜产品供给　供给价格弹性
畜产品市场　畜产品期货市场

复习与思考

1. 请分析我国生猪价格周期性波动的原因。

2. 造成价格非对称性价格传递的原因是什么？

3. 分析我国畜产品市场发展的阶段。

4. 畜产品期货市场的功能是什么？

本章参考文献

冯永辉．2006. 生猪期货的上市将改变我国生猪市场周期．中国畜牧杂志，(10)：27-30.

刘莹，胡浩，虞祎．2009. 中国猪肉价格波动研究——兼与美国的比较．畜牧与兽医，(11)：1-5.

乔娟，潘春玲．2010. 畜牧业经济管理学．北京：中国农业大学出版社．

许文富．1997. 农产运销学．台北：正中书局．

周应恒．2006. 农产品运销学．北京：中国农业出版社．

第6章 中国畜产品消费

消费经济学是研究人们的生活消费活动及其运动规律的经济学科，而畜产品消费是消费经济学研究的一个分支。消费活动是社会再生产活动的重要组成部分，因此对畜产品消费结构、消费水平及发展趋势的研究，不仅使我们对消费环节本身有更深刻的认识，而且有助于我们把握消费对其他生产环节的影响，尤其是对生产的指导作用。

本章从消费经济学的基本理论出发，分析了我国居民畜产品消费的规模、结构、变化趋势及地区性差异，尤其是根据中国城乡二元经济结构的特点，有针对性地将城乡畜产品消费分开研究，在了解畜产品消费变化趋势的基础上，预测了未来中国畜产品消费的市场规模，为畜产品生产提供依据。

6.1 消费研究的基本理论与方法

6.1.1 收入与消费的关系

1. 绝对收入假说与边际消费倾向递减规律

凯恩斯从所谓人的心理规律的角度来考察消费倾向的变动趋势。他写道："无论从先验的人性看，或从经验中之具体事实看，有一个基本心理法则，我们可以确信不疑。一般而论，当收入增加时，人们将增加其消费，但消费之增加，不若其收入增加之甚"（凯恩斯，1977）。这就是说，随着人们收入的增长，人们的消费支出固然也会增长，但消费支出在收入中所占的比例却是不断减少的。这一"心理法则"被称为消费倾向递减规律。由于这里所使用的是消费增量与收入增量之间的比率，更确切地说，这一"心理法则"被称为边际消费倾向递减规律。凯恩斯所提出的关于消费增长的幅度小于收入增长的幅度的论点又称为绝对收入假说。

2. 相对收入假说

第二次世界大战结束后，杜森贝利（J. S. Duesenberry），莫迪利安尼（F. Modigliani）提出了相对收入假说，作为对绝对收入假说的补充。相对收入假说中相对收入有两个含义：第一，消费者本人的收入和消费要同消费者周围的人的收入和消费相比；第二，消费者现期的收入和消费要同自己过去的收入和消费相比。根据上述解释，一个人的偏好并不是独立于其他人的消费以外的，消费的“示范作用”以完全承认消费方式的社会性为基础。一个人消费支出对周围的人的消费方式有诱发作用。一个人的社会活动越频繁，他的消费对别人的影响越大，与此同时，他对别人的消费诱发力的抵抗力也越弱。另外，一个人已经形成了某种消费水平，这种消费水平的保持会对他目前的消费行为产生影响，以至于他的收入水平下降，但他却记得并想保持过去达到的那种较高的消费水平。这称作消费支出的不可逆性。也就是说，一个消费者的消费支出变化往往落后于他的收入的变化。即使他的收入比以前减少了，他在较短时期内仍然要维持过去“高峰”时期已经形成的那种消费水平，而且宁肯通过减少储蓄来达到这一目的。那么，假定隔了一段时间，消费者减少的收入又回升了，并恢复到过去的水平，这时他很可能首先恢复储蓄。如果超过了过去的水平，他将依据收入的增长程度而增加自己的储蓄或消费。

3. 持久收入假说

弗里德曼（Milton Friedman）提出的持久收入假说是用人们的长期收入(未来收入）来分析人们的现期消费支出的变化。根据弗里德曼的理论，消费者的收入可分为两类，即“一时收入”(transitory income)和“持久收入”(permanent income)，从而，消费也可以分为两类，即“一时消费”和“持久消费”。“一时收入”是指瞬时间的、非连续的、带有偶然性质的收入，例如某人得到一笔意料之外的赠款等。“持久收入”是指消费者可以预料到的长久性的、带有常规性质的收入，例如工薪收入、房租收入、利息和股息收入等。与此相应的是，“一时消费”是指非经常性的消费支出，“持久消费”是指具有经常性质的消费支出。由于消费者的“持久收入”是预计到的长久性的收入，所以消费者为了现期消费而可以按照一定的贴现率把“持久收入”折算成现期值。对整个社会而言，可以假定“一时收入”和“一时消费”的平均值都等于零，即忽略个人“一时收入(消费)”可正可负，因此整个社会的平均收入应等于“持久收入”的平均数。根据持久收入假定，人们的消费支出主要不是同他的现期收入有关，而是与他的可以预计到的未来收入，即与“持久收入”有关。这就是说，消费者是从他可以支配和预期得到的全部收入的角度来安排现期消费的。而“持久消费”与“持久收入”之间存在一定的比率，这一比率依赖于利息率、消费者总物质财产同“持久收入”之间的关系、消费者的年龄和偏好等因素。

6.1.2 恩格尔定律及其适用性

食物支出在总消费支出中的比重，是消费结构研究中的最重要的问题。十九世纪中期德国统计学家恩斯特·恩格尔（Ernst Engel）提出的观点，至今仍然被认为是适用的。

1. 恩格尔定律

恩格尔定律是：一个家庭收入越少，其总支出中用来购买食物的费用所占的比例就越大。考虑到收入等于消费支出与储蓄之和，所以食物支出在总消费支出中所占比例也可以用食物支出在收入中的所占比例来代替。根据恩格尔定律，得出的恩格尔系数，是表示生活水平高低的指标。具体计算公式为

$$恩格尔系数=\frac{食物支出金额}{总支出金额} \tag{6.1}$$

也就是说，在家庭收入增长和总支出增长的情况下，食物支出的绝对额虽然也增长，但食物支出在家庭总支出中所占的比重则是下降的。恩格尔定律不仅表明了家庭消费结构的变化趋势，而且它的一个重要含义在于：在食物价格的上涨率大于其他消费品价格上涨率的情况下，低收入家庭与高收入家庭相比，处于更加不利的地位，因为低收入家庭的总支出中，食物支出所占的比例较大。

2. 恩格尔定律的适用性

恩格尔定律的普遍适用性，至今仍是西方经济学界所公认的。但在谈论这一定律的适用性时，应注意以下两个前提。第一，假定其他条件不变。因为一旦其他条件变更了（比如由乡村迁入城市），那么恩格尔定律在一定时间内就不是适用的。第二，关于“食物支出”应有统一的含义，在各种收入水平下都按照这种含义所要求的来衡量。这就是说，在对不同历史时期的家庭食物支出占总支出的比重进行比较时，应把食物支出统一规定为维持家庭成员的生存所需要的食物支出，这样的比较才有意义。比如说，把作为礼品馈送别人的支出（如购买名贵的酒）也包括在家庭食物支出之中，这样，对两个时期购买食物的支出在总支出中所占比重进行比较，往往不能说明问题。

总的来说，恩格尔定律是适用于现代社会的，但如果考虑到“城市化程度”、“家庭食物自给率”和消费的食物本身构成的变化，并注意到食品加工和饮食服务业的发展，在家庭收入不增加的情况下，在一定时期内食物支出仍然有可能增加；而如果家庭收入有所增加的话，在一定时期内用于购买食物的费用所增加的幅度可能更大。只有达到相当高的平均食物消费水平时，收入的进一步增加才不再对食物支出发生重要的影响。

6.1.3　消费研究的方法

对消费的研究，无论是对支出总额还是对支出构成的研究，一直是经济学家们主要关注的问题。而理解和把握消费者食品偏好是极为重要的研究内容。虽然我们无法准确解释各个群体人们食品偏好的差异，也不能就不同的

偏好进行比较，但我们可以对每个社会的食品消费的共有的模式进行总结。这些共有的食品消费模式又被称食品消费方式，这主要指食品是怎样被得到、如何被准备及其如何被消费的。食品消费方式是一个复杂的行为体系，它主要有以下四个特征：

(1) 每个社会中的食品消费方式都不相同；

(2) 标准化的食品消费方式导致一个社会中存在某种非常相似的或稳定的食品偏好和消费模式；

(3) 食品消费模式中掺杂了大量的社会价值因素，而且具有连续性；

(4) 食品消费模式随着城市化、教育、收入水平、技术和生活方式的改变而改变。

现阶段，对食品消费模式的研究主要集中在支出模式、人口趋势以及收入等对食品消费的影响上。在过去 30 年中，我国消费者的食品支出明显上升，主要是因为人口增加、食品价格上升以及消费者越来越喜欢品质更好、相应价格更昂贵的食品。另外，消费者在外就餐的频率和其所带来的高支出也造成消费者食品支出显著上涨。但是，值得注意的是，食品支出占总支出的比重持续下降，恩格尔定律在中国经济快速发展的这 30 年中仍然适用。畜产品作为动物蛋白的主要来源，具有较高的价值，随着收入的增长，消费者有能力消费更多的畜产品，反映出畜产品消费支出在食品支出比重中的上升。

从历史上来看，人口和收入的增加是食物消费增长的主要动力，人口数量决定食物消费的需求，而人口收入决定他们的支付能力。有效食物需求一般既包括消费者对食物的需求，也包括他们愿意并且有支付能力形成的需求。在一些低收入国家，食物的需求比较大，但由于收入的限制，消费者的有效需求并不高。而在高收入国家，食品的有效需求是非常高的。随着收入的增加，食物消费增加的程度叫做收入弹性。收入增加得越多，食物消费的数量越多，收入弹性越大。收入增加，消费者对其消费数量增加的产品叫做正常商品；相反，随着收入增加，消费量减少的产品叫做次级品。从过去的经验看，畜产品一般都是正常商品，而粮食产品是次级品；而在畜产品内部分类，加工品一般为正常商品，而初级产品可能为次级品。随着收入的增加，消费者可能对商品的数量和质量都会提出更高的要求，也会更关注产品的其他特性，比如多样性、方便程度及提供的服务水平等。

为了更好地理解消费者的需求和消费动机，我们的研究应注重经济学和人口统计学的结合。从人口趋势的角度看，食品市场的扩张和人口增长率是成正比的，而人口的迁移和流动也促进食品行业的发展，包括畜产品行业。食品消费具有明显的地区性差异，畜产品也不例外。在汉族聚居区，猪肉是最主要的畜产品，除此之外，北方牛羊肉消费较多，而南方家禽消费较多。在少数民族聚居区，特别是在宗教信仰比较强烈的地区，如新疆，猪肉的消费很少，牛羊肉是主要的畜产品。城市化是另外一个比较明显的趋势。在我国，由于城乡二元结构，城市人口的收入明显高于农村人口，城市人口的消费更倾向于高价值的畜产品。人口的年龄和受教育程度也会对食品消费产生一定的影响。家庭是食品消费的基本单位，共同分享一些食品，因此他们的消费偏好也具有一定的相似性。而随着我国的家庭结构从大家庭到核心家庭的转变，消费模式也在发生变化。

专栏 6.1

中国消费研究的复杂性①

经典的消费理论起源于西方国家，在移植到我国及其他发展中国家的过程中难免“水土不服”，市场环境、经济发展水平以及人口特点等方面都与经典消费理论的假设南辕北辙。在 Modigliani（1986）的《生命周期、个人节俭与国家财富》一文中，他用模型详细地说明了在稳定发展的经济体中，生命周期理论如何得出已广为人知的经典结论。然而对我国和其他发展中国家来讲，经济“稳定发展”却仍是努力实现的目标。此外，资本市场的有效性、理性预期等也都或多或少地背离了我国的基本国情。

第一，微观主体行为的差异。多数消费函数研究建立在对代表性消费者假设上，而事实上“消费不平等”现象普遍存在。这一现象显著背离了完全市场假设，市场风险并不是完全分担的。可见个体差异及其变化对研究结论的普适性是具有重要意义的。而我国独特的呈现二元经济结构，无论从消费水平、消费结构、观念习惯等哪个角度出发，城市居民和农村居民都有显著的差异，那么将他们放在同一个模型中进行讨论显然是不合理的。另外，我国民族众多、区域差距大，各地区消费者之间也必然存在结构化差异，整体的结构化差异正是微观主体行为差异的体现。同时我国庞大的游走于城市和农村之间的农民工群体，其消费行为连通着打工城市与家乡农村的消费水平、消费结构和消费理念，而且越来越多的农村青壮年劳动力还会持续加入规模已经庞大的进城务工者行列并会在未来几十年不断沉淀下来。如何把握这一历史性动态过程，挖掘这个群体在我国居民消费行为中扮演的角色也是迫切需要解决的问题。

第二，经济发展阶段差异。我国正处在一个经济快速发展、社会快速转型的时期。传统的线性支出系统（LES）有一个基本的蕴涵假设前提，即对所有消费者而言，某类消费品的边际预算份额或边际消费倾向都是相同的。但实际上，低收入阶层与高收入阶层对价格变化和收入变化的反应是不一致的。尤其是对于像中国这样的转型经济国家，忽视收入分配变化，就会导致对总需求弹性的错误

① 资料来源：朱信凯、骆晨，《消费函数的理论逻辑与中国化：一个文献综述》，《经济研究》，2011年，第1期。

估计。

我国的消费研究必须结合我国的国情。首先，我国是一个快速发展的文化大国，这一基本属性决定了研究中国消费者行为的复杂性。由于传统的经济变量在解释问题时的乏力，许多经济学家开始关注“消费者心理和文化”，即影响消费行为的社会-文化因素以期获得理想的答案。作为一个快速发展中的文化大国，我国深厚的历史文化底蕴也不可能不对消费者心理产生区别于其他国家消费者的重大差异。我国的消费函数研究必然是要深刻植根于中国的具体国情，由文化特质决定的消费者心理的独特性和复杂性是理论研究者必然面临的挑战。当然，对于发展中的中国而言，当前有大量消费经济问题值得研究，不需要使用极其高深莫测的计量经济模型就可以得出非常有价值的结论。所以，在当前的消费经济研究中应当以问题意识和思想创新为主导，强调研究方法的科学性、合理性，以方法论创新为辅。而在研究对象的选择时，农户消费行为和农村消费市场研究将成为我国消费经济研究的重点领域。无论从人口规模，还是从收入潜力而言，中国农村消费市场都将成为未来撬动世界经济的杠杆，成为未来世界上最大的消费市场群体。中国农民受传统文化影响较大，他们独特的、超稳定性的且具有明显区域差异的心理与社会结构将为消费经济研究增添更多的不确定性，当然这也最有可能成为未来消费经济理论创新的生长点。

二元经济结构的格局与区域经济的非均衡发展决定了我国居民消费的多层次板块性特征，社会的快速转型与经济的快速转轨又决定了居民消费水平、结构与行为的持续不稳定性。因此，研究当前的中国消费经济问题，既不能采取简单的“拿来主义”，比如把研究城镇居民的模型与方法不加分析地用在农村居民消费函数的研究上，又不能固守传统的研究路径。要坚持实事求是、问题意识，坚持分城乡、分阶段、分地区、分类别的原则对待中国消费经济问题的研究。

6.2　畜产品消费的基本特征

居民的消费特征既反映出长期消费的习惯，同时也遵循消费的基本规律，随着收入水平的提高，消费结构等都在发生变化。我国畜产品消费需求的变动主要体现在四个方面。一是不同畜禽产品消费数量持续增长。2007 年人均猪肉、牛肉、羊肉的消费量比 1978 年分别增长了 1.04 倍、4.85 倍、0.94 倍；人均禽蛋、禽肉和奶类消费量分别增长了 2.66 倍、13.79 倍和 21.25 倍。二是禽肉、奶类消费增长较快，猪肉消费比重下降明显。禽肉消费增长比较明显，奶类消费增长最快；牛羊肉消费偏好变化不大，消费量也不大；蛋类消费和猪肉消费量增加速度相对缓慢。猪肉消费比重下降最为明显，由 1978 年的 86.57%下降到 2007 年的 63.58%，下降了约 23 个百分点。禽肉的消费比重持续快速增长，从 1978 年的

4.98%增长到2007年的26.40%，增长了约20个百分点。三是农村居民畜禽产品消费水平远低于城镇居民。改革开放30年来，农村居民各种畜禽食物的消费量，特别是蛋类的消费量增加较多，但城镇居民人均猪肉、牛肉、羊肉、禽肉和禽蛋的消费量仍然分别是农村居民的1.34倍、3倍、3倍、2.5倍和2.19倍，二者存在较大差距。四是畜禽产品户外消费比重不断上升。据农业部"城乡居民畜产品消费研究"课题组调查，1998年全国人均肉类、禽蛋、奶类户外消费比重分别占各自消费总量的21.3%、13.2%和14.8%。随着居民生活水平的提高，户外消费不断增加。2007年肉类户外消费比例大约为40%；蛋类户外消费比例大约为30%，因蛋类在流通过程中易碎、损耗较大，户外消费加上损耗可能达到40%；奶类户外消费比例大约为30%。

6.2.1　我国畜产品的消费结构

从我国城乡居民目前的消费水平来看，食物消费支出仍然是居民的重要消费支出部分。随着居民收入和生活水平将进一步提高，居民的食物消费将由简单的"吃饱"、"吃好"，转为更注重食物品种的丰富、食品的营养价值，对高蛋白、高营养动物性食品的需求大大增加。人们的食物消费模式发生了很大变化，主要表现为粮食消费减少，畜产品及其加工品消费逐年上升。

鉴于我国统计数据的限制，我们以城镇居民畜产品消费支出情况为分析对象，来把握居民消费与畜产品市场的特点。图6-1表明，随着居民收入水平的提高，各类畜产品及其加工品的消费支出均有所上升。一般而言，支出增加是由于消费量增加或消费价格的上升引起的，也可能是在双重作用下实现的。图6-1显示的消费支出上升是由于两者的共同作用形成的。首先，由于收入效应的作用显示出了消费量的上升，这是消费支出的一个要因。其次，畜产品及其加工品价格的上升也是一个不可忽视的因素。主要畜产品及其加工品在2003年前后出现了消费量增长放缓至稳定的趋势，而图6-1显示同期的消费支出仍出现一定的增长趋势，这说明城镇居民畜产品及其加工品消费支出的增加在2003年后更多的是由价格因素造成的。畜产品及其加工品价格的上升可分解为通货膨胀因素及产品自身附加价值增加导致的单位价值上升。由于已有的畜产初级产品价格指数变动趋势与消费支出的变动趋势并不一致，因此通货膨胀因素并不能完全解释畜产品价格的上涨。实际上价格指数统计的是初级畜产品的价格，畜产品消费支出的统计却包含了加工畜产品，所以畜产加工品自身价值的提高所造成的畜产品及其加工品单位价格的上升也是城镇居民消费支出增加的重要原因。反过来说未来畜产加工品产值的增加，取决于通过加工提高单位产品价值。

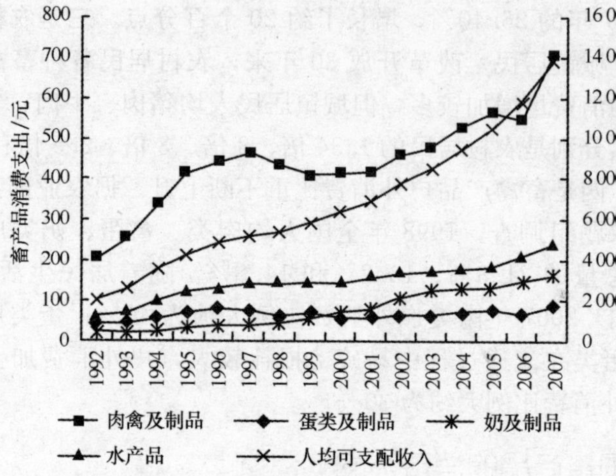

图 6-1　畜产品支出与人均可支配收入

收入水平的提高对畜产品及其加工品的需求影响程度不同，主要是由各种产品的收入弹性的大小所决定的，因此会影响养殖业及其加工行业生产结构的变化。图 6-2 为各类畜产品及其加工品支出占食品消费支出的比重变化，反映了城镇居民消费结构的变动趋势。肉禽及制品的消费比重持续下降，由 1992 年 23.40%降至 2007 年 19.38%；蛋类及制品比重 2007 年较 1992 年下降约 3 个百分点；水产品比重基本保持不变；呈上升态势的是奶及制品，1992 年仅占食品支出 1.99%，到 2007 年已达 4.43%。

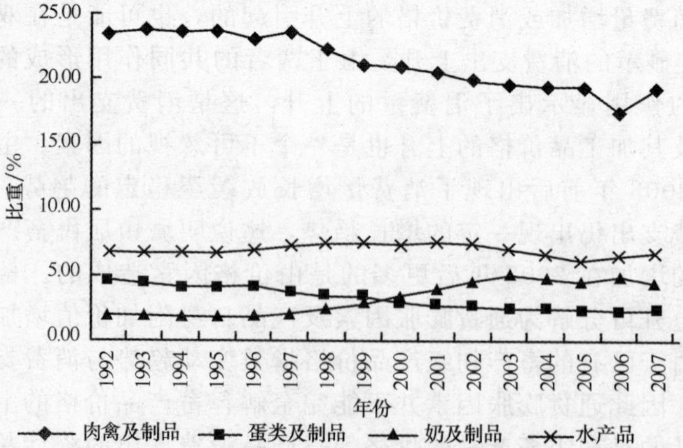

图 6-2　畜产品支出占食品消费支出的比重

消费结构的变化，揭示了我国居民畜产品及加工品消费正逐步趋于多样化。在温饱问题解决后，随着居民收入的增长，居民对营养健康的要求愈加强烈，奶及制品正在成为动物性蛋白来源的重要组成部分，也部分替代了低收入水平阶段的动物性蛋白。居民收入提高，促使居民对高档畜产品及加工品的需求增加，这也印证了市场细分理论中以收入因素和心理因素作为细分标准的合理性。

专栏 6.2

我国家庭猪肉消费偏好的调查分析①

此次调查面向全国普通消费者，在全国40多个县市开展了问卷调查，共发放问卷4000份，经过筛选复核后剔除无效及不合格问卷，总计回收有效问卷3426份，有效回收率为85.65%。

一、样本基本情况（表6-1）

表 6-1 地域及收入

地域	1000元以下	1000～3000元	3000～5000元	5000～7000元	7000元以上
边远山区	100	133	21	9	1
其他农村	119	347	305	208	149
城市郊区	89	126	132	78	59
小城镇	44	127	187	236	227
大中城市	12	62	81	173	401

据中国国家统计局公布的2007年全国城镇居民人均可支配收入与农村居民人均纯收入，与本次调查结果大致吻合。

二、调查结果

（一）购买模式

购买模式主要指购买肉食品的渠道和购买频率等。调查结果显示菜市场仍然是普通消费者买肉的首选地，对于边远山区的农民来说，村里的肉铺可能是唯一的选择，另外，许多人认为眼见为实，村里自己人宰杀的要新鲜干净。但是最近几年，专卖店、超市、连锁店的鲜猪肉销售量迅猛上升，在超市和肉食专营店买肉的占12.8%，说明消费者购物心理的变化，宁可价格贵点，也要质量有保证的。

表 6-2 购买渠道 单位：人

购买地	超市	菜市场	村里杀的猪	担货郎	其他
担货郎	36	16	58	28	3
村里肉铺	89	44	361	6	19
菜市场	735	1066	359	5	85
超市	267	12	5	3	5
肉食专营店	83	27	25	1	9
其他	11	3	28	1	7

① 资料来源：左雪峰，《我国家庭猪肉消费偏好及生猪饲养现状的调查分析》，《消费导刊》，2008年，第6期

表6-2将买肉地点和放心地点进行交叉分析，卡方检验表示二者具有显著相关性，选择菜市场为购买点的消费者有32.7%认为超市才是买肉的放心地点，选择去菜市场只是不得已而为之。选择超市为购买点的消费者只有4.1%认为菜市场是买肉的放心地点。这说明去超市和肉食专卖店买肉是潮流所向，更有人认为其将会取代菜市场的地位。进一步分析得出，在指定的显著性水平为0.01时，消费选择的放心地与年人均收入、居住地和教育程度成反相关，相关系数分别为−0.173、−0.349、−0.245。说明收入较高的人、居住在大中城市的人以及教育层次较高的人倾向于在超市购物比较放心。一方面是大型肉食企业不断呼吁日益猖獗的“私屠乱宰”现象，严重削弱了优势企业的赢利水平，阻碍了大型企业规模化的良性发展；另一方面，消费者明明知道农贸市场的热鲜肉存在着安全卫生的隐患，还是不得不每天去冒险，因为真正能够有条件每天去超市内购买生鲜冷却肉的毕竟还是少数。所以消费者对渠道提出了更高的要求。消费者的购买频率是该商品市场潜力的重要指标。在指定的显著性水平为0.01时，购买频率与家庭居住地成反相关，$P=-0.301$。调查结果显示：每周买肉一至三次的占48.3%，这主要是因为冰箱等制冷家电的普及，另外家庭相对人口数的减少，生活方式的改变，外出就餐的增多，都使得购买频率相对减少。其实购买猪肉的绝对数也在下降，76.3%的家庭每星期只消费1～2斤猪肉，只有9.7%的家庭承认每星期消费猪肉在10斤以上，许多农村家庭只有在有客人时才买肉，很多时候一个月都难得买几次肉。

（二）购买偏好

83.7%的消费者承认家里一般购买猪肉，其中86.1%的人表示喜欢鲜猪肉，40.3%的人喜欢吃偏瘦肉。与农业科学院2003年做的调查相比，排骨和瘦肉的消费量大为增加，消费比重已占到猪肉消费量的81.3%。而随着收入水平的提高和居民健康意识的增强，对动物性脂肪的消费需求明显减少，肥肉消费量仅占猪肉消费量的3.9%。受消费习惯的影响，猪头、蹄、尾下水等也有一定的消费市场，其消费量占猪肉总消费量的7.4%。高蛋白、低脂肪的消费理念正在逐渐形成。

表6-3　购买原因

项目	价格便宜	喜欢吃	方便买得到	比较有营养	习惯	其他
人数/人	507	1366	909	430	190	24
频率/%	14.8	39.9	26.5	12.6	5.5	0.7

从表6-3中可以看出，大部分消费者是因为喜欢才购买，说明可以通过感性诉求来促成消费者的消费行为，比如注重包装、品牌等。有26.5%的人是因为方便买得到，说明消费者在追求便利快捷的消费方式，同时显示出，销售渠道铺

设得当的公司，将可以迅速占领市场。

（三）购买选择

购买选择主要是指消费者买肉时最看重哪些方面，喜欢吃哪个品种的猪肉和肉类加工品。从表6-4中可以看出，消费者在买肉时最看重的已经不是价格，而是它的肉质，认为好吃就买。

表6-4　买肉时最看重的因素

	价格	肉质	服务态度	新鲜程度	猪的品种	其他
人数/人	264	1528	118	1430	46	28
频率/%	7.7	44.6	3.4	41.7	1.3	0.8

有62.1%的受访对象，认为土猪比较好吃。

关于肉类加工品方面，调查结果显示，香肠、火腿和卤猪肉还是占据上风。

（四）对放心肉的理解

通过调查发现，仍然有32.3%的受访对象表示不知道放心肉，有52.0%的人是通过报纸电视来接受这种资讯。有38.1%的人认为放心肉就是干净卫生的肉，26.8%的人认为放心肉就是无有害残留，16.3%的人选择用无污染的饲料生产的猪肉就是放心肉。

（五）对优质猪肉的需求及其价格承受程度

如果市场上有一种肉质嫩美的地方猪肉出售，而价格比一般的猪肉高出20%以上，有58.9%的受访对象愿意尝试一下；16.8%的人比较谨慎，会待别人试过以后再作决定；15.7%的人却因为价格贵而不会买；7.6%的人是因为认为猪肉都是一样而决定不买。

三、结论

（一）我国猪肉消费潜力巨大

目前香港特区平均每人每年消费猪肉55公斤，台湾地区43公斤。在欧盟超过40公斤的国家就有奥地利、比利时、丹麦、德国、爱尔兰、荷兰、西班牙、瑞典等8个。而中国是以猪肉消费为主的国家，2006年人均也只有30多公斤，农村的人均猪肉消费只及城镇的40%左右，如把农村的消费提高到城市的水平，就需增产2800万吨猪肉。可见我国猪肉消费潜力之大。

（二）优质猪肉将成为市场主导

排骨和瘦肉的消费量大为增加，消费比重已占到猪肉消费量的81.3%，高蛋白、低脂肪的消费概念正在逐渐形成。44.6%的人买肉时最看重的是肉质。虽然价格比一般的猪肉高出20%以上，仍有58.9%的受访对象愿意尝试一下市场上出现的肉质嫩美的地方猪肉。

（三）消费模式正在发生改变

专卖店、超市、连锁店的鲜猪肉销量迅猛上升，调查结果也显示，在超市和肉食专营店买肉的占12.8%。消费者在买肉时最看重的已经不是价格，而是它的肉质，认为好吃就买。大部分消费者是因为喜欢才购买，说明消费行为比较理智。有26.5%的人是因为方便买到，说明消费者在追求便利快捷的消费方式。

6.2.2 畜产品消费的区域差异

根据中国统计年鉴2009年公布的数据，我国东、中、西及东北地区城乡居民主要畜产品消费情况如表6-5所示。

表6-5 2008年我国各地区城乡居民主要畜产品消费量 单位：千克/人

产品	城镇				农村			
	东部	中部	西部	东北地区	东部	中部	西部	东北地区
猪肉	19.60	18.41	22.07	14.49	11.13	10.45	16.27	10.32
牛羊肉	2.93	2.51	4.44	5.60	0.84	0.45	2.50	0.77
鲜蛋/蛋及制品	10.92	10.92	8.09	14.61	6.92	6.03	2.92	8.80
鲜奶/奶及制品	16.81	12.27	15.46	14.72	4.37	1.87	4.01	2.73

注：中国统计年鉴中统计的是城市居民鲜蛋、鲜奶的消费量，农村居民蛋及制品、奶及制品的消费量

资料来源：《中国统计年鉴2009》

从城镇居民消费情况来看，东、中、西部及东北地区的畜产品消费总量基本相当，仅中部地区略少。但各个地区畜产品的消费结构存在差异。东部、中部肉、蛋的消费基本相当，但东部消费鲜奶的量明显高于中部，这可能是由地区间经济差距造成的。西部地区，以四川、贵州为代表的猪肉主产区，猪肉消费最多而鲜蛋消费最少。东北地区的蛋类生产较多，所以鲜蛋消费最多而猪肉消费最少。

农村居民的消费特征与城镇居民类似，但消费总量仅相当于城镇居民的一半左右。值得注意的是，猪肉仍是广大农村地区居民消费的主要畜产品，中部、西部均占畜产品总量的一半以上，蛋类也是农村居民主要的消费品，相对来说牛羊肉及奶类的消费较少。西部地区由于包括了一些牧区省份，所以农村牛羊肉及奶类的消费比例略高。

表6-6　2008年我国各地区主要畜产品消费支出　　单位：元

地区	肉禽及制品	蛋类	奶及奶制品	地区	肉禽及制品	蛋类	奶及奶制品
全国	896.87	91.68	189.84	河南	569.41	96.05	140.81
北京	970.46	104.12	332.13	湖北	886.00	91.41	148.87
天津	817.43	133.23	211.11	湖南	959.37	68.78	134.95
河北	583.78	110.75	169.14	广东	1548.64	76.12	207.50
山西	455.24	97.40	205.47	广西	1312.22	65.22	139.58
内蒙古	712.61	62.41	159.80	海南	1230.02	45.25	113.17
辽宁	774.30	120.53	213.15	重庆	1205.28	94.42	204.16
吉林	633.76	83.56	126.55	四川	1181.73	90.46	190.15
黑龙江	623.80	86.54	129.59	贵州	927.81	63.81	118.35
上海	1127.70	99.19	341.69	云南	892.68	78.26	65.48
江苏	968.77	93.98	216.44	西藏	1052.17	45.63	311.74
浙江	813.32	73.91	210.20	陕西	504.29	70.67	197.88
安徽	782.11	125.32	238.78	甘肃	492.51	62.16	140.37
福建	1116.29	99.30	201.42	青海	707.09	65.58	140.87
江西	898.50	77.53	169.30	宁夏	590.53	54.25	199.40
山东	657.95	123.40	215.95	新疆	703.71	59.63	148.52

资料来源：《中国统计年鉴2009》

从消费支出的角度看（表6-6），我国各地区城镇居民家庭平均每人畜产品消费性支出中，肉禽制品支出排名前三位的分别是广东、广西和海南，三省都处于华南地区，其中广东消费支出超全国平均水平73%。蛋类支出呈现出东、北多，西、南少的格局；排名前三位的分别为天津、安徽和山东，处于华北和华东地区，其中天津的消费支出超全国平均45%；而后三位海南、西藏和宁夏，分属于华南、西南和西北地区，其中海南的消费水平只有全国平均的一半左右。中国各地区乳业发展情况、居民收入水平等有较大差异，不同地区居民的乳品消费习惯、消费能力和消费结构有较大区别。中国北方居民乳制品消费整体高于南方。经济发达地区居民的乳制品消费能力更强，2007年人均乳制品消费支出排名前10位的地区中，北京、上海、山东、江苏、浙江等地都是经济发展水平较高的地区。从全国范围整体来看，城镇居民乳制品支出金额较高的地区主要集中在上海、北京、西藏，前两者属于大中城市地区，西藏是我国传统牧区，这三地城镇居民平均每人每年乳制品支出金额都在250元以上，接下来是东南沿海地区以及中西部的山西、陕西、四川等地。农村居民的分布与城市相类似，只不过在消费量大的地区增加了新疆、内蒙古、黑龙江等奶业优势地区。通过对乳品消费支出的分析，可以看出，影响畜产品支出的因素不仅包括收入水平，居民的消费习惯，区域的生产条件也是重要的影响因素。

6.2.3　畜产品消费的城乡差异

1. 城镇居民主要畜产品消费特征

1990～2007年，城镇居民每年主食（粮食）的人均消费量不断下降，由130.72公斤下降到77.60公斤，下降了近41%。城镇居民在不断减少粮食等主食消费的同时，对动物性食物的需求增加。表6-7表明，1990～2007年城市居民消费的主要畜产品中，大部分的消费量都有所增长，其中奶类消费增加最多，增幅达283.40%，其次是家禽消费，增长182.46%，再次是水产品、蛋类和牛羊肉，分别增长84.66%、42.48%和19.82%。最后是猪肉，消费的上升幅度较小。

表6-7　1990～2007年城镇居民人均畜产品消费情况 单位：千克/人

	猪肉	牛羊肉	家禽	肉禽制品	蛋	水产品	鲜奶
1990	18.46	3.28	3.42	5.65	7.25 (0.97)	7.69	4.63
1995	17.24	2.44	3.97	5.31	9.74 (1.36)	9.2	4.62
2000	16.73	3.33	5.44	5.73	11.21 (1.63)	11.74	9.94
2001	15.95	3.17	5.3	6.31	10.41 (1.52)	10.33	11.9
2002	20.28	3.00	9.24	9.66	10.56 (1.56)	13.2	15.72
2003	20.43	3.31	9.20	11.27	11.19 (1.66)	13.35	18.62
2004	19.19	3.66	6.37	11.48	10.35 (1.55)	12.48	18.83
2005	20.15	3.71	8.97	12.91	10.40 (1.57)	12.55	17.92
2006	20.00	3.78	8.34	12.63	10.41 (1.59)	12.95	18.32
2007	18.21	3.93	9.66	12.50	10.33 (1.59)	14.2	17.75
增幅	−1.35%	19.82%	182.46%	121.19%	45.04%	84.66%	283.40%

注：(1) 增幅为各类畜产品2007年较1990年的增长幅度。

(2) 肉禽制品的消费量由笔者计算得出。统计年鉴中并没有城市肉制品消费的数据，笔者根据食品工业年鉴中报告的2000年及2005肉禽制品总产量与农村肉制品消费量的差替代城市肉制品消费量，再计算城市人均消费量。2000年以前的肉禽制品消费量根据2000年肉禽制品占肉类消费的比重推算，2001年、2004年消费量按肉禽制品消费比重年均增长估算，2005年以后消费量按2005年肉禽制品比重推算。一般经验认为，随着人民生活水平的提高，对制品的消费比重会增加，因此，2000年以前的推算值可能偏低，而2005年以后的推算值可能偏高。

(3) 蛋类消费括号内的数值为户外消费量，未包括在中国统计年鉴统计口径中，由计算得出。根据三次国民营养健康普查中城市人均蛋及制品摄入量的数据与统计年鉴中人均消费量（即户内消费）数据比较，差值作为户外消费量。由于只有三次普查的结果，所以其余数值由户外消费占总摄入量的比例推算得出

资料来源：《中国统计年鉴》(1991～2008)

比较上述几种畜产品消费量的变化特征，可以发现，购买力的提高对畜产品及其加工品需求量的影响可能因品种不同而存在较大的差异，从而影响畜产业及其加工行业生产结构的变化。特别是在购买力提高到一定水平以后，普通畜产品需求量因受消费者的生理限制而不再继续增长，但会对一些高质量的畜产品及其加工品选择性加强，使畜产品及加工业生产结构趋向多样化。比如，1990～2007年，牛羊肉消费基本保持稳定，在3.33千克附近振荡。2003年以后有一定程度增长，但总量尚低。蛋类消费在2001年达到10.41千克以后，年均变动率不足3%。水产品、家禽消费微幅增长。鲜奶消费在2001～2003年爆发性增长之后，也稳定在18千克附近。猪肉消费在18～20千克波动。

2000年，中国城镇居民人均乳制品消费量略高于11千克，人年均乳制品消费支出68.57元，到2004年，中国城镇居民人均乳制品消费量超过22千克，2008年因为受三聚氰胺事件的影响，人均消费量降至19千克。从乳制品的消费结构看，现阶段居民的消费品种还较单一，以液态奶、奶粉和酸奶为主，较少消费干酪和黄油。从消费量来看，我国城镇居民主要以鲜奶消费为主，在三大乳品中所占比例始终高于80%以上。酸奶在中国城镇居民乳制品消费中的比重不大，但增长最快。近年来，酸奶消费增长快于奶粉和液体奶，在乳品消费中比重不断提高，到2007年，城镇居民酸奶消费量约占乳制品消费总量的18%。

2. 农村居民主要畜产品消费特征

根据1990～2007年中国统计年鉴中农村居民家庭人均主要食品消费量的有关数据进行整理，可发现如下规律（图6-3）。①猪肉消费应分为三个阶段：2000年以前，猪肉消费处于稳健增长时期，农村家庭人均消费量由1990年10.54千克上升到2000年13.28千克，年均增长2.6%。从2000～2004年，农村家庭消费趋于饱和状态，消费量几乎不变。但是，2005年消费量出现波动，2007年又恢复到与2004年相当的水平。②牛羊肉消费量在相同观测期内基本保持不变，波动区间在0.55千克以内。③家禽和水产品的消费量呈持续上升趋势。1990～2007年，家禽的绝对消费量增加2.61千克，增长209%；水产品的绝对消费量增加3.23千克，增长152%。④肉禽制品的消费经历了从无到有的过程，近三年的绝对消费量不超过2千克，占肉禽及制品总消费量的比例不足十分之一。⑤奶及制品的消费经历了九十年代中期的低谷之后，在2000年恢复到九十年代初的水平，之后又经历了两年的调整时期，从2003年开始，奶及制品的消费以年均39%的速度快速增加。⑥蛋及制品的消费在2000年以后趋于稳定，人均消费量（中国统计年鉴中户内消费量）在4.75千克左右微幅振荡，但随着户外消费的增多，人均摄入量达9.2千克。

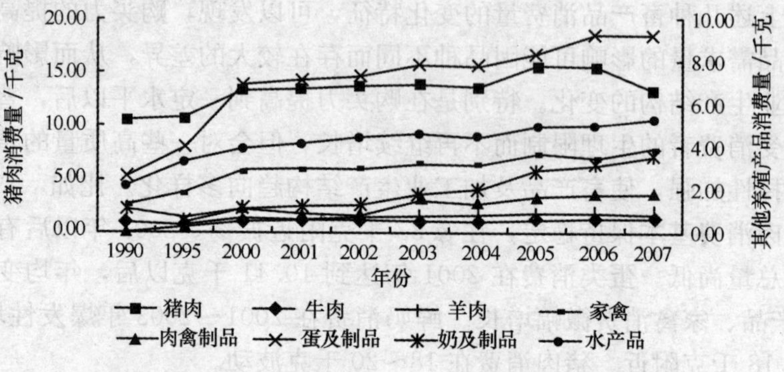

图 6-3　农村居民 1990～2007 年人均主要畜产品消费量

肉禽及制品、蛋奶及制品以及水产品构成了农村居民动物性蛋白的主要来源。从消费绝对量来看，2007 年较 1990 年各类养殖品均有所增加，且相差不大。但分析消费比重，则有一定程度的变化。虽然肉类（包括猪牛羊肉）消费仍然占居民消费总量的较大份额，但下降趋势明显；禽类、蛋及制品、奶及制品以及水产品的消费份额增加较多（表 6-8）。

表 6-8　农村居民畜产品消费量及消费结构分析

产品	消费量/千克		绝对量变化/千克	占畜产品消费比重/%		比重变化/%
	1990 年	2007 年		1990 年	2007 年	
肉类	11.34	14.88	+3.54	62	39	−23
禽类	1.25	3.86	+2.61	7	10	+3
肉禽制品	0	1.8	+1.8	0	4	+4
蛋及制品	2.57	9.18	+6.61	14	24	+10
奶及制品	1.1	3.52	+2.42	6	9	+3
水产品	2.13	5.36	+3.23	11	14	+3

注：农村消费数据处理方法同表 6-7

与城镇居民相比，中国农村居民收入偏低、营养知识和营养保健意识不足，购买乳品的方便程度也远低于城镇居民，这些差异共同造成了中国乳品消费的城乡差别，相当多的农村居民很少或从不消费乳制品。但我们也应该看到，近几年，中国乳制品消费人群结构发生了很大的变化，已由大中城市为主逐步转向了小城镇和富裕的农村。2000～2007 年的 7 年时间里，农村居民乳制品消费量年均增长率达到 18%以上，高于城市的增长速度。

3. 城乡居民畜产品消费弹性的差异——以猪肉为例

猪肉是我国重要的畜牧产品之一，也是我国城乡居民动物性食物的主要来源之一。就我国的实际情况来说，由于长期处于二元经济体制下，农村居民消费水平落后于城市，城乡居民收入差异以及区域经济差异不断扩大等问题已在食品消费状况上得到反映。消费者对猪肉的需求量受猪肉价格、猪肉替代品价格（牛、羊及家禽等主要肉类产品）及收入的限制，而城乡居民对猪肉需求量的弹性的差异，包括自价格弹性、交叉价格弹性、支出弹性等，也是值得关注的问题。

猪肉自价格弹性和支出弹性形式比较简单，含义明确。在区分城乡市场的估计中，城市使用人均消费量和人均可支配收入，农村使用户均消费量和户均纯收入。交叉价格弹性以牛肉、羊肉、禽肉、蛋类作为替代品。猪肉消费的人口弹性本文取值为 1，亦即人口增加 1%，对猪肉的消费需求就增加 1%，Holloway（1991）、Wohlgenant（1989）以及辛贤（1998）都采用过同样的处理方式。因此，建立猪肉消费的模型为

$$x = f_1(P_x, P_s, Y, N) \tag{6.2}$$

式中，x 为猪肉消费量，f_1 为猪肉需求函数，P_x 为猪肉价格，P_s 为替代品价格，Y 为收入，N 为影响猪肉需求的其他因素，主要指人口。

城市市场和农村市场需求模型的计量结果如表 6-9 所示。

表 6-9　需求模型计量检验结果

价格弹性	城市需求模型 1	城市需求模型 2	农村需求模型 1	农村需求模型 2
猪肉	−0.071 1		−0.515**	−0.361**
牛肉	−0.16		0.456	
羊肉	−0.000 26		−0.069 7	
鸡肉	−0.358****	−0.387****	−0.114	−0.131*
蛋类	−0.362**	0.266***	−0.076	
收入	0.198*	0.103****	0.31*	0.46****
常数项	1.96***	2.45****	0.792	0.175
调整拟合优度	0.714	0.743	0.858	0.863
残差	0.044 8	0.042 6	0.061 9	0.060 8

*在 10%水平显著；**在 5%水平显著；***在 1%水平显著；****在 0.1%水平下显著

城市需求模型 2 是根据城市需求模型 1 的计量结果，剔除不显著的变量所得。同理，农村需求模型 2 也是对农村需求模型 1 的改进。

在城市和农村需求模型中，猪肉自价格弹性分别为 0.07 和 0.36，即猪肉价格每升高 1%，猪肉消费量仅减少 0.07%和 0.36%。收入变化对猪肉消费量的影响也是显著的，城市居民收入每增加 1%，猪肉消费量增加 0.1%，农村居民收入每增加 1%，猪肉消费量增加 0.46%。

无论是在城市需求模型还是农村需求模型中，牛羊肉及禽肉均以互补品的身

份出现，这种情况并不符合一般经济规律。黄季焜和罗泽尔（1998）也曾测定，牛羊肉与猪肉呈现替补关系。为了明确猪肉与其他产品的关系，我们分别以猪肉价格作为自变量，牛羊肉、禽肉及蛋类消费量作为因变量，进行计量分析如表6-10所示。

表 6-10　交叉价格弹性计量结果

交叉价格弹性	牛羊肉	禽肉	蛋类
猪肉	0.16**	0.43***	0.29***

*在5%水平显著；**在1%水平显著；***在0.1%水平下显著

注：将牛羊肉消费量加总分析，是因为历年的统计数据就是这样处理的，而且在绝大多数年份，牛羊肉的总消费量还不及猪肉的四分之一

上述结果，可以作为牛羊肉、禽肉及蛋类是猪肉的替代品的证据。但在城乡需求模型中并没有体现这样的性质，禽肉甚至体现出显著的互补性，在城市和农村市场，禽肉价格每上涨1%，猪肉消费量分别减少0.39%和0.13%。除了数据限制外，可能是因为替代品的特征必须在消费基本实现饱和的条件下才能得到体现，而我国这些年仍然处于消费的增长阶段，全国平均水平尚未达到消费饱和状态，所以牛羊肉、禽肉的替代特征还未充分显现，如果再增加足够的年度观察值，可能会得到比较好的计量结果。另外，猪肉消费的刚性大于牛羊肉及禽肉，在肉类消费中的比重也远大于其他品种，同时牛羊肉与猪肉的差价也较小，所以，个别肉类品种价格波动对猪肉消费量的影响并不明显，而猪肉价格的波动却能显著影响其他肉类的消费。

蛋类消费与猪肉消费呈现出显著的替代关系，蛋类价格每上涨1%，城市猪肉消费量提高0.266%，农村猪肉消费量提高不显著。

可以归纳出以下两点结论。

(1) 猪肉消费在城市和农村市场均具有刚性，但农村市场受价格和收入的影响较城市大。一方面是因为城市居民猪肉消费支出占总消费支出的比例低于农村居民；另一方面也可以说明农村居民对猪肉价格的敏感性较强，受收入的限制较城市居民多。

(2) 城市市场上猪肉替代品的价格波动对猪肉消费量的影响比在农村市场大，禽肉和蛋类尤其显著。这正说明城市居民对猪肉替代品价格相对变动的灵敏度要大于农村居民，其消费行为更加依赖于市场信号做出反应。而农民现金收入少，食物的自给性消费比重较高，参与市场调节较少，所以对市场价格的反应比较迟缓。

6.2.4 居民畜产品消费的影响因素分析

1. 居民收入

居民收入对畜产品需求的影响有两种形式：一是平均收入水平的总体性影

响，二是收入差异的结构性影响。从时间维度来看，近 30 年来，农民家庭的畜产品消费量与农民家庭的人均收入之间存在着很强的相关性。从横截面的角度看，各省居民的平均人均收入和人均畜产品消费量，也有较强的相关性。关于结构性影响，以不同收入组城镇居民的畜产品消费加以说明，对不同收入水平户而言，各种畜产品消费的总趋势是随收入水平的提高而提高，只是提高的幅度各不相同。

2. 相对价格水平

畜产品的相对价格水平将影响居民的消费选择。相对价格水平有两层含义：一是相对于用城市或农村商品零售总价格指数表示的宏观价格水平变动而言的；二是相对于替代品价格的变动而言的。从一般意义上讲，如果不考虑特定商品价格变动的“虚幻效应”(illusive effect)，宏观价格水平变动将直接影响居民的整体购买能力，因此在研究特定市场的价格影响时通常要剔除总体价格的影响。在剔除了宏观的影响后，不管是商品自身价格的变动还是替代品价格的变动都会影响商品的需求。从过去十几年的实际情况来看，相对于水产品和蔬菜而言，主要畜产品品种的零售越来越便宜，这种比价变动的趋势是畜产品消费持续增长的一个重要原因。

3. 城乡差异与城市化水平

城市化水平对畜产品需求的影响是一个非常容易观察的现象，很多学者已经对这一问题展开了深入的研究。随着时间的推移，城乡畜产品消费的差异存在着收敛的趋势。这种消费差异的趋同主要是城镇居民家庭畜产品消费增长缓慢所导致的，特别是猪肉的家庭消费在 20 年间几乎没有明显的增长。这种现象的产生可能有两种原因：一是畜产品的需求遵循收入弹性递减的规律，而猪肉甚至带有劣质品的特征，因此，当收入增长到一定阶段以后，其需求反而出现下降的趋势；二是畜产品的家庭消费和非家庭消费之间存在着很强的替代效应，随着收入的增加，户外的消费需求日趋旺盛，从而降低了家庭的消费需求。当然，畜产品消费的城乡差异也是相对的，对于特大城市和沿海发达地区来说，由于市场较为发达，收入水平相对较高，城乡人均畜产品消费量的差距并不显著。这些地区的农村居民人均消费量不仅远远高于全国农村平均水平，个别的甚至还高于全国城镇居民的平均消费水平。

4. 区域差异

消费习惯是影响畜产品消费的重要因素，也是一个世界范围内可以观察到的现象。例如，日本、美国、西欧同属于发达国家，但日本居民的肉产品消费量明显低于美国、西欧。我国的畜产品消费存在着明显的区域差异，这种差异的形成可能有两个方面的原因：一是由居民收入水平所引起的区域差异，二是由消费偏好所引起的区域差异。基于收入的区域差异主要表现在畜产品消费的总量上，而基于偏好的区域差异则表现在消费结构上。总体来看，南方城镇居民的人均收入高于北方地区和西北地区，从绝对量来看畜产品消费也高。就具体构成来看，猪肉和家禽的消费比例相对偏高。但北方的牛肉、羊肉消费支出反而比南方高。我国农村居民畜产品消费的区域特征与城镇居民基本相同，即南方农村居民猪肉和家禽的消费比例相对偏高，西北地区农村居民牛羊肉的消费量最大，而北方农村居民禽蛋及其制品的消费明显高于其他地区。

6.3　畜产品的消费预测

6.3.1　城乡畜产品消费预测

收入水平是影响畜产品及其加工品消费的最重要因素。随着居民收入水平的提高，各种畜产品及其加工品消费的总趋势是增加的，但收入弹性的不同，使各种产品增长的幅度不同。另外，由于我国典型的城乡二元经济结构，居民的消费差异明显。因此，分城乡分品种对不同畜产品及加工品来进行预测是一种比较妥当的方法。本节首先根据经验数据估计出收入与畜产品及加工品消费量及消费支出间的关系，然后通过估计收入的增长趋势来计算畜产品及加工品消费的增长方向和可能的增量值。由于随着收入水平的不断提高，恩格尔系数会逐渐下降，仅使用预测模型并未能体现出这一规律，预测的结果可能会出现一定的偏差。因此在进行远期预测时可将收入弹性变化的影响考虑进去，采用消费习惯类似的地区的经验数据替代未来中国可能出现的弹性变化，能够对之前的预测结果进行修正。

具体而言，首先我们对数据进行拟合。理论上一般可采用的模型主要有线性、双对数、半对数和对数倒数四种模型。此处采用半对数模型，即人均收入采用对数形式，这一模型的主要好处是可以使需求的收入弹性随收入的变化而变化，居民收入水平越高，其收入弹性就越小，这符合畜产品加工品消费的实际情况。然后将预测的收入值代入拟合方程中，计算消费量预测值。

鲜肉和肉禽制品的消费存在差异，应分开估计。预测未来城镇居民人均肉禽及制品消费量，结果如表 6-11 所示。

表 6-11　城镇居民人均肉禽及制品消费量预测结果

鲜肉消费量拟合方程				制品消费量拟合方程			
$y=7.9135\ln(x)-36.415$				$y=5.4642\ln(x)-34.727$			
	年人均可支配收入增长幅度/%						
年份	5		7.34			10	
	鲜肉消费	制品消费	鲜肉消费	制品消费	制品消费比例/%	鲜肉消费	制品消费
2007	31.8	12.5	31.8	12.5	28.22	31.8	12.5
2010	33.65	13.65	34.17	14.01	29.08	34.75	14.41
2015	35.58	14.98	36.97	15.95	30.13	38.52	17.02
2020	37.51	16.32	39.77	17.88	31.01	42.29	19.62
2030	41.37	18.98	45.38	21.75	32.40	49.84	24.83

注：(1) 拟合方程中 y 表示人均肉禽消费量，x 表示年人均可支配收入

(2) 年人均可支配收入增长幅度根据 1990～2008 年人均可支配收入平均增长幅度的设定值，分别为低位、中位（计算出）和高位增长

以中位增长速度为例，预测结果显示，肉禽及制品的消费在 2030 年会达到 67.13 千克，较 2007 年增长 51.53%，与肉禽及制品消费支出的增长幅度相当，但预测结果同时显示肉禽及制品的消费结构会发生一定的变化：一是肉禽制品的消费量增幅为 74%，而鲜肉消费的增幅为 42.70%，肉禽制品的消费量增幅大于鲜肉消费的增幅；二是在肉禽及制品的消费内部结构中，制品消费所占的比重会有所增加。

我们用相同的方法去估计蛋类、奶类消费量增长情况拟合方程如下：

蛋及制品的消费量预测方程为 $y=2.6055\ln(x)-9.4704$

鲜奶的消费量预测方程为 $y=12.97\ln(x)-92.91$

预测结果如表 6-12 所示。

表 6-12　畜产品消费量预测

年份	肉禽及制品消费量	蛋及制品消费量	鲜奶消费量
2010	48.18	13.77	20.14
2015	52.92	14.69	22.28
2020	57.66	15.61	24.19
2030	67.13	17.46	30.17

注：收入增长幅度以中位增长速度计算

根据表 6-12 的预测结果，蛋类消费支出和消费量分别较 2007 年增长 32.24%和 52.30%，奶及制品消费支出和消费量分别较 2007 年增长 82.53%和

69.97%。牛奶人均消费量预计在2030年达到30.17公斤，虽然较2007年的17.75公斤有了近70%的增长，但仍然与联合国粮农组织报告的世界各国人均奶类消费量约为100公斤和发达国家人均奶类消费量约为300公斤有巨大差距。

为了利于进一步的比较分析，本文对农村居民食物消费量的预测方法与城镇居民一致。根据上文同样的方法来拟合农村畜产品及加工品市场的经验数据显示，农村居民鲜肉及肉禽制品消费量与人均纯收入呈明显的对数关系。拟合方程预测的结果反映出我国农村居民对动物性食物的人均消费量呈现增长趋势，且农村居民快于城镇居民的增长速度。到2030年，农村居民人均鲜肉及肉禽制品的消费量将达到29.96千克和3.58千克，较2007年分别增加45.84%和98.89%。(表6-13)。这预示着随着经济的发展，农村居民收入水平的提高，农村潜在的巨大市场将成为我国肉禽制品需求增长的新增长点。表6-13将线性拟合模型的估计结果也一并列示作为参考。

表6-13　农村居民人均鲜肉及肉禽制品消费量预测

年份	鲜肉		肉禽制品	
	对数	线性	对数	线性
	0.9299	0.9088	0.9376	0.8931
2007	20.54	20.54	1.8	1.8
2010	22.94	25.25	2.15	2.4
2015	24.69	29.15	2.51	3.1
2020	26.45	33.93	2.87	3.96
2030	29.96	46.95	3.58	6.31

农村居民蛋奶及制品的消费也采用相同的方法预测，预测结果如表6-14所示。

表6-14　农村居民畜产品消费量预测

年份	鲜肉	肉禽制品	蛋及制品	奶及制品
消费量拟合方程	$8.6525\ln(x)-44.443$ (0.9299)	$1.7528\ln(x)-11.491$ (0.9367)	$7.1329\ln(x)-43.998$ (0.9647)	$1E-06x^2-0.0012x+1.0518$ (0.9247)
2007	20.54	1.80	9.18	3.52
2010	22.94	2.15	11.55	3.97
2015	24.69	2.51	12.99	6.22
2020	26.45	2.87	14.44	9.78
2030	29.96	3.58	17.33	23.96

就城镇居民和农村居民的奶及奶制品消费而言，2007 年农村居民奶类消费还不足城镇居民消费量的 1/5，可以说城乡居民的消费整整相差了一个发展阶段。虽然近年来农村居民奶及奶制品消费量有了大幅度的提升，但收入水平仅为城镇居民 1/3 的农村居民，其人均奶及奶制品消费量到 2007 年仅为 3.52 千克。进一步分析城乡居民主要的食品种类，我们发现奶及奶制品消费的城乡差异最大。奶及奶制品消费的城乡差距大于城乡收入差距，显现了农村市场上乳制品的“奢侈品”性质。

表 6-14 的预测结果进一步说明了我国农村居民奶及奶制品消费的“奢侈品”性质，即随着农村居民收入的增长，奶及奶制品的消费量将大幅增长。预测结果显示，到 2020 年，农村居民人均奶及奶制品消费量将达到 9.78 千克，是 2007 年消费量的近三倍；到 2030 年，农村居民人均奶及奶制品消费量将达到 23.96 千克，与 2007 年相比，年均增幅达到 25.24%。因此结论是：收入是影响农村居民奶及奶制品消费的主要因素，随着农村居民收入水平的提高，奶及奶制品消费量会大幅提高，同时由于流通的便利性不如城镇，因此农村居民的消费量更集中在酸奶等奶制品上，农村潜在的巨大市场为我国奶制品行业未来的发展提供了机遇。

6.3.2　修正预测结果

中国未来的食品消费也不会无限增长，而是饮食能量摄入到一定水平后趋于稳定，食物结构的内部出现替代与调整。目前中国的消费多样化趋势已十分明显，传统的以猪肉为主要肉类产品的消费习惯会有所改变，高蛋白低脂肪的牛羊肉、水产等的消费会增加，而现代生活方式的普及也会使畜产品加工品的消费比重继续增加。

改革开放以来，中国城乡居民的收入水平和消费能力均有较大提升，城乡居民的恩格尔系数分别由 1978 年的 57.5%和 67.7%迅速下降到 2007 年的 36.29%和 43.1%，但与日本居民相比，目前中国城乡居民的收入水平和消费能力还处于较低水平。从恩格尔系数来看，中国城镇居民仅相当于日本居民 1966 年的水平。但随着收入水平的提高和生活节奏的加快，中国城乡居民对各种畜产加工品的消费量一定会呈现出增加的趋势，中日居民畜产加工品的消费差距也会逐渐缩小。

由于中日两国在畜产品及制品的消费中出现了一定的趋同性，并且随着收入水平的不断提高，恩格尔系数会逐渐下降，前文的预测模型并未能体现出这一规律，预测的结果可能会出现一定的偏差。表 6-15 表示了日本居民畜产加工品收入弹性的变化情况，随着收入的增加，畜产加工品的收入弹性呈下降趋势。未来中国畜产品消费也可能会出现类似规律，因此在进行远期预测时可将收入弹性变化的影响考虑进去，用日本的经验数据替代未来中国可能出现的弹性变化，对之前的预测结果进行修正。当然，由于消费偏好存在差异，导致了动物性食品消费结构存在一定的偏差，比如日本居民从鱼类中获取的食物的量要超过我国居民。但由于民族相近，文化相通，因此日本居民消费的畜产品的量可以作为一个重要的参考值。

表 6-15　日本居民畜产加工品消费收入弹性变化

年份	收入/日元	肉制品	奶制品	蛋类
1965～1975	125 852	2.20～0.58	2.05～0.8	0.31～0.24
1976～1985	355 905	0.55～0.40	0.78～0.56	—
1986～1995	523 357	0.41～0.37	0.59～0.39	—
1996～2002	569 808	0.39～0.45	0.38～0.34	—

注：(1) 日本 1997 年以后报告的收入处于下降趋势，所以可能出现收入弹性上升的现象

(2) 收入为该时间范围内均值

(3)“—”表示在统计上没有显著性，故不报告弹性区间值

根据表 6-16 可以看出，用日本的经验数据替代未来中国可能出现的弹性变化后的预测结果和原预测结果出现的一定的偏差。由修正后的预测结果说明，肉禽制品的消费随着收入水平的提高，其增幅出现了下降趋势，显示出肉禽及制品消费必需品的特征。同样，城市鲜奶的消费也和肉禽制品的消费相似。

此外，农村肉禽制品的消费量的预测结果比原先的预测要高。这一结果表明，根据日本的收入弹性的变化进行预测，中国农村居民随着收入水平的提升，肉禽制品的消费量会比原先的预测结果高，可能的原因一方面是因为我国农村肉禽制品消费才刚刚进入快速增长的时期，原有的预测不能反映出快速增长的需求，运用日本的经验数据进行修正，更能反映出农村居民肉禽制品消费的发展趋势。同时所有的预测结果均表明了我国居民畜产品及加工品的消费会体现出在消费量达到某个量极值后逐步趋于稳定的态势的共同特征。

表 6-16　城乡居民畜产品及加工品消费量预测——日本经验数据的验证

地区	预测年代	对应日本年代	日本当期收入水平/日元	日本当期恩格尔系数	肉禽及制品收入弹性	肉禽制品消费量	奶及制品收入弹性	奶及制品消费量	蛋及制品收入弹性	蛋及制品消费量
城市	2010	1976	258 237	31.6	0.55	14.21 (14.01)	0.78	20.23 (20.14)	0.26	12.60 (13.77)
	2015	1981	367 111	28.8	0.41	16.81 (15.95)	0.61	21.32 (22.28)	0.26	13.83 (14.69)

续表

地区	预测年代	对应日本年代	日本当期收入水平/日元	日本当期恩格尔系数	肉禽及制品收入弹性	肉禽制品消费量	奶及制品收入弹性	奶及制品消费量	蛋及制品收入弹性	蛋及制品消费量
城市	2020	1986	452 942	26.8	0.39	19.43 (17.88)	0.58	21.50 (24.19)	0.26	15.19 (15.61)
	2030	1996	579 461	23.4	0.39	25.84 (21.75)	0.38	22.19 (30.17)	0.26	18.32 (17.46)
农村	2010	1959	51 907	38.7	2.49	2.42 (2.15)	2.63	4.80 (3.97)	0.35	9.58 (11.55)
	2015	1964	59 704	38.1	2.22	3.83 (2.51)	2.32	7.77 (6.22)	0.32	10.27 (12.99)
	2020	1969	97 667	34.6	1.99	5.93 (2.87)	2.05	11.92 (9.78)	0.30	10.97 (14.44)
	2030	1973	165 860	31.9	0.79	11.00 (3.58)	1.18	22.50 (23.96)	0.26	12.30 (17.33)

注：括号内表示原预测值

6.3.3　总量预测

根据对中国城乡市场人均消费量的预测，结合人口增长、城市化率等指标的变化及上文预测的消费量，我们可以预测未来全国畜产加工品市场的整体规模。其他指标采用的预测值如表 6-17 所示，主要结论如表 6-18。

表 6-17　中国人口增长与城市化发展情况

年份	人口总规模/万人	城市人口比例/%	农村人口比例/%
2010	136 007	49.17	50.83
2015	140 816	55.16	44.84
2020	144 427	61.17	38.83
2030	146 544	72.17	27.83

资料来源：田雪原（2007）

表 6-18　全国畜产加工品市场的整体规模预测　单位：万吨

年份	肉禽制品	奶及制品	蛋及制品
2010	1 104.14	4 863.61	1 719.145
2015	1 480.66	6 369.67	1 961.697
2020	1 911.84	8 055.43	2 189.396
2030	2 748.40	12 502.96	2 553.599

注：表中奶及奶制品报告值为将鲜奶及奶制品折算成鲜奶的消费量

根据预测结果，到2030年，我国畜产加工品市场的整体规模将较2010年有大幅的增长，其中肉禽制品增长148.91%，奶及制品增长157.07%，蛋及制品增长48.54%。巨大的市场前景给我国畜产加工品生产企业带来了商机与挑战。如何适应市场需求，提高生产效率，提升产品品质，是众多生产者迫切需要面对的问题。

专栏6.3

发达国家与发展中国家畜产品消费的对比及对我国的启示①

由于世界农业的快速发展，全球大部分居民的食物消费水平都有了明显的提高，粮食安全状况不断改善。世界人均谷物消费量从1961年的262公斤提高到2002年的304公斤；人均肉类消费量由23.1公斤提高到39.8公斤。从区域上看，20世纪80年代以后，发达国家的食物消费基本稳定，发展中国家食物需求处于快速增长期，食物生产与需求存在较大的缺口，发达国家和发展中国家之间存在明显的食物鸿沟。

我国处于发展中国家的行列，改善食物消费的目标是缩小与世界发达国家的差距。目前，在畜产品消费发展的趋势上，各国都在倡导营养健康的消费模式，因此分析世界发达国家及发展中国家畜产品消费变动的历史与现状，对我国畜产品消费的研究有着很好的借鉴意义。

一、发达国家及发展中国家的畜产品消费对比分析

(1) 肉类消费总量不断增加。世界肉类消费总量持续增加，其中发展中国家肉类总消费量占世界总消费量的比例逐渐上升，1961～2002年的年增长率达到5.0%。1994年发展中国家的肉类消费量首次超过发达国家，此后呈直线上升趋势，到2002年，发展中国家肉类消费量达到13 950万吨，占世界总消费量的56%。1990年发达家的肉类消费量达到10 460万吨，之后逐渐减少，1991～2002年的12年一直稳定在1亿吨左右。

(2) 人均肉类消费量逐年增加，40年增加了72%。随着畜牧业的发展，世界人均肉类消费水平不断提高，从1961年的23.1公斤提高到2002年39.8公斤，增长72%。发达国家人均肉类消费量由1961年的52.5公斤提高到2002年81.7公斤；发展中国人均肉类消费量由9.4公斤增加到28.4公斤，增加了2倍；低收入食物短缺国家也增加了3.2倍，但是由于基数低，2002年人均消费量只有23.7公斤。

(3) 发达国家与发展中国家人均肉类消费水平相差10倍以上。由于经济发展水平的差异和消费习惯的不同，不同国家的人均肉类消费水平存在较大的差

① 资料来源：周津春、秦富，《发达国家与发展中国家食物消费的对比及对我国的启示》，《调研世界》，2006年，第8期。

异。新西兰、美国、澳大利亚等国家的人均肉类消费量一直处于较高水平，这些国家的年人均肉类消费量在 110kg 以上；法国、加拿大、德国等国的肉类消费量在 90kg 以上；而一些发展中国家，一直处于低水平阶段，这些国家多分布在南亚和非洲。虽然一些发展中国家的肉类消费水平有所增长，但是和发达国家相比，增长的速度慢，导致发达国家和发展中国家的差距进一步加大。1961 年发达国家和发展中国家人均肉类消费量的差距为 43.1kg，2002 年二者的差距为 53.2kg。

与国际畜产品消费相比，我国年人均畜产品消费中猪肉所占的比重较大，占畜产品消费总量的 60%以上。而在国际上猪肉的平均消费比重在 30%左右，牛羊肉的消费比重大，其中牛肉在 30%以上，羊肉在 20%以上。我国牛羊肉消费量不到肉类总消费量的 25%，因此未来牛羊肉消费还有较大的发展潜力和调整空间，是未来我国畜产品生产发展和食物消费结构调整的重要方向。

二、几点启示

(1) 国际经验表明，在人均国民收入达到高收入水平之前，人们对食物的需求随着收入的增长而增长，在人均国民收入达到中等水平时，食物需求增长率达到极限，此后，随着收入的增长，食物需求增长率开始下降。一般而言，随着收入的增长，增长的收入首先用于满足在低收入水平时尚未满足的食物需要，在中等收入时，则开始主要用于改善食物质量，增加动物性食品的消费量，在副食品消费中向“一多”（多维生素）、“二高”（高蛋白、高能量）、“三低”（低脂肪、低胆固醇、低糖盐）的方向发展，一些低脂肪、高蛋白、营养丰富的牛羊肉、瘦肉等消费大增。

(2) 由于食物消费结构的改善，动物性食物摄入量增多，城乡居民口粮等主食消费在 20 世纪 90 年代便开始降低。可以预计我国城镇居民口粮消费降低的趋势将减弱并基本趋于稳定，但我国农村居民口粮消费降低仍有较大的空间，口粮总消费量保持基本稳定，但其占粮食总消费的比重将进一步下降。随着我国农村居民家庭收入的增加，人们将消费更多的肉食，但肉食需要粮食饲料才能生产出来。因此，随着我国人口迁移继续从农村地区流向城镇，以及农村居民未来收入的增加，在我国城乡居民的食物消费中，口粮的消费需求会下降，而饲料粮的需求会增加。在温饱问题解决之后，随着收入的增加，人均粮食直接消费量必定减少。无论在城市，还是在农村，无论在中国，还是在外国，尽管人们的消费习惯不同，消费能力有很大差异，但这一规律始终如一。

(3) 我国的食物消费模式基本上属于发展中国家模式，在今后的 20 多年间，是我国社会经济发展的一个重要时期，特别是在全面小康社会的建设阶段是食物结构急剧变化、可塑性很大的时期，是调整食物结构、转变食物观念的关键时期，也是增强人民体质、发展饮食文明的打基础时期。今后我国食物改善的方向应该是：以植物性食物为主，适当增加动物性食物在膳食中的比重，在保证必要的谷物消费的同时，进一步增加其他类型食物的消费，走多样化、科学化、方便化的路子，逐步形成适合我国国情的科学膳食结构，从而降低粮食消耗，控制粮食消费的增长速度。

本章小结

居民的消费特征既反映出长期消费的习惯，同时也遵循消费的基本规律，随着收入水平的提高，畜产品消费结构在发生变化。畜产品消费结构的变动体现在四个方面：一是不同畜禽产品消费数量持续增长；二是禽肉、奶类消费增长较快，猪肉消费比重下降明显；三是农村居民畜禽产品消费水平远低于城镇居民；四是畜禽产品户外消费比重不断上升。影响居民畜产品消费的因素主要有居民收入、相对价格水平、城乡差异与城市化水平、区域差异。

根据经过修正的半对数模型，预测到 2030 年，城市居民人均鲜肉消费量为 45.38 千克，肉禽制品消费量为 25.84 千克，鲜奶消费量为 22.19 千克，蛋类消费量为 18.32 千克；农村居民的人均鲜肉消费量为 29.96 千克，肉禽制品消费量为 11.00 千克，奶及制品消费量为 22.50 千克，蛋类消费量为 12.30 千克。

关键术语

相对收入假说　恩格尔定律　消费支出弹性　消费结构城乡差异

复习与思考

1. 简述恩格尔定律。
2. 简述我国城乡居民畜产品消费的特征。
3. 影响畜产品消费的因素有哪些?

本章参考文献

陈燕武 . 2008. 消费经济学：基于经济计量学视角 . 北京：社会科学文献出版社 .

库尔斯 R，乌尔 J. 2006. 农产品市场营销学 . 孔雁译 . 北京：清华大学出版社 .

厉以宁 . 1984. 消费经济学 . 北京：人民出版社 .

列文 A И，雅尔金 A П. 1986. 消费经济学：理论、管理、预测问题 . 邓本中等译 . 成都：西南财经大学出版社 .

刘秀梅，秦富 . 2005. 我国城乡居民动物性食物消费研究 . 农业技术经济，(3)：25-30.

田雪原 . 2007. 21 世纪中国人口发展战略研究 . 北京：社会科学文献出版社.

夏晓平，李秉龙，隋艳颖 . 2010. 收入变动与城镇居民畜产品消费的实证分析. 消费经济，(5)：17-24.

袁学国．2001．我国城乡居民畜产品消费研究．中国农业科学院博士学位论文．
周津春，秦富．2006．发达国家与发展中国家食物消费的对比及对我国的启示．调研世界，(8)：41-43.
朱信凯，骆晨．2011．消费函数的理论逻辑与中国化：一个文献综述．经济研究，(1)：140-153.
左雪峰．2008．我国家庭猪肉消费偏好及生猪饲养现状的调查分析．消费导刊，(6)：65-66.

第 7 章　中国畜产品的国际贸易

一国参与国际贸易的程度与其经济发展水平有着密切的关系。随着中国参与世界经济从范围到程度上的不断深入，对外贸易对经济发展的促进作用也愈发明显。中国畜产品国际贸易的历史较长。近代中国的畜产品曾是重要的出口产品。如今，畜产品贸易的规模有显著增长，与我国畜产品的生产、消费关系更为密切，因此对畜产品国际贸易的研究也就成为必然。

本章首先介绍国际贸易的基本理论及分析方法，然后以近代中国的畜产品贸易及目前畜产品贸易的格局及主要问题为研究对象，介绍了中国畜产品贸易的历史、发展、现状及面临的挑战。

7.1　国际贸易理论与分析方法

7.1.1　比较优势与贸易理论

比较优势理论的提出直接源于人们对贸易模式的关注。一般来说，人们将大卫·李嘉图对国际贸易模式的研究看做比较优势理论的起点。比较优势理论认为，国际贸易的基础是生产技术的相对差别，以及由此产生的相对成本的差别。每个国家都应根据“两利相权取其重，两弊相权取其轻”的原则，集中生产并出口其具有“比较优势”的产品，进口其具有“比较劣势”的产品。比较优势理论在更普遍的基础上解释了贸易产生的基础和贸易利得，大大发展了绝对优势贸易理论（资料 7.1，资料 7.2）。

资料 7.1

绝对优势理论

绝对优势理论（theory of absolute advantage），又称绝对成本说（theory of absolute cost）、地域分工说（theory of territorial division of labor）。该理论由英国古典经济学派主要代表人物亚当·斯密创立，是最早的主张自由贸易的理论。

亚当·斯密的绝对优势理论，是建立在他的分工和国际分工学说基础之上的。他用一国内部的不同职业、不同工种之间的分工原则来说明国际贸易分工。他认为，分工能够提高劳动生产率，增进社会财富。如果每个人都用自己擅长生产的东西去交换自己不擅长的东西，那对交易双方都有利。他写道：“如果外国能以比我们自己制造还便宜的商品来供应我们，我们最好就用我们有利的使用自己的产业生产出来的物品的一部分来向他们购买。”（斯密，1979）斯密认为，应根据生产成本来判断一国某种商品是否便宜。一国应把本国生产某种商品的成本及生产费用与外国生产同种商品的成本及生产费用相比较，以便决定是自己生产还是从外国进口。这就是所谓“绝对成本说”。如果一国某种商品的生产成本绝对地低于他国，那该国生产这种商品的产业就是具有绝对优势的产业，相反，就是不具有绝对优势或处于“绝对劣势”的产业。各国按照绝对成本差异进行国际分工，专门生产本国具有绝对优势的产品去进行贸易，将会使各国的资源、劳动力和资本得到最有效率的利用，将会大大地提高劳动生产率和增加各国的物质福利。

绝对成本说解决了具有不同优势的国家之间的分工和交换的合理性。但是，这只是国际贸易中的一种特例。如果一个国家在各方面都处于绝对的优势，而另一个国家在各方面则都处于劣势，那么，它们应该怎么办？对此，斯密的理论无法回答，这个问题的解决是大卫·李嘉图的功劳。

根据比较优势理论，一国在两种商品生产上较之另一国均处于绝对劣势，但只要处于劣势的国家在两种商品生产上劣势的程度不同，处于优势的国家在两种商品生产上优势的程度不同，则处于劣势的国家在劣势较轻的商品生产方面具有比较优势，处于优势的国家则在优势较大的商品生产方面具有比较优势。两个国家分工专业化生产和出口其具有比较优势的商品，则两国都能从贸易中得到利益。

资料 7.2

比较优势理论与谷物自由贸易

1815 年英国政府为维护土地贵族阶级利益而修订实行了“谷物法”。“谷物法”颁布后，英国粮价上涨，地租猛增，它对地主贵族有利，而严重地损害了产业资产阶级的利益。昂贵的谷物，使工人货币工资被迫提高，成本增加，利润减少，削弱了工业品的竞争能力；同时，昂贵的谷物，也扩大了英国各阶层的吃粮开支，而减少了对工业品的消费。“谷物法”还招致外国以高关税阻止英国工业品对他们的出口。为了废除“谷物法”，工业资产阶级采取了多种手段，鼓吹谷物自由贸易的好处。而地主贵族阶级则千方百计维护“谷物法”，认为，既然英国能够自己生产粮食，根本不需要从国外进口，反对在谷物上自由贸易。

这时，工业资产阶级迫切需要找到谷物自由贸易的理论依据。李嘉图适时而出，他在 1817 年出版的《政治经济学及赋税原理》，提出了著名的比较优势原理(law of comparative advantage)。这是一项最重要的、至今仍然没有受到挑战的经济学的普遍原理，具有很强的实用价值和经济解释力。他认为，英国不仅要从外国进口粮食，而且要大量进口，因为英国在纺织品生产上所占的优势比在粮食生产上的优势还大。故英国应专门发展纺织品生产，以其出口换取粮食，取得比较利益，提高商品生产数量。比较成本理论为自由贸易政策提供了理论基础，推动了当时英国的资本积累和生产力的发展。在这个理论影响下，“谷物法”被废除了。这是19世纪英国自由贸易政策所取得的最伟大的胜利。

从现代经济学的角度看，李嘉图形态的比较优势理论存在诸多局限性。但是，从李嘉图理论的直接继承者和发展者的角度看，这些局限中最不能令人满意的主要包括两个方面：①仅有一种生产要素——劳动；②在多种要素存在的情形下，该理论在解释比较优势来源时发生困难。

对李嘉图理论的不满导致了贸易理论的进一步发展。在种种发展中，最为成功的就是赫克歇尔-俄林的“要素禀赋理论”。该理论构造了一个包含“两个国家、两种商品、两种生产要素”的模型，从要素禀赋结构差异以及由这种差异所导致的要素相对价格在国际间的差异方面来寻找国际贸易发生的原因。一般来说，我们今天所说的比较优势理论基本上就是以赫克歇尔-俄林理论为蓝本的。

赫克歇尔-俄林模型假定各国的劳动生产率是一样的（即各国生产函数相同），在这种情况下，产生比较成本差异的原因有两个：一是各个国家生产要素禀赋比率的不同；另一个是生产各种商品所使用的各种生产要素的组合不同，亦即使用的生产要素的比例不同。所谓生产要素禀赋，指的是各国生产要素（即经济资源）的拥有状况，如有的国家劳动力相对丰富，有的资本相对丰富，有的技术相对丰富，有的土地相对丰富等。一般说来，一个国家的生产要素丰裕，其价格就便宜，比如，劳动力丰富的国家，工资（劳动力价格）就低一些，资本丰裕的国家，利息率（资本的价格）就低一些，等等。反之，比较稀缺的生产要素，其价格当然就高些。每一个国家各种生产要素的丰裕程度不一样，有的相对丰裕，有的相对稀缺，其要素价格也会有高有低。各国生产要素禀赋比率不同，是产生比较成本差异的重要决定因素。各国都生产密集使用本国要素禀赋较多、价格相对便宜的生产要素的商品以供出口，这样，双方都可获得利益。

在赫克歇尔-俄林理论之后，贸易理论进一步发展的动力主要来自于数据收集和处理技术的进展以及因此而提供的对贸易理论进行实证检验的可能性。“里昂惕夫难题”的提出使得人们对赫克歇尔-俄林理论的普遍适用性产生了怀疑。这种怀疑导致两种结果：一部分研究者认为通过对赫克歇尔-俄林理论进行改进，引入人力资本、土地等生产要素，进而在更为广泛的基础上来考虑国家之间要素禀赋结构的差异，就能够解决难题。这些研究者的实证检验结果也证明上述改进是有效的。另一部分研究者则并不满足于对赫克歇尔-俄林理论的简单改进。他们试图通过放弃赫克歇尔-俄林理论的部分重要假设条件来构造“新的贸易理论”。其中，两个方向的发展取得了重要的成果。

第一，放弃赫克歇尔-俄林理论关于规模收益不变的假定，研究规模收益递增对于国际贸易的影响。按照规模收益递增理论，一国的企业或者行业可能仅仅由于历史或者偶然的原因而较早地进入某个产业，从而可以较早地扩大生产的规模并利用规模经济来形成产品在国际市场上的成本优势。

第二，放弃赫克歇尔-俄林关于贸易参与国在获得生产技术方面具有相同可能性的假定，研究不同国家的企业或产业获得不同水平或内容技术的可能性对国际贸易的影响。技术可获得性差异理论既可以用来解释发达国家之间的贸易也可以用来解释发达国家与发展中国家之间的贸易。对于前者，即使两个发达国家在开发技术方面具有相同的能力，但是，由于随机性因素的影响，他们开发出来的具体技术也是具有差异的；另一方面，不同国家可能专业化地开发不同产品或产业方面的生产技术。因此，两个国家的技术能力相同并不意味着二者开发出来的最终产品相同。这样，两个技术能力相同的国家仍然存在贸易的可能性。对于后者，其研究结果是导致著名的产品或技术“生命周期”理论的产生。该理论认为，新的技术和产品一般是在发达国家首先开发成功的。当产品和技术趋向成熟并进入标准化阶段时，产品的生产则转移到发展中国家进行。与产品和技术的这种生命周期相适应，国际贸易首先是从发达国家向发展中国家输出新产品，然后则改变成从发展中国家向发达国家输出成熟的和标准化的产品。产品生命周期理论需要对一个核心的问题进行解释，即，为什么新的技术和产品总是在发达国家首先开发成功的。为了解释这一问题，研究者一般将研究和发展的能力与国家的人均收入水平联系在一起。他们认为，只有富裕国家才有可能支付得起昂贵且具有非常高失败概率的研究和发展费用，因此，新的技术和产品一般是在人均收入水平较高的国家开发成功的。与上述理论相关，研究者也分析了收入水平的差异与消费者偏好和市场需求的关系。研究结果倾向于认为，收入水平相近的国家之间最有可能具有相似的消费者偏好与市场需求特征。这样，当一国的厂商计划进行跨国经营时，他们最有可能进行开发的市场首先应当是与自己的收入水平相当的市场。单纯从这个角度讲，收入水平相当的国家之间的贸易量应当是比较大的。

贸易理论的上述新进展与国际贸易现象的发展是同步的。按照赫克歇尔-俄林理论，国际贸易应当主要在要素禀赋结构相差较大的国家之间进行。然而，20世纪国际贸易的发展越来越表明，要素禀赋结构相似的国家（地区）之间的贸易——主要是发达国家之间的贸易反而占有国际贸易的主要份额。这样，贸易理论就需要对这种现象进行解释。新贸易理论，包括其对规模收益递增条件下国际贸易问题的分析、技术可获得性的分析、分工和专业化与企业技术和产品开发之间关系的讨论、不同国家之间市场需求差异的分析等，为国际贸易的这种新的发展动向提供了解释。

另一方面，20世纪中期之后的国际贸易现象表明，不仅发达国家之间的贸易占全球对外贸易的主要部分，而且发达国家之间贸易的主要部分是行业内贸易。于是，新贸易理论又被用来对行业内贸易进行解释。具体来说，人们将行业内贸易划分为同质产品的行业内贸易和差别化产品的行业内贸易。前者的出现可以用比较简单的原因进行解释，比如转口贸易的增加、生产的季节性因素和较高的运输成本等。新贸易理论则主要用来解释差异性产品的行业内贸易。在其解释过程中，规模经济、专业化造成的技术差异、高收入水平造成的消费者需求的多样化等因素都或多或少地发挥了作用。

7.1.2 竞争优势理论

竞争优势理论中最具代表性的就是波特理论。在《国家竞争优势》发表之前，波特研究的重点是企业战略和企业的竞争力问题（波特，1997a，1997b）。波特将其在企业竞争力领域的研究心得扩展到产业和国家的层面，进而形成了其国家竞争优势理论。

波特认为，企业可以将自己的竞争优势建立在两个不同的层次上。低层次的竞争优势是一种“低成本竞争优势”，而高层次的竞争优势则是一种“产品差异型竞争优势”。低成本竞争优势的来源通常有如下几个方面：特殊的资源优势（较低的劳动力和原材料成本）、其他竞争者使用较低的成本也能够取得的生产技术和生产方法、发展规模经济。而产品差异型竞争优势则建立在通过对设备、技术、管理和营销等方面持续的投资和创新而创造更能符合客户需求的差异型产品上。产品差异型竞争优势之所以被称为高层次的竞争优势主要是因为：①与低成本竞争优势相比，成功的差异型竞争优势通常能够为企业带来更高的收益因而代表更高的生产率水平；②与低成本竞争优势相比，差异型竞争优势更难被竞争对手模仿从而更有可能在长期中保持下去。

为了创造高层次的竞争优势，企业唯一的选择是进行持续的投资和创新。因此，一个有利于企业的持续投资和创新的环境对企业创造高层次竞争优势来说是至关重要的条件。在国家竞争优势理论中，波特提出的“钻石体系”模型正是对这种投资和创新环境的描述。具体来说，“钻石体系”包括四种主要因素（图 7-1）。它们分别是：①生产要素，包括初级的生产要素（一般的人力资源和天然资源）和被创造出来的生产要素（包括知识资源、资本资源和基础设施）；②需求条件，包括国内需求的结构、市场大小和成长速度、需求的质量、需求国际化的程度等各个方面；③相关产业和支持性产业的表现，包括纵向的支持（企业的上游产业在设备、零部件等方面的支持）和横向的支持（相似的企业在生产合作、信息共享等方面的支持）；④企业战略、企业结构和竞争对手，包括企业的经营理念、经营目标、员工的工作动机、同行业中竞争对手的状况等方面。

按照波特的分析，为了形成低层次的竞争优势一般并不需要钻石体系的全部因素来配合。通常，低成本竞争优势仅仅需要具有足够丰裕的初级生产要素就能够形成。依靠广阔的国内市场来建立生产的规模经济从而取得成本上的优势是低

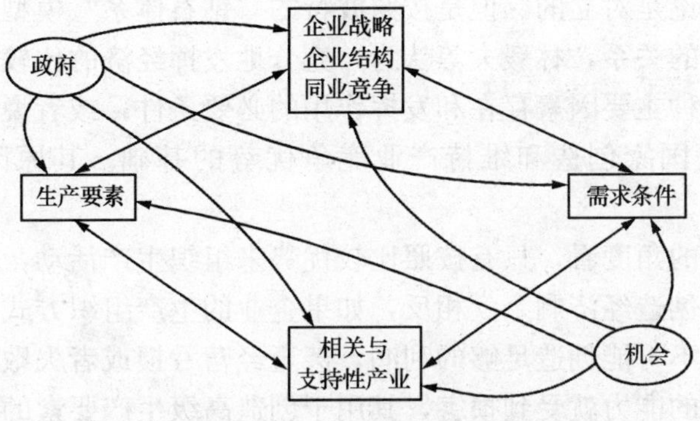

图 7-1　迈克尔·波特的“钻石体系”

资料来源：波特（2002），第三章图 3-1 改编

成本竞争优势的另一个常见来源。但是，产品差异型竞争优势的建立则需要钻石体系中的各种因素相互配合才能够形成。比如，高层次人力资本、专业化的研究机构、优良的基础设施为企业的研究发展活动提供了必要的生产要素条件；国内市场上内行而挑剔的客户以及激烈的同业竞争为企业的投资和创新活动提供了足够的压力和刺激；同样拥有竞争优势的供应商保证了设备和原材料的质量。

在上述四种因素之外，还存在两种因素也可能影响企业的竞争优势。这两种因素就是政府和机会。政府可以通过自己的活动来影响钻石体系四种核心因素中的任何一个方面，从而达到影响企业竞争优势的目的。另一方面，新的需求、新的技术出现等机会因素则为落后企业追赶先进企业提供了最佳的时机。不过，波特通常认为，在其钻石体系模型中，四种核心因素的作用是不可替代的。如果没有四种核心因素的存在和相互配合，单纯政府的影响和机会的出现通常并不会使企业取得竞争优势。这是因为，机会是“可遇不可求”的；另一方面，“政府的影响虽然可观”，但“政府本身并不能帮助企业创造竞争优势”（波特，2002）。

通过其“钻石体系”模型，波特解释了一个国家的企业（或行业）如何取得持久的国际竞争能力。在此之后，波特将这一企业竞争力理论发展成为一种经济发展理论。按照波特的逻辑，国家经济发展的目标是使其国民取得较高的收入水平，而收入水平的高低则决定于该国企业（或行业）的生产率水平。既然只有发展高层次的竞争优势才能够使企业获得高层次的生产率水平，那么，国民收入水平的高低也就同样取决于该国的企业能否获得高层次的竞争优势了。这样，波特就将其企业竞争优势理论与国家的经济发展水平联系在一起并最终将企业竞争优势理论发展成为国家竞争优势理论。

7.1.3　比较优势与竞争优势的关系

比较优势和竞争优势在解释国际贸易中都占有重要的地位。但甚至包括波特都认为这两种理论是对立的。但是按照波特的“钻石体系”模型来分析比较优势与竞争优势之间的关系，林毅夫等认为，充分地发挥经济的比较优势是波特“钻石体系”中的四种主要因素存在和发挥作用的必要条件，或者说，充分地发挥经济的比较优势是国家创造和维持产业竞争优势的基础。其原因主要包括如下方面。

从生产要素的角度看，只有按照比较优势来组织生产活动，企业和整个经济才能最大限度地创造经济剩余。相反，如果企业的生产组织方式违背经济的比较优势，该企业就不可能创造足够的利润，甚至经营亏损或者失败。此时，整个经济积累经济剩余的能力就受到损害，其用于创造高级生产要素的投资数量也必然会减少。因此，遵循比较优势，充分利用现有要素禀赋所决定的比较优势来选择产业、技术、生产活动，是企业和国家具有竞争力的前提，而且，也是不断积累更为“高级”的生产要素的必要条件。

从同业竞争的角度看，激烈的同业竞争能够给企业提供足够的压力来增加对高级生产要素的投资和研究发展活动的投资，从而有利于推进企业的创新活动。但是，对一个特定的行业来说，只有该行业是符合经济的比较优势时，同业间的良性市场竞争才有可能实现。一旦政府决定推动该行业违背经济的比较优势进行“赶超”，良性的市场竞争就不可能实现。在存在保护措施的前提下，该行业不可能出现波特意义上的激烈竞争。相反，发展中国家经济发展的历史已经表明，赶超的结果必然是行业的垄断。很明显，与通过创新来增加竞争力、改进经营绩效相比，垄断使得企业更容易地取得利润。因此，在垄断的条件下，行业中的企业所热衷的是通过寻租活动来保护垄断，而不是积极创新。所以，一个国家只有按照比较优势来发展经济，同业之间才会有最大的市场竞争压力。

从需求条件方面看，在《国家竞争优势》一书中，波特认为，“内行而挑剔的客户”的存在能够推动企业进行持续的创新活动。但是，波特没有解释为什么有些国家的客户会“内行而挑剔”，有些国家的客户则不会，他似乎更多地将该因素看做一个纯属外生性的条件。但是，在发展中国家，客户很难去挑剔被保护行业的产品，因为政府的政策总会或多或少地偏向于保护生产厂商而不是客户，这就使客户产品的成本提高。另一方面，在垄断的条件下，客户进行选择的余地会明显的缩小。也就是说，这类客户的存在是具有内生条件的，即市场应该是开放自由、完全竞争的，而比较优势成立的条件也是如此。

从相关与支持性产业看，竞争优势理论非常强调相关与支持性产业（或者，产业集群）对于企业和产业创造竞争优势的重要性。必须指出的是，产业集群的出现以及产业集群内部的企业之间发生相互联系的性质都与国家的经济发展战略有关。在违背比较优势的经济发展战略下，一个具有良好发展前景的产业集群是很难出现的。

上述四种因素都说明，只有充分地发挥经济的比较优势，企业和产业的竞争优势才有可能形成。或者说，比较优势是竞争优势的基础与必要性条件。波特在钻石体系的第一项中特别强调高级人力资本和研发的重要性，这是和其研究的对象主要是发达国家有关。发达国家①拥有相对丰富的物资资本，在国际产业分工中，发达国家具有比较优势的是处于新技术前沿的资本密集型产业，或各个产业中的新产品研发区段。在这些产业和产业区段中的生产和研发活动，需要有高人力资本的人才，才能较好的克服新技术开发和新产品市场的不确定性。所以，具有高物资资本水平国家的企业，必须雇佣具有高人力资本的人才，强调研发和新产品开发的重要性，这是这些企业利用本国的比较优势，在国际市场上取得竞争优势的必然要求和表现。

7.1.4　分析方法

国际竞争力研究，首先需要确定研究的产品范围和国际比较范围，以便使研究工作切合实际，研究结果具有重要的指导意义。反映国际竞争力指标包括市场占有率、贸易竞争指数、固定市场份额模型、显示性比较优势等。

1. 市场占有率

市场占有率是反映国际竞争力的最直接和最简单的实现指标，可以表明其在国际和国内市场竞争中所具有的竞争实力，它反映了国际竞争力的实现程度。在遵循 WTO 原则的市场条件下，本国市场和国际市场一样都对外国开放。因此，国际市场占有率、进口国市场占有率和本国国内市场占有率均能反映其国际竞争力的强弱。

1）国际市场占有率

国际市场占有率是指某国（地区）的某种产品出口额占世界同种产品出口总额的比重。国际市场占有率通常用来比较若干国家（地区）某种产品国际竞争力的强弱。如果考虑应在出口额减去外商创造的部分，则某个国家（地区）某种产品国际市场占有率的计算公式为

$$\mathrm{WMS}_{ij}=\frac{X_{ij}-\beta_{ij}\times\gamma_{ij}\times X_{ij}}{X_{iw}}\times 100\%$$

式中，WMS_{ij} 为 j 国 i 产品的国际市场占有率；X_{ij} 为 j 国 i 产品的出口额；β_{ij} 为 j 国外商投资企业 i 产品出口额占该国 i 产品出口总额的比重；γ_{ij} 为 j 国 i 产品外方资本金占外商投资企业资本金的比重；X_{iw} 为世界 i 产品出口总额。

① 《国家竞争优势》一书所研究的国家包括：丹麦、德国、意大利、日本、韩国、新加坡、瑞典、瑞士、英国和美国等 10 个国家。

2）主要进口国市场占有率

主要进口国市场占有率是指某国（地区）的某种产品被进口到主要进口国的进口额，占该主要进口国该种产品进口总额的比重。主要进口国市场占有率可用来反映该国和世界各主要出口国（地区）的各种农产品在主要进口国市场的竞争力状况，可采用如下计算公式：

$$\mathrm{IMS}_{ij}^{k}=M_{ij}^{k}/M_{i}^{k}\times 100\%$$

式中，IMS_{ij}^{k} 为 j 国 i 产品占 k 国 i 产品进口总额的比重；M_{i}^{k} 为 k 国从 j 国进口 i 产品的总额；M_{i}^{k} 为 k 国 i 产品的进口总额。

3）本国国内市场占有率

随着对外开放不断扩大，中国国内市场已逐渐成为国际市场的一部分，因此，各种农产品在本国市场的占有率，也能在一定程度上反映其国际竞争力的强弱。在不考虑外商投资企业影响的情况下，具体计算公式为

$$\mathrm{DMS}_{ij}=\frac{S_{ij}-X_{ij}}{S_{ij}-X_{ij}+M_{ij}}\times 100\%$$

由于各种农产品各国销售额的分类数据较难获得，可以采用本国生产的某种农产品销售量占该种农产品总销售量的比重来计算国内市场占有率。其计算公式进一步改写为

$$\mathrm{DMS}_{ij}=\frac{P_{ij}-X_{ij}^{q}}{P_{ij}-X_{ij}^{q}+M_{ij}^{q}}\times 100\%$$

式中，P_{ij} 为 j 国 i 产品总产量；X_{ij}^{q} 为 j 国 i 产品出口总量；M_{ij}^{q} 为 j 国 i 产品进口总量。

2. 贸易竞争指数

贸易竞争指数可以表明某国生产的某种产品是净进口，还是净出口，以及净进口或净出口的相对规模，从而反映某国生产的某种产品相对于世界市场上供应的其他国家的该产品来讲，是处于生产效率的竞争优势还是劣势以及优劣势的程度。在不考虑外资的情况下，贸易竞争指数的计算公式为

$$\mathrm{TC}_{ij}=\frac{X_{ij}-M_{ij}}{X_{ij}+M_{ij}}$$

式中，TC_{ij} 值大于零，表示 j 国 i 产品为净出口，说明该国的这种产品生产效率高于国际水平，具有较强的国际竞争力；绝对值越大，国际竞争力越强。TC_{ij} 值小于零，表示 j 国 i 产品为净进口，说明该国的这种产品生产效率低于国际水平，不具有或缺乏国际竞争力；绝对值越大，越缺乏国家竞争力。所以，贸易竞争指数又称为“水平分工度指数”，表明各类产品的国际分工状况。

3. 显示性比较优势

显示性比较优势指数来源于相对出口优势指数。如果某国（地区）的某种产

品对这些发达国家（地区）的出口具有优势或市场占有率高，则说明该国该种产品确实具有很强的国际竞争力。该指数的基本含义是，在某个进口国（日本或欧盟国家）市场上，从所研究的国家（如中国）进口的某种产品占该种产品进口总额的比重，与从所研究的国家（如中国）进口总额占该进口国（如日本或欧盟国家）进口总额的比重之商。其计算公式为

$$\mathrm{RCA}_{ij}^{k}=\frac{X_i^k\Big/\sum_j Y_{ij}^k}{\sum X_i^k\Big/\sum_{ij} Y_{ij}^k}=\frac{X_i^k\Big/\sum X_i^k}{\sum_j Y_{ij}^k\Big/\sum_{ij} Y_{ij}^k}$$

式中，RCA_{ij}^{k} 表示 j 国 i 产品在 k 进口国或地区市场的显示性比较优势指数；i 表示产业或产品，j 表示出口国或地区，k 表示进口国或地区，X_i^k 表示 k 进口国（如日本）自所研究的国家（如中国）进口 i 产品的总额，Y_{ij}^k 表示 k 进口国（如日本）自 j 出口国进口 i 产品的总额。

一般认为，若 RCA_{ij}^{k} 指数大于 2.5，表示该出口产品具有极强的国际竞争力，若 RCA_{ij}^{k} 指数介于 1.25～2.5，表示该出口产品具有较强的国际竞争力，若 RCA_{ij}^{k} 指数介于 0.8～1.25，表示该出口产品具有中等国际竞争力，若 RCA_{ij}^{k} 指数小于 0.8，则表示该出口产品的国际竞争力较弱。

7.1.5　畜产品国际贸易的数据

为了便于以统一的口径来分析中国与世界畜产品贸易的联系，需要一套对贸易数据的分类标准。现有研究中应用较多的有两类统计分类制度：第一种分类制度是《联合国国际贸易标准分类》(*United Nations Standard International Trade Classification*)，简称 SITC 分类；第二种分类制度是《协调商品名称和编码制度》(*Harmonized Commodity Description And Coding System*)，简称 HS 分类。

1. SITC 分类（联合国国际贸易标准分类）中的畜产品

联合国统计委员会（UNSD）于 1950 年起草了"联合国国际贸易标准分类"，经过四次修订（1960 年、1974 年、1986 年、2006 年），已有四个版本。SITC 分类把国际贸易商品分为 10 大类、67 章、261 组、1033 个分组，共有 3118 个基本编号。其中，0 到 4 类商品一般被称为初级产品，5 到 8 类商品被称为制成品。畜产品主要包括第 00 章的活动物、第 01 章的肉及肉制品、第 02 章的乳品及蛋品、第 21 章的生皮及生毛皮和第 41 章的动物油、脂，另外还包含第 29 章中的其他动物原料和第 43 章中的已加工动物油、脂及动物蜡，但不包括第 03 章的鱼、甲壳及软体动物等畜产品。

2. HS分类（协调商品名称和编码制度）中的畜产品

HS分类是海关合作理事会为了适应关税征收而制定的一部科学、系统的国际贸易商品分类体系。它以《海关合作理事会分类目录》(*Customs Co-operation Council Nomenclature*，CCCN）为核心，吸收了SITC分类和国际上其他分类体系的长处，并按商品的原料来源，结合其加工程度、用途以及所在工业部门的分类原则，形成了一个6位数编码的多功能、多用途的商品分类目录。同时HS分类也是一个以4位数税目为基础的结构式分类目录，其4位数税目主要用于海关征税，而6位数目则便于贸易统计及分析。

同其他商品分类比较，HS分类是一部多功能、多用途的商品分类目录，它的编制充分考虑了与贸易有关方面的需要，是国际贸易商品分类的一种"标准语言"，同时也是目前世界上最广泛采用的商品分类目录，世界上已有150多个国家使用HS分类体系，全球贸易总量90%以上的货物都是以HS分类的。为了保证HS分类体系的不断更新，便于国际贸易统计资料的收集、对比与分析，HS分类委员会决定，每四年对HS分类体系作一次全面的审议和修订。目前，已作了四次修订，形成了世界通用的1992年、1996年、2002年和2007年共四个版本。中国海关是在1992年1月1日正式采用HS分类目录的，并在HS国际标准编码6位数的基础上，根据我国关税、统计和贸易管理的需要加列了第7和第8位本国子目。

按HS分类体系规定，畜产品主要包括以下商品：HS01活动物类；HS02肉及食用杂啐类；HS04乳蛋蜂蜜及其他食用动物产品类（简称乳蛋蜂蜜类）；HS05其他动物产品类，但要剔除HS0508（珊瑚类）、HS0509（动物质天然海绵）、HS051191（鱼类产品）和中国子目HS05119930（蚕种）；HS15动物油脂类，具体包含以下4位品目HS1501～HS1503和HS1505～HS1506；HS16肉制品类，具体包含HS1601和HS1602这2个4位品目；HS41生皮和生毛皮类，具体包含HS4101～HS4103以及HS4301这4个4位品目；HS51羊毛等动物毛类，具体包含HS5101～HS5103这3个4位品目。

7.2 近代中国畜产品的国际贸易

近代中国除纯牧区外没有专业的畜牧企业，但我国广大农业区的数千万农户都是把家畜家禽的饲养和种植业相结合的。因此，从绝对数来说，它在种植业及整个国民经济中所处的地位是很重要的。

由于城市的兴起及其人口的增长，畜禽产品产量亦有所增长。畜产品包括肉、乳、皮、毛、骨、油及厩肥七项，内脏如心、肺、肚、肠及血，一般可包括在肉用内。但是近代中国对国内消费的部分并没有相应的调查统计，而这部分占整个畜产品生产的比重最大。皮、毛、猪鬃、肠衣及火腿五项因系外销物资，与财政、经济及贸易关系较大，所以还有相关统计资料可查，也为我们分析近代中国的畜产品贸易提供了数据支持。当然，近代中国缺乏完善的统计体系，又饱受战争的影响，统计资料中断、不全面、统计口径不一致等问题难免存在，我们主要以许道夫编写的《中国近代农业生产及贸易统计资料》中的数据为基础。

从对外贸易的情况看，畜禽产品的增长趋势是明显的。在1910年以前中国对外贸易主要为丝、茶两项，但之后即被畜禽产品超过。粗略计算，在1915年丝茶出口货值约占出口总值30%，而畜禽产品货值还只占10%，到1937年丝茶仅占10%多一些，而畜禽产品则占19%。

养猪为我国农家重要副业之一，除西北回族居民较集中的地区养猪较少外，其他各区均较普遍。据1914～1947年的各项统计资料看，全国养猪总数在20世纪20年代以后大致为6000万头。各年数量的变化，随年岁丰歉而有所增减。但由于猪肉国内消费的比例很高，出口贸易主要以猪鬃、肠衣及火腿为主。在22省的农业区中，大家畜的饲养主要是为满足农业生产需要，做役畜使用，而不是以获得大家畜产品为目的。所以役畜数量的多少和耕地面积的大小，从长期来说是相联系的。而畜产品的贸易也受耕作需求的影响而波动。以生牛皮出口为例，1877年生牛皮出口数突增，是由于当年华北地区发生自然灾害，牛的死亡增加而造成的；到1880年，生牛皮出口较常年减少，是由于耕牛缺乏，禁止宰杀所致。从历年生牛皮出口数量的不规则变化中，可以发现减少的原因多半是由于耕牛不足所致。中国虽为各种生皮出口国家，但由于国内制革工业不发达，历年均有熟皮进口。中国鲜鸡蛋出口由来已久，1912～1930年的蛋品出口在我国出口总额中的比重大体呈上升趋势，由1912年的0.5%左右上升到1930年的6%，说明鸡蛋及蛋品在20世纪30年代已成为我国重要的出口商品之一。

鸡蛋作为20世纪初我国重要的出口商品，同时可获得的数据资料相对齐全，因此，本节以鸡蛋贸易为研究对象，分析我国近代的畜产品贸易格局及竞争力的变化。

7.2.1　鸡蛋的出口路径

中国鲜鸡蛋出口开始的年代记载不详，有记录表明在1902年（光绪二十八年），中国鲜鸡蛋的出口总量已经达到了125万海关两（根据《中国近代农业生产及贸易统计资料》，1海关两＝1.114上海两＝1.0875汉口两＝1.558银元）。我国香港、日本、俄国西伯利亚及新加坡是主要的出口地，对欧美也有少量出口。后来，有预见的中国资本家开始在天津、上海、汉口对欧美及日本出口鸡蛋，从此奠定了中国鸡蛋贸易的基础。

鸡蛋的出口港主要是汉口、南京、上海、天津。中部地区鸡蛋的集散地主要在汉口、南京、上海，北部地区出口中心是天津。以 1936 年及 1937 年为例，各出口港的出口量如表 7-1 所示，上海出口额约占全中国鸡蛋出口额的一半。

表 7-1　蛋出口主要关别统计　单位：千个

年份	上海	南京	汉口	胶州	天津
1936	181 094	2 917	1 944	71 234	68 571
1937	178 357	14 861	282	72 997	46 395

资料来源：许道夫．1983. 中国近代农业生产及贸易统计资料，上海人民出版社

以几个出口港为中心，20 世纪初中国的鸡蛋从生产、加工到出口，形成了相对固定的产品流通路线，主要产地和加工地也形成了明显的地域分布。其中，江西、河南、湖南、湖北的鸡蛋主要通过汉口；安徽、江苏、浙江的鸡蛋主要通过上海；山东、山西、河北的鸡蛋主要通过天津出口到国际市场。

7.2.2　鸡蛋出口的产品结构

20 世纪初，中国主要出口产品为鲜鸡蛋，大约在 1915 年开始加工鸡蛋出口不断增加，逐渐取代了鲜鸡蛋在出口中的地位。

表 7-2 表明了 1905～1935 年我国出口鸡蛋及其制品中鲜鸡蛋和加工鸡蛋的构成变化。1903 年（光绪二十九年）中国向日本、我国香港地区等出口鲜鸡蛋 1.75 亿个，蛋白粉和蛋黄粉共 5 万担，出口额达 167.6 万多海关两。1905 年出口加工蛋达 44.7 万海关两，占全部鸡蛋出口额的 22%。1915 年，加工蛋的出口数量增加了 3.4 倍，所占出口额的比重增加到 68%，取代了之前鲜鸡蛋及咸蛋的地位。1920 年加工鸡蛋占出口鸡蛋产品的 76.7%，1930 年该比重达 82%。这其中的一个可能的原因是，随着鸡蛋出口数量的增加，出口鸡蛋的品质成为一个新的问题。由于鸡蛋对于温度及湿度的要求较高，而当时的物流条件较差，鲜鸡蛋远距离、长时间的流通无法避免鸡蛋品质受到损害，因此从鲜鸡蛋出口为主到加工鸡蛋出口为主的转换就发生了。

表 7-2　出口产品中鲜鸡蛋和加工鸡蛋的构成变化　单位：海关两

年份	加工鸡蛋	鲜鸡蛋及咸蛋	合计	构成比/%	
				加工鸡蛋	鲜鸡蛋及咸蛋
1905	446 982	1 554 607	2 001 589	22.3	77.7
1910	1 512 486	2 487 603	4 000 089	37.8	62.2
1915	5 740 867	2 685 419	8 426 286	68.1	31.9
1920	16 462 455	4 994 946	21 457 401	76.7	23.3
1925	25 331 723	7 680 807	33 012 530	76.7	23.3

续表

年份	加工鸡蛋	鲜鸡蛋及咸蛋	合计	构成比/%	
				加工鸡蛋	鲜鸡蛋及咸蛋
1930	41 915 056	9 245 916	51 160 972 (58 827 833)	81.9	18.1
1931	30 116 650	7 322 411	37 439 061 (44 302 413)	80.4	19.6

资料来源：《中国近代农业生产及贸易统计资料》

表 7-2 中 1930 年、1931 年加工蛋及鲜蛋合计值报告了两组数值，这是因为 1930 年世界经济低迷的阶段中中国鸡蛋的出口统计数字有两种：一个是 5116 万海关两，一个是 7971 万海关两，两者相差 2855 万海关两。导致统计数字不同的原因至今没有明确的判断，但这两种统计数值之间的差距到 1931 年逐渐下降，1932 年又恢复了统一值。

在出口蛋制品中，出口量最多的是湿冻全蛋和湿冻蛋黄。蛋制品的出口产品结构从多元化逐渐集中在湿冻全蛋和湿冻蛋黄，冻蛋白和干蛋黄在出口加工蛋产品中的比重也长期稳定。这表明在长期的出口产品结构调整中，我国的湿冻全蛋、湿冻蛋黄、冻蛋白和干蛋黄的生产显示出了比较优势，在国际贸易中具有比较强的竞争力。

7.2.3　鸡蛋出口的市场结构

1930 年我国鲜鸡蛋及加工鸡蛋的主要市场在英国，占出口总额的 55.7%，其中湿、冷冻全蛋粉占到了 66.6%，居第一位。可见，当时英国对中国加工鸡蛋的进口依赖程度非常高。同时，中国鲜鸡蛋及蛋制品的出口市场也呈多元化的发展趋势，美国、德国、日本也是我国主要的贸易对象（表 7-3）。

表 7-3　1930 年中国鲜鸡蛋及加工鸡蛋的主要出口国家及出口额

单位：海关两

产品种类	英国	美国	德国	日本	法国	其他	合计
干蛋清	1 060 614	1 532 839	7 978 64	6 730 60	2 547 50	798 087	5 117 214
冷冻蛋清	756 067	91 601	259 987	57	442 261	65 187	1 615 160
干蛋黄	151 899	2 234 342	621 396	642 505	233 161	579 922	4 463 225
湿、冷冻蛋黄	1 937 603	659 670	2 084 203	22 272	1 064 666	164 802	7 416 440
机械制全蛋粉	623 420	529 161	44 231	6 195	142 156	44 301	1 389 464
湿、冷冻全蛋粉	18 991 347	338 960	772 193	305 033	974 953	526 067	21 913 553
鲜鸡蛋	4 926 139	1 169 490	418 954	2 163 442	—	307 257	8 985 282

续表

产品种类	英国	美国	德国	日本	法国	其他	合计
咸蛋	63 135	13 481	—	14 932	50	169 036	260 634
全额总计	28 510 224	6 569 544	4 988 828	3 827 496	3 111 997	4 137 883	51 160 972
	(55.7%)	(12.8%)	(9.8%)	(7.5%)	(6.1%)	(2.1%)	(100%)

资料来源：《中国近代农业生产及贸易统计资料》

7.2.4　鸡蛋出口的国际竞争力

清朝末期以来，中国鲜鸡蛋在国际贸易中出口价格有所上涨，出口数量也不断增加。1920 年我国的鲜鸡蛋出口额已经达到 2100 多万海关两，排世界第六位。1925 年及 1926 年，出口额达到 3800 多万海关两。1927 年由于北伐战争，贸易额有所减少，对外贸易中排名降低至第九位。1929 年尽管发生了经济危机，世界农业生产低迷，但中国鲜鸡蛋出口达到 5100 多万海关两，跃居世界第三位。1931 年欧美的经济危机结束，需求增加，但中国主要产地因发生水灾导致鸡蛋减产，欧美转而向日本进口鸡蛋。这样，1931 年中国鸡蛋的出口减少，出口额排名下降到第四位。但是由于中国养鸡业的基础比较雄厚，1932 年我国鸡蛋出口额的排名又恢复到了国际第三位。我国鸡蛋能够在国际市场上占有一席之地，主要的原因是产品具有较大的价格优势。1905 年在日本市场中，中国鲜鸡蛋比日本内地产鸡蛋价格低 7～8 日元（每 1000 个）。1930 年在伦敦市场，以中国鸡蛋价格定为基准 100，各国的鸡蛋价格指数高达 130～180。比如爱尔兰和澳大利亚鸡蛋价格指数最高为 174.4。表 7-4 表示的是中国历年的鲜鸡蛋出口额和在国际出口额中的排名。

表 7-4　鲜鸡蛋在中国国际贸易中的地位　　单位：海关两

年份	中国出口额	出口额排名	备注
1920	21 457 401	6	
1925	33 012 530	5	
1926	38 174 830	6	
1927	33 526 302	9	
1929	51 719 803	3	
1930	79 710 940	3	全世界经济危机开始
1931	58 827 838	4	
1932	44 302 413	3	
1933	36 479 624	3	
1934	30 243 526	3	
1935	32 069 462	3	

资料来源：《中国近代农业生产及贸易统计资料》

为了进一步评价，我们选用显示性比较优势指数（RCA）来反映我国鸡蛋在国际市场中的竞争力。经计算，1923～1926 年的 RCA 分别为：2.55、1.88、1.19、1.23（χijt/χiwt 根据许道夫《中国近代农业生产及贸易统计资料》第 325 页中相关数据计算；$\sum$ χijt/$\sum$ χiwt 出自宋则行、樊抗《世界经济史》（1998 年修订版，中卷）第 191 页中相关数据）。国际经验表明，如果 RCA 大于 2.5，则国际竞争力极强；若 RCA 指标在 1.25～2.5，则国际竞争力较强；若 RCA 指标在 0.8～1.25，则国际竞争力一般；若 RCA 指标小于 0.8，则国际竞争力很弱。我国鸡蛋产业的显示性比较优势指数表明，当年我国鸡蛋具有较强的国际竞争力。

专栏 7.1

近现代绍兴的畜产品生产与贸易①

绍兴境内畜产品资源丰富，民间素有采集利用习惯。收购的畜产品有皮张、绒毛、羽毛、猪鬃、肠衣等 5 类，品种多达五六十个，其中有些畜产品在国内外市场上颇负盛名，新昌、嵊县所产兔毛，尤以白、长、松、净而驰名国际市场。

1. 兔毛

境内家兔饲养，宋代已有记载。长毛兔生产，则出现于民国时期。民国二十九年（1940 年），嵊县博济花桥村袁松泉，从东北农场购入 3 只安哥拉长毛兔（1 雄 2 雌），进行繁殖饲养。1952 年起，以兔毛收入高，各县相继引进安哥拉兔，饲养量迅速增加。1957 年，全地区饲养 19.86 万只。第二年起，各地区供销社开始挂牌收购兔毛，当年收购兔毛 7 吨。同时，通过引进兔种、贷放资金、技术辅导等措施，长毛兔生产获得较快发展。1973 年，全地区收购兔毛 64 吨。1974 年，外贸兔毛滞销，收购价下降，饲养量锐减，嵊县 302 个集体兔场倒闭 217 个。1978 年，兔毛国际销售市场复苏，收购价提高，饲养业再度发展。同年，中国土畜产进出口总公司，首次从联邦德国引进德系安哥拉长毛兔 120 只，分别在新昌、嵊县、绍兴等县良种场试养。1980 年 8 月，上虞土产公司人工授精技术试验成功，并推广应用。1981 年，新昌、嵊县、上虞成为全省兔毛商品出口基地县，兔毛由三类商品调整为二类商品，实行计划管理，当年全地区收购兔毛 227 吨。1982 年，兔毛出口受阻，收购价格下降，长毛兔存栏减少，供销社为保护兔农利益，实行赔本收购。翌年，国际兔毛市场再度复苏，优质兔毛销路尤畅，嵊县、新昌以兔毛质地优良，出口增加，受到国家对外经济贸易部表彰。1984 年，国际兔毛市场再度疲软，国内兔毛实行多渠道购销，新昌形成大型兔毛交易市场。1986 年，各地供销社按保护价收购兔毛，其中嵊县供销社

① 资料来源：绍兴市志．卷 14．第四章农副产品，http：//www.sx.gov.cn。

与兔农签订产销合同，以价格补贴和饲养补贴等方式保护兔农。1988年，新昌建成我国第一个以养兔业、兔毛产品加工业为主的国家级贸、技、工、农示范星火集团，为稳定兔毛市场和发展长毛兔饲养业，找到了根本出路。嵊县供销社在实践中，逐步建立兔毛收购站16个，收购点66个，县、区、乡、村四级长毛兔生产服务社15个，形成兔毛生产、购销网络，对稳定长毛兔生产规模，发挥联合优势，增强市场竞争能力发挥了作用，被国家科委列为国家级星火计划项目。1990年，全市长毛兔存栏77.08万只，主要分布在新昌、嵊县；收购兔毛336吨，其中供销社收购198.9吨。

2. 羽毛

境内素有小商小贩收购鸡毛、鸭毛、鹅毛的习惯。操是业者尤以居住于山阴、会稽县境的居民为多。他们肩挑换糖担，手摇货郎鼓，穿街走巷，以梨膏糖、麻酥糖换取鸡毛、鸭毛、鹅毛。所换羽毛，经过分类整理，上等羽毛投售皮毛行加工出口，下等羽毛卖给农民肥田。

中华人民共和国成立后，国家鼓励闲散劳力走村串户，收购羽毛，以供出口。1956年，各地农村供销社开办羽毛收购业务。1958年，羽毛列为国家计划管理商品，并由供销社统一收购，逐级上调加工出口。1962年，对羽毛收购实施奖售政策，每投售1公斤羽毛，奖励布票0.66米，1964年取消。“文化大革命”中，视个人饲养家禽为搞资本主义，大批家禽遭杀、打、禁、毒，饲养业萎缩，羽毛收购量大幅度减少。1979～1980年，省畜产公司对绍兴、上虞、诸暨3个绍鸭原产地予以扶持，发展绍鸭饲养业，全地区鸡、鸭、鹅饲养业恢复发展，羽毛收购量大幅增长。1983年，羽毛按三类产品管理，实行多渠道议购议销，全市除供销社继续收购外，出现一批羽毛购销专业户，创办个体羽毛加工厂。鸡毛掸帚等羽毛制品，满足国内市场外，还运销国际市场。

3. 猪鬃

境内猪鬃收购，旧时多由猪鬃加工作坊采购，或由货郎担换购后投售给猪鬃作坊，加工成板刷、鞋刷等生产、生活用品，供应国内外市场。

1955年起，省畜产公司委托农村供销社就地收购猪鬃原料毛，以统货收购、分等计价办法，购入后调猪鬃厂加工成品，并按计划调上海口岸外销。是年，全地区收购猪鬃原料毛1.49吨。1958年，猪鬃列为国家一类商品，实行计划管理。1966年起，生猪剥皮制革增多，猪鬃产量和收购量逐年减少，1971年收购量，仅为1967年的50%。1973年，猪鬃调整为二类计划商品，收购量增加。1979年，出口转销，价格调高。1983年10月，改为三类计划商品，实行议购议销，改变原由猪鬃加工厂全数包收入办法，逐步控制原料收购，做到产销对路，抑制猪鬃加工业盲目发展。1984年，白鬃原料毛增多，经营亏损，即将原来高于黑鬃30%的白鬃收购价，降至与黑鬃收购价持平。1985年，取消猪鬃收购调拨计划，允许上市自由交易。是年，收购量剧减，又因国际市场需求起伏不定，猪鬃经营单位日趋减少。1990年，全市供销社系统收购猪鬃制成品142箱，其中出口137箱。

4. 肠衣

旧时，境内猪、牛、羊小肠或直肠，多作食用，少量刮制肠衣，由商贩收购加工后，用于灌制香肠、腊肠等灌肠类食品，其中羊肠还用于医用缝线、体育用品和乐器制作等。

1951年，国家贸易部确定肠衣为特许出口物资。1955年，绍兴地区基层供销社开办肠衣收购业务，收购量以诸暨、嵊县为多。1958年，国务院批准肠衣为外贸出口一类计划商品，由主管部门集中管理。1961年，以猪、牛、羊饲养量减少，肠衣收购量随之减少，国家为鼓励出口，实行奖售政策，每收购3根（副）肠衣，奖布票1米。70年代，国际市场肠衣畅销，国内收购量激增。80年代，饲养业发展，肠衣资源丰富，但出口量增加不多，出现供过于求。1990年，全市收购猪肠衣56.39万根，其中出口37.96万根。

5. 皮张

境内皮张资源丰富，原有野生动物皮张30余种、家畜皮张10余种。中华人民共和国成立后，野生动物日益减少，皮张收购量下降。80年代，除猪、牛、羊等家畜皮张外，野生动物皮张以黄鼬皮居多，杂皮以狗皮、猫皮为主。1990年，全市收购黄鼬皮6584张、狗皮7928张、猫皮6911张。

6. 牛皮

为国家二类计划物资。1953年起，境内牛皮由供销社统一收购，调宁波、杭州等地，少量留各县制革。1955年，全地区收购牛皮6410张，1965年减为969张，1971年回升到9792张。1982年起，放开牛皮收购，皮革加工厂直接收购牛皮，供销社收购量减少，1990年仅收购726张。

7. 羊皮

境内山羊皮、绵羊皮历来收购量较少，主要产地在上虞。1969～1984年，全地区年收购绵羊皮1000张左右，山羊皮4000张左右。1985年，畜产品市场放开，实行多渠道收购，供销社收购量逐年减少。1990年，全市收购绵羊皮3张，山羊皮29张。

7.3 中国主要畜产品的国际竞争力

7.3.1 影响中国畜产品国际竞争力的因素分析

1. 成本和价格

成本是决定产品价格的基础，成本的高低决定了产品是否具有价格竞争优势和获利能力。正因为产品成本在很大程度上决定着产品价格，尤其是当生产和贸易处于完全竞争状态时，激烈的竞争将使产品的长期均衡价格趋同于长期成本，因而产品的竞争力状况也能在一定程度上从产品价格中体现出来。

中国主要畜产品都在经历相对于其他主要出口国价格优势下降的过程。通过对生产者价格指数的比较，我们发现自 20 世纪 90 年代以来中国的猪肉生产者价格指数翻了一番，而美国却下降了 60%，韩国甚至下降了 80%，中国与其他主要出口国间的价格差距在逐渐缩小。但从猪肉出口价格的绝对水平来看，中国的价格较其他猪肉主要出口国都具有竞争优势，1996～2003 年中国出口猪肉的价格仅相当于世界平均价格的 73%，但中国猪肉的国际市场占有率却呈下降趋势，这说明非价格因素在起作用。

2. 质量和安全

随着消费水平的提高，市场对畜牧业产品的需求将更多地考虑其质量和安全等，这使得畜产品的国际竞争力已经不仅仅取决于产品价格的高低。但是，质量是影响竞争力较为复杂的因素，一方面对质量的评价并不仅仅取决于理化指标和技术等级，还取决于消费者对产品质量的要求，因为消费者不需要的过高质量，将很难实现其价值；另一方面高质量往往也要有高投入及较高的价格。通常认为市场售价相同的同种畜产品中，较高质量的产品具有较强的竞争力，并且能够获得较大的附加价值。基于这一认识，经济学家通常用反映产品附加价值水平的指标来间接反映产品的质量水平。

长期以来，中国畜产品的出口质量指数一直低于其他主要出口国，质量竞争力较弱且在波动中下降。中国畜产品的兽药及有害物质残留问题，中国有关动物源性食品的相关法律体系不健全、监控体系不完善等问题经常为进口国所诟病，中国的畜产品经常遭到欧美、日本等进口国的禁运处罚。与世界畜产品主要出口国比较，中国畜产品在国际市场竞争中一个主要弱点就是中国至今仍被世界兽医组织认定为疫区，国内市场由于兽药、抗生素的大量使用，甚至滥用，加之某些检疫性疫病时有流行，动物疫病防治和检疫工作漏洞较大，直接影响畜产品的食用安全性。这不仅严重影响国内市场需求，也影响了出口市场的稳定和扩大。

3. 生产力水平、品种资源和技术

畜产品生产力水平的高低直接决定了其生产效率和生产成本的高低或优劣，从而影响了该国畜产品的国际竞争力水平。我们既可以通过对畜产品主要生产国和主要出口国的各种畜产品的投入产出效率进行比较分析，也可以通过国际比较来判断具体国家畜产品的生产力水平及其对国际竞争力的影响。虽然影响畜产品生产力水平的因素很多，但畜产品优良品种资源状况可能是影响农产品生产力水平的重要因素。技术是决定生产效率的关键因素之一，在很大程度上决定了生产力水平、产品成本和价格，并且对产品质量、产品结构和新产品开发具有决定性作用。特别是随着现代科技发展步伐加快，技术进步已成为畜产品发展的重要动力。

总体上看，我国主要畜产品，尤其是肉类的生产力水平虽然呈上升趋势，但与世界平均水平仍有一定差距，并一直明显低于肉类产品的主要出口国。奶类生产近30年来发展较快，但仍低于世界平均水平，更大大低于欧美发达国家。

7.3.2　中国主要畜产品国际竞争力的指标分析

中国主要肉类产品的国际市场占有率自1998年以来出现了分化（表7-5）。传统的优势产品鸡肉的市场占有率下降了一半，而牛羊肉的占有率有了明显的上升。猪肉的占有率在波动中略有上升，奶类占有率也有了一定的上升。随着中国加入世界贸易组织，国内市场受到进口产品的影响。从国内市场占有率来看，猪牛羊肉及蛋类保持了较高的自给率，而鸡肉的自给率虽也比较稳定，但低于其他肉类品种自给，这与我国鸡肉出口大国的地位似乎有些矛盾，但也可看做居民需求多样化导致进口增长的证据。奶类的市场占有率有了明显的上升，这和我国近年来奶业的发展具有密不可分的关系。

表7-5　中国主要畜产品国内、国际市场占有率

年份	猪肉		羊肉		牛肉		鸡肉		蛋类		奶类	
	DMS	WMS	DMS	WMS	DMS	WMS	DMS	WMS	DMS	WMS	DMS	WMS
1998	99.32	3.52	98.57	0.46	96.86	0.46	90.36	12.87	99.56	5.32	84.26	0.74
1999	99.01	2.44	98.51	0.44	96.60	0.44	84.12	14.92	99.58	4.02	83.89	0.61
2000	98.75	2.62	98.32	0.52	96.76	0.52	85.20	15.60	99.60	5.56	84.87	0.69
2001	98.95	3.78	98.09	0.46	96.84	0.46	86.92	13.36	99.60	5.05	88.16	0.49
2002	98.74	4.53	97.62	0.58	96.36	0.58	88.90	12.10	99.61	6.67	88.37	0.47
2003	98.60	5.46	97.96	1.47	96.32	1.47	89.16	10.33	99.61	7.43	90.39	0.49
2004	98.79	6.52	98.01	2.61	96.80	2.61	94.00	4.67	99.61	6.69	91.61	0.53

续表

年份	猪肉		羊肉		牛肉		鸡肉		蛋类		奶类	
	DMS	WMS	DMS	WMS	DMS	WMS	DMS	WMS	DMS	WMS	DMS	WMS
2005	99.10	5.49	97.83	2.97	96.52	2.97	93.01	5.77	99.62	5.87	93.78	0.57
2006	99.08	5.88	98.02	3.20	96.20	3.20	91.33	6.61	99.61	5.41	93.58	0.58
2007	98.59	4.20	97.92	2.21	95.88	2.21	90.11	6.75	99.61	7.03	94.48	1.09

资料来源：FAO 数据库

根据 FAO 的统计数据，中国主要畜产品大都处于净进口国的地位，猪肉在 2004～2006 年实现净出口，蛋类在个别年份能实现净出口。总体来说，中国的贸易竞争指数并不高，所以提高我国畜产品贸易竞争力还是有巨大潜力的（表 7-6）。通过显性比较优势指数的分析，我们能够更直观地判断畜产品的比较优势（表 7-7）。相对于所有出口产品来说，畜产品的比较优势较小。相对于农产品来说，鸡肉的比较优势最强，但近年来有下降的趋势；蛋类具有较强的比较优势；猪肉的比较优势再次之，但是可以发现猪肉比较优势经历了先下降再上升后稳定的阶段；而牛羊肉及奶类比较优势较弱，这与我国较低的牛羊肉生产水平相对应。

表 7-6 中国主要畜产品的贸易竞争力指数

年份	猪肉	羊肉	牛肉	鸡肉	蛋类	奶类
1998	−0.03	−0.79	−0.20	−0.07	−0.19	−0.56
1999	−0.36	−0.81	−0.42	−0.26	−0.30	−0.64
2000	−0.44	−0.80	−0.40	−0.19	−0.13	−0.59
2001	−0.20	−0.86	−0.33	−0.15	−0.17	−0.67
2002	−0.16	−0.86	−0.39	−0.12	−0.01	−0.72
2003	−0.09	−0.66	−0.44	−0.18	0.05	−0.70
2004	0.11	−0.47	−0.33	−0.30	0.02	−0.68
2005	0.19	−0.44	−0.21	−0.28	−0.01	−0.61
2006	0.21	−0.36	−0.20	−0.29	−0.02	−0.65
2007	−0.10	−0.56	−0.20	−0.31	0.15	−0.38

资料来源：FAO 数据库

表 7-7 中国主要畜产品的显示性比较优势指数

年份	猪肉		羊肉		牛肉		鸡肉		蛋类		奶类	
	RCA	RCA1	RCA	RCA1	RCA	RCA1	RCA	RCA1	RCA	RCA1	RCA	RCA1
1998	1.03	1.27	0.13	0.17	0.42	0.51	3.76	4.66	1.55	1.92	0.22	0.27
1999	0.63	0.86	0.11	0.16	0.24	0.33	3.86	5.29	1.04	1.42	0.16	0.22

续表

年份	猪肉		羊肉		牛肉		鸡肉		蛋类		奶类	
	RCA	RCA1	RCA	RCA1	RCA	RCA1	RCA	RCA1	RCA	RCA1	RCA	RCA1
2000	0.68	0.82	0.13	0.16	0.24	0.29	4.04	4.90	1.44	1.74	0.18	0.22
2001	0.88	1.20	0.11	0.15	0.26	0.35	3.11	4.24	1.17	1.60	0.11	0.15
2002	0.90	1.39	0.12	0.18	0.20	0.31	2.41	3.70	1.33	2.04	0.09	0.14
2003	0.94	1.70	0.25	0.46	0.16	0.29	1.78	3.21	1.28	2.31	0.08	0.15
2004	1.00	2.28	0.40	0.91	0.16	0.37	0.72	1.64	1.03	2.35	0.08	0.19
2005	0.76	1.75	0.41	0.95	0.19	0.43	0.79	1.84	0.81	1.87	0.08	0.18
2006	0.74	1.89	0.40	1.03	0.19	0.48	0.83	2.13	0.68	1.74	0.07	0.19

注：RCA为该产品相对于所有出口产品的显示性比较优势指数；RCA1为该产品相对于所有农产品的显示性比较优势指数

资料来源：FAO数据库

专栏 7.2

中国畜产品在日本市场的市场竞争力分析——兼与美、澳两国在日的竞争力比较①

目前，日本是中国畜产品出口的第一大市场。2007年中国出口到日本的畜产品总额高达12.87亿美元，占全国畜产品出口总额的31.82%，超过第二大出口市场香港7.34个百分点，可见中国畜产品出口对日本市场的依赖程度较高。同时，日本经济发达，居民支付能力强，国内畜产品需求旺盛而生产能力不足，是各畜产品出口国纷纷争夺的理想市场。其中，澳大利亚和美国是中国在日本畜产品市场上的两大竞争对手，比较分析中美澳三国在日本畜产品市场的竞争力具有一定的现实意义。

日本畜产品大部分依靠进口，进口来源地有100多个国家或地区。从畜产品进口商品结构分析，日本畜产品进口多以新鲜肉类为主。肉类进口份额高达80%；肉类又以鲜冷冻猪肉、牛肉为主，二者占畜产品进口比重分别达31.3%和18.4%；肉制品比重18.1%。其次是乳蛋蜂蜜类（9.7%）、其他动物产品类（5.1%）、动物毛皮类（2.6%）、活动物（2.4%）以及动物油脂类（0.5%）。从动态结构分析，日本畜产品进口比重下降最多的是动物皮毛类，比重由1988年的28%降到2006年的2.6%，进口总额减少了87.4%；比重上涨幅度最大的是肉制品类，比重由1988年的1.92%上升为2006年的18.05%，进口总额增加了12倍，体现出日本市场对加工畜产品的需求增长势头的强劲。

从日本畜产品的市场份额指标分析，2006年中国在日本市场上的份额为13.04%。包括中国在内，在日本市场上拥有1%以上份额的国家有11个，总计占日本全部畜产品进口的91.96%。在这11个国家中，澳大利亚排在第1位，市

① 资料来源：余鲁、范秀荣，《中国畜产品在日本市场的竞争力分析》，《电子科技大学学报（社科版）》，2009年，第1期。

场份额高达23.36%；美国排在第2位，市场份额为16.86%；而中国排在第3位。从具体肉类品种来看，中国只在禽肉和肉制品两项上占有比较优势，而在牛肉、猪肉和羊肉上的市场份额几乎为零，这显然是影响中国畜产品整体市场占有率不高的根本原因。

表7-8反映的是1992～2006年中美澳三国畜产品相对于日本市场的显性比较优势指数。分析表明：①相对于美国和澳大利亚，中国在动物皮毛类畜产品上具有强竞争力，在肉及制品类的比较优势较明显而在其他畜产品上都不具有比较优势。②动态分析中国主要畜产品的竞争优势有减弱的趋势。如肉及制品、动物油脂、动物皮毛等，在1998～2002年比较优势指数达到最高值，而在2002年即加入WTO后，其值反而下降了很多，这种现象值得重视。③与美、澳比较，中国的优势畜产品是肉制品、蜂蜜、动物皮毛和动物油脂；而美国则在活动物、肉（主要是牛肉和猪肉）及制品上具有比较优势；澳大利亚主要是在肉及制品（特别是羊肉）、乳品、动物皮毛和其他动物产品上具有比较优势。

表7-8 中美澳畜产品比较优势表

商品类别	国别	1992～1995年	1995～1998年	1998～2000年	2000～2002年	2002～2006年
活动物类	中国	0.03	0.03	0.03	0.04	0.06
	美国	0.41	0.61	0.41	0.47	0.6
	澳大利亚	0.21	0.16	0.19	0.19	0.22
肉及制品类	中国	1.44	1.41	1.45	1.38	1.38
	美国	1.42	1.35	1.35	1.41	1.47
	澳大利亚	1.67	1.99	1.81	1.76	1.67
乳蛋蜂蜜类	中国	0.76	0.75	0.51	0.56	0.64
	美国	0.21	0.33	0.3	0.33	0.44
	澳大利亚	0.51	0.6	0.68	0.82	0.69
动物油脂类	中国	1.13	0.78	1.58	0.81	0.67
	美国	0.09	0.1	0.1	0.11	0.09
	澳大利亚	0.09	0.12	0.16	0.32	0.21
动物皮毛类	中国	2.2	2.58	4.87	7.06	2.5
	美国	0.53	0.38	0.3	0.22	0.23
	澳大利亚	0.59	0.41	0.26	0.15	0.09
其他动物产品类	中国	2.2	2.58	4.87	7.06	2.5
	美国	0.91	0.77	0.87	0.59	0.42
	澳大利亚	2.09	2.09	2.33	2.22	2.31

结合显性比较优势分析，中国与美国、澳大利亚之间的差距明显。中国大部分畜产品均处于相对劣势地位，市场占有率极低。尤其是日本市场需求增长速度最快的牛肉、猪肉、羊肉等鲜活畜产品，中国的市场占有率几乎为零，而影响鲜活畜产品竞争力的主要因素是产品的质量水平。

日本市场是中国畜产品出口最重要的高端目标市场之一，中国应及时把握日本市场的需求特点和变化趋势，并针对其质量要求高、支付能力强等特点适时调整对日出口畜产品的品种结构，争取在保持禽肉、肉制品等现有优势产品的基础上，提高牛肉、猪肉和羊肉等产品的市场占有率。

在调整好日本市场产品结构的基础上，积极调整畜产品出口的市场结构，降低出口集中度。如俄罗斯市场近年来对畜产品的需求增长很快，而且进口的非关税壁垒及障碍水平还不高，中国可以凭借有利的地理位置优势来开拓俄罗斯市场，增加出口。

7.4　主要畜产品的贸易格局及主要问题

7.4.1　中国畜产品贸易的规模

1998～2007年，各类畜产品出口贸易的整体趋势都是增长的，年均增幅最大的达31.18%（羊肉），最小的也达2.71%（鸡肉）；但是年际增长率变动幅度都较大，变动幅度最大达到135%（羊肉），最小也有29.41%；值得注意的是，个别年份畜产品的出口贸易都出现过负增长，最多的达56.74%（鸡肉），这说明畜产品的出口贸易在整体发展态势良好的状态下仍存在很大的波动性。

通过出口与生产增长率的比较，可以发现生产的增长对出口有明显的推动作用。由于中国畜产品生产总量基数较大，持续稳定的增长一方面满足了国内需求的增长，同时也为畜产品贸易的发展打下基础（表7-9）。

表7-9　1998～2007年畜产品出口量与畜产品产量的增长率

指标	猪肉		羊肉		牛肉	
	出口	生产	出口	生产	出口	生产
平均年增长率/%	11.12	1.13	31.18	10.71	7.61	2.76
最大年增长率/%	47.98	4.82	160.00	30.19	39.78	6.31
最小年增长率/%	−25.50	−7.69	−32.35	−7.25	−29.41	−0.93
最大年际增长率变动幅度/%	75.37	92.31	135.00	37.44	29.41	4.82
平均年际增长率变动幅度/%	29.30	12.36	55.29	15.75	17.08	2.31
指标	鸡肉		蛋类		奶类	
	出口	生产	出口	生产	出口	生产
平均年增长率/%	2.71	3.34	11.39	2.49	11.42	16.05
最大年增长率/%	38.64	7.89	46.74	5.57	90.98	26.06
最小年增长率/%	−56.74	−1.30	−20.97	−0.52	−31.58	6.87
最大年际增长率变动幅度/%	95.37	9.19	61.78	4.81	86.66	7.21
平均年际增长率变动幅度%	24.71	4.09	30.96	2.05	29.43	4.51

资料来源：FAO数据库

7.4.2　中国畜产品贸易的产品结构

从1998年至2007年，中国肉类产品贸易中禽肉的贸易比例虽然下降了12%，但仍然占50%以上。在某些年份，猪肉的贸易量也曾在肉类产品贸易中占到30%～40%，但与国内生产相比比重甚低。从贸易量的变化趋势来看，禽肉的贸易额比重在下降，猪牛羊肉的比重在上升。另外，主要肉类产品的进口量超过出口量，处于进出口贸易逆差的状态（表7-10）。

表7-10　肉类产品贸易量及贸易份额的变化　　单位：吨

年份	猪肉			牛羊肉			禽肉			其他	
	贸易量	比例/%	净出口	贸易量	比例/%	净出口	贸易量	比例/%	净出口	贸易量	比例/%
1998	519	17.8	−17	293	10.1	−81	2049	70.3	−141	53	1.8
1999	584	14.2	−210	290	7.1	−138	3169	77.3	−831	59	1.4
2000	710	16.2	−314	293	6.7	−139	3315	75.6	−627	68	1.6
2001	732	18.0	−146	304	7.5	−130	2947	72.4	−447	85	2.1
2002	921	23.5	−151	354	9.0	−174	2583	66.0	−313	57	1.5
2003	1118	27.8	−98	362	9.0	−176	2490	62.0	−456	48	1.2
2004	1208	41.9	136	367	12.7	−133	1257	43.6	−377	49	1.7
2005	1024	32.8	190	438	14.0	−118	1621	51.9	−401	42	1.3
2006	1106	30.6	234	480	13.3	−112	1995	55.1	−583	37	1.0
2007	1125	27.6	−115	533	13.1	−143	2378	58.3	−742	42	1.0

资料来源：FAO数据库

在2007年，家禽产品是中国畜产品贸易中出口份额最大、进出口贸易总额最大的产品，反映了我国家禽产品在国际市场上具有一定的竞争力。值得注意的是，家禽产品的进口额增长高达100.56%，说明国内市场受到国际市场家禽产品的挑战。生猪产品仍是我国重要的出口畜产品，但出口额较上年下降了7.6%，同时进口增加了33.47%，这说明我国的猪肉市场也越来越多地受到国际市场的影响（表7-11）。

表7-11　2007年中国畜产品进出口分类量值表

项目	进出口贸易总额			出口金额			进口金额		
	贸易额/万美元	占贸易总额/%	比上年增减/%	贸易额/万美元	占出口总额/%	比上年增减/%	贸易额/万美元	占进口总额/%	比上年增减/%
畜产品总计	10 516 27.42	100	27.1	404 588.70	100	8.67	647 038.72	100	42.17
家禽产品	202 438.5	19.25	43.22	105 993.7	26.2	13.65	96 444.86	14.91	100.56
动物毛	199 618.8	18.98	37.43	18 383.92	4.54	13.44	181 234.88	28.01	40.45

续表

项目	进出口贸易总额			出口金额			进口金额		
	贸易额/万美元	占贸易总额/%	比上年增减/%	贸易额/万美元	占出口总额/%	比上年增减/%	贸易额/万美元	占进口总额/%	比上年增减/%
动物生皮	162 221.6	15.43	13.12	176.59	0.04	5.37	162 044.96	25.04	13.13
生猪产品	137 807.9	13.1	20.56	90 827.93	22.45	−7.6	46 979.95	7.26	193.37
乳品	98 689.36	9.38	51.34	24 225.95	5.99	157.12	74 463.41	11.51	33.47
肠衣制品	64 326.56	6.12	8.78	56 822.65	14.04	5.96	7 533.9	1.16	36.71
羽绒	42 046.31	4	4.57	33 430.85	8.26	7.63	8 615.46	1.33	−5.81
牛产品	25 203.27	2.4	11.26	19 418.76	4.8	6.34	5 784.51	0.89	31.72
动物生毛皮	22 354.68	2.13	22.98	2 238.31	0.55	46.87	20 116.37	3.11	20.79
羊产品	13 318.02	1.27	10.14	5 464.14	1.35	−22.5	7 853.88	1.21	55.79
蜂产品	12 550.26	1.19	−3.32	12 235.55	3.02	−4.54	314.71	0.05	91.41
其他	71 052.21	6.76	34.95	35 370.41	8.74	15.59	35 651.81	5.51	61.7

资料来源：《中国畜牧业统计年鉴2008》

7.4.3　中国畜产品贸易的区域结构

中国畜产品贸易的整体规模呈上升趋势，但是主要贸易伙伴国的贸易份额发生了一定的变化。比较2001年与2007年我国畜产品主要进出口国的贸易额可以发现，出口金额前四位的国家没有变化，而第五至第十位发生了较大变化。东亚成为我国主要的出口地区，而荷兰的出口排位有所下降，俄罗斯甚至跌出了前十。从主要进口国看，美国、新西兰和澳大利亚仍处于前三位，但位次有变化，出口乳制品较多的澳大利亚超过了美国，成为我国畜产品最大的进口国。2001年主要进口国主要来自欧亚等国，但2007年，巴西、阿根廷、南非及乌拉圭等国家也成为我国主要的进口国，这一方面说明我国畜产品贸易的范围明显扩大，另一方面也表明我国畜产品市场面临来自世界各地的畜产品生产国的冲击。

2007年前十位出口国家和地区中还包括我国的香港、台湾和澳门，三个地区的出口份额总计占比达29.42%。

从2001年与2007年的比较来看，进出口的集中度基本保持不变，这说明我国畜产品贸易对主要贸易伙伴有一定依赖性（表7-12，表7-13）。

表7-12　2001年中国畜产品贸易的主要流向与集中度　单位：百万美元

排序	出口		进口	
	国家（地区）	金额	国家（地区）	金额
1	日本	544.94	美国	508.87
2	中国香港	503.77	新西兰	118.02

续表

排序	出口		进口	
	国家（地区）	金额	国家（地区）	金额
3	美国	178.55	澳大利亚	76.33
4	德国	118.42	加拿大	51.09
5	荷兰	107.38	法国	42.81
6	俄罗斯	49.08	丹麦	29.53
7	沙特阿拉伯	43.56	荷兰	24.58
8	波兰	42.87	英国	16.55
9	中国澳门	38.23	比利时	14.27
10	新加坡	37.98	泰国	11.78
	集中度	0.824 808	集中度	0.887 882

资料来源：《中国畜牧业统计年鉴 2002》

表 7-13　2007 年中国畜产品贸易的主要流向与集中度　单位：百万美元

排序	出口		进口	
	国家（地区）	金额	国家（地区）	金额
1	日本	1 287.2	澳大利亚	2 099.8
2	中国香港	990.3	美国	1 860.9
3	美国	307.0	新西兰	601.7
4	德国	216.5	法国	347.2
5	中国台湾	126.9	巴西	196.7
6	韩国	98.9	加拿大	191.3
7	波兰	82.9	阿根廷	172.5
8	中国澳门	73.0	南非	95.4
9	荷兰	62.7	德国	83.5
10	朝鲜	48.7	乌拉圭	89.8
	集中度	0.814 193	集中度	0.886 9

资料来源：《中国畜牧业统计年鉴 2008》

7.4.4　中国畜产品贸易的主要问题

中国是世界畜产品生产大国，但中国畜产品参与国际贸易的比例却很低。尤其是近年来，中国畜产品的出口增长缓慢，进出口贸易逆差逐年拉大，呈现出典型的进口额超过出口额、进口增幅超过出口增幅的“双超”趋势。2007 年中国畜产品进、出口额分别是 64.70 亿美元和 40.46 亿美元，同比分别增长 42.17%

和8.67%，进出口贸易逆差达24.34亿美元，逆差同比增幅为194.32%。与此同时，在“WTO后过渡期”，中国畜产品进口关税正逐年降低，国外大量优质畜产品越来越容易进入国内市场。面对畜产品市场竞争逐渐呈现国际竞争国内化、国内市场国际化趋势，中国的畜牧业发展面对着机遇与挑战，畜产品贸易问题也得到了更多的关注。

影响畜产品出口的因素主要来自三方面：一是国际市场需求因素，二是出口商品结构变化，三是出口的产品竞争力效应。当国际畜产品需求市场处于增长趋势时，中国畜产品出口也呈增长趋势；出口商品结构适应市场需求结构变化助推了中国出口的增加；而出口产品竞争力效应却成了阻碍出口增长的因素。相反，在国际畜产品需求市场处于下滑趋势时，影响中国畜产品出口受阻的根本因素则是畜产品竞争力的下降。

中国畜产品的整体比较优势下降，畜产品出口的国际市场占有率逐渐降低。进一步分析中国畜产品国际市场占有率下降的重要原因在于中国畜产品出口的市场结构过于集中，造成畜产品的出口市场竞争力不足（正是由于市场结构过于集中于日本、中国香港和韩国等临近的东亚地区），再加上中国畜产品在质量及保鲜技术等方面无法突破如欧盟这样一些需求增长迅速、最具活力的发达畜产品市场的技术壁垒，从而造成中国具有比较优势的鲜活畜产品（如02类和01类）在远距离的海外发达市场的份额偏低。

因此，调整畜产品出口的市场结构布局，能够在一定程度上提高畜产品出口市场竞争力。一是寻求建立与欧盟、美国、加拿大等高端畜产品市场的稳定贸易联系，减少发达市场对中国畜产品进口的各种贸易壁垒；二是积极开拓那些正在迅速增长的以及潜在的新兴活力市场。重视对南美、南亚、中东、北非、南非以及东欧等市场的开拓，尽快开展与东南亚、东亚、东北亚、中亚和西亚等区域的双边及多边合作谈判，与之建立起广泛的、稳定的、紧密的贸易联系，采取各种措施逐年增加中国畜产品在新兴活力市场的市场份额。

现代社会的畜产品安全问题已远远超出了传统的食品卫生或食品污染的范围，已经成为人类赖以生存和健康发展的整个食物链的管理与保护问题。所以，各国政府对畜产品的进口非常严格，不仅要看产品本身质量，更要考察该产品的生产地、生产条件和生产过程等每一个环节以及执行的标准和认证等情况。在影响中国产品出口的诸多因素中，除了部分受国际市场供求关系制约外，主要因素是产品质量，其中根本原因有以下五点。

1. 畜产品药物残留超标，质量达不到进口国的要求

近年来，在畜禽养殖过程中违法使用盐酸克伦特罗、苏丹红、孔雀石绿等禁用药物的现象时有发生，引起消费者的恐慌，畜产品安全成为社会关注的热点。

要确保畜产品安全，最主要的是规范畜禽养殖投入品的管理与使用，严格控制畜产品中兽药残留超标的问题。兽药残留超标不仅可以直接对人体产生急、慢性毒副作用，还可以通过环境和食物链的作用间接对人体健康造成潜在危害，引起细菌耐药性增强，并严重影响种植业、畜牧业的可持续发展。随着我国畜牧业的发展，兽药的作用范围也在扩大，有的药物如抗生素、磺胺药、激素等已广泛用于促进肉用畜禽的生长、减少发病率，兽药的广泛运用，带来的不仅是畜牧业的增产，同时也带来了兽药的残留。现代养殖业的发展，趋向于规模化、集约化，对疫病防控、投入品的使用要求越来越高。养殖生产、管理者为提高饲料报酬和防治疾病，或大量使用各种饲料添加剂；或在饲料中大剂量添加保健药物；或缺乏科学的用药知识；或不执行兽药休药期制度；或出现了不合理用药、非法用药的不良现象，从而导致畜产品中兽药残留超标。兽药用于防病或治病有一定的疗程规定，特别是许多饲料药物添加剂，都规定了休药期，但是不少饲养场（户）一直使用到上市销售，造成畜禽体内兽药残留超标。在猪饲料中添加安定类药物使其安静、嗜睡而提高饲料报酬，在蛋禽饲料中添加苏丹红使蛋黄颜色变黄和鲜艳等。近几年，使用最多、损失最大、最受各级政府关注的违禁药物是盐酸克伦特罗。

2. 畜禽产品质量检测能力不适应进口国的要求

20 世纪 80 年代以来，随着经济体制的改革，畜牧业生产有了较快的发展，伴随着产量的提高，国家开始重视畜产品的检测，主要以微生物等常规检测为主。中国对畜产品药物残留的认识从 20 世纪 90 年代开始，1999 年农业部已制定 109 种兽药在动物性食品中最高残留限量标准，但兽药及有害化学物质残留的检测体系并没有完全建立起来，只能对一些兽药残留进行监测。20 世纪 90 年代以来，随着畜牧业集约化及产业化的发展，畜产品的有毒有害物质残留等问题日益严重，危害人体健康的事件时有发生，畜产品安全问题开始纳入日程，对有毒有害物质残留的检测工作有所加强。但这项工作尚处于起步阶段，设备落后、人才短缺的问题十分突出，不少残留的检测项目尚难开展，与实际需要极不适应。

3. 我国环境标准体系与国际环境标准不能完全接轨

发达国家在 20 世纪 90 年代初就实施“从农场到餐桌”战略，食品加工业在管理上实行“良好生产操作规程（GMP）”，在安全控制上普遍实行“危害分析与关键控制点（HACCP）”体系和 ISO9000 族标准体系。如美国的肉类加工厂在强制性实施 HACCP（500 人以上必须在 1998 年 1 月，10～500 人必须在 1999 年 1 月，10 人以下必须在 2000 年 1 月之前）时必须建立必备的基础计划，良好的操作规范（GMP），标准的操作程序（SOP）和卫生标准操作程序（SSOP）。发达国家凭借在科技、管理、环保等方面的优势，设置了技术法规、标准、合格评定程序等为主要内容的壁垒，对我国畜产品出口设置了新的“门槛”。我国的环境标准与国际环境标准相比过低，目前尚缺乏跨越绿色贸易壁垒的实力。在我国已有的国家标准中，采用国际标准和国外先进标准的不足 50%。由于我国的标准落后于国际标准，致使在我国国内合格的畜产品在出口时被进口国因抗生素、农药、兽药残留超标而被退回或销毁的结局，造成的直接和间接损失在百亿美元以上。由于目前我国畜产品检疫标准与国际标准相比，尚有一定的距离，因而不时受到各国兴起的“绿色贸易壁垒”的限制。

4. SPS 协议对我国畜产品出口构成屏障

《实施动植物卫生检疫措施的协议》简称 SPS 协议，SPS 协议是国际贸易中第一部关于动植物检疫的多边国际公约，它对保护人类生命和健康、促进各国农牧业生产发展和农产品贸易起到了重要作用。目前，SPS 协议已经逐渐对我国畜产品构成了一道无形的难以逾越的出口屏障，对我国出口贸易产生了相当的影响。高致病性禽流感、猪瘟、口蹄疫等 15 种动物疫病是国际动物卫生组织划定的 A 类动物疫病。中国畜产品要顺利进入国际市场（尤其发达国家），应该加大控制消灭动物疫病力度、制定实施畜产品生产的强制性标准，减少在贸易中遭遇技术壁垒，所以动物疫病在畜产品贸易中是进口国首先考虑的因素。

5. 认证制度和检验程序使我国难以适应

严格的认证制度和烦琐的检验程序是世界许多发达国家对进口产品的要求，我国一时难以适应。如美国对进入该国的禽肉要求：首先必须来自于经美国农业部食品安全检验局（FSIS）认可的国家和厂家，无论哪个国家要想获得禽肉出口到美国的资格，FSIS 都要对该国的检测系统进行评估，文件审核由技术专家对申请国的有关法律、法规和其他书面材料进行评估。如果文件审核过关，FSIS 将派出一个技术专家组进行实地考察，包括工厂设备、设施、实验室以及培训项目和工厂的检验工作。如果 FSIS 判定该国的检验系统和美国的基本等同，该国就可获得向美国出口禽肉资格。其他发达国家的做法也是大同小异。目前我国能达到上述国家要求的企业还不多。

总的来说，短期之内试图改变我国畜产品竞争力下降的状况是有困难的。但是，以世界畜产品市场的需求为导向，提高畜产品出口的产品竞争力，是整个行业发展的必然要求。因此，稳步提高畜产品质量，顺应市场要求，对产品生产的各环节高标准严要求，才是根本的解决之道。

本章小结

本章介绍了国际贸易中有关比较优势与竞争优势的基本理论，并对二者的关系进行了说明。可以说，最终决定国际贸易模式的仍然是比较优势，而竞争优势是比较优势的源泉。在分析一国或地区贸易实力的指标中常用的有市场占有率、贸易竞争指数、显示性比较优势指数等。通过对近年来我国畜产品贸易的相关指标的计算发现，相对于农产品来说，鸡肉的比较优势最强，但近年来有下降的趋势；蛋类具有较强的比较优势；猪肉的比较优势再次之，但是可以发现猪肉比较优势经历了先下降再上升后稳定的阶段；而牛羊肉及奶类比较优势较弱，对应了我国较低水平的牛羊生产方式及条件。影响畜产品竞争力的主要因素有成本价格、质量安全以及生产力水平、品种资源和技术。而我国畜产品在上述方面与国际先进水平相比还存在着较大差距。

我国畜产品出口产品结构比较单一，出口地区也比较集中。调整畜产品出口的市场结构布局，能够在一定程度上提高畜产品出口市场的竞争力。一是寻求建立与欧盟、美国、加拿大等高端畜产品市场的稳定贸易联系，减少发达市场对中国畜产品进口的各种贸易壁垒；二是积极开拓那些正在迅速增长的以及潜在的新兴活力市场。

现代社会的畜产品安全问题已远远超出了传统的食品卫生或食品污染的范围，产品质量问题已成为制约我国畜产品贸易发展的重要原因。因此，我国畜牧产业必须稳步提高畜产品质量，对产品生产的各环节高标准严要求，才能顺应市场要求，提高产品在国际市场上的竞争力。

关键术语

比较优势　竞争优势　市场占有率　贸易竞争指数　显性比较优势　出口集中度

复习与思考

1. 简述比较优势与竞争优势的关系。
2. 何为贸易竞争指数与显示性比较优势指数？
3. 如何提高中国畜产品的国际竞争力？

本章参考文献

波特 M. 1997a. 竞争战略. 陈小悦译. 北京：华夏出版社.
波特 M. 1997b. 竞争优势. 陈小悦译. 北京：华夏出版社.

波特 M. 2002. 国家竞争优势 . 李明轩，邱如美译 . 北京：华夏出版社 .
韩玉军 . 2010. 国际贸易学 . 北京：中国人民大学出版社 .
林毅夫，李永军 . 2003. 比较优势、竞争优势与发展中国家的经济发展 . 管理世界，（7）：21-28
乔娟 . 2002. 中国肉类产品国际竞争力研究 . 北京：中国农业出版社 .
乔娟，李秉龙 . 2006. 中国农产品国际竞争力研究 . 北京：中国人民大学出版社 .
斯密 A. 1979. 国民财富的性质和原因的研究 . 郭大力，王亚南译 . 北京：商务印书馆 .
谭书俊，谭诗文 . 2009. 我国畜禽产品在出口国际贸易中存在的问题和对策 . 上海畜牧兽医通讯，（2）：79-81
许道夫 . 1983. 中国近代农业生产及贸易统计资料 . 上海：上海人民出版社 .
余鲁 . 2008. 中国畜产品出口贸易竞争力研究 . 西北农林科技大学博士学位论文 .
余鲁，范秀荣 . 2009. 中国畜产品在日本市场的竞争力分析 . 电子科技大学学报（社科版），（1）：45-49
袁欣 . 2008. 近代中国的贸易条件：一般趋势及其与农产品贸易的关系 . 中国农史，(3)：76-83

第 8 章　畜产产业关联分析

产业关联是一国或地区经济中各产业之间广泛存在的、复杂的技术经济联系，是各产业稳定运行和协调发展的基础，也是决定产业结构变动的关键因素。对我国畜牧业进行产业关联效应分析，可以深刻揭示畜牧业与国民经济各部门之间的关联关系和技术经济联系，是研究畜牧业转变发展方式、调整经济结构的一项重要内容，可以更好地促进畜牧业健康、平稳发展。

随着畜禽饲养技术提高和社会分工的深化，畜禽养殖同种植业、饲料工业、畜产品加工业等产业联系日益紧密，致使来自外界的物质和能量不断地融入到畜禽生产过程中来，大大提高了畜禽生产能力。为了分析我国畜产产业的现状同相关产业的关联关系，本章根据 2007 年全国 136 个产品部门的投入产出情况，从产业关联角度，对我国畜产产业进行产业关联关系分析，揭示了畜产业与国民经济其他部门之间相互依存、相互制约的数量关系。

8.1　中国畜产产业关联分析

投入产出表也称为部门联系平衡表，通过投入产出表本身和投入产出模型能够充分揭示国民经济各部门的经济联系。投入产出表全面反映了社会再生产的全过程，通过一定表式，将生产与分配使用、各种消耗和产出、产品的价值形成等有机联系在一起，并通过各种系数计算揭示国民经济各部门、再生产各环节的数量关系。

投入产出表中的投入，是指各部门生产货物和服务的总投入，包括中间投入和增加值。中间投入是指各部门在生产经营过程中所投入的各种原材料、燃料、动力及服务的价值。增加值是指为了生产各种货物和服务所需要的劳动、资本等要素的费用，又称为要素投入。投入产出表中产出是指各部门的总产出，包括中间使用和最终使用。中间使用是指各部门生产的货物和服务提供给国民经济各部门使用的部分。最终使用是指各部门生产的货物和服务用于消费、投资及出口部分（表 8-1）。

表 8-1　投入产出表的一般表式

产出 / 投入		中间使用					最终使用	总产出
		部门 1	部门 2	部门 3	…	部门 n		
中间投入	部门 1	x_{11}	x_{12}		⋯	x_{1n}	Y_1	X_1
	部门 2	x_{21}	x_{22}		⋯	x_{2n}	Y_2	X_2
	部门 3	⋮	⋮		⋮	Ⅰ	⋮ Ⅱ	⋮
	⋮							
	部门 n	x_{n1}	x_{n2}		⋯	x_{nn}	Y_n	X_n
增加值		N_1	N_2		⋯	N_n　Ⅲ		
总投入		X_1	X_2		⋯	X_n		

如上表所示，投入产出表由 3 部分构成，分别称为第Ⅰ、第Ⅱ、第Ⅲ部。第Ⅰ部分是投入与消耗部分。其主栏是中间投入，宾栏为中间使用。它是由主宾栏名称相同、数目相等、计量单位相同、排列次序一一对应的产品部门纵横正交而成的棋盘式正方形表格。在这部分中，每个产品部门都以既是生产者又是消耗者的双重身份出现，因此表中的每个数字都具有投入与消耗的双重含义。它揭示了国民经济各部门之间相互依存、相互制约的技术经济联系，它是投入产出表的核心。

投入产出表的第Ⅱ部分是最终使用部分。它是第Ⅰ部分投入表在水平方向的延伸，因而其主栏是各产品部门，宾栏是最终使用，由总消费、资本形成总额、净出口和其他最终产品等项组成。所以，第Ⅱ部分反映的是本期全社会的最终需求结构。它不仅反映了各产品部门在年总产品中供全社会最终消费、积累、净出口等分配使用情况，而且还具体地反映了最终使用的来源、比例与构成。它与第Ⅰ部分不同，消费、积累的比例及构成主要取决于社会经济因素。所以第Ⅱ部分反映的是国民经济中各产品部门与最终使用各项之间的经济联系。

价值型投入产出表的第Ⅲ部分是增加值（最初投入）部分。它是第Ⅰ部分生产消耗构成表在铅垂方向的延伸。其主栏是固定资本折旧、劳动者报酬、生产税净额、营业盈余等各种最初投入，其宾栏是各产品部门。从这部分的经济内容来看，它包括固定资本折旧和新创造价值两部分，所以第Ⅲ部分反映的是各产品部门的增加值（即最初投入）的构成，即增加值的形成过程与国民收入的初次分配情况。

为了分析我国畜牧业及其加工业与国民经济各产业的关联关系，本章依据投入产出表的基本原理——大表可以调整为中、小表，对其进行归类缩略，将 2007 年 135 部门的中国投入产出表合并为包括农业、畜牧业、饲料加工业、畜产品加工业、第二产业、第三产业共七个部门的投入产出表（表 8-3）。其中，农业包括农、林、渔和农林牧渔服务业，畜牧业与原表一致，畜产品加工业包括屠宰及肉类加工业、液体乳及乳制品制造业和皮革、毛皮、羽毛（绒）及其制品业，农产品加工业包括谷物磨制业、制糖业、其他食品加工业等，第二产业不包括饲料加工业、畜产品加工业和农产品加工业，第三产业与原表一致。

8.1.1 直接经济联系分析

直接经济联系的基本表现是产品生产与原料投入之间的相互关系。利用投入产出数学模型可以分析这种投入与产出之间的经济关系。具体地说，可以用投入产出中许多重要的经济系数反映经济活动中的若干直接经济联系。

1. 投入产出表本身体现的经济联系分析

填入投入产出表的所有数据均为特定年度内发生的经济流量，按其在表中所处的位置，可以分为中间产品流量、最终产品流量和增加值流量。中间产品流量矩阵即为投入产出表中的第Ⅰ部分。从列向看，第 j 列的各数据是 j 部门价值形成过程中所消耗的各部门产品数量，直接反映 j 部门对其他部门的依存关系及程度，而该列的总和是 j 部门年度内消耗的产品总量，同时也是该部门产出的产品总量。

从中间产品流量矩阵的行向看，第 i 行反映 i 部门产品分配给国民经济各部门用作中间投入的数量，而 i 行的总和是 i 部门当年生产的中间产品的总量。最终产品流量是各部门生产的消费产品、投入产品和出口产品的数量，增加值流量是各部门劳动力报酬、生产税净额、固定资产折旧和营业盈余的数量。这些数据本身直接反映了国民经济各部门与经济总体之间、各部门之间的技术经济联系。

2. 直接消耗系数分析

部门之间的直接关联关系可以通过直接消耗系数得到反映。直接消耗系数也称为投入系数，是指第 j 产业生产 1 单位产品所直接消耗第 i 产业产品的数量，用公式表示为

$$a_{ij} = \frac{x_{ij}}{X_j} \quad (i,j=1,2,\cdots,n) \tag{8.1}$$

式中，x_{ij} 是指第 j 产业对第 i 产业产品的直接消耗量；X_j 是指第 j 产业的总投入。由于 $x_{ij} \geqslant 0, X_j > x_{ij}$，故价值型直接消耗系数 a_{ij} 的取值范围为 $0 \leqslant a_{ij} < 1$。根据定义，直接消耗系数 a_{ij} 反映了任何两个部门之间的直接经济联系，即 j 产品的生产与 i 产品（流动资产）生产之间的"需求"与"供给"的关系。直接消耗系数本身反映的是 j 部门单位产值中对各部门产品的消耗量，即通常所说的消耗定额。计算这些

消耗定额，按部门及消耗产品顺序规则地排列在一起，形成直接消耗系数矩阵，可以清楚地从列向看出该部门消耗的各种产品、消耗数量等。

同时，从投入产出表的编表方法可以知道，直接消耗系数是部门内生产单位产品的平均消耗定额，因此可以用每一企业生产单位消耗定额与它比较，即可以看出该企业消耗水平与全国平均水平的优劣比较，并可以分析其原因。直接消耗系数 α_{ij} 值越大，说明了 i、j 两部门之间的联系越紧密。可以将各部门的直接消耗系数由大到小排列，以反映部门之间的经济联系的强弱。2007 年我国七部门直接消耗系数矩阵如表 8-2 所示。

表 8-2　2007 年七部门投入产出表直接消耗系数

部门	农业	畜牧业	饲料加工业	畜产品加工业	农产品加工业	第二产业	第三产业
农业	0.102 5	0.129 9	0.503 8	0.008 7	0.115 6	0.003 6	0.009 2
畜牧业	0.003 1	0.082 1	0.014 1	0.582 1	0.027 2	0.002 2	0.004 0
饲料加工业	0.026 4	0.237 0	0.138 7	0.020 8	0.018 0	0.001 0	0.004 5
畜产品加工业	0.000 0	0.000 0	0.002 4	0.094 4	0.010 5	0.000 1	0.003 9
农产品加工业	0.003 6	0.001 0	0.053 4	0.035 7	0.348 9	0.022 3	0.059 7
第二产业	0.158 2	0.015 8	0.044 3	0.026 8	0.155 6	0.642 2	0.182 6
第三产业	0.069 8	0.050 3	0.060 7	0.068 1	0.086 2	0.094 7	0.201 3

资料来源：根据 2007 年《中国投入产出表》计算而得

根据 2007 年中国七部门投入产出表（表 8-3），我们将畜牧业和屠宰及肉类加工业的直接消耗系数 α_{ij} 由大到小排列在表 8-4 中。百分数一栏表示各部门对畜牧业和畜产品加工业生产过程中间要素投入分别占两部门中间要素总消耗的百分比。可以从百分数的大小清楚地看出畜牧业和屠宰及肉类加工业对各部门的依存关系及其强度。

从畜牧业直接消耗系数降序排列结果可知，畜牧业发展对饲料加工业、农业的依赖性最强，直接消耗系数分别是 0.237 0、0.129 9，分别占畜牧业中间投入的 45.91％和 25.18％，这表明畜牧业每 1 万元产值对饲料加工业和农业的消耗分别是 2 370 元和 1 299 元。畜产品加工业的发展对畜牧业的依赖性最强，直接消耗系数达 0.582 1，占中间消耗的 69.58％，这表明畜产品加工业发展对畜牧业的高度依赖程度。

表 8-3 2007 年中国七部门投入产出表

单位:万元

产出 \ 投入		代码	中间使用							
			农业	畜牧业	粮油及饲料加工业	屠宰及肉类加工业	农产品加工业	第二产业	第三产业	中间使用合计
代码		—	1	2	3	4	5	6	7	TIU
中间投入	农业	1	33 582 751	20 953 629	62 552 691	409 348	105 138 714	16 671 563	17 733 789	257 042 484
	畜牧业	2	1 003 486	13 231 699	1 746 547	27 450 488	24 781 263	10 417 053	7 766 660	86 397 196
	粮油及饲料加工业	3	8 635 154	38 215 128	17 223 760	981 453	16 395 636	4 692 376	8 648 089	94 791 595
	屠宰及肉类加工业	4	0	0	298 554	4 452 350	9 578 239	516 277	7 487 297	22 332 717
	农产品加工业	5	1 177 784	167 779	6 626 880	1 683 540	317 353 157	104 564 760	114 781 248	546 355 148
	第二产业	6	51 850 196	2 550 459	5 498 178	1 263 793	141 491 463	3 015 211 907	351 218 111	3 569 084 106
	第三产业	7	22 858 324	8 111 874	7 537 708	3 212 464	78 372 219	444 733 301	387 322 375	952 148 264
	中间投入合计	TⅡ	119 107 695	83 230 567	101 484 316	39 453 436	693 110 690	3 596 807 236	894 957 568	5 528 151 509
增加值	劳动者报酬	VA001	197 690 965	74 125 305	9 299 152	3 489 225	75 827 113	371 326 434	368 714 806	1 100 473 000
	生产税净额	VA002	478 020	0	3 536 248	1 726 667	58 281 044	206 558 945	114 606 310	385 187 233
	固定资产折旧	VA003	10 403 320	3 894 128	5 721 558	1 938 278	21 527 721	152 429 681	176 640 636	372 555 322
	营业盈余	VA004	0	0	4 131 952	547 276	60 709 989	367 901 519	368 931 819	802 222 556
	增加值合计	TVA	208 572 305	78 019 433	22 688 910	7 701 445	216 345 866	1 098 216 580	1 028 893 572	2 660 438 111
总投入		TI	327 680 000	161 250 000	124 173 227	47 154 881	909 456 557	4 695 023 816	1 923 851 139	8 188 589 620

续表

产出＼投入		最终使用									
		最终消费支出					资本形成总额	净出口	最终使用合计	其他	总产出
		居民消费支出			政府消费支出	合计					
		农村居民	城镇居民	小计							
中间投入	农业	34 629 068	34 591 476	69 220 544	3 416 230	72 636 773	−499 540	−15 530 987	78 260 176	14 031 269	327 680 000
	畜牧业	16 964 396	25 375 559	42 339 955	0	42 339 955	20 915 898	−1 088 838	63 792 695	12 685 789	161 250 000
	饲料加工业	9 261 892	15 323 139	24 585 031	0	24 585 031	3 923 860	−4 689 974	30 107 881	5 562 714	124 173 227
	屠宰及肉类加工业	6 886 002	15 895 958	22 781 961	0	22 781 961	164 074	−324 837	24 748 104	2 200 967	47 154 881
	农产品加工业	41 149 159	145 908 544	187 057 702	0	187 057 702	21 074 042	152 626 760	392 098 896	2 342 905	909 456 557
	第二产业	31 852 027	129 215 157	161 067 183	0	161 067 183	991 285 989	9 824 519	1.781E+09	1 274 013 471	4.695E+09
	第三产业	102 429 897	356 043 911	458 473 808	348 492 957	806 966 764	72 329 892	74 387 719	1.012E+09	18 018 501	1.924E+09
	中间投入合计	243 172 440	722 353 744	965 526 184	351 909 186	1.317E+09	1 109 194 214	215 204 363	3.382E+09	18 604 163	8.189E+09
增加值	劳动者报酬										
	生产税净额										
	固定资产折旧										
	营业盈余										
	增加值合计										
总投入											

注:按当年生产者价格计算

表 8-4　畜牧业和畜产品加工业直接消耗系数降序排列

部门	畜牧业	百分比/%	部门	畜产品加工业	百分比/%
饲料加工业	0.237 0	45.91	畜牧业	0.582 1	69.58
农业	0.129 9	25.18	畜产品加工业	0.094 4	11.29
畜牧业	0.082 1	15.90	第三产业	0.068 1	8.14
第三产业	0.050 3	9.75	农产品加工业	0.035 7	4.27
第二产业	0.015 8	3.06	第二产业	0.026 8	3.20
农产品加工业	0.001 0	0.20	饲料加工业	0.020 8	2.49
畜产品加工业	0.000 0	0.00	农业	0.008 7	1.04

资料来源：根据 2007 年《中国投入产出表》计算而得

3. 直接消耗系数矩阵分析

直接消耗系数矩阵 A 列向延伸可以形成固定资产折旧系数、劳动者报酬系数、生产税净额系数和营业盈余系数四个行向量。

首先，分析直接劳动者报酬系数。直接劳动者报酬系数 $\alpha_{vj} = \dfrac{v_j}{X_j}(j = 1, 2, \cdots, n)$ 反映了 j 部门对劳动力的依赖程度。显然，α_{vj} 一般以价值形式表示，即单位产值的工资报酬，但它反映各部门对活劳动量的需求，也可以用实物形式表示，即人力资源的耗用。α_{vj} 越大说明某一部门对劳动力的依赖程度越强，或者说劳动力密集度越高。向量形式为 $A_v = (\alpha_{v1}, \alpha_{v2}, \cdots, \alpha_{vn})$。2007 年中国七部门投入产出表中，$A_v = (0.6033, 0.4597, 0.0749, 0.0740, 0.0834, 0.0791, 0.1917)$。可以看出，农业和畜牧业对劳动力依赖性最强，第三产业次之，饲料加工业和第二产业最低(表 8-5)。

表 8-5　直接消耗系数矩阵列向延伸部分

部门	农业	畜牧业	饲料加工业	畜产品加工业	农产品加工业	第二产业	第三产业
劳动者报酬	0.603 3	0.459 7	0.074 9	0.074 0	0.083 4	0.079 1	0.191 7
固定资产折旧	0.031 7	0.024 1	0.046 1	0.041 1	0.023 7	0.032 5	0.091 8
生产税净额	0.001 5	0	0.028 5	0.036 6	0.064 1	0.044	0.059 6
营业盈余	0	0	0.033 3	0.011 6	0.066 8	0.078 4	0.191 8

资料来源：根据 2007 年《中国投入产出表》计算而得

其次，分析固定资产折旧系数。固定资产折旧系数 $\alpha_{gi} = \dfrac{g_j}{X_j}(j = 1, 2, \cdots, n)$，反映 j 部门对各种固定资产的消耗关系，向量形式为 $A_g = (\alpha_{g1}, \alpha_{g2}, \cdots, \alpha_{gn})$。2007 年中国七部门投入产出表中，$A_g = (0.0317, 0.0241, 0.0461, 0.0411, 0.0237,$

0.0325,0.0918)。由结果知，各部门产品的生产对固定资产（折旧部分）的依赖程度极为悬殊，其中，第三产业和饲料加工业对固定资产的依赖程度最强，而畜牧业和农产品加工业对固定资产的依赖程度最弱。

最后，我国新国民经济核算体系中投入产出表第Ⅲ象限除固定资产折旧和直接劳动报酬外，还有生产税净额和营业盈余。因此，还可以对生产税净额系数和营业盈余系数进行分析。生产税净额和营业盈余合称为社会纯收入系数 $A_m = (\alpha_{m1}, \alpha_{m2}, \cdots, \alpha_{mn})$。从 2007 年我国七部门投入产出表直接消耗系数矩阵列向延伸部分可知，$A_m = (0.0015, 0, 0.0618, 0.0482, 0.1309, 0.1224, 0.2514)$。可以看出，第三产业、农产品加工业和第二产业社会纯收入系数最高，而畜牧业和饲料加工业较低，农业最低。从国民整体上来看，农业、畜牧业和饲料加工业营利能力不强。

8.1.2　完全经济联系关系分析

在国民经济各部门间的经济关联关系中，直接性关联只是产业关联关系中一个方面，而更多的则是间接性的。因此，要完全地把握产业间经济联系就不仅要分析直接经济联系，而且要分析产业间间接关联关系。投入产出方法通过引进各种完全系数来分析部门间的直接和间接经济联系。完全系数是在直接消耗系数基础上进一步派生出来的，完全系数不是由有关流量数据的简单计算比值得来，而是将国民经济视为一个整体，从部门间的直接联系推算出它们之间的完全联系。

1. 完全消耗系数分析

完全消耗系数 b_{ij} 反映了国民经济中任何两个部门之间的完全经济关联关系。它不仅包含直接消耗系数 α_{ij}，而且包含间接消耗系数 c_{ij}，$b_{ij} = \alpha_{ij} + c_{ij}$，$c_{ij}$ 表示 j 产品所消耗的各种物质资料又进一步对 i 产品的完全消耗。因此，b_{ij} 实质上是生产单位 j 最终产品所完全消耗 i 种中间产品的数量。

由于 $b_{ij} = \alpha_{ij} + c_{ij}$，即直接消耗加间接消耗，根据 b_{ij} 的经济含义，计算完全消耗系数的关键在于计算间接消耗 c_{ij}，即由于消耗其他产品而间接消耗的 i 种产品。J 部门由于消耗 k 种产品而间接消耗了 i 种产品，假设其完全消耗系数为 b_{ik}，则 $b_{ik} \times \alpha_{kj}$ 为通过 k 而间接消耗的 i 种产品。因此，j 对 i 的全部间接消耗为 $\sum_{k=1}^{n} b_{ik} \times \alpha_{kj}$，$j$ 对 i 的完全消耗系数为

$$b_{ij} = \alpha_{ij} + \sum_{k=1}^{n} b_{ik} \times \alpha_{kj} \tag{8.2}$$

以矩阵形式表示为 $B = A + BA$，即 $B(I - A) = A$。所以

$$B = A(I-A)^{-1} = [I - (I-A)](I-A)^{-1} = (I-A)^{-1} - I \tag{8.3}$$

2007 年中国七部门投入产出表完全消耗系数如表 8-6 所示，与直接消耗系数

矩阵（表 8-2）对比可知，产业间的完全消耗系数多数高于直接消耗系数，表明国民经济各产业间普遍存在着间接消耗关系。为更明了地表达这种关系，表 8-7 列出了直接消耗系数与完全消耗系数比值。值得注意的是直接消耗系数和完全消耗系数差别较大，其中畜牧业对农产品加工业、第二产业的消耗，其完全消耗系数分别是直接消耗系数的 57.6 倍和 22.42 倍。畜产品加工业对农业、第二产业的消耗，其完全消耗系数分别是直接消耗系数的 30.53 倍和 16.36 倍。畜牧业和畜产品加工业对各产业的间接消耗远远大于直接消耗，表明除了关注其与上游产业间产品直接消耗关系外，更应该关注产业间通过其他产业而发生的间接消耗关系。

对于完全消耗系数，我们也可以分部门进行由大到小的排序，可以分析部门间完全经济联系的大小和部门间经济依存关系。

表 8-6　2007 年 7 部门投入产出表完全消耗系数

部门	农业	畜牧业	饲料加工业	畜产品加工业	农产品加工业	第二产业	第三产业
农业	0.148 8	0.347 2	0.700 2	0.265 6	0.259 6	0.045 0	0.049 9
畜牧业	0.009 2	0.100 2	0.031 5	0.712 5	0.066 3	0.016 1	0.017 9
饲料加工业	0.040 4	0.315 9	0.196 4	0.235 2	0.063 2	0.014 5	0.018 0
畜产品加工业	0.001 5	0.002 3	0.006 0	0.107 4	0.020 4	0.003 7	0.007 8
农产品加工业	0.048 1	0.057 6	0.147 2	0.120 1	0.607 5	0.142 3	0.154 9
第二产业	0.628 3	0.354 3	0.649 9	0.438 5	0.991 6	2.076 8	0.792 2
第三产业	0.183 8	0.172 1	0.247 6	0.245 4	0.324 4	0.386 6	0.370 3

资料来源：根据 2007 年《中国投入产出表》计算而得

表 8-7　完全消耗系数与直接消耗系数的比值

部门	农业	畜牧业	饲料加工业	畜产品加工业	农产品加工业	第二产业	第三产业
农业	1.451 7	2.672 8	1.389 8	30.528 7	2.245 7	12.500 0	5.413 4
畜牧业	2.967 7	1.220 5	2.234 0	1.224 0	2.437 5	7.318 2	4.433 9
饲料加工业	1.530 3	1.332 9	1.416 0	11.307 7	3.511 1	14.500 0	4.004 3
畜产品加工业	—	—	2.500 0	1.137 7	1.942 9	37.000 0	2.004 2
农产品加工业	13.361 1	57.600 0	2.756 6	3.364 1	1.741 2	6.381 2	2.596 3
第二产业	3.971 6	22.424 1	14.670 4	16.361 9	6.372 8	3.233 9	4.339 4
第三产业	2.633 2	3.421 5	4.079 1	3.603 5	3.763 3	4.082 4	1.839 3

资料来源：根据 2007 年《中国投入产出表》计算而得

2. 完全消耗系数矩阵分析

与直接消耗系数矩阵分析相似，完全消耗系数矩阵分析实际是根据完全消耗系数矩阵的基本经济意义，对其各行各列元素分别求和，并得到相应的解释。

首先，是完全消耗系数的矩阵列向量求和，$b_{0j}=\sum_{i}b_{ij}$，$(j=1,2,\cdots,n)$，b_{0j}称为影响力(带动力)，反映了 j 部门增加一个单位最终产品时，对各个部门产品的需求所波及的程度。影响力越大，表示该部门增加一个单位产值对国民经济各部门生产的需求带动作用越大。各部门影响力构成影响力向量：$B_0=(b_{01},b_{02},\cdots,b_{0n})$，也称为完全物质消耗系数行向量。

$b_{00}=\sum_{j}\sum_{i}b_{ij}=\sum_{j}b_{0j}$ 为国民经济所有部门的总体影响力，$S=\frac{1}{n}b_{00}$ 则为国民经济各部门平均影响力。用各部门影响力与平均影响力比较有 $\delta_j=\frac{b_{0j}}{S}$，$(j=1,2,\cdots,n)$，$\delta_j$ 就是影响力系数，是各部门影响力与国民经济各部门平均影响力之比。δ_j 有三种可能，即 $\delta_j>1$，$\delta_j=1$，$\delta_j<1$，其中 $\delta_j>1$ 的部门的影响力超过国民经济各部门平均影响力，将会对国民经济发展产生更大的影响或带动作用，可以作为国民经济发展的主导产业和部门。

$$\sum_{j}B_{ij}$$

$$B=\begin{bmatrix} b_{11} & b_{12} & \cdots & b_{n1} \\ b_{21} & b_{22} & \cdots & b_{2n} \\ \vdots & \vdots & \vdots & \vdots \\ b_{n1} & b_{n2} & \cdots & b_{nn} \end{bmatrix}\left.\begin{matrix} b_{10} \\ b_{20} \\ \vdots \\ b_{n0} \end{matrix}\right\} b_{(i)}$$

$$\sum_{i}b_{ij}b_{01}b_{02},\cdots,b_{0n}b_{00}=\sum_{i}\sum_{j}b_{ij} \tag{8.4}$$

其次，是完全消耗系数矩阵行向量求和，$b_{i0}=\sum_{j}b_{ij}$，$(i=1,2,\cdots,n)$，b_{i0} 称为感应度，反映了各部门均增加一个单位最终产品时，i 部门由此而受到的需求感应程度，即 i 部门对各部门产业的供给推动程度。

在投入产出分析方法中，影响力系数反映一个产业影响其他产业的波及程度，感应度系数反映一个产业受其他产业的波及程度。一般说来，影响力系数较大的产业部门对其他产业具有较大的辐射能力，而感应度系数较大的产业部门对经济发展起着较大的制约作用，尤其是经济增长过快时，这些产业部门将先受到社会需求的巨大压力，造成供不应求的局面。当一个产业部门的影响力系数和感应度系数都较大时，则该产业部门在经济发展中具有举足轻重的地位。

2007 年中国投入产出表的影响力向量：$B_0=(2.0601,2.3495,2.9789,3.1247,3.3329,3.6851,2.4110)$，平均影响力为 $S=2.8489$，由此得知，畜产品

加工业、饲料加工业的影响力系数超过平均影响力，而农业、畜牧业和第三产业的影响力系数则较小(表 8-8)。

表 8-8 我国七部门的影响力、感应度及其系数

部门	影响力	影响力系数	感应度	感应度系数
农业	2.060 1	0.723 1	2.816 3	0.988 6
畜牧业	2.349 5	0.824 7	1.953 7	0.685 8
饲料加工业	2.978 9	1.045 7	1.883 6	0.661 2
畜产品加工业	3.124 7	1.096 8	1.149 2	0.403 4
农产品加工业	3.332 9	1.169 9	2.277 7	0.799 5
第二产业	3.685 1	1.293 5	6.931 6	2.433 1
第三产业	2.411 0	0.846 3	2.930 2	1.028 5
平均	2.848 9	1.000 0	2.848 9	1.000 0

资料来源：根据 2007 年《中国投入产出表》计算而得

感应度是反映当国民经济各部门均增加一个单位最终使用时，各产业由此而受到的需求感应程度，也就是该部门为满足其他部门生产的需要而提供的产出量。2007 年中国投入产出表七部门感应度向量是 B_{i0} = (2.8163, 1.9537, 1.8836, 1.1492, 2.2777, 6.9316, 2.9302)，平均感应度是 2.8489，除第二产业外，其余各部门的感应度均小于平均值。

8.1.3 中国畜产加工业产业关联分析

畜产加工业是对肉、蛋、奶、水产等多项产品加工形成的庞大产业。我国畜产加工业是新中国成立后发展起来的新兴产业，在国计民生中占有重要地位，对促进养殖产品生产、发展农村经济、繁荣稳定城乡市场、满足人民生活需要、保证经济建设与改革的顺利进行，发挥着重要作用。

1. 畜产加工业直接消耗系数和完全消耗系数分析

畜产加工业的生产过程既要消耗种植业、畜牧业、渔业等部门的产品，本部门的产品也要被别的部门所消耗，从而形成了部门与部门之间的相互关联关系。通常可以用直接消耗系数和完全消耗系数来分析产业间这种相互提供产品的关联关系。

表 8-9 为我国畜产加工业直接消耗系数和完全消耗系数。屠宰及肉类加工业直接消耗系数中最大的三个产业是畜牧业、商务居民服务住宿业①、第三产业②，

① 包括商务服务业、居民服务和其他服务业、住宿业、批发和零售贸易业。

② 这里的第三产业不包括餐饮业、商务和居民服务业、住宿业。

屠宰及肉类加工业每增加一个产值需要这三个部门分别投入 0.6268、0.0901、0.0263 个产值，表明屠宰及肉类加工业的发展不仅需要畜牧业的发展，而且还依赖于商务居民服务住宿业、批发和零售贸易业等第三产业的发展。完全消耗系数最大的前三个部门是畜牧业、第二产业①和农业，屠宰及肉类加工业每增加一个产值需要完全（直接和间接）消耗三部门产品分别是 0.7195、0.3341 和 0.2384个产值，表明屠宰及肉类加工业的发展需要畜牧业、第二产业、农业提供较多的产品支持。

值得注意的是直接消耗系数和完全消耗系数差别较大，如屠宰及肉类加工业中，农业、粮油饲料加工业②、设备制造业完全消耗系数分别是直接消耗系数的 39 倍、23 倍及 21 倍。屠宰及肉类加工业对这些产业的间接消耗远远大于直接消耗，这表明除了关注畜产加工业与上游产业间产品直接消耗关系外，还应该关注产业间通过其他产业而发生的间接消耗关系。如屠宰及肉类加工业对农业的直接消耗系数不大，但是通过畜牧业这种间接关系使肉类及加工业对农业的完全消耗关系提高了 39 倍。

水产品加工业直接消耗系数中最大的三个产业是渔业、商务居民服务及住宿业③、第二产业，直接消耗系数分别是 0.525、0.080 和 0.039，对此三产业的完全消耗系数分别是 0.594、0.162 和 0.408，表明水产品加工业与这些产业具有较强的关联关系。值得注意的是，设备制造业、农业、第二产业完全消耗系数是直接消耗系数的 10 倍以上，说明水产品加工业对这些产业的间接消耗远远高于直接消耗，这些产业对今后水产品加工业的快速发展制约作用较强。

表 8-9　我国畜产加工业直接消耗系数和完全消耗系数

行业	屠宰及肉类加工业			水产品加工业		
	直接消耗系数（1）	完全消耗系数（2）	(2) / (1)	直接消耗系数（3）	完全消耗系数（4）	(4) / (3)
农业	0.006	0.238	39.7	0.005	0.080	16.0
畜牧业	0.627	0.720	1.1	0.000	0.006	—
渔业	0.000	0.004	—	0.525	0.594	1.1
粮油饲料加工业	0.006	0.124	20.7	0.008	0.058	7.3
设备制造业	0.001	0.023	23.0	0.002	0.038	19.0
第二产业	0.026	0.334	12.8	0.039	0.408	10.5
餐饮业	0.001	0.010	10.0	0.003	0.011	3.7

① 不包括农产品加工业、设备制品业以外的第二产业。

② 包括谷物磨制业、饲料加工业和植物油加工业。

③ 包括商务服务业、居民服务和其他服务业、住宿业和批发零售贸易业。

续表

行业	屠宰及肉类加工业			水产品加工业		
	直接消耗系数（1）	完全消耗系数（2）	（2）/（1）	直接消耗系数（3）	完全消耗系数（4）	（4）/（3）
商务、居民服务业和住宿业	0.090	0.183	2.0	0.080	0.162	2.0
第三产业	0.026	0.145	5.6	0.032	0.153	4.8

注：本表是依据 2002 年中国投入产出表 122 个部门投入产出表计算而得，为了分析的方便，本文将 122 个部门合并为 15 个部门

资料来源：根据 2007 年《中国投入产出表》计算而得

2. 畜产加工业影响力、感应度分析

在投入产出分析方法中，影响力系数反映一个产业影响其他产业的波及程度；感应度系数反映一个产业受其他产业的波及程度。一般说来，影响力系数较大的产业部门对其他产业具有较大的辐射能力，而感应度系数较大的产业部门对经济发展起着较大的制约作用，尤其当经济增长过快时，这些产业部门将先受到社会需求的巨大压力，造成供不应求的局面。当一个产业部门的影响力系数和感应度系数都较大时，则说明该产业部门在经济发展中具有举足轻重的地位。

畜产加工业影响力反映了该行业生产一个单位最终产品时，对国民经济各部门所产生的生产需求波及与拉动的绝对水平；影响力系数反映畜产加工业增加一个单位最终产品时，对国民经济各部门所产生的需求波及和拉动程度。其计算公式为

$$\alpha_i = \frac{\sum_{i=1}^{n} \bar{b}_{ij}}{\frac{1}{n}\sum_{i=1}^{n}\sum_{j=1}^{n}\bar{b}_{ij}} \quad (i,j = 1,2,\cdots,n) \tag{8.5}$$

其中，$\sum_{i=1}^{n}\bar{b}_{ij}$ 是列昂惕夫逆矩阵 $\bar{B} = (\bar{b}_{ij})_{n\times n}$ 的各行和，表示第 i 部门的影响力，α_i 表示影响力系数。

表 8-10 表明，屠宰及肉类蛋类加工业、水产品加工业、皮革毛皮羽绒及其制品业的影响力分别是 2.92、2.66、3.18，表示这三产业各增加一个单位产值，分别将带动国民经济其他产业增加 1.92、1.66、2.18 个单位产值（除去本部门的一个单位产值）；这三个产业的影响力系数分别是 1.18、1.07、1.28，都大于 1，表明这三个部门的生产对其他部门所产生的波及影响程度超过了社会的平均影响水平，影响力系数较大，说明其对国民经济发展拉动力较强。

感应度系数是反映当国民经济各部门均增加一个单位最终使用时，养殖产品

加工部门由此而受到的需求感应程度，也就是该部门为满足其他部门生产的需求而提供的产出量。其计算公式为

$$\beta_i = \frac{\sum_{j=1}^{n} \bar{b}_{ij}}{\frac{1}{n}\sum_{i=1}^{n}\sum_{j=1}^{n} \bar{b}_{ij}} \quad (i,j=1,2,\cdots,n) \tag{8.6}$$

式中，$\sum_{j=1}^{n} \bar{b}_{ij}$ 是列昂惕夫逆矩阵 $\bar{B} = (\bar{b}_{ij})_{n\times n}$ 的各列和，表示第 i 部门的感应度，β_i 表示感应度系数。

感应度是反映当国民经济各部门均增加一个单位最终使用时，畜产加工业由此而受到的需求感应程度，也就是该部门为满足其他部门生产的需要而提供的产出量。感应度系数是畜产加工业的感应度与国民经济各产业感应度的平均水平之比。感应度系数反映了畜产加工业受到国民经济发展的拉动程度大小的相对水平。如表 8-10 所示，屠宰及肉类蛋类加工业、水产品加工业、皮革毛皮羽毛及其制品业的感应度分别是 1.25、1.10、1.41，表示当国民经济其他各产业均增加一个单位产值时，对这三产业的产品需求分别是 0.25、0.10、0.41 个单位产值（除去本部门的一个单位产值）。这三产业相应的感应度系数分别是 0.50、0.44、0.57，感应度系数均小于 1，表明国民经济其他部门发展对这三部门的产品需求作用较弱，其对国民经济发展的制约作用较小。

表 8-10　我国畜产加工业影响力、感应度及系数

项目	影响力	影响力系数	感应度	感应度系数
屠宰及肉类蛋类加工业	2.92	1.18	1.25	0.50
水产品加工业	2.66	1.07	1.10	0.44
皮革毛皮羽绒及其制品业	3.18	1.28	1.41	0.57

资料来源：根据 2007 年《中国投入产出表》计算而得

畜产加工业的影响力系数大于感应度系数，说明了畜产加工业对国民经济其他产业的拉动作用远大于国民经济其他产业的发展对畜产加工业的推动作用。在我国内需不足的条件下，畜产加工业的发展能够直接拉动国民经济其他产业的发展。屠宰及肉类蛋类加工业增加一个产值，通过直接和间接消耗对农业、畜牧业、第二产业、商业、居住服务业等产业带动作用较强，同时畜产加工业的发展也是对农业、畜牧业、饲料加工业等相关产业链的延长，能增加产业附加值，符合产业深化的客观规律。

专栏 8.1

乳产品进口将备案，洋奶粉涨价“理直气壮”到何时①

商务部昨日发布公告，宣布自 2009 年 8 月 1 日起，对鲜奶、奶粉和乳清产品实施自动进口许可管理，同时将上述品种纳入实行进口报告管理的大宗农产品目录。今后，商务部将每半个月一次（节假日顺延），在商务部政府网站“大宗农产品进口信息发布专栏”发布有关进口信息。这一消息，对标榜“进口奶源”、近期频传涨价的“洋奶粉”品牌而言，滋味有点复杂。

涨价原因牵强

近期“洋奶粉”或将集体涨价的传闻与惠氏有关。据惠氏发布的消息，从 7 月 15 日起，惠氏将在全国范围内陆续上调第二至第四阶段产品的婴幼儿奶粉出厂价格，平均上调幅度为 7%，为平衡市场价格，国内销量较大的第一阶段奶粉暂不提价。业界担忧，这将打破“洋奶粉”市场近 8 个月来的沉寂，引领涨价潮。

惠氏中国如此解释涨价的原因：为满足中国市场需求，生产基地从新加坡部分转移至欧洲和澳大利亚，因为原先从新加坡进口产品至中国是零关税，因此关税成本增加。

但国内乳业资深人士王丁棉向记者表示：“现在不是涨价的时机，惠氏涨价的理由不充分。目前中国市场‘洋奶粉’货源充足，不存在‘供不应求’的说法。”他向记者强调，“关税导致生产成本增加的说法牵强，因为婴幼儿奶粉市场的利润十分可观”。

记者 7 月 15 日走访上海数家超市，发现涨价行动已经开始。上海莘庄一家华联超市的导购人员对记者表示，惠氏系列 900g 听装奶粉价格，在一周前已全线上涨约 20 元。在浦东的一家沃尔玛超市，促销员徐女士告诉记者，已接到惠氏奶粉调价通知，但“不清楚调整幅度”。

记者还发现，贝因美、多美滋、雀巢等洋奶粉目前仍维持原价。不过，农工商超市的一位导购告诉记者，以前奶粉涨价多为“突然下通知”。

雅培旗下喜康力品牌正推出“智护 100”新配方幼儿成长奶粉，被业内疑为“借换包装变相涨价”。雅培方面昨日就此回应记者，“智护 100”奶粉是“新产品”而非“新包装”，自然要执行新品价格。

政策寓意长远

“洋奶粉已经掌握了我国高端奶粉市场话语权，国内奶粉企业在质量上没有实力与洋奶粉叫板”，王丁棉说。

市场残酷，对于那些“原装进口”的洋奶粉而言，即使涨价，消费者仍会

---

① 资料来源：人民网，http：//shipin. people. com. cn/GB/9664062. html。

“囤货”。记者在莘庄的一家华联超市发现，原装进口明治幼儿奶粉断货已 3 个月。在浦东一家沃尔玛超市，就在记者与导购人员交谈时，一对夫妇把货架上的明治婴幼儿奶粉一扫而空。该超市的一位导购人员介绍，春节后这款奶粉的价格涨了十几元钱。

这种现象可理解为“三聚氰胺”的阴影延续。据记者了解，进口奶粉一直占据国内中高端奶粉市场 7 成左右的市场份额。去年的“三聚氰胺”事件使消费者对国产乳制品信心降低，导致进口乳制品成倍增加。

政策能否遏制洋品牌的势头？此次商务部公告指出，商务部委托中国食品土畜进出口商会负责鲜奶、奶粉和乳清进口报告信息的收集、整理、汇总、分析和核对等日常工作。进口鲜奶、奶粉和乳清的对外贸易经营者，应向中国食品土畜进出口商会备案。

“鲜奶、奶粉和乳清进口备案是政府要对市场情况有所掌握，但没有强调限制进口”，王丁棉告诉记者。雅培公司有关人士也对记者表示，商务部新规对原装进口产品销量影响不大。

但王丁棉认为新政有长远的考虑。王丁棉说：“国家不可能让进口奶源无限制地进入中国市场。对进口情况进行摸底，是为了以后调控市场，平衡供需，避免以国内奶源为原料的奶粉大量积压造成浪费。”

8.2　发达国家畜产发展与产业关联

进入 21 世纪以来，全世界农畜产品及食品加工业的销售额已超过 2 万亿美元，居各行业之首，是世界制造业中第一大产业。发达国家食品工业的增加值已经是农业增加值的 2～3 倍，吸纳就业人数也远远高于农业。随着人们生活水平的提高、膳食结构的改善及消费市场的扩大，畜产品加工业已经实现了向资本密集行业转移的阶段，并成为各国特别是发达国家国民经济的重要产业。

8.2.1　美国畜产业的发展现状

美国畜牧业规模化、集约化的发展为畜产品加工业的建设和发展奠定了重要的经济基础。随着市场对畜产品加工品需求的增加和生产技术水平的进步，美国在实现畜牧业和加工业区域化、专业化、社会化的基础上，大大提高了畜牧业的劳动生产率和投入产出效益，为畜产品加工业提供了可靠保障。

由于生猪价格的波动等原因，美国的生猪饲养经历了饲养户减少而饲养规模扩大的过程（表 8-11），带来了生猪饲养技术水平的提高。同时，快速冷冻技术的发明、运输费用的下降、冷藏铁路货车的出现及肉品包装业的发展加快了美国猪肉生产的区域化专业化，也为畜产品加工业的发展提供了安全优质的原料。

表 8-11　美国不同规模生猪饲养户的推移　　单位：户

年份	1～99 头	100～499 头	500～999 头	1000～1999 头	2000～4999 头	5000 头以上	合计
1993	131 160	56 295	18 270	7 955	3 390	990	218 060
1997	69 460	28 095	11 670	6 755	4 355	1 825	122 160
2000	47 560	17 695	7 745	5 870	4 795	2 095	85 760
2002	44 596	11 872	6 143	6 148	6 059	14 420	82 028
2007	47 580	7 305	3 357	3 484	5 072	7 991	74 789

资料来源：日本経済評論社、大江徹男「アメリカ食肉産業と新世代農協」第 24 页；2002 年、2007 年来自 United States census of agriculture

生猪饲养规模的扩大及技术水平的提高为一体化经营提供了可能。各种形式的合同生产与合同销售应运而生，标准化生产得到推行，产品质量进一步提高。表 8-12 表明，美国生猪的合同销售份额已经超过 82%，这种销售方式给加工企业提供了稳定优质的原材料。因为可以降低市场风险，所以越是大规模的企业越可能采取合同销售方式。如 1999 年的美国猪肉市场，出栏 5 万头以上的企业采用合同销售的比率为 82%，出栏 1 万～5 万头的企业采用比率为 54%，1000～2000 头的企业只有 24%。

表 8-12　美国出栏肉猪的销售去向　　单位：%

项目	1997 年	1999 年	2000 年	2001 年
市场以外	56.6	64.2	74.3	82.7
(1) 合同销售	50.4	62	72.6	82.5
(2) 企业所有	6.1	2.3	1.7	0.2
家畜市场	43.4	35.8	25.7	17.3

资料来源：日本経済評論社、大江徹男「アメリカ食肉産業と新世代農協」第 39 页

美国肉牛饲养与销售也显示出同样的特征，大规模饲养企业或农户与肉品加工业者形成了非常紧密的联系。

一体化经营的发展带来了企业间激烈的竞争，为了扩大市场份额，获取超额利润，企业规模不断扩大，市场集中度也在不断提高。表 8-14 清晰地说明了屠宰行业的规模与成本的关系，规模经济的存在使行业内企业间的并购重组不断发生，企业规模扩大。截至 20 世纪末，美国肉牛屠宰行业中前 4 家企业的市场份额已经超过 70%（表 8-13），生猪及肉鸡屠宰行业的 CR_4 也超过了 40%（表 8-15）。

表 8-13　美国肉牛饲养、屠宰头数及前 4 家屠宰企业的市场份额（CR_4）（1930～2007）

年度	饲养头数/千头	屠宰头数/千头	CR_4/%
1930	61 003	12 056	48.5
1940	68 309	14 958	43.1
1950	77 963	18 614	36.4
1960	96 236	26 029	23.5
1970	112 369	35 356	21.3
1980	111 192	34 116	35.7
1990	95 816	33 439	71.6
1997	101 460	36 490	79.5
2007	97 003	32 533	83.4

资料来源：原资料 USDA，1930～1997 年转引自新山陽子「牛肉のフードシステム」第 57 页，2007 年来源于 United States Agricultural Statistics 2008

表 8-14　美国不同规模屠宰企业的成本比较

品种	年处理头数	屠宰及分割成本	总成本
生猪	40 万	117.5	104.5
	100 万	100	100
	200 万	84.6	94.1
	400 万	74.5	93.5
肉牛	17.5 万	130.7	104.3
	42.5 万	100	100
	85 万	85	97.9
	135 万	78.6	97

注：生猪屠宰行业以 100 万头规模的企业成本为 100，肉牛屠宰行业以 42.5 万头规模的企业成本为 100

屠宰及分割成本为总成本减去生猪（肉牛）的购买成本

资料来源：日本経済評論社、大江徹男「アメリカ食肉産業と新世代農協」第 52 页

表 8-15　美国屠宰企业以销售额统计的 CR_4 的推移　单位：%

年份	肉牛	猪	鸡	火鸡
1963	26	33	14	23
1972	30	32	18	41
1982	44	31	32	40
1992	71	43	41	45

资料来源：日本経済評論社、大江徹男「アメリカ食肉産業と新世代農協」第 50 页

表8-16反映了美国食品工业增加值在制造业增加值中的比重。美国食品工业占制造业的比值与日本等国非常接近，都在10%左右，这说明了食品工业在制造业中的地位与作用。

表8-16 美国食品工业占制造业中的比值 单位：亿美元

项目	1990年	2000年	2005年
制造业增加值/亿美元	10 406	14 262	14 839
食品工业增加值/亿美元	/	1 548	1 637
食品工业/制造业/%	12	10.85	11.03

资料来源：U. S. Census Bureau，Statistical Abstract of the United States：2009

比较食品工业与农业的产值，可以反映出农产品加工程度的高低。因为，一般而言，食品工业是以农产品为原料的，食品工业是农业产业链的延伸。表8-17表明，2000年和2005年美国食品工业增加值与农业增加值比值分别为1.58和1.27，占当年GDP的比重分别为1.58%和1.32%，表明美国农产品加工程度和食品工业在国民经济的比重均在下降。但从2000年到2005年美国食品工业的增加值是在上升的，食品工业与农业比值的下降是由于在这期间农业增加值上升较快引起的。

表8-17 美国食品工业与农业及GDP中的比值 单位：亿美元

项目	2000	2005
食品工业增加值/亿美元	1 548	1 637
农业增加值/亿美元	980	1 290
国内生产总值/亿美元	98 100	124 339
食工/农业	1.58	1.27
食工/GDP/%	1.58	1.32

资料来源：U. S. Census Bureau，Statistical Abstract of the United States：2009

8.2.2 日本畜产品加工业的发展与现状

日本食品加工业以农产品加工业为主，人们日常消费的食品大部分经过加工，只有20%是生鲜食品。据统计，1999年日本食品加工业的销售额高达35兆亿日元（100日元约合7.5元人民币），占整个制造业的12%，是仅次于运输机械和电气机械的第三大产业[①]。日本畜产品加工业的特点，一是以大企业为主，实现集中化、规模化生产；二是比较注重与农村经济发展的结合，农协在畜产品加工业中发挥了重要的作用。

① 李延云等. 日本的农产品加工业 [J].《世界农业》2005. 9。

表8-18显示了1960～2000年的日本畜产食品加工业增加值占全制造业的比重。2000年日本畜产食品加工业的企业数占全制造业的0.5%，但其使用原材料却占全制造业的1.9%，产出的增加值占全制造业的1.6%，表明了日本畜产食品加工业的平均规模大于制造业的平均水平。

表8-18　日本畜产食品加工业增加值占全制造业的份额（1960～2000）

年度	使用原材料/百万日元			产值/百万日元		
	制造业合计/e	畜产食品业/f	比重（=f/e）/%	制造业合计/g	畜产食品业/h	比重（=h/g）/%
1960	—	—	—	15 578 621	135 154	0.868
1970	42 177 971	701 457	1.663	69 034 785	937 403	1.358
1980	138 486 790	2 665 661	1.925	214 699 798	3 543 197	1.65
1990	190 539 613	3 571 539	1.874	327 093 093	4 921 509	1.505
2000	170 945 409	3 285 585	1.922	303 582 415	4 841 726	1.595

资料来源：財団法人食品産業センター「食品産業統計年報」平成14年度版，p6～7

1960～2000年，日本肉制品和乳制品在畜产食品加工业的结构变化趋势明显。肉制品加工业的企业数量、从业人数、原材料使用额、产值在日本畜产食品加工业中均处于增加趋势。以企业数量为例，1960年肉制品加工业企业数量占畜产食品工业企业数量的10.98%，而到2000年已经升高到42.27%。不同于肉制品加工业，乳制品加工业的企业数量、从业人数、原材料使用额、产值在畜产食品加工业中的比值则不断下降。1960年乳品和肉品加工业企业数量占畜产食品工业的89.02%，2000年仅占26.36%，下降速度较快。但乳制品加工业的原材料使用额及产值均超过肉制品加工业。这说明了乳制品加工业的企业规模更大，市场集中度更高。

图8-1和图8-2表明了40年来日本主要肉品加工品和乳制品的产量变化趋势。从20世纪60年代初到80年代末，各种加工产品增长迅速。但从90年代初开始，除发酵乳外，多数加工品的增长幅度并不大。这说明了当人均收入达到一定的水平后，畜产加工品的生产会由于有效需求增加幅度的减缓而增长缓慢。

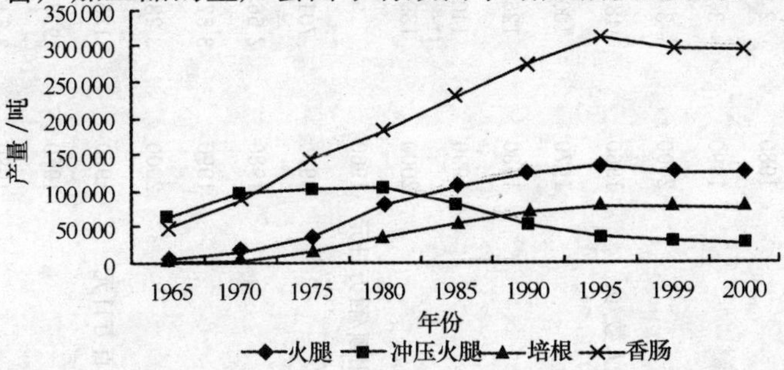

图8-1　日本肉制品生产变化趋势

资料来源：日本農林統計協会「食生活データブック2002」p90～91

表 8-19 日本畜产食品加工业的结构

	年份	畜产食品业合计(a)	肉制品业(b)	比重(=b/a)%	乳制品业(c)	比重(=c/a)%	其他(d)	比重(=d/a)%
企业数	1960	2 295	252	10.98	2 043	89.02	0	0
	1970	2 507	318	12.68	1 843	73.51	346	13.80
	1980	2 781	686	24.66	1 128	40.56	967	34.77
	1990	3 142	1 155	36.76	917	29.19	1 070	34.05
	2000	3 080	1 302	42.27	812	26.36	966	31.36
从业人数/人	1960	48 535	9 891	20.37	38 644	79.62	0	0
	1970	100 814	28 219	27.99	62 566	62.06	10 029	9.95
	1980	126 505	43 704	34.54	51 053	40.36	31 748	25.10
	1990	140 124	55 865	39.87	45 352	32.37	38 907	27.77
	2000	139 503	62 672	44.93	42 836	30.71	33 995	24.37
原材料使用额/百万日元	1960	—	—	—	—	—	0	0
	1970	701 457	170 976	24.37	477 938	68.14	52 543	7.49
	1980	2 665 661	1 025 105	38.46	1 232 729	46.24	407 827	15.30
	1990	3 571 539	1 607 460	45.01	1 478 580	41.40	485 500	13.59
	2000	3 285 585	1 397 267	42.53	1 488 761	45.31	399 557	12.16
产值/百万日元	1960	135 154	25 964	19.21	109 190	80.79	0	0
	1970	937 403	228 905	24.42	645 963	68.91	62 535	6.67
	1980	3 543 197	1 313 727	37.08	1 717 550	48.47	511 921	14.45
	1990	4 921 509	2 089 659	42.46	2 162 359	43.94	669 490	13.60
	2000	4 841 726	1 930 481	39.87	2 324 451	48.01	586 794	12.12

资料来源:財団法人食品産業センター「食品産業統計年報」平成14年度版,第7～9页

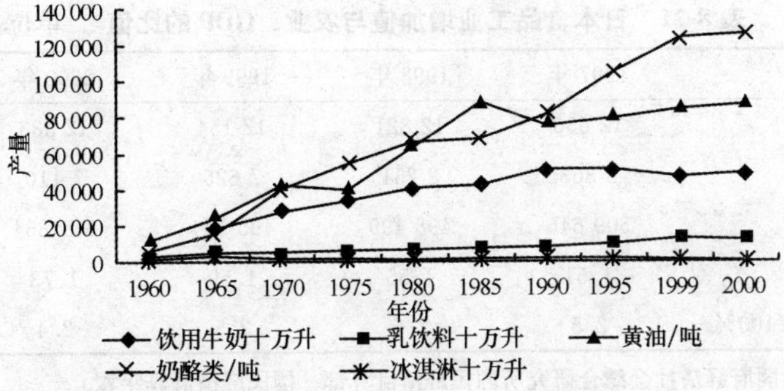

图 8-2　日本乳制品生产变化趋势

资料来源：日本農林統計協会「食生活データブック2002」p90～91

再分析日本畜产加工业的市场结构（表 8-19），可以发现，其肉品屠宰及加工业的市场集中度虽然低于美国，但其 CR_3 仍然达到 16.8%，而乳制品市场的市场集中度相对较高，雪印、明治、森永三大品牌在脱脂奶粉市场占 30%～40%的份额，在黄油市场占 60%左右。①

由于畜产品加工业包含在食品工业中，下面重点分析食品工业与其他产业的关系，可以表明食品工业在国民经济中的地位和作用。

表 8-20 反映了日本食品工业增加值占制造业增加值的比重。可以看出，食品工业增加值占制造业增加值的比例历年来没有发生太大的变化，约占制造业增加值的 10%左右，日本食品工业发展相对稳定。

表 8-20　日本食品工业、制造业及其比值　　　　单位：亿美元

项目	1990 年	2000 年	2001 年	2004 年
制造业增加值	8102.32	10327.4	8658.1	9619.31
食品工业增加值	729.21	1136.01	1038.97	865.74
所占比值	9%	11%	12%	9%

资料来源：内閣府経済社会総合研究所国民経済計算部「国民経済計算年報」

表 8-21 反映了日本食品工业增加值分别与农业产值、GDP 的比值。1997～2001 年食品工业与农业比值处于上升的趋势，表明农产品的加工程度在深化。食品工业增加值占国内生产总值的比例基本没有发生变化，维持在 2.5%左右。

① 资料来源：東京大学出版社、在開津典生など「アグリビジネスの産業組織」第 235、262 页。

表 8-21 日本食品工业增加值与农业、GDP 的比值 单位：十亿日元

项目	1997 年	1998 年	1999 年	2000 年	2001 年
食品工业增加值	12 630	12 821	12 154	12 333	12 627
农业产值	8 363	8 251	7 625	7 110	6 781
国内生产总值	509 645	498 499	495 144	511 864	505 911
食品工业/农业	1.51	1.55	1.59	1.73	1.86
食品工业/GDP×100%	2.5	2.6	2.5	2.4	2.5

资料来源：内閣府経済社会総合研究所国民経済計算部「国民経済計算年報」

8.2.3 美国、日本畜产品加工业的产业关联分析

1. 数据来源和处理

作为发达国家的美国、日本，其畜产发展领先于中国大陆，对其进行分析对中国大陆畜产业发展具有重要的指导意义。畜产品加工业在食品工业中具有重要的地位，分析日本食品工业的关联关系，可以在一定程度上把握畜产品加工业与其他产业的经济关系。本文采用数据来自日本 2000 年 104 部门、美国 2002 年 135 部门投入产出表。为了分析方便，进行适当的合并和规整，得到 4 个产业部门，即农业、食品加工业、第二产业（除去食品加工业）和第三产业，从而将日本、美国国民经济构成了四个部门的经济结构。

2. 美国、日本食品加工业的产业关联关系

1）直接消耗系数和完全消耗系数分析

表 8-22 是 2000 年日本四部门直接消耗系数表。从表中可以看出，食品工业对农业的直接消耗系数达 0.259 4，大于农业对自身的直接消耗系数，并且远远大于第二产业 0.005 3、第三产业 0.002 4 对农业的直接消耗系数；食品工业对第三产业和自身的直接消耗系数分别是 0.201 4、0.167 8，对第二产业的直接消耗系数是 0.068 8。美国食品加工业也表现出同样的特征（表 8-23）。

表 8-22 日本四部门产业直接消耗系数表

部门	农业	食品工业	第二产业	第三产业
农业	0.108 5	0.259 4	0.005 3	0.002 4
食品加工业	0.009 6	0.167 8	0.002 5	0.007 8
第二产业	0.167 0	0.068 8	0.416 9	0.088 0
第三产业	0.153 0	0.201 4	0.215 2	0.244 7

资料来源：依据 2000 年日本投入产出表计算而得

表 8-23　美国四部门产业直接消耗系数表

部门	农业	食品工业	第二产业	第三产业
农业	0.266 2	0.212 3	0.006 0	0.000 8
食品加工业	0.052 1	0.167 9	0.000 7	0.006 8
第二产业	0.127 9	0.135 0	0.367 4	0.069 8
第三产业	0.202 6	0.211 9	0.229 1	0.294 5

资料来源：依据美国 2002 年投入产出表计算而得

由日本、美国四部门直接消耗系数表我们可以判断，食品工业对农业的直接带动作用最强，大于农业对自身的直接带动作用和第二产业、第三产业对农业的带动作用。食品工业每增加一个产值，需要农业直接投入的最多，其次是第三产业、食品工业，而需要第二产业直接投入最少，表明食品工业与农业具有较强的直接关联关系。

然而，要完整地分析食品工业与国民经济各产业的依存关系除了考虑产业间直接关联关系外，还需要考虑产业间的间接关联关系。从 2000 年日本各部门的完全消耗系数表（表 8-24）可知，食品工业对农业的完全消耗系数是 0.355 7，大于农业自身对农业的完全消耗系数 0.129 8、第二产业对农业的完全消耗系数 0.015 1、第三产业对农业的完全消耗系数 0.009 0。表明考虑到产业间的间接消耗关系后，食品工业对农业的关联关系是非常大的。食品工业对第三产业的完全消耗系数达 0.485 5，对农业、第二产业分别是 0.355 7、0.318 0，对自身的完全系数最弱是 0.211 3。

表 8-24　日本四部门产业完全消耗系数

部门	农业	食品工业	第二产业	第三产业
农业	0.129 8	0.355 7	0.015 1	0.009 0
食品工业	0.017 4	0.211 3	0.010 5	0.013 9
第二产业	0.377 1	0.318 0	0.798 7	0.214 0
第三产业	0.340 9	0.485 5	0.518 2	0.390 4

资料来源：依据 2000 年日本投入产出表计算而得

表 8-25　美国四部门产业完全消耗系数

部门	农业	食品工业	第二产业	第三产业
农业	0.392 9	0.359 6	0.016 0	0.006 6
食品工业	0.091 9	0.229 5	0.006 8	0.012 7

续表

部门	农业	食品工业	第二产业	第三产业
第二产业	0.361 4	0.401 6	0.645 1	0.167 0
第三产业	0.545 0	0.602 9	0.540 8	0.477 3

资料来源：依据 2004 年美国投入产出表计算而得

这说明，在考虑食品工业与国民经济各部门的间接消耗关系后，日本食品工业对第三产业的关联关系最强，农业位居第二位。而美国食品工业发展对第三产业、第二产业的关联关系最强。表明了日本食品工业每增加一个产值需要第三产业、农业提供较多的服务或支持产品，而美国食品工业的发展则是对第三产业、第二产业物质产品需求较多。

2）日本、美国食品加工业的波及效应分析

从 2000 年日本 4 部门的影响力系数测算结果可知，食品工业的影响力为 1.370 5，影响力系数 1.303 5，在四个产业中最大，表明食品工业每增加 1 单位需求，将带动总产出增加 1.370 5 单位（表 8-26）。美国食品工业的影响力为 1.3936，影响力系数为 1.1477，小于第二产业，在四个产业中位居第二位（表 8-27）。食品工业影响力系数大于 1 表明其生产过程对其他部门波及影响程度大于社会平均水平；日本和美国第二产业的影响力及系数也较大，而农业及第三产业的影响力及系数均小于 1，说明其对国民经济的影响程度均较小，这是由其产业性质决定的。

表 8-26　日本四部门影响力和感应力及系数

部门	影响力	影响力系数	感应力	感应度系数
农业	0.865 2	0.823 0	1.688 2	1.605 7
食品工业	1.370 5	1.303 5	0.674 1	0.543 4
第二产业	1.342 5	1.276 9	2.619 3	2.491 3
第三产业	0.627 3	0.596 6	0.223 9	0.164 1

资料来源：依据 2000 年日本投入产出表计算而得

表 8-27　美国四部门影响力和感应力及系数

部门	影响力	影响力系数	感应度	感应度系数
农业	1.091 3	0.898 7	1.275	1.050 0
食品工业	1.393 6	1.147 7	0.84 1	0.692 6
第二产业	1.508 7	1.242 4	2.075	1.708 8
第三产业	0.863 6	0.711 2	0.666 1	0.548 5

资料来源：依据 2002 年美国投入产出表计算而得

感应度系数反映了为满足国民经济各部门生产而需要该部门提供的产出量。

日本食品工业感应度和系数分别为 0.674 1、0.543 4，低于农业和第二产业，但高于第三产业；美国食品工业感应度和系数分别是 0.594 9、0.356 0，在四产业部门中位第三。从感应度和系数可知，国民经济各部门均增加一个产值时，对食品工业的产品需求不强，并且低于对社会各部门的平均需求。这是由于食品工业提供的产品多是供居民消费的，并且其对国民经济各部门的产品依赖度较大，所以只有国民经济发展到一定水平、居民的收入达到一定程度后，食品工业的发展才会进入快车道。

3）日本、美国食品加工业的前后向关联分析

在产业经济学中，钱纳里和渡边按照前向关联系数（中间产品需求系数）和后向关联系数（中间产品投入系数）对产业部门进行分类，其中前向关联系数大而后向关联系数小的产业称之为中间投入型基础产业；前向关联系数小而后向关联系数大的产业称之为最终需求型制造业；前向和后向关联系数都较大的为中间投入型制造业；前向和后向关联系数都小的产业为最终需求型基础产业。

通过实证结果可知（表 8-28），日本、美国食品工业的前向关联系数均大于后向关联系数，说明其为中间投入型基础产业，这是由于其生产过程需要其他部门投入较多，而其提供的产品大都被居民所消费，这与上节影响力系数和感应度系数分析相符。

表 8-28 日本、美国四部门产业关联系数

部门	日本		美国	
	前向关联系数	后向关联系数	前向关联系数	后向关联系数
农业	0.438 1	0.375 6	0.648	0.449 6
食品工业	0.697 4	0.187 7	0.727 0	0.360 1
第二产业	0.639 8	0.740 7	0.603 1	0.782 0
第三产业	0.342 9	0.814 3	0.371 9	0.789 6

资料来源：依据 2000 年日本投入产出表和 2002 年美国投入产出表计算而得

8.3 中国与发达国家畜产品加工业的比较

8.3.1 食品工业产值与农业产值的比较

2008 年，我国食品工业与农业增加值之比是 0.43（总产值之比为 0.73），低于美国 2005 年的 1.27 和日本 2004 年的 2.2（表 8-29）。这说明我国食品加工程度尚很低，落后于以日本和美国为代表的发达国家。

表 8-29 中、美、日食品工业增加值与农业增加值比值

比值	日本[a]	美国[a]	中国[a]	中国[b]
年份	2004	2005	2008	2008
食品加工业产值/农业产值	2.2	1.27	0.43	0.73

a 是食品工业增加值与农业增加值比值；b 是食品工业总产值与农业总产值比值

注：(1) 2008 年中国农业增加值是 3.4 万亿，食品工业总产值是 4.2 万亿，依据 2003 年食品工业增加值占总产值比值 34.88%计算得 2008 年食品工业增加值是 1.46 万亿

(2) 2008 年中国农业总产值是 5.8 万亿

资料来源：日本、美国数据分别来自《日本の統計 2005》、《U. S. Census Bureau，Statistical Abstract of the United States：2009》；中国农业增加值、农业总产值来自《中国统计年鉴》2009，食品工业总产值来自中国经济网

中国畜产品加工程度不但同发达国家差别很大，而且不同地区间畜产品加工程度差异也比较显著。我国东部地区的食品加工程度是中西部的 2 倍以上，并且其同发达国家的差距也小于中部和西部地区。

8.3.2 食品工业与其他产业的关联关系比较

从表 8-30 食品工业直接消耗系数中可以看出，日本、美国食品工业对农业的直接消耗系数最大，分别是 0.259 4 和 0.212 3，而中国大陆食品工业对自身的直接消耗系数最大是 0.280 9，对农业的直接消耗系数是 0.169 5，位居第二位。这一方面说明，中国食品加工业每增加一个产值对农业依赖程度不高；另一方面也说明了中国的农业部门从食品加工增值过程中获得的利益较小。

表 8-30 食品工业直接消耗系数和完全消耗系数比较

产业类别	直接消耗系数			完全消耗系数		
	日本	中国	美国	日本	中国	美国
农业	0.259 4	0.169 5	0.212 3	0.355 7	0.322 3	0.359 6
食品加工业	0.167 8	0.280 9	0.167 9	0.211 3	0.474 5	0.229 5
第二产业	0.068 8	0.137 0	0.135 0	0.318 0	0.659 6	0.401 6
第三产业	0.201 4	0.125 4	0.211 9	0.485 5	0.372 2	0.602 9

资料来源：依据中国 2007 年、日本 2000 年、美国 2002 年投入产出表计算而得

从食品工业完全消耗系数的角度可知，日本食品加工业对第三产业的完全依赖程度最强，完全消耗系数为 0.485 5，对农业的该系数为 0.355 7，第二产业位居第三，对自身的完全依赖程度最弱，系数仅为 0.211 3。美国食品工业对第三产业的完全依赖程度最强，完全消耗系数为 0.602 9，对第二产业依赖程度次之，对自身的完全依赖程度最小。而中国大陆食品加工业对第二产业的完全依赖程度最强，系数达 0.659 6，对自身的依赖次之，系数为 0.474 5，第三产业位居第

三，对农业的完全消耗最小。这说明，日本、美国食品加工业的发展需要第三产业、农业投入的要素较多，对第三产业和农业有很强的拉动作用，而我国食品工业发展要求第二产业投入的要素较多，表明与日本、美国相比我国食品工业的发展仍处于以物质要素投入为主的粗放型扩张阶段。

8.3.3　中国畜产品加工业特征以及与发达国家畜产品加工业的比较

总的来说，我国畜产品加工业发展迅速，加工企业规模不断扩大，能够带动农业、畜牧业、饲料工业发展，并且我国畜产品加工业紧密结合了各地区的资源优势。但是，我国畜产品工业与发达国家相比仍有较大差距，我国畜产品加工业的特征从产业集中度和产业关联角度可以概括为以下六点。

(1) 中国肉品、乳品加工品产量增加迅速，但禽蛋加工量低。2008 年，中国肉品制品及副产品加工品产量约为 1070 万吨，肉品加工品占肉品总产量的比重已达 15.1%；干乳制品产量 285.3 万吨，液态乳产量 1525.2 万吨，我国乳制品产量合计 1659 万吨，已占世界年产量的 4.6%，提前完成“十一五”食品工业发展纲要目标；目前禽蛋加工量折合鲜蛋 8 万吨左右，不到禽蛋总量的 2%，远远低于发达国家的高达 20%～25%的比例。

(2) 我国畜产品加工企业规模不断扩大，但其产业集中度还不高。从销售额来看，2008 年肉食品加工业销售额在百亿元以上的已突破 4 家，销售额达 1100.1 亿元，CR_4 达到 25.93%；前 8 位企业销售额达到 1340 亿元，CR_8 达到 31.59%。从行业集中度指标来看，肉食品行业属于竞争型，市场份额集中度不高，向大企业集中趋势不明显。

(3) 畜产品加工业对国民经济其他部门的带动作用大。畜产品加工业对国民经济其他产业的拉动作用远大于国民经济其他产业的发展对畜产品加工业的推动作用。如，屠宰及肉品、蛋品加工业增加一个产值，通过直接和间接消耗能够带动农业、畜牧业、商业、居住服务业等产业的发展，同时畜产品加工业的发展也是对农业、畜牧业、饲料加工业等相关产业链的延长，能增加产业附加值，符合产业深化的客观规律。

(4) 畜产品加工业与畜牧业的区域布局基本一致。中国肉制品和乳制品加工业地区分布与畜产品生产区域分布一致，充分发挥了各地区资源优势。山东省、河南省、江苏省的生猪、家禽存栏量与肉品加工业企业投资、销售收入在全国各省份中均位于前列，表明肉品加工企业大都集中在原料相对集中的省份，体现了资源比较优势的原则。

(5) 与发达国家相比，我国畜产品加工业程度不高。2008 年我国食品工业产值与农业比值为 0.43（总产值之比 0.73），远远低于美国 2005 年的 1.27 和日本 2004 年的 2.2。表明我国畜产品加工程度很低，落后于以日本和美国为代表的发达国家。另外，我国东中西部畜产品加工程度差距也较大。

(6) 我国畜产品工业仍处于以物质要素投入为主的粗放型扩张阶段。从产业完全消耗系数的角度看，日本、美国畜产品加工业发展对第三产业要素需求最高，其次是农业、第二产业；而我国畜产品加工业发展要素需求最高的是第二产业、其次是农业，第三产业位于最末位，表明我国畜产品加工业目前主要依赖于物质要素投入。

专栏 8.2

美国人均粮食消费是印度的 6 倍[①]

《印度时报》网站近日报道说，美国农业部发布的数据显示，美国 2007 年人均粮食（小麦、大米以及黑麦和大麦等所有粗粮）的消费量大约是 1046 公斤。每个印度人每年吃大约 178 公斤粮食，也就是说美国人均粮食消费量是印度人的 6 倍。

美国人均粮食消费量近来有所增加，也就是说，美国人吃得更多了。2003 年，美国人均粮食消费量是 946 公斤。粮食消费也包括用于酿酒的粮食。

不仅是粮食消费。每个美国人每年要喝 78 公斤液体奶，在印度，这一数字只有 36 公斤。这还不包括美国民众大量消费的奶酪、黄油、酸奶和奶粉等奶制品。

美国人均植物油消费量每年 41 公斤，而印度人均消费只有 11 公斤。至于人均肉类消费，美国在世界各国中遥遥领先。例如，每个美国人每年要吃 42.6 公斤牛肉，而在印度，这一数字只有 1.6 公斤。每个美国人每年吃 45.4 公斤禽肉，而每个印度人每年只吃 1.9 公斤。

印度人几乎不吃猪肉，但在世界其他地区，猪肉的消费量很大。在欧盟，每个人每年消费 42.6 公斤猪肉，在美国，这一数字是 29.7 公斤。

本章小结

1. 本章运用投入产出方法，分析了畜产产业与国民经济的关联关系。产业关联理论是从“量”的角度，静态考察国民经济各产业部门之间的技术经济联系与联系方法。投入产出表将国民经济各部门及其各项经济活动连接为结构严密的有机整体，既提供了大量反映经济单位的个体指标，又有表现经济总体的综合指标，并充分揭示了国民经济整体中各个组成部分之间错综复杂的联系，使其成为分析经济比例关系和经济联系，揭示各产业部门之间的内在依存关系的重要工具。

2. 为了分析我国畜牧业及其加工业与国民经济各产业的关联关系，本章依

① 资料来源：人民网，http://world.people.com.cn/GB/1029/7198649.html。

据投入产出表的基本原理——大表可以调整为中、小表，对其进行归类缩略，将 2007 年 135 个部门的中国投入产出表合并为包括农业、畜牧业、饲料加工业、畜产品加工业、第二产业、第三产业共七个部门的投入产出表，分析了畜牧业及其加工业与国民经济各部门的直接经济联系、完全经济联系。

3. 作为发达国家的美国、日本，其畜产发展领先于中国大陆，对中国大陆畜产业发展具有重要的指导意义。本文运用美国 2002 年 135 个部门投入产出表、日本 2000 年 104 个部门，进行适当的合并和规整，得到 4 个产业部门，即农业、食品加工业、第二产业（除去食品加工业）和第三产业，分析了美国、日本四个部门关联关系。

关键术语

产业关联分析　投入产出表　直接消耗系数　完全消耗系数
影响力系数　感应度系数

复习与思考

1. 简述投入产出表的结构。
2. 说明畜牧业直接经济联系分析和完全经济联系分析的基本内容。
3. 简述中国畜牧业及其加工业直接、完全消费系数与美国、日本差异及其经济含义。
4. 请从产业关联的视角，分析美国人均粮食消费是印度 6 倍的原因。

本章参考文献

国家统计局国民经济核算司 . 2009. 2007 年中国投入产出表 . 北京：中国统计出版社 .
刘起运，陈璋，苏汝劼 . 2008. 投入产出分析 . 北京：中国人民大学出版社 .
王图展，周应恒 . 2006. 我国食品工业和农业的产业关联分析 . 南京农业大学学报（社会科学版），29（3）：127-131.
王秀清，2000. 中国食品工业：增长、结构与绩效 . 中国农村经济，（3）：11-21.
中国农业信息网：http：//www. agri. gov. cn/xxgknybz/.
中华人民共和国国家标准 . 国民经济行业分类及代码，GB/T4754-2007：34.
United States Department of Agriculture：http：//www. usda. gov.

第 9 章　中国畜产发展与环境

畜牧业的发展使许多机械化、工厂化的大型畜牧业应运而生，这无疑是在摆脱自然环境的控制，为家畜提供良好环境条件上又迈进了一大步。然而，畜牧业从分散饲养到规模生产，养殖方式的转变所带来的最严重问题是畜牧场排放物导致的环境污染问题。动物养殖场排放物将成为环境污染的最大污染源。这不仅破坏正常生态平衡，危害人类，而且严重制约了畜牧业的持续稳定发展。随着人们对环境保护、维护生态平衡和可持续发展的日益重视，畜牧业所产生的环境污染问题也成为一个急需解决的重要课题。

畜牧业生产活动是自然界的子系统，它的运行变化既受自然界提供原料多少的制约，反过来，伴随其生产活动中所产生的废弃物又会对自然界产生影响。自然界的一个作用就是为畜牧业生产活动提供饲料、饲草等，没有这些来自于自然界的投入，畜牧业生产将无法进行。同时，畜牧业生产过程还会产生剩余废物，即“垃圾”，这些废物最终必然以某种方式返回自然界。如果废物处理不当，有可能导致污染或自然环境的退化。畜牧业发展与自然界之间的相互作用关系如图 9-1 所示。

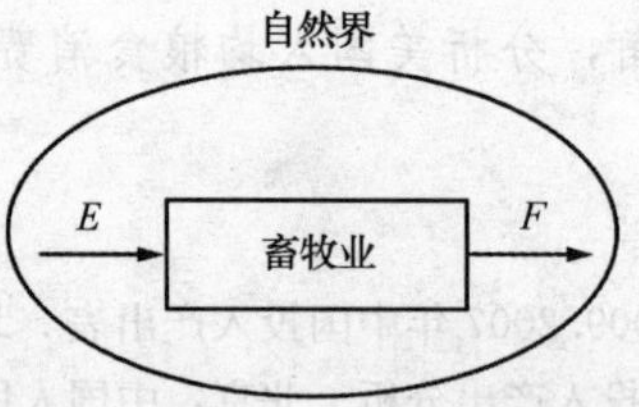

图 9-1　自然界和畜牧业作用关系

注：图中箭头 E 表示畜牧业生产过程中来自于自然界的要素投入。箭头 F 表示畜牧业生产活动的“废弃物”对环境质量的影响，畜禽粪便的流动及其对自然界的影响是环境经济学（environmental economics）的研究主题

9.1　畜产发展环境基本理论

9.1.1　物质平衡理论

根据热力学第一定理，物质和能量既不能被创造也不能被毁灭。将这个基本

定理应用到物质平衡理论中可以理解为：长期来看，从自然界流入消费和生产领域的物质和能量的总量与从这些活动流回到环境当中残留物的总量相等，或者说，当自然资源在经济活动中被使用时，它们只是转化为另一种物质或能量的形式，其间一些可在短期内转化，如在生产过程中产生的废弃物，另一些则首先转化为商品，直到其使用价值耗尽才变化成残留物。因此，残留物具有各种不同的形式，例如，汽油燃烧产生的一氧化碳、城市垃圾填埋场处置的垃圾等。即使可以回收残留物进行再循环或再利用，也只是暂时的，长期来看，它们最终也会变为废弃物。

热力学第一定理：物质和能量既不能被创造也不能被毁灭。

进一步来看，因为物质和能量不能被毁灭，所以物质流动似乎可以一直永恒持续下去。但是，热力学第二定理表明自然界转化物质和能量的能力并不是无限的。在能量转换中，一些能量变得无法利用。这些能量虽然仍旧存在，但是不能在其他过程中被利用。因此，经济活动所依赖的自然基础是有限的。

热力学第二定理：自然界转化物质和能量的能力是有限的。

这些支持物质平衡模型的科学定理向我们传递了既重要又实用的信息。首先，我们必须认识所有进入经济活动的资源最终都将成为残留物，并有可能危害环境，虽然这个过程能够通过再循环而被延缓，但不能被终止；其次，自然界把资源转化为其他物质和能量形式的能力也是有限的。总之，这些理论有助于对环境问题及经济活动与自然界之间重要关系的全面理解。下边我们介绍生产过程中物质和能量的循环过程以及减少废弃物排放量的途径。

生产过程中的每个要素都是经济系统的一部分，而整个经济系统则是自然环境的子系统。经济系统被分为两大部分：生产者（producer）和消费者(consumer)。

生产者包括所有生产性的私营企业、公共机构、非营利性组织、服务性企业(如运输企业)。生产部门所需的基本投入品是来源于自然环境的各种物质，包括：燃料、非燃料矿物和木材，各种液体（例如水和石油）及各种气体（例如天然气和氧气）。任何产品和劳务的生产都离不开自然界提供的物质和能量。

消费者包括消费最终产品和服务的所有个体。一种观点认为，消费者有时会像生产者一样直接利用自然界的投入品，如许多家庭的用水直接来自于地下，而不是来源于自来水公司。为了简化起见，我们暂不考虑这种关系。

我们需要记住，“生产者”和“消费者”实际上都由人类充当。虽然在很多环境争论中经常会出现“我们或他们”这样的字眼，但这只是一个群体内部意见分歧。社会作为一个整体其基本立场是相同的，就好像一个家庭总是要从自己的井内抽水，然后再把污水排到井边的污水处理系统一样。

生产和消费活动会产生残留物（residuals），残留物也是我们对垃圾的另一种叫法，由排放到空气、水和土壤中的各种废弃物构成，其种类之多令人难以想象，包括二氧化碳、挥发性有机化合物、有毒溶剂、动物肥料、杀虫剂、各种粉尘、废弃的建筑物材料、重金属等。以热量、噪声和放射能形式存在的废弃能量也是生产过程的主要残留物，其中放射能还兼具能量和物质的双重特性。消费者同样制造大量的垃圾，在这些垃圾中，生活污水和汽车尾气位居首位。即使可以循环利用，构成消费品的各种物质能量最终也仍然会转变成废物，大量的固体垃圾和类似于有毒化学物质、废机油等的有害物质都来自于此。

下面，让我们先从严格的物理学角度对生产和消费过程中的残留物问题进行分析。如图 9-2 所示，人类从自然界中获取原材料和能源（M），然后再把残留废物排放到环境中。

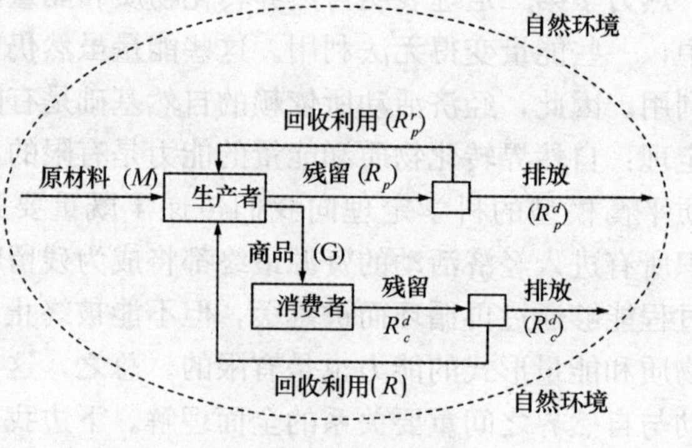

图 9-2　环境与经济

早些时候，人们对环境的关注主要集中在生产者和消费者排放的废物量 R_p^d 和 R_c^d 上，试图通过对这些废物进行处理，或者调整排放时间和场所，从根本上改变它们对人类和环境的影响。虽然这一点时至今日仍然重要，但内涵已经被拓宽了，人们已不再单纯注重废弃物管理，而是开始实施环境管理（environmental management）。

为了理解环境管理，让我们来仔细研究图 9-2。从物理学角度来看，物质平衡定律决定了在长期中，自然界的物质流出量和流入量必然相等。用图 9-2 中的符号表示，即为

$$M = R_p^d + R_c^d$$

为什么一定要强调长期呢？原因有二：第一，如果经济系统处于成长阶段，其自身会容纳一定的比例的自然资源投入，这些投入将通过人口增长、资本积累等方式扩大经济系统的规模。只有当经济系统增长时，这些投入品才会最终作为废弃物排放到环境中。因此，在成长阶段，物质的流出量小于物质的流入量。第二，循环技术显然也能延长投入品的使用寿命，使得短期中的物质流入量小于流

出量，但是任何循环都不可能做到尽善尽美，每一轮循环都会有一定的比例的物质损失。因此，长期中，物质的流入量仍等于流出量。由于这两方面的原因，基本的物质/能量平衡（materials energy balance）等式只适用于长期。这告诉我们一个基本的规律：要想减少环境中的排放量，就必须减少经济系统从自然界获取的原料数量。实现这一点有多种选择，为了分析这些选择，我们需要对 M 进行替换。由图 9-2 知

$$R_p^d + R_c^d = M = G + R_p - R_p^r - R_c^r$$

这一等式说明，原材料总量 M 等于产品和劳务的产出 G 加上生产过程中产生的废物量 R_p，再减去生产者和消费者循环利用的原材料 R_p^d 和 R_c^d。于是，我们就有了减少 M 的三种方法，而减少 M 也就相当于减少排放到环境中的废物数量。

1. 减少 G

在其他流量不变的情况下，我们可以通过减少经济中生产的产品和劳务总量 G 来削减废物排放量。这一方案得到了部分人士的大力推崇，他们认为这是在长期当中避免环境退化的最佳办法。当削减产出或者至少做到降低产出增长的速度时，废弃物的排放量也将相应地下降。为了做到这一点，有人甚至倡导“人口零增长（zero population growth，ZPG）”。虽然保持人口数量的缓慢增长或者零增长会使环境污染控制更加容易，但也并非总是如此。原因有两个方面：第一，在人口的绝对数量没有增长的条件下，人们的经济购买力仍有可能上升，从而增加经济对原材料的需求；第二，人类对环境的影响具有长期性和累积性，即便当前人口增长为零，环境也会以自己的方式逐渐退化。不过，人口增长确实会加剧经济对环境的破坏程度。例如，在过去的几十年里，美国推广了更先进的尾气控制技术，使得每辆汽车的尾气排放量大幅度下降，但是，由于高速公路上的汽车绝对数量急剧增长，许多地区的尾气排放总量仍然在增加。

2. 减少 R_p

通过减少 M 来削减废物排放量的第二种方法是降低 R_p。假定其他流量不变，那么，降低 R_p 实质就是要在产量一定的情况下降低生产过程中的废物排放量。只有两种途径能够实现这一点。

(1) 发明和采纳新的生产技术及工艺，减少单位产出的废物排放量，从而降低整个经济的产出废物强度（residuals intensity of production）。例如，为了减少生产过程中二氧化碳的排放量，遏止气候变暖问题，有很多方法可以减少单位产出的二氧化碳排放量，最主要的方法是改用其他燃料，另一种方法是降低单位产出的能源耗费量（实际上是持续减少），这被称为预防污染（pollution prevention）或源头削减（source reduction）。

(2) 调整最终产出结构，也就是说，缩减单位产出废物排放量较多的部门，扩大单位产出废物排放量较少的部门。事实上，产出 G 包括大量不同的产品和服务，生产这些产品和服务的废物率差别较大。因此，削减废物排放总量的另一种途径就是调整产出 G 的结构，在总产出不变的情况下，由废物排放率较高的产品转向废物排放量较低的产品，如从基础制造业转向服务业。由于这种转向只是改变了各个经济部门在整个经济中的相对份额，因此，被称为部门转换（sectoral shift）。信息产业的兴起就是这方面的另一个例子。然而，某些新兴部门产生的废弃物远远超出了以前的预期，例如，计算机产业就使用大量的化学溶剂作为清洁剂。但总体来讲，与传统工业相比，这些部门的废物排放量还是相对较少的。

3. 增加 $(R_p^r + R_c^r)$

减少 M 的第三种方法是加大循环利用。生产和消费活动产生的各种废物除了排放入环境外，还可以通过循环利用重新进入生产过程。循环利用的核心就是用废物代替部分原材料 M，通过这种替代，我们可以在不改变总产出水平 G 的情况下减少废物的排放量，这为减少现代经济中的废物流动创造了很大的机会。但是，即便我们下再大的力气，也不可能使原材料实现百分之百的循环。生产过程通常会改变投入物理结构，使得有些废弃物很难再利用。能量的转化过程对能源的物质的化学结构改变得更为彻底，对能源进行回收利用根本就是不可能的。另外，循环过程本身也会产生废物。不过，不断推进的材料学研究将带来更多新的循环方法。例如，在以前很长一段时间里，由于轮胎生产过程改变了橡胶的物理结构，汽车轮胎无法进行循环使用。但是，人们最近发明了新技术，在不破坏自然景观的情况下，用大量的废轮胎来修建公园的长凳、公路以及其他产品。

上述基本关系非常重要。不过，我们的最终目标是降低生产和消费活动产生的废弃物对环境造成的损害。减少废弃物的排放总量是达到这一目标的一种主要方法，上面讨论的各种关系为我们指出了降低废物排放总量的三种基本途径。但是，我们也可以通过直接作用于废弃物本身来降低环境损害。

9.1.2 外部性理论

1. 外部性

当某一个体的生产或消费决策无意识地影响到其他个体的效用或生产可能性，并且产生影响的一方又不对被影响方进行补偿时，便产生了所谓的外部性，或简称外部效果。通常在假定资源有效配置时，我们所作的有关生产及效用函数的假设排除了外部性的存在。我们假设个人效用仅仅取决于他（她）所消费的每一种商品的数量。同样，生产产品的数量也仅仅取决于生产者所采用的两种投入的数量。

但是在实践中，某些个体的消费或生产行为确实会影响另一些消费者的效用或生产者的产出，并且这种影响是不予补偿的，经济行为涉及外部效果。我们在讨论物质平衡理论时，表明外部效果远非零星小雨和无足轻重，它是现代经济所固有的现象。在畜牧业生产过程中，负外部性是不可避免而且无外不在的，并且它是非点源污染的主要来源。通过无规制的市场行为是不可能将这些外部性内部化的。因此，在缺乏政府干预的情况下，无效率的结果将是必然的。我们此处的目标是解释这些结论赖以存在的基础并阐明外部性怎样导致了资源的无效配置。

外部性效用函数可以做如下表述：一些变量进入经济中某个经济主体（个人或企业 i）的效用函数或生产函数中，这些变量受另外一个经济主体（j）控制，而 j 对 i 产生的影响却没有分享收益或承担成本。也就是说，i 的效用 U_i 不仅取决于自己的消费量，也依靠 j 的消费量。外部性的效用函数为

$$U_i = U_i(x_i, x_j) \tag{9.1}$$

狭义的外部性是指经济系统的外部性，或者说生产者（或消费者）j 对生产者（或消费者）i 存在外部影响。表现为经济主体对于经济主体以外的影响没有通过市场或非市场的机制得到补偿或付出代价。当有可能改变 X_j 使 i 的境况改善，j 同时至少不受损失时，此时有可能实现帕累托改进。因此，整个经济如果不是高效率的，就可能存在帕累托相关的外部性。

2. 外部性的分类

对外部性的复杂性进行不同类型的划分，有利于研究资源的优化配置。

1）根据外部性产生后果对承受者的损益，可分为正外部性和负外部性

正外部性是指一种经济活动使他人受益，受益方并未因此付费；负外部性是指一种经济活动使他人受损，施害方并未因此承担成本。用函数表述为：外部经济是指 i 因为 x_j 的存在而受益，希望 j 能增加 x_j 以增加 i 自身的效用 U_i；外部不经济是指 i 因为 x_j 的存在而受损，希望 j 能减少 x_j 以减少 i 效用 U_i 的损失。例如，畜禽养殖者将养殖过程中产生的粪便、污水不作任何处理直接排入周围环境，将会产生大量臭气、使水体富营养化等，周围居民失去了清洁的空气和水，其效用函数就降低了。因此，畜禽养殖的社会效益就小于私人效益，产生外部不经济。反之，畜禽养殖者将畜禽粪便无害化处理后作为有机肥料还田，不但增加了其经济效益，而且有利于增强耕地土壤肥力、有机质含量，这时畜禽养殖的社会效益大于私人效益，产生外部经济性。

图 9-3 是畜禽养殖者采用沼气后的外部经济性分析。当存在外部经济性时，边际社会效益 MSB 大于私人边际效益 MPB，差额是外部环境效益 MEB。畜禽养殖者投资沼气时，其投资行为由 MPB 和边际成本 MC 决定，这里私人投资量

Q_1 小于由 MSB 和 MC 决定的有效投资量 Q_2。当要求投资量达到 Q_2 时，必须降低建造沼气池的成本。因此，如果外部经济性得不到有效补偿，就会导致社会资源的配置失误。

图 9-4 是对畜禽养殖外部不经济性的分析。当存在外部不经济性时，边际社会成本 MSC 大于边际私人成本 MPC。差额是外部环境成本 MEC。但是追求个人利益最大化的养殖者，其畜禽养殖量由边际效益 MB 和私人边际成本 MPC 决定，这时私人畜禽养殖水平 Q_2 大于由 MB 和 MSC 决定的有效水平 Q_1。当要求养殖数量达到 Q_1 时，必须对畜禽养殖进行适当限制以增加其进入成本。因此，如果外部不经济得不到有效限制，同样会导致社会资源配置失误。

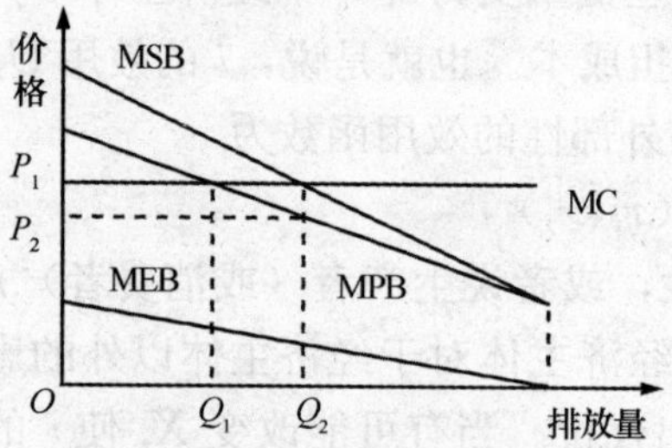

图 9-3　畜禽养殖外部经济分析

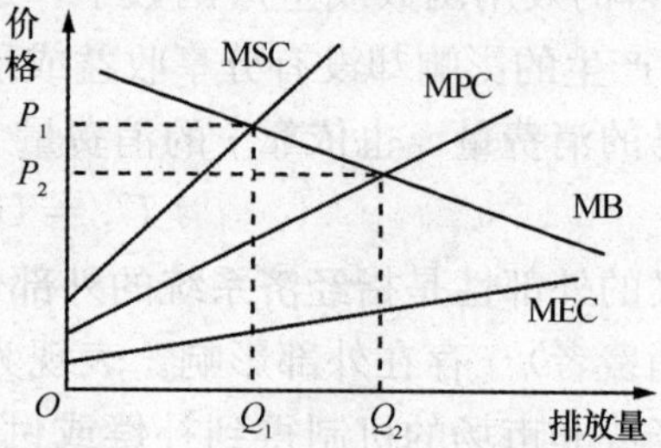

图 9-4　畜禽养殖外部不经济分析

2）生产外部性和消费外部性

这是依据外部性产生的领域来分的，若产生于消费领域就是消费的外部性，若产生于生产领域就是生产的外部性。例如，农业生产过程中过量施用化肥致使其利用率低下，大量氮、磷等元素流入周围水体，造成湖泊、河流、地下水等污染，严重影响居民的生产生活，对于这些在农业生产过程中负的外部不经济，农业生产者没有承担相应成本。这种外部不经济，也很难体现在农产品销售时的市场价格中，这就是生产的外部性。而汽车所排出的有害气体对周围居民所造成的污染就是消费的外部性。

3）代内外部性和代际外部性

代内外部性即资源利用的成本和收益在当代人之间不公平的分配。例如，污染问题的实质在于排放者从污染排放中受益，另一些人受污染之害，如果这种污染是长期的，或者具有累计效应，那么就产生了代际间的负外部性，表现为当代人进行生产和消费的成本转嫁给了后代。例如，我们传统美德“前人栽树，后人乘凉”就是一种代际间外部经济行为；而“杀鸡取卵”“竭泽而渔”则是代际外部不经济行为。

4）可耗竭的外部性和不可耗竭的外部性

例如，矿产资源的消费是可耗竭的外部性，如果有人利用了它，其他人就不能再用了；清新的空气是不可耗竭的外部性，因为一个人呼吸享用并不减少其他人对它的享用。

5）技术外部性和货币外部性

技术外部性是不能反映在价格变化或通过市场体系表现的外部性。前面划分的四类外部性都是技术外部性，而且一般也是有形的，这也是环境经济学的外部性理论所关注的。货币外部性是指不论正负外部性都可以通过价格变化来体现的一种外部性。它是自由竞争市场中存在的一种普遍现象。例如，一个规模较大的新企业迁入一个地区，从而加速该地区土地价格的上升，对那些支付地租的所有经营者都产生了外部效应。

此外，根据外部性的前提可分为竞争条件下的外部性和垄断条件下的外部性；根据外部性的稳定条件可分为稳定的外部性和不稳定的外部性；根据竞争性和排他性可分为公共外部性和私人外部性；根据外部性的方向性可分为单向外部性和交互的外部性。

专栏 9.1

公地悲剧及其含义①

1968 年，美国学者哈定在《科学》杂志上发表了一篇题为《公地的悲剧》的文章。英国曾经有这样一种土地制度——封建主在自己的领地中划出一片尚未耕种的土地作为牧场（称为“公地”），无偿向牧民开放。这本来是一件造福于民的事，但由于是无偿放牧，每个牧民都养尽可能多的牛羊。随着牛羊数量无节制地增加，公地牧场最终因“超载”而成为不毛之地，牧民的牛羊最终全部饿死。

公地悲剧在英国是和“圈地运动”联系在一起的。15、16 世纪的英国，草地、森林、沼泽等都属于公共用地，耕地虽然有主人，但是庄稼收割完以后，也要把栅栏拆除，敞开作为公共牧场。由于英国对外贸易的发展，养羊业飞速发展，于是大量羊群进入公共草场。不久，土地开始退化，“公地悲剧”出现了。于是一些贵族通过暴力手段非法获得土地，开始用围栏将公共用地圈起来，据为己有，这就是我们历史书中学到的臭名昭著的“圈地运动”。“圈地运动”使大批的农民和牧民失去了维持生计的土地，历史书中称之为血淋淋的“羊吃人”事件。但是书中没有提到“圈地运动”的阵痛过后，英国人惊奇地发现，草场变好了，英国人作为整体的收益提高了。由于土地产权的确立，土地由公地变为私人领地的同时，拥有者对土地的管理更高效了，为了长远利益，土地所有者会尽力保持草场的质量。同时，土地兼并后以户为单位的生产单元演化为大规模流水线

① 资料来源：汤姆泰坦伯格，环境与自然经济学（第五版），2003 年

生产，劳动效率大为提高。英国正是从"圈地运动"开始，逐渐发展为日不落帝国。

9.2 畜产发展环境承载能力

目前，我国畜牧养殖业发展突飞猛进，特别是规模化、集约化的商品养殖发展迅速。在提供大量畜禽产品的同时，由于集约化程度越来越高，未经处理的畜禽粪便任意堆积，污水任意排放，产生了严重的环境污染问题。解决畜牧业生产过程中的粪尿等污染问题已成为现阶段畜牧业可持续发展和环境保护的紧迫任务和重要内容。从国内外解决畜禽污染问题的研究及实践来看，种养结合，发展生态农业，将耕地作为其承载和消纳场所是根本之出路。因为畜禽粪尿等废弃物既是畜牧业生产过程中的新陈代谢产物，又是种植业所必需的有机肥资源。而从现有的技术条件来看，畜禽粪尿等废弃物的特点决定了其无法进行大范围、跨地区的移动。因此，在一定区域内自我消化是一个必然选择。

畜禽粪尿等作为肥料使用具有两重性，即一方面与化肥相比，畜禽粪便所含养分较全，肥效稳而长，能提高土壤有机质含量，并且可以减少化肥单独施用所产生的某些副作用；另一方面，在一定时间内单位耕地面积对畜禽粪便的吸收能力是有限的，超过这个限度，多余的氮、磷等元素将会对环境造成污染，营养盈余问题就会显现。因此，合理及正确施用包括畜禽粪尿在内的有机肥能够提高土壤肥力，实现农业的可持续发展。这也意味着从区域角度来看，某地区畜牧业发展规模应该与承载畜禽粪尿等废弃物的耕地面积相联系，其饲养密度应不超过该地区耕地的最大承载能力，农区畜牧业发展应受到环境条件的制约。在国际上，许多国家制定了类似的政策，畜牧业生产规模与作物的种植面积相关联，农场必须根据自身的耕地面积决定畜禽的饲养量。

1. 土壤表观氮素平衡

养分平衡模型（nutrient balance model）是一种基于物质平衡的方法，它通过对土地养分的投入量和产出量进行核算，识别土地养分盈余或者缺损的状态，判断农业投入对土壤肥力、农业生产和水环境的影响。N 作为畜禽粪便中的重要养分，不但是动物、植物的生命元素，也是重要的环境污染因子。因此，改善畜牧业 N 养分管理，对发挥畜牧业最大的生产效能，提高养分转化效率，改善环境卫生，提高人、畜健康水平，提高畜牧业生产的经济效益、社会效益和生态效益，均具有重要意义。同时，进一步提高畜牧生产水平，保障食品安全，保护和改善畜牧业生产环境，维持生态平衡，已成为当今我国畜牧业所面临的最严峻的挑战。国际上许多国家利用畜牧生产体系中 N 的流动与平衡作为养分管理的工具，甚至成为制定法律法规的依据和指标。

农业生产系统的养分状态，尤其是氮素平衡状态，是决定作物产量、土壤肥力以及农业环境影响的重要因素。系统氮缺损（投入＜产出），会降低土壤肥力，造成作物减产；系统氮盈余（投入＞产出）会增加土壤氮的流失风险，威胁地表水和地下水环境。由于农业污染具有非点源污染的特征，随机性强，监测十分困难。因此，核算农业生产系统养分投入和产出，辨别土壤氮缺损/盈余状态，是分析农业环境影响的重要方法。

种植业-畜牧业组成的经济系统是自然界的子系统，自然界的作用就是为其提供原材料和能源，以供种植业-畜牧业生产使用。同时，生产过程活动还会产生剩余废物，即"垃圾"，这些废物最终必将以某种方式返回自然界。如果废物处理不当，有可能导致污染风险或自然环境的退化。

我们用一个图形来表示种植业-畜牧业二部门简单氮素循环模型与自然环境之间的相互关系（图 9-5）。在这个循环体系中，为了使问题更为简易明了，我们假设：①种植业以水稻和小麦轮作为主要种植模式；②耕地土壤氮素输入来源于畜牧业提供的粪肥和人工施用的化肥；③氮素输出以农作物形式（小麦与水稻）为主。

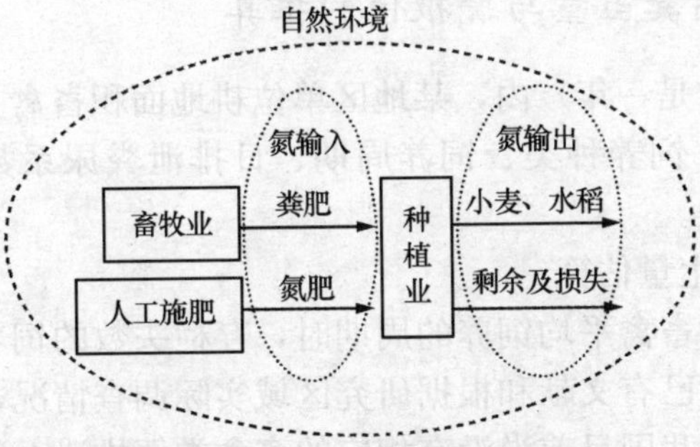

图 9-5　畜禽养殖和种植业氮素循环

根据土壤表观养分平衡（soil surface nutrient balance）(SSNB) 理论，农田系统养分的来源主要是化肥和畜禽粪便，养分输出主要是以农产品形式（假设秸秆全部还田），所以，其核心概念是耕地养分守恒，即输入养分＝输出养分＋贮存养分或损失养分，长期中二者是相等的。若输入养分总量大于输出养分总量，则表明农田系统养分处于"盈余"状态，其盈余量越大损失量就可能越大，对环境污染的风险就越大；若养分输入总量小于输出总量，此时土壤中没有养分累积，则表明农田系统的养分为"亏缺"状态，环境污染风险较低，但长期中不利于农作物生长。很显然，单位耕地面积中养分平衡与畜禽粪肥、化肥施用的养分输入量、农作物达到目标产量时养分输出量和养分损失量有关，其均衡表达式可变换为：

粪肥输入养分＋化肥输入养分－农作物输出养分＝贮存或损失养分(9.2)

由于畜禽粪便无法进行大范围、跨地区移动的特性，决定了某地区畜禽养殖越多，单位耕地面积承载的畜禽粪便就越大，式（9.2）中粪肥输入养分就越多，在化肥输入养分量、农作物达到目标产量输出养分量一定时，耕地中贮存或损失的养分量就越大，对环境潜在的污染风险就越高。反之，若贮存或损失养分接近于零，此时估算出的粪肥输入养分量以及以此为根据推算的单位耕地面积畜禽饲养量，就是某地区环境适宜的承载数量。

根据以上思路，在此用单位耕地面积畜禽粪便猪粪当量负荷和警报值作为判断一地区畜禽粪便承载量和环境污染风险指标。在化肥施用量已知、耕地面积一定的条件下，依据单位耕地面积畜禽粪便最佳负荷量指标，可以计算出该地区所能承载畜禽最适养殖数量。另一方面，在某地区耕地面积和畜禽养殖量一定时，运用猪粪当量负荷和警报值指标可以直观地判断畜禽养殖空间布局、饲养密度及其对耕地污染程度是否在环境承载能力之内。因此，该指标不但可以为某地区畜禽区域合理布局提供有益指导，而且可以为分析一地区畜禽养殖数量是否与环境承载能力相一致提供参考，有利于农区畜牧业的可持续发展。

2. 畜禽粪便猪粪当量与警报值的推算

一定时间（通常是一年）内，某地区单位耕地面积畜禽粪便实际负荷量与该地区畜禽饲养数量、饲养种类、饲养周期、日排泄粪尿系数、猪粪当量换算系数、耕地面积等有关。

1）畜禽粪便产生量估算

我们在估算各种畜禽平均饲养的周期时，存栏头数的饲养期按全年计算；出栏头数的饲养期参考已有文献和根据研究区域实际调查情况，确定不同种类的存栏畜禽饲养期。由于我国目前尚没有相应的畜禽粪便排泄系数的国家标准，本文参照国家环保总局自然生态司调查和试验得出的畜禽粪便污染物排泄系数，结合各类规模养殖场实际情况，将畜禽粪便污染物的日排泄系数修正为表 9-1 所示。根据畜禽饲养周期和日排泄粪便系数我们可以计算出每只（或头）畜禽一个饲养周期内所排泄的粪便量，某地区一定时间内各种畜禽养殖粪便产生量计算公式为

$$q_i = \sum_{i=1}^{n} m_i d_i p_i \tag{9.3}$$

式中，q_i 是第 i 种畜禽产生的粪便量；m_i 为第 i 种畜禽饲养量；d_i 为第 i 种畜禽饲养周期(天)；p_i 为第 i 种畜禽日排泄系数，千克 / 天。畜禽粪便在堆放储存过程中因降雨、运输和其他原因会产生一定的流失，根据实地调查经验，本文假定施入耕地的畜禽粪便按产出量的 80%计算。

表 9-1　各种畜禽饲养周期和日排泄系数

粪便种类	猪粪	猪尿	奶牛粪	奶牛尿	驴骡粪	驴骡尿	羊粪	肉鸡粪	蛋鸡	鸭鹅	兔粪
周期/天	180	180	365	365	365	365	365	55	365	210	90
日排泄系数/（千克/天）	5.3	3	25	15	13.89	8.3	2.5	0.1	0.15	0.19	0.46

资料来源：国家环保总局自然生态司调查（1994）

2）猪粪当量总量

由于不同种类的畜禽粪便，其肥效养分差异较大，故其农田消纳量（或施用量）有较大差异，如果不加区别地随意统计叠加所获单位面积畜禽粪便负荷量，即使数量相同，因粪便类型不同其产生的实际效果也会有较大差异。有关研究表明，畜禽对饲料中氮的利用不完全，其中 50％～70％以粪氮和尿氮的方式排出体外，是造成环境污染的主要成分。鉴于此笔者根据各类畜禽粪便含氮量，计算出猪粪当量换算系数（表 9-2），将各种畜禽粪便统一换算成猪粪当量，然后叠加成猪粪当量总量，从而用可比性较强又符合实际的畜禽粪便猪粪当量负荷来检测某地区畜禽养殖布局是否合理、数量是否过度。畜禽猪粪当量总量公式为

$$T = \sum_{i=1}^{n} t_i = \sum_{i=1}^{n} q_i \delta_i \tag{9.4}$$

式中，T 为畜禽粪便猪粪当量总量，千克；t_i 为第 i 种畜禽猪粪当量；q_i 是由公式（9.3）决定的第 i 种畜禽产生的粪便量；δ_i 是第 i 种畜禽粪便猪粪当量换算系数。

表 9-2　各类畜禽粪便猪粪当量换算系数

项目	猪粪	猪尿	牛粪	牛尿	驴骡粪	驴骡尿	肉鸡	蛋鸡	鸭鹅	羊粪	兔粪
N％	0.65	0.33	0.45	0.8	0.38	0.67	1.03	1.03	0.63	0.8	1.94
换算系数	1	0.51	0.69	1.23	0.58	1.03	1.58	1.58	0.97	1.23	2.98

资料来源：根据阎波杰等（2009）提供的畜禽粪便含氮量计算而得

3）单位面积畜禽粪便猪粪当量负荷

单位耕地面积畜禽粪便猪粪当量负荷与猪粪当量总量和耕地面积相关，是衡量一个地区畜禽饲养密度大小的重要依据，其公式为

$$k = T/S \tag{9.5}$$

式中，k 为单位耕地面积畜禽粪便以猪粪当量计的负荷量（吨／公顷·年）；T 为畜禽粪便猪粪当量总量（万吨·年）；S 为耕地面积（万公顷）；

4）畜禽粪便猪粪当量环境适宜负荷量

根据土壤养分平衡理论，单位耕地面积对畜禽粪便消纳能力主要与以化肥形式输入的养分量、农作物达到目标产量的养分输出量有关。依据土壤表观养分平衡理论（SSNB）和式（9.2），单位耕地面积猪粪当量粪肥最适承载量可表达为

$$t = \frac{\alpha \times \sigma + \beta \times \omega + \theta - \chi}{\zeta} \tag{9.6}$$

式中，t 表示单位耕地面积适宜施用的猪粪当量（千克/公顷·年）；α、β 分别是小麦、水稻平均产量（千克/公顷）；σ、ω 为小麦、水稻的含氮量（千克/千克经济产量）；θ 是氮素损失量，为减少环境污染我们假定其为 0；χ 为每单位耕地面积每年施用的氮肥量（千克/公顷）。为防止氮肥过量施用造成环境污染，我们依照化肥使用环境安全技术导则（编制说明）将年施氮量的安全上限确定为 225 千克/公顷（国家环境保护总局，2008）；ζ 是每千克猪粪当量氮素含量（%）。所得结果为

$$t=\frac{5824.5\times 0.03+6963\times 0.024+0-225}{0.65\%}$$

$$=17976.46(\text{千克 / 公顷·年}) \tag{9.7}$$

资料来源：水稻、小麦平均产量来自《全国农产品成本收益资料汇编 2009》，小麦、水稻含氮量来自中国测土配方施肥网；氮肥是折纯量；猪粪含氮量来源同表 9-2；氮肥施用标准来自国家环境保护总局《化肥使用环境安全技术导则编制说明》2008

在考虑化肥形式的氮素输入和水稻、小麦轮作的种植结构条件下，测算出耕地猪粪当量最佳负荷量为 17.98 吨/公顷·年。由于不同地区耕地差异性较大，种植结构也有较大差异，为了使这个指标具有更强的现实操作性，本文将猪粪当量适宜施用范围以 18 吨/公顷·年为中心，减少三分之一为下限，增加三分之一为上限，设为 12～24 吨/公顷·年。同时，针对我国人口多，粮食压力大的国情，参考化肥使用环境安全技术导则编制说明（2008）的研究成果，在综合考虑环境效益、经济效益和社会效益的条件下，把猪粪当量最高施用量确定为36 吨/公倾·年。

5）畜禽粪便负荷警报值

为了既考虑化肥施用量、满足农作物达到目标产量的需求，又兼顾降低环境受非点源污染的风险，我们用猪粪当量负荷警报值来反映单位耕地畜禽粪便负荷对环境污染的风险，以便于测量一个地区畜禽养殖数量是否与环境相适应。猪粪当量负荷警报值计算公式为

$$r=\frac{k}{p} \tag{9.8}$$

式中，r 为猪粪当量负荷警报值，k 为畜禽粪便以猪粪当量计的实际负荷量，由式（9.5）决定，p 是单位耕地以猪粪当量计的畜禽粪便最大施用量，即 36 吨/公倾·年。依据上海市农业科学研究院（1994）提出的畜禽粪便负荷警报值分级标准和 OECD 单位耕地氮素承载量，结合我国实际国情，按数值大小将畜禽粪便负荷警报值 r 的分级标准调整为四级，对环境污染风险由低到高分别是无、稍有、有、较严重（表 9-3）。

表 9-3　畜禽粪便负荷警报值 r 分级

警报值 r	$r<0.5$	$0.5\leqslant r<0.7$	$0.7\leqslant r<1.0$	$r\geqslant 1.0$
分级级数	Ⅰ	Ⅱ	Ⅲ	Ⅳ
对环境威胁性	无	稍有	有	较严重

资料来源：根据 OECD，Environmental Indicators for Agriculture：Methods and Results（2001）和上海市农业科学研究院（1994）进行适当修订

6）单位耕地面积畜禽适宜承载量

根据每只（或头）畜禽在饲养周期内粪尿产生量和猪粪当量换算系数将其换算成猪粪当量，并依据每公顷耕地猪粪当量最适承载量 12～24 吨/年为限，估算出每公顷耕地每年对各种畜禽最佳承载数量分别是牛 1～2 头、猪 10～20 头、羊 11～22 头、肉鸡 1381～2762 羽、蛋鸡 139～277 羽、鹅鸭 310～620 羽、兔 97～194 只（表 9-4）。

表 9-4　每公顷耕地每年分别可承载的畜禽头数 单位：头、羽、只

畜禽	牛	猪	羊	肉鸡	蛋鸡	鹅鸭	兔
最适承载量	1～2	10～20	11～22	1381～2762	139～277	310～620	97～194

资料来源：笔者计算所得

3. 案例分析：江苏省畜禽粪便负荷与污染风险分析

江苏省是我国重要的畜产品产地，是典型的农区畜牧业地区，耕地利用主要是以水稻、小麦轮作为主，并且省内各地区经济发展水平不同，畜牧业规模差异较大。本部分在综合考虑江苏省各地区耕地面积、畜禽养殖种类及数量基础上，运用单位耕地面积畜禽粪便猪粪当量负荷和警报值分析其畜禽养殖业数量、布局和环境污染风险，从而客观地评价江苏省各地市畜牧业布局的合理性及其对环境的污染状况。

1）江苏省各地区畜禽饲养情况

2009 年江苏省共出栏生猪 3517.38 万头、家禽 125 799 万羽、兔 1090.32 万只，羊年末圈存头数 905.97 万只、奶牛 19.31 万头、马驴骡等大牲畜 71.68 万头。不同地市间畜禽养殖业发展差异显著，畜牧业主要布局于苏北五地市（徐州、连云港、宿迁、盐城、淮安）。从饲养数量上看，苏北五地市各类畜禽饲养量占全省的比例分别是生猪 66.13%、羊 66.64%、家禽 70.99%、兔 83.63%、大牲畜 93.67%、奶牛 54.45%。表 9-5 是江苏省 2009 年各地市畜禽的饲养情况。

表 9-5 江苏省 2009 年各地区畜禽饲养数量

地市	生猪出栏量/万头	羊年末存栏/万只	家禽出栏量/百万只	兔出栏量/万只	奶牛年末存栏/百头	大牲畜/千头
徐州	520.50	264.13	437.03	299.2	624.04	150.626
连云港	352.76	82.13	49.90	231.5	64.93	315.375
淮安	388.24	29.08	116.66	21.8	76.02	48.654
盐城	624.05	151.31	154.43	274.1	109.73	16.698
宿迁	440.72	77.13	135.01	85.3	177.01	140.099
南通	349.35	205.12	92.26	8.0	59.57	3.943
扬州	79.28	1.88	23.64	16.1	35.96	2.041
泰州	243.23	38.93	38.58	30.2	80.5	1.51
南京	178.20	35.88	71.78	57.9	261.87	33.332
无锡	88.37	1.88	20.60	15.7	94.58	0.285
常州	84.73	5.40	48.69	9.7	56.76	0.85
苏州	117.52	7.76	39.10	18.3	234.68	0
镇江	50.83	5.35	30.30	22.6	55.81	3.419

资料来源：江苏省农业网；注：大牲畜包括马、驴、骡、肉用牛等

2）江苏省耕地畜禽粪便猪粪当量负荷和警报值

根据江苏省各地市 2009 年畜禽饲养量，结合上述的粪便排泄系数及畜禽粪便猪粪当量换算系数，我们计算了 2009 年江苏省各地市耕地猪粪当量负荷 k 和猪粪当量负荷警报值 r，并分别制成分布图（图 9-6）。

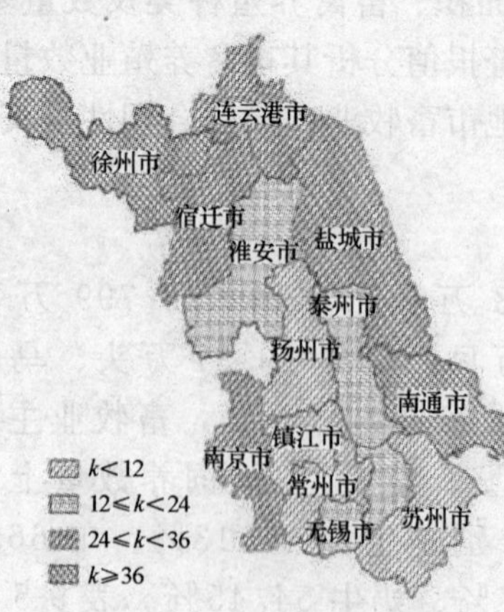

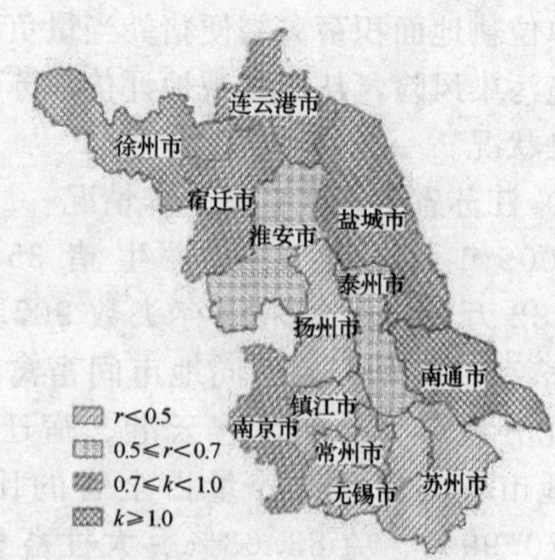

图 9-6 江苏省 2009 年耕地畜禽粪便猪粪当量负荷（左）和警报值（右）

资料来源：江苏省农业网，经作者计算整理而得

与畜禽养殖数量分布类似，江苏省畜禽污染风险主要集中于苏北五地市，苏中南通、苏南南京同样存在畜禽粪便污染风险。从江苏省 2009 年耕地猪粪当量负荷和警报值可看到如下特征：①苏州、常州、镇江、扬州每公顷耕地猪粪当量负荷均在 12 吨/公顷·年以下，其警报值在 0.5 以下，在耕地所能承载的适宜范围之下，对环境不存在污染。②淮安、无锡、泰州每公顷耕地猪粪当量负荷在 12～24 吨/公顷·年，在适宜承载量之内；警报值在 0.5～0.7，对环境稍有污染，畜禽养殖数量不应该继续大幅度增加。③南京、连云港、盐城、宿迁每公顷耕地猪粪当量承载量虽然低于每公顷耕地最高承载量 36 吨/公顷·年，但超过了耕地最佳承载范围 12～24 吨/公顷·年的上限，警报值在 0.7～1.0，对环境存在污染风险，应该适当减少畜禽养殖的数量。④徐州、南通每公顷耕地猪粪当量承载量超过了最高承载量 36 吨/公顷·年，警报值大于 1，对环境污染风险较高，畜禽养殖量应该减少。

专栏 9.2

北京房山区环境对奶牛养殖承载力的研究①

2009 年，北京市开始编制《北京市畜牧业发展规划》，根据郊区养殖业资源和环境综合承载能力，全市划分为禁养区、控制调减区、优势产业发展区和生态养殖区 4 部分，其中包括房山等 6 个区县的生态涵养保护区为生态养殖区。在未来《北京市畜牧业发展规划》中，作为首都生态涵养保护区之一的房山区为生态养殖区，今后将按照保护生态环境和可持续发展的原则，发展生态养殖、特色养殖，平原地区发展规模养殖、高效养殖，因地制宜合理确定养殖品种和规模。而在新一轮优势农产品区域布局规划体系的《全国奶牛优势区域布局规划（2008～2015 年）》中，房山区进入全国 313 个奶牛优势区域优势县名单，如何把奶牛优势区域发展和生态养殖有机结合？如何定位房山区环境对奶牛养殖的承载力成为房山区奶牛业面临的一道必答题。

一、房山区环境和奶牛养殖概述

畜牧业、奶牛业和环境保护都是系统工程，环境为人类的社会生产和生活提供了广泛的空间、丰富的资源和必要的条件。

1. 概况

房山区位于北京西南，总面积 2019 平方公里。2007 年，全区二级和好于二级的天数为 187d，占全年总监测天数的 51.2%。林木覆盖率为 53.08%，人均公共绿地面积为 16.85 平方米。2007 年末，房山区常住总人口 88.7 万人。人口密度为每平方公里 439 人。全区户籍人口达到 76.3 万人，其中：农业人口 38.3 万

① 资料来源：付凤生、杨怀伟、安艳松、赵加旺、宿廷年，《北京房山区环境对奶牛养殖承载力的研究》，《中国奶牛》，2009 年，第 12 期，第 60～63 页

人，非农业人口38万人。

2007年，全区完成农林牧渔业总产值37.1亿元，比上年增长12.8%。其中，种植业完成产值15.5亿元，养殖业完成产值20.6亿元，分别比上年增长11.2%和14.0%。粮食播种面积42.1万亩，比上年减少5.5万亩，下降11.1%；粮食产量13.6万吨，下降6.2%。全年粮食直补面积38.7万亩，其中，玉米26.2万亩。

2. 房山区畜牧业及奶牛饲养现状

2007年，房山区累计出栏生猪33.401 9万头，年末生猪存栏达18.914 8万头；出栏肉牛1.331 3万头，年末肉牛存栏达3583头；出栏羊14.542 4万只，年末羊存栏达15.637 4万只；全区累计出栏家禽1621.9万只，年末家禽存栏达329.3万只，其中肉鸡560.45万只，年末肉鸡存栏达80.4万只，其中出栏肉鸭1011.69万只，年末存栏肉鸭108.9万只。2007年，全区累计鲜蛋产量7435.10吨，肉类产量56 852.10吨。

在2007年，房山区规模以上（场存栏量100头，养殖户存栏量5头），奶牛场11家、存栏量5279头，奶牛养殖户330家、存栏量4576头，2007年全区累计牛奶产量19 343.90吨（表9-6）。

表9-6　2007年房山区奶牛饲养情况

项目	占地面积/平方米	存栏量/头
场合计	419 999.00	5 279
户合计	495 686.50	4 576
总计	915 685.50	9 855

尽管受到国际金融危机、“三聚氰胺”事件等诸多不利因素的影响，但是房山区2009年第1季度实现了开门红。全区实现农林牧渔业总产值40 767.6万元，同比增长2.7%。其中：牧业产值为30 193.9万元，同比增长0.1%；牛奶产量9269吨，同比增长10.9%，奶牛存栏量6689头，同比增长17.5%，实现产值2585.1万元、同比增长53.2%，对奶牛场建设加大力度的举措初见成效，全区完成5个奶牛养殖场（小区）的建设，改造5个规模奶牛场（区），使奶牛分散养殖过渡为规模化、标准化养殖，鼓励农户参与入区奶牛养殖。

二、房山区奶牛养殖粪污处理利用的现状

1. 房山区畜禽粪污估算数量

由于养殖场的饲养工艺、生产力水平等因素的不同，畜群结构会有一定的差异，但是对估算粪污产生量影响并不大，所以按单位产粪量估算的年产粪便量比较接近真实值，房山区畜禽粪便产生量估算在90万吨左右（表9-7，表9-8）。

表 9-7　2006 年房山区畜禽粪污产生量测算值

项目	猪	蛋鸡	肉鸭	肉牛	奶牛	肉鸡	羊
存栏/万头或只	17.191 5	150.000 0	49.300 0	0.343 2	1.242 3	101.830 0	17.398 2
出栏/万头或只	34.749 9	—	642.600 0	1.708 5	—	684.120 0	17.695 9
单位产粪量/千克/日·只或头	2.170 0	0.150 0	0.080 0	30.000 0	40.000 0	0.070 0	2.000 0
单位产尿量/千克/日·只或头	3.000 0	—	—	15.000 0	20.000 0	—	0.660 0
年产尿量/万吨	37.589 6	—	—	5.616 5	9.068 8	—	8.454 2
年产粪量/万吨	27.189 8	8.212 5	3.044 4	11.233 1	18.137 6	2.750 8	25.618 7
年产粪尿量合计/万吨	64.779 4	8.212 5	3.044 4	16.849 6	27.206 4	2.750 8	34.072 9
各畜禽年产尿量合计/万吨				607 291			
各畜禽年产粪量合计/万吨				961 869			
各畜禽年产尿粪量合计/万吨				1 569 160			

表 9-8　2007 年房山区畜禽粪污产生量测算值

项目	猪	蛋鸡	肉鸭	肉牛	奶牛	肉鸡	羊
存栏/万头或只	18.914 8	140.000 0	108.900 0	0.358 3	0.985 5	80.400 0	15.637 4
出栏/万头或只	33.401 9	—	1011.690 0	1.331 3	—	560.450	14.542 4
年产尿量/万吨	38.748 7	—	—	4.561 9	7.194 2	—	7.270 3
年产粪量/万吨	28.028 2	7.665 0	4.930 6	9.123 8	14.388 3	2.691 6	22.031 3
各畜禽年产尿量合计/万吨				57.775 1			
各畜禽年产粪量合计/万吨				88.858 8			
各畜禽年产尿粪量合计/万吨				146.633 9			

2. 房山区奶牛养殖业粪污处理利用情况

《北京市房山区生态环境建设规划》要求进行牲畜粪便无害化处理，使畜禽粪便处理率达到 20%～30%。2003 年前，以处理猪鸡粪便为主，年处理能力达到50％，加工有机肥能力达到30％；2004～2010年，在处理好猪鸡粪便的同时增加牛羊等粪便的处理，处理率达到100％，加工有机肥能力达到80％；2011～2030年，粪便处理和加工有机肥100％。

一头奶牛日排粪尿60千克（成母牛平均数量），年排放量21.9吨左右，2006年房山区奶牛按1.2423万头计，年排粪尿量是27.2064万吨。2007年日产粪量394.2吨，年产粪量14.3883万吨；粪便处理年利用量5.24626万吨（表9-9），仅为年产生量的36.5％。

表9-9　2007年房山区奶牛粪便处理利用量

项目	存栏量/头	污水日产生量/吨	污水处理年利用量/吨	粪便处理年利用量/吨
场合计	5 279	97.80	0.00	28 704.00
户合计	4 576	115.83	8 155.50	23 758.60
总计	9 855	213.63	8 155.50	52 462.60

三、影响奶牛养殖承载力的环境因素分析

从生物学角度来说，环境是指生物生活周围的气候、生态系统、周围群体和其他种群。按系统与外部环境的关系看，可分为开放系统和封闭系统。系统能够与环境进行交换的特性叫做系统的开放性。一般说来，一个系统只有对环境开放，与环境相互作用才能生存和发展。系统受环境影响和干扰，和环境相互发生作用。影响奶牛养殖承载力的因素非常复杂，从环境保护视角的研究已经比较深入，宏观大到生态系统，微观小至牛群结构，有的研究已经深入到分子水平。比如，从动物营养入手，控制奶牛饲料营养，改变粪便成分含量，影响承载力；又如，从种植入手，改变粪肥和化肥的施用量，调整复种指数与种植结构，影响承载力。

1. 土地的承载力

我国上海、北京等地也进行了畜禽粪污对土地承载能力影响的研究，提出了土地承载能力问题，北京市土地承载能力为2～3吨/亩粪肥（表9-10）。一些欧美国家就土地对厌氧消化残余物（沼渣、沼液）的承载力有明确的规定（表9-11）。

表9-10　北京、上海地区畜禽粪污土地承载力

地区	土地承载力
北京	粪肥2～3吨/亩
上海	粮食作物：每年每公顷11.25吨猪粪当量
	蔬菜作物：每年每公顷22.5吨猪粪当量
	经济林：每年每公顷15吨猪粪当量

表 9-11　国际厌氧消化残余物（畜禽粪污）土地承载能力

国家	氮最大负荷/（千克/年·公顷）	需要存储时间/月	强制使用季节
英国	250～500	4	
美国	第1年450，以后280	12	
法国	150		
瑞典	根据畜禽数量	6～10	2月1日～12月1日
意大利	170～500	3～6	2月1日～12月1日
奥地利	100	6	2月28日～10月25日
丹麦	牛，170；猪，140	9	2月1日～收获

2. 牛粪的经济运输距离

牛粪的经济运输距离也是影响奶牛养殖承载力的环境因素。厦门大学曾悦等以福建为例，研究了粪肥的经济运输距离，认为牛粪的经济运输距离为 5.2 千米、猪粪 13.3 千米、鸡粪 43.9 千米。而丹麦沼气工程的沼渣、沼液运输距离一般在 10 千米以内。

理想状态下，牛粪的经济运输距离为 5.2 千米，以此为半径画一个圆，大约覆盖 84.9 平方千米的地域，等于 127 358 亩（相当于全房山的 30%耕地面积），如果按处理粪肥 2～3 吨/亩计算，每年消纳畜禽粪污 25.5 万～38.2 万吨，平均奶牛年排粪尿量按 21.9 吨计，根据消纳畜禽粪污数据推算，这一地域可以养奶牛 1.2 万～1.7 万头。而实际上，84.9 平方千米不到房山区总面积 2019 平方千米的十分之一，房山区现有奶牛近万头。

仅从经济运输距离因素推断，奶牛养殖的潜力无疑是巨大的，但这是一种片面的解决问题的方法。同样，讨论北京市延庆县的奶牛的承载量问题，有的专家说承载量是 6 万头，有的专家说可以达到 10 万头。如果一个牛场有 1 万头牛，但是管理得井井有条，没有任何污染，也没有任何气味，把粪便做了沼气，沼气发了电，沼渣养了蚯蚓，养了蚯蚓以后的沼渣是比普通沼渣更好的肥料，而肥料可以远销外地。像这样一个循环经济的模式，就形成了一个近似封闭的体系，其承载量可以达到它的理论极限。如果这个牛场有 10 万头牛，也达到封闭系统的水平，在她紧密相邻的周边并不需要 10 倍的土地，10 倍的环境，10 倍的市场。封闭与开放有机的结合，小封闭实现了大开放。

9.3　畜产发展与环境问题分析

开放系统的特点决定了畜牧业发展特别是城市郊区规模化畜牧生产必须控制在生态环境承载能力的范围内，必须立足于现有的资源承载能力和环境容量的基础上，适度发展畜牧业，来保证畜牧业的可持续发展。我国传统的种养结合通过家畜——粪便积肥——土壤——作物——饲料即完成了养分的完整循环，简单的方式闪耀着生态思想的光辉。然而随着畜牧业规模的扩大，特别是城市郊区由于规模化、区域集中、距离农田远、运输成本高，产生的粪便不能以资源的形式作为生产要素完全投入到农业生产之中，反变成一种污染物对生态环境造成负面影响，由于规模化的畜牧生产不能完全地融入到农业生态系统，这使生态系统正常的物质循环和能量流动受到了严重的破坏。

9.3.1　畜产发展对土壤环境的影响

规模化生产的畜禽粪便产量大，而且相对集中，局域地区的粪便数量远远超出当地的消纳能力，根据耕地适宜的养分需求量进行土地粪便负荷警报值等级分析，北京、上海、浙江、江苏等部分区县乡的粪便负荷警报等级数已经达到较严重甚至严重的污染程度。

饲料中添加的多种矿物质元素对环境也有着一种累加性影响。矿物质元素一方面是动物营养所必需的，如钙、磷、铜、铁、锌、锰等，在饲料调制时必须添加，然而另一方面家畜对这些元索的吸收利用率却仅有5%～15%，余下的绝大部分都将直接排出体外。长年过量施用粪肥的土壤，将导致重金属的累积，直接的后果危及土壤的功能、降低了作物的品质，危及到人类的身体健康。

9.3.2　畜产发展对水体环境的影响

据报道，猪鸡的氮磷利用率很低，饲料中的氮磷分别有65%和70%以粪便形式排泄体外。淋失到地下水中的硝酸盐直接威胁到人类的健康，通过径流损失进入地表水体湖泊的氨态氮、硝酸盐等可导致水体富营养化和生物多样性的丧失。不同质地、结构的土壤对养分消纳吸收能力差别很大，沙质土壤阳离子交换能力弱、持水能力差，容易造成硝酸盐的土壤淋湿，相对污染的风险性较高。相对氮而言，磷在土壤中则比较稳定，但是粪肥长期大量的施用，磷过饱和以后同样也可发生淋失，导致水体的富营养化。

规模化畜牧业产生的污水问题同样不容忽视。现代化的养殖场多采用水冲式方法将粪便排入化粪池、粪坑或沟渠。尤其是猪场的粪便处理多采用此方法。现代化蛋鸡场饮水器的跑水滴漏以及管理不善也是高浓粪水的主要来源。畜牧场污水绝大部分一般都是沿途渗漏后排入农田或直接排入沟渠河道，造成地表水的严重污染，经过长时间的渗漏后也污染地下水。研究人员发现：位于美国北卡罗来纳州规模化畜牧生产区域的1600口水井中，已有10%受到了硝酸盐的污染，50%的猪粪池发生了严重的渗流，即使那些经过先进密封技术处理的储粪池也有一定程度的渗漏。

未经处理的畜禽粪便直接施入土地，其携带的细菌寄生虫等病原微生物对地表水体的污染影响屡见报道。然而更为严峻的是，畜禽粪便中的病原微生物已经威胁到地下水体的质量。微生物学检测的事实证明：土壤对粪便中的病原微生物并不具有完全的过滤能力，粪便病原微生物对地下水的污染影响不容忽视。科学家通过对不同奶牛放牧强度下草地溪流中的粪便指示细菌—总大肠杆菌的计数发现：50头奶牛放牧强度的草地溪流中大肠杆菌的数量很高，然而当对该草地禁牧或者降低放牧强度至40头奶牛的时候，草地溪流中的大肠杆菌的数量立即就可恢复到邻近未放牧草地的水平。可见，草地植被以及土壤对粪便中的病原微生物具有净化和处理能力，只是处理能力有一定限度。该结果对我们安排草地放牧以及土壤粪污直接施用具有一定的指导意义。

9.3.3　畜产发展对大气环境的影响

畜牧生产已经成为大气最主要的氨气排放来源，大约占到了全球氨气排放的一半以上，在畜牧生产高度规模化的地区如西欧甚至达到了70%。1993年荷兰20.8万吨的氨气排放中，估计有18.1万吨都来自家畜的粪便。畜牧生产所产生的酸沉降大约占到55%左右。而在发展中国家，酸雨产生的主要污染源仍然是SO_2，但它主要是工业生产过程中含硫煤燃烧的结果。

粪便在存储和施入土地期间，氨气挥发和养分流失现象非常严重。粪便氮在有氧条件下可转变为氨气，氨气对生态环境可产生酸性效应和毒副作用；反硝化过程产生的一氧化二氮（N_2O）能产生温室效应。不同的作物品种、气候和土壤质地条件都影响到植物对氮的吸收和利用程度。畜禽所排泄的氮中有相当大的比例都是以氨气形式挥发损失掉，其中猪、肉仔鸡、产蛋鸡损失的比例分别达到了20%、50%、44%的水平。

各种形式氮损失的直接后果就是造成土壤养分的损失，影响到作物对养分的吸收。此外，大气中氨浓度增加的结果导致了土壤酸化，破坏了土壤的正常功能。氨气酸雨效应对缺乏氮素的生态系统如森林生态系统的破坏作用更为明显。另外，氨气对植物叶片有损伤作用，影响到叶片对养分的吸收，抑制了植物的生长。

甲烷是大气中主要的温室气体。政府间气候变化专门委员会（IPCC）1992年估算出全球每年动物甲烷的直接排放以及动物粪便排放分别达到了8000万吨和2500万吨，分别占已知人为甲烷排放量的20%和7%左右。其中反刍动物肠道厌氧发酵是甲烷产生的最主要来源。近些年来城市郊区奶牛饲养业迅速兴起，规模化畜牧业产生的温室效应不容忽视。

畜舍小环境内恶臭气体对人和动物的危害与其浓度和作用时间有关。低浓度、短时间的作用一般不会有显著危害；高浓度臭气往往导致对健康损害的急性症状，规模化畜牧生产由于饲养密度大，生产周期快，畜舍内的通风换气设备有时难以达到相应规定的要求，因此危害的发生率也较高。值得注意的是低浓度、长时间的作用，也有产生慢性中毒的危险，对人畜的健康和家畜生产力产生渐进性危害，使人们意识不到恶臭作用的危害。

9.3.4　畜产发展对生物多样性的影响

规模化的畜牧生产增加了对外部饲料原料的依赖性，致使土地利用的结构必须做出相应的调整，作物生产的规模化程度提高、土地的利用强度加大。尤其是饲料作物单一品种的大面积统一种植常导致生态破坏，生态系统功能下降；规模化畜牧生产致使局部地区粪便大量堆积，造成水体的富营养化和生态生境的破坏，导致水体生物多样性发生重大变化；氨气酸性效应也是导致生物多样性下降的一个重要原因；为了便于管理和追求高产高效的原因，规模化畜牧生产推崇畜禽品种的一致性和良种化，长此以往，那些具有潜在经济和社会价值的遗传资源将面临着灭绝和丢失的危险。根据联合国粮农组织提供的资料分析：我国处于将灭绝和濒危状态的畜禽品种已经达到了地方品种总数的10.4%，已灭绝的达3%，其中马、黄牛、猪、鸡的品种处境最为严峻。黄牛、猪、鸡品种受威胁的主要原因即是由于外来高产品种引进杂交使得原有的地方品种的群体有效含量下降，无法维持种群延续。

专栏 9.3

畜禽粪便污染与资源化利用[①]

随着中国加入WTO后经济一体化进程的加快，中国农业在国际市场竞争中面临着严峻的挑战。同时，由于规模化养殖业的迅速发展，大量畜禽粪便直接排放成为引起农业生态环境恶化的一个主要原因。因此，对畜禽粪便进行无害化处理，资源化利用，防止和消除养殖场畜禽粪便的污染，对保护生态环境，推动农业可持续发展和增强中国农产品市场竞争力具有十分重要的意义。

一、畜禽粪便对环境污染的现状

1. 畜禽粪便的排放量

从改革开放和菜篮子工程实施以来，养殖业规模及产值均发生了巨大的变化，许多城郊建立了大中型规模化养殖场，畜禽数量飞速递增，畜禽粪便的排放量也在增加。根据国家环保总局2008年开展的23个省畜禽养殖污染调查显示，2007年全国畜禽粪便排放量为26.6亿吨，为同年工业固体废物排放量（10.92亿吨）的2.4倍，而且，畜禽粪便COD排放已达9965.2万吨，大大超过了工业废水与生活污水的COD排放量之和。随着中国养殖业的进一步发展，畜禽分别

① 资料来源：中国奶业信息网

排放量还会进一步增大，由此造成的环境污染将会更加严重。

2. 畜禽粪便对环境的污染

(1) 空气污染有研究表明，畜禽养殖场中检测出的有害气体有近 200 种。奶牛、猪、鸡饲料中的 70% 左右的含氮物质被排泄出来。大量的畜禽粪便如果不及时处理，在高温下，发酵和分解产生的氨气和硫化氢等臭味气体，排放到大气中，将会使臭味成倍增加。同时产生的甲基硫醇，二甲基二硫醚，甲硫醚，二甲胺及多种低级脂肪酸等有毒有害气体，污染空气，造成空气中含氧量相对下降，使动物及人的免疫力下降，呼吸道疾病频发，影响畜禽产品的质量。

(2) 水体污染粪便和冲洗粪便废水中含有氮、磷及粪渣等有害物质，可以通过地表径流污染地表水，也可以通过土壤渗入地下污染地下水。水中过多的氮、磷会使水体富营养化，引起藻类疯长，争夺阳光、空气和氧气，最终将使水体变黑发臭，导致鱼类及水生物死亡，并影响沿岸的生态环境。畜禽粪便过量施用，残留土壤中的 N、P 等物质渗入地下水，将导致地下水中 NO_2、N、NO_3 浓度的升高，人若长期或大量饮用，可能诱发癌症。

(3) 土壤污染畜禽粪便中含有大量的钠盐和钾盐，如果直接用于农田，过量的钠和钾通过反聚作用而造成某些土壤的微孔减少，使土壤的通透性降低，破坏土壤结构，危害植物。

二、畜禽粪便的资源化技术

1. 饲料化技术

畜禽粪便含有大量的营养成分，如粗蛋白质、脂肪、无氮浸出物、Ca、P、维生素 B_{12}，同时有许多潜在的有害物质，如矿物质微量元素（重金属如铜、锌、砷等）、各种药物（抗球虫药、磺胺类药物等）、抗生素和激素等以及大量的病原微生物、寄生虫及其卵；畜禽粪便中还含有氨、硫化氢、吲哚、粪臭素等有害物质。所以，畜禽粪便只有经过无害化处理后才可用作饲料。带有潜在病原菌的畜禽粪便经过高温、膨化等处理后，可杀死全部的病原微生物和寄生虫。用经无害化处理的饲料饲喂畜禽是安全的；只要控制好畜禽粪便的饲喂量，就可避免中毒现象的发生；禁用畜禽治疗期的粪便作饲料，或在家畜屠宰前不用畜禽粪便作饲料，就可以消除畜禽粪便作饲料对畜产品安全性的威胁。目前将畜禽粪便饲料化有以下几种方法。

(1) 用新鲜粪便直接做饲料，这种方法主要适用于鸡粪。由于鸡的消化道短，从吃进到排出大约需 4 小时，吸收不完全，所食饲料中 70% 左右的营养物质未被消化吸收而排出体外，因而鸡粪中含有丰富的营养物质。在排泄的鸡粪中，按干物质计算，粗蛋白含量为 20%～30%，其中氨基酸含量不低于玉米等谷物饲料，此外还含有丰富的微量元素和一些未知因子。因此，可利用鸡粪代替部分精料来养牛、喂猪。但是此种方法还存在一些问题，例如添加鸡粪的最佳比例尚未确定，另外，鸡粪成分比较复杂，含有吲哚、尿素、病原微生物、寄生虫等，易造成畜禽间交叉感染或传染病的爆发，这也限制了其推广使用，但可以用一些化学药剂，如同含甲醛质量分数为37%的甲醛溶液进行混合，24h后就可以去除吲哚、尿素、病原微生物等病菌，再饲喂牛、猪。还可采用先接种米曲霉与白地霉，然后进行杀菌，这种方法最简单适用。

(2) 青贮粪便中碳水化合物的含量低，不宜单独青贮，常和一些禾本科青饲料一起青贮，调整好青饲料与粪便的比例并掌握好适宜含水量，就可保证青贮的质量。青贮法不仅可防止粪便中粗蛋白损失过多，而且可将部分非蛋白氮转化为蛋白质，杀灭几乎所有的有害微生物。用青贮法处理畜禽粪便时，应注意添加富含可溶性碳水化合物的原料，将青贮物料水分控制在40%～70%，保持青贮容器为厌氧环境。例如，用65%新鲜鸡粪、25%青草（切短的青玉米秸）和15%麸皮混合青贮，经过35d发酵，即可用作饲料。

(3) 干燥法是处理鸡粪常用的方法。干燥法处理粪便的效率最高，而且设备简单，投资小，粪便经干燥后可制成高蛋白饲料。这种方法既能除臭又能彻底杀灭虫卵，达到卫生防疫和生产商品饲料的要求。目前由于夏季鸡粪大批量处理时仍有臭气产生，处理气臭和产物的成本较高，使该方法的推广使用受到限制，有研究表明在处理中加光合细菌、细菌链霉菌、乳酪菌等具有很好的除臭效果。

(4) 分解法是利用优良品种的蝇、蚯蚓和蜗牛等低等动物分解畜禽粪便，达到既提供动物蛋白质又能处理畜禽粪便的目的。这种方法比较经济、生态效益显著。蝇蛆和蚯蚓均是很好的动物性蛋白质饲料，品质也较高，鲜蚯蚓含10%～40%的蛋白质，可作鸡、鸭、猪的饲料或水产养殖的活饵料，蚓粪可作肥料。但由于前期畜禽粪便灭菌、脱水处理和后期蝇蛆分离技术难度较大，加之所需温度较苛刻，而难以全年生产，故尚未得到大范围的推广。如果采用笼养技术，用太阳能热水器调节温度，在饲养场地的周围喷撒除臭微生物剂，采收时利用蝇蛆的生活特性，用强光照射使蝇蛆分离，这一系列问题就解决了。

2. 肥料化技术

畜禽粪便中含有大量的有机物及丰富的氮、磷、钾等营养物质，是农业可持续发展的宝贵资源。数千年来，农民一直将它作为提高土壤肥力的主要来源。过去采用填土、垫圈的方法或堆肥方式将畜禽粪便制成农家肥。如今，伴随着规模化养殖场的发展，人们开展了对畜禽粪便肥料化技术的研究。当前研究得最多的是堆肥法。堆肥是处理各种有机废弃物的有效方法之一，是一种集处理和资源循环再生利用于一体的生物方法。是把收集到的粪便掺入高效发酵微生物如EM（有效微生物群），调节粪便中的碳氮比，控制适当的水分、温度、酸碱度进行发酵。这种方法处理粪便的优点在于最终产物臭气少，且较干燥，容易包装、撒施，而且有利于作物的生长发育。堆肥存在的问题是处理过程中有NH的损失，不能完全控制臭气，而且堆肥需要的场地大，处理所需要的时间长。有人提出采用发酵仓加上微生物制剂的方法，可以减少 NH_3 的损失并能缩短堆肥时间。

在一些畜禽有机肥生产厂，常采用的方法有厌氧发酵方法、快速烘干法、微波法、充氧动态发酵法。目前北京市峪口鸡场已建成鸡粪加工厂，每年可生产干鸡粪 1 万吨。浙江宁波利用畜禽粪便经过与辅料混合、发酵、干燥、造粒等工艺处理，制成无味、高效的有机肥料，真正实现了粪便资源化，甚至商品化。随着人们对无公害农产品需求的不断增加和可持续发展的要求，对优质商品有机肥料的需求量也在不断扩大，用畜禽粪便制成有机肥具有很大市场潜力。

3. 能源化技术

采用以厌氧发酵为核心的能源环保工程，是畜禽粪便能源化利用的主要途径。目前对于规模化养殖场，大多是水冲式清除畜禽粪便的，粪便含水量高。对这种高浓度的有机废水，采用厌氧消化法具有低成本、低能耗、占地少、负荷高等优点，是一种有效处理粪便和资源回收利用的技术。它不但提供清洁能源，解决中国广大农村燃料短缺和大量焚烧秸秆的矛盾，还能消除臭气、杀死致病菌和致病虫卵，解决了大型畜牧养殖场的畜禽粪便污染问题。另外，发酵原料或产物可以生产优质饲料，发酵液可以用作农作物生长所需的营养添加剂。目前，这种工艺已经基本成熟。

三、畜禽粪便资源化技术展望

针对养殖场的畜禽污染问题，国家环保总局 2001 年发布了《畜禽养殖污染防治管理办法》，指出养殖场在建设和运行过程中必须对畜禽废渣进行资源化利用，包括还田、生产沼气、制造有机肥料、制造再生饲料等，并达到规定的无害化标准，防止病菌传播。2005 年初，在国务院的直接推动下，国家环保总局还着手将《畜禽养殖污染防治管理办法》提升为《畜禽养殖污染防治管理条例》，将为畜禽粪便资源化处理提供有力的制度保障。

虽然国内已有部分养殖场开始利用各项技术对畜禽粪便进行减量化处理、资源化利用，但是内部环境管理粗放，投资力度明显不足，技术单一、粪便利用率低、遗留问题难解决。对于畜禽粪便这一严重污染环境的可再生资源，必须把现有的资源化技术在一定程度上进行科学组合，综合治理，遵循“资源化、减量化、无害化、生态化”的原则，使畜禽粪便得到多层次的循环利用，才能有效地解决养殖业的环境污染问题。例如，先对畜禽粪便进行固液分离，把分离出的固体堆肥、生产蚯蚓或饲料，液体用厌氧发酵法处理，发酵后产物中，沼渣堆肥，沼气用灯照明或采暖，最后把剩余的液体再用好氧法进一步处理。这样通过固液分离技术的综合处理，既提高了对畜禽粪便处理的效果和综合利用率，又取得了良好的环境效益、经济效益和社会效益。目前，把几种方法有机地结合起来使用已成为畜禽粪便资源化技术发展的主要方向。

本章小结

1. 本章介绍了畜牧业发展与环境之间的关系。生产部门所需的基本投入品是来源于自然环境的各种物质，任何产品和劳务的生产都离不开自然界提供的物质和能量。生产和消费活动会产生残留物，残留物最终是要排放到空气、水和土壤等自然界中，这就是物质平衡的原理。

2. 当某一个体的生产或消费决策无意识地影响到其他个体的效用或生产可能性，并且产生影响的一方又不对被影响方进行补偿时，便产生了所谓的外部效果，或简称外部性。

3. 养分平衡模型（nutrient balance model）是一种基于物质平衡的方法，它通过对土地养分的投入量和产出量进行核算，识别土地养分盈余或者缺损的状态，判断农业投入对土壤肥力、农业生产和水环境的影响。

关键术语

物质平衡理论　外部性理论　土壤表观养分平衡　猪粪当量　适宜承载量

复习与思考

1. 当前我国各地正在兴建铁路、高铁、公路等基础设施以刺激经济增长，这类投资对图 9-2 中的各种物质流动会产生什么样的影响？

2. 为什么长期存在的累积性污染比短期的、非累积性污染难以管理？

3. 当前我国畜禽生产方式下，畜禽粪便、污水污染是点源污染还是非点源污染？养殖规模扩大后污染形式会发生什么变化，对社会污染控制会产生什么影响？

4. 某地区的养殖规模是不是越大越好，其标准是什么？

本章参考文献

菲尔德 B C，菲尔德 M K. 2010. 环境经济学．原毅军，陈艳莹译．沈阳：东北财经大学出版社．

甘露，马君，李世柱．2006. 规模化畜禽养殖业环境污染问题与防治对策．农机化研究，(6)：22-24.

国家环境保护总局自然生态保护司．2002. 全国规模化畜禽养殖业污染情况调查及防治对策．北京：中国环境科学出版社．1-95.

胡浩，郭利京．2011. 农区畜牧业发展的环境制约及其评价．农业技术经济，(6)：36-42.

王军．2009. 资源与环境经济学．北京：中国农业大学出版社．

王如松，杨建新．2005. 循环经济学．北京：中国发展出版社．

吴天马 . 2001. 江苏省规模化畜禽养殖业污染调查报告 . 环境导报，(4)：20-22.

徐瑞瑛 . 2005. 浅议规模化畜禽养殖业的污染防治对策 . 干旱环境监测，(9)：142-144.

阎波杰，赵春江，潘瑜春，等 . 2009. 规模化养殖畜禽粪便量估算及环境影响研究 . 中国环境科学，29 (7)：733-737.

杨晓春，田娟 . 2006. 银川市规模化畜禽养殖业污染情况及其防治对策 . 宁夏农林科技，(6)：71-72.

朱兆良 . 2000. 农田中氮肥的损失与对策 . 土壤与环境，9 (1)：1-6.

Anonymous. 1991. Code of good agricultural practice for the protection of water. London MAFF Environment Matters. 1-80.

Centner T J. 2004. Developing institutions to encourage the use of animal wastes as production inputs. Agriculture and Human Values，21 (4)：367-375.

Flamant J C，Beranger C，Gibon A. 1999. Animal production and land use sustainability：an approach from the farm diversity at territory level. Livestock Production Science，61：275-286.

Gerber P，Chilonda P，Franceschini G，et al. 2005. Geographical determinants and environmental implications of livestock production intensification in Asia. Bioresource Technology，96：263-276.